Modernisierungskonzepte in der Arbeitsverwaltung

Beate Diekjobst/Frank Erdmann

Modernisierungskonzepte in der Arbeitsverwaltung

PETER LANG
Frankfurt am Main · Berlin · Bern · Bruxelles · New York · Oxford · Wien

Bibliografische Information Der Deutschen Bibliothek
Die Deutsche Bibliothek verzeichnet diese Publikation in der Deutschen Nationalbibliografie; detaillierte bibliografische Daten sind im Internet über <http://dnb.ddb.de> abrufbar.

ISBN 3-631-38373-8

www.peterlang.de

Inhaltsverzeichnis

1.Einleitung

Die Kritik am öffentlichen Dienst bzw. der staatlichen Verwaltung hat in den Medien und in der öffentlichen Diskussion ihren festen Platz (vgl. Stratemann/Wottawa 1995, S. 11f.; Schwarz 1995, S. 49f.). Die Ablehnung der klassischen Bürokratie mit ihren konstituierenden Merkmalen wie Amtshierarchie, Formalisierung und Routinisierung, Inputorientierung und vermeintlich begrenzter Leistungsbereitschaft dient in der neueren Diskussion („Neue Steuerung", „Public Management") als Ansatzpunkt für ein Gegenmodell der Dienstleistungsorientierung und des Wettbewerbs auf einem Dienstleistungsmarkt. Hinzu kommt, dass die öffentlichen Verwaltungen zunehmend von Seiten der Politik unter Druck gesetzt werden. Sie sehen sich gezwungen, aufgrund der gestiegenen Ausgaben (z.B. im Bereich der Sozialpolitik), vermehrt Einsparungen von Finanzmitteln vorzunehmen. Zugleich wird ihnen aber auch vorgeworfen, öffentliche Gelder zu verschwenden, ineffektiv und ineffizient zu arbeiten. Der Ruf nach effizienten und effektiveren Organisationsmodellen und dementsprechend geänderten Arbeitsweisen, nach Orientierung der Verwaltungen an unternehmerischen Leitbildern, nach einem „Mehr" an Kundenorientierung sind der Anlass für die Auseinandersetzung mit Modernisierungskonzepten in den öffentlichen Verwaltungen.

Diese allgemeine Legitimationskrise der öffentlichen Verwaltung gilt auch für die Arbeitsverwaltung. Angesichts der gestiegenen Zahl von Arbeitslosen und den damit zusammenhängenden Mehrausgaben (z.B. Arbeitslosengeld, Leistungen zur beruflichen Fortbildung und Umschulung) wird in der öffentlichen Diskussion angezweifelt, ob die Bundesanstalt für Arbeit (BA) mit ihrer Aufbauorganisation noch in der Lage ist, den geänderten Rahmenbedingungen zu genügen. 1995 wurde die Bundesbeauftragte für Wirtschaftlichkeit in der Verwaltung beauftragt, die Organisationsstrukturen der Bundesanstalt hinsichtlich ihrer Effizienz zu untersuchen. Der Auftrag des Deutschen Bundestages bestand in der Analyse, ob und wie die Leistungen der Bundesanstalt für Arbeit auf der örtlichen Ebene, ggfls. durch Konzentration der Ämter, durch direkte Zusammenarbeit mit der Zentralverwaltung und Wegfall der Verwaltung auf Länderebene verbessert werden könnten (vgl. BWV 1995, S. 1f.).
Die Bundesanstalt für Arbeit hat als Antwort auf die angesprochene Kritik ein Konzept entworfen, das dazu führen soll, die notwendige Dezentralisierung und Verschlankung der BA voranzubringen und somit die Organisation insgesamt zu verbessern. Es handelt sich hierbei um das sogenannte Konzept „Arbeitsamt 2000", dass gegenwärtig in der Mehrzahl der Arbeitsämter umgesetzt wird. Die Arbeitsämter wurden allerdings nicht alle gleichzeitig auf die neue Organisationsform umgestellt, sondern in vier zeitlich versetzten „Tranchen".

Dieser Umstellungsprozess sollte ursprünglich mit Abschluss der vierten Tranche in der zweiten Jahreshälfte 2002 beendet werden. Vor dem Hintergrund der im Vorfeld der Wahl zum Deutschen Bundestag immer noch bedrückenden Situation auf dem Arbeitsmarkt und beflügelt durch den sogenannten Vermittlungsskandal wurde eine Regierungskommission eingesetzt, welche unter dem Vorsitz des VW-Personalchefs Peter Hartz noch weitreichendere Konzeptionen für eine Entspannung des Arbeitsmarktes erarbeitet hat. Gegenwärtig werden die Ergebnisse dieser Kommission in zahlreichen weiteren Ausschüssen reflektiert und sollen dann in die Reform mit einfließen, um den Modernisierungsprozess unter der Bezeichnung „Arbeitsamt 2000 Plus" (in Anlehnung an die erfolgreich reformierte britische Arbeitsverwaltung) weiter voranzutreiben.

Im Rahmen dieser Arbeit soll es zunächst darum gehen, vor dem Hintergrund der gegenwärtigen Modernisierung der Arbeitsverwaltung eine Bilanz zu ziehen und die bisherigen Strukturen eines Arbeitsamtes (Personal, Aufbauorganisation) zu analysieren.

Im folgenden zweiten Kapitel wird die historische Entwicklung der deutschen Arbeitsverwaltung betrachtet. In der Entwicklung der Arbeitsverwaltung bis zum Ende des Zweiten Weltkrieges und danach bis zur Wiedervereinigung Deutschlands spiegeln sich deutlich die Wandlungen des staatlichen, gesellschaftlichen und wirtschaftlichen Lebens wider. Bei ihren Organisationsstrukturen handelt es sich um gewachsene Strukturen. So lässt sich die heutige Form der Aufbauorganisation der Bundesanstalt für Arbeit in Form des dreistufigen Instanzenzuges (Hauptstelle, Landesarbeitsämter, Arbeitsämter) bereits in der Weimarer Republik bei der Reichsanstalt für Arbeitsvermittlung und Arbeitslosenversicherung wiederfinden. Allerdings wies die deutsche Arbeitsverwaltung nicht immer eine einheitliche, das gesamte Reichs- bzw. Bundesgebiet umfassende Organisation auf.

Von einer Vielzahl von sogenannten Arbeitsnachweisen Mitte des 19. Jahrhunderts bis zur Bundesanstalt für Arbeit war es ein weiter Weg. Deshalb wird die Entwicklung der deutschen Arbeitsverwaltung von der Mitte des 19. Jahrhunderts über die Wiedervereinigung der beiden deutschen Staaten bis hin zur Gegenwart dargestellt.

Beraten, informieren, vermitteln, beruflich fördern, Hilfe zum Lebensunterhalt bei Arbeitslosigkeit: Das sind die wesentlichen Aufgaben der Bundesanstalt für Arbeit und ihrer Arbeitsämter. Mit einer Vielzahl von Geld- und Dienstleistungen soll sie Gefahren und Hindernissen auf dem Arbeitsmarkt aktiv entgegentreten, um sozialen Schutz zu bieten, den Weg zu sicheren

Arbeitsplätzen zu ebnen und den wirtschaftlichen Wandel abzufedern. Bei ihrer Arbeit muss sich die Bundesanstalt für Arbeit täglich neu in einem Spannungsfeld widerstrebender Interessen bewähren. Sie muss die Erwartungen der Arbeitssuchenden mit den Bedürfnissen der Arbeitgeber zusammenführen, sie muss wirtschafts- und finanzpolitische Vorgaben mit sozialpolitischer Verantwortung in Einklang bringen, sie muss auch für die Einhaltung der Spielregeln auf dem Arbeitsmarkt sorgen und illegale Beschäftigung sowie Leistungsmissbrauch bekämpfen.
Im dritten Kapitel wird die bisherige Aufbauorganisation der Bundesanstalt für Arbeit, beispielhaft dargestellt am Arbeitsamt Lüneburg einschließlich seiner Neben- bzw. Geschäftsstellen, betrachtet und hinsichtlich ihrer Strukturen analysiert.

Das vierte Kapitel beschäftigt sich mit dem Personal, hierbei insbesondere mit dem Personal des Arbeitsamtes Lüneburg. Dieses ist insbesondere vor dem Hintergrund der anstehenden Modernisierungsprozesse (Einführung des Konzeptes „Arbeitsamt 2000“) von Belang. Hierbei interessierte die Frage, ob das Personal eine homogene Gruppe ist oder welche Arten von „Karrieretypen“ bzw. Berufsverläufen sich vor, außerhalb und in der Bundesanstalt für Arbeit wiederfinden lassen. Dazu wurde mit einigen Mitarbeitern ein Interview durchgeführt, um an die entsprechenden Ergebnisse zu gelangen. Als weitere Möglichkeit wurde die Dokumentenanalyse durchgeführt. Mit ihrer Hilfe wurden Ausbildungsrahmenpläne analysiert, die Rückschlüsse auf die in der Ausbildung erworbenen Qualifikationen und die Veränderung der Ausbildung innerhalb der BA ermöglichten.

In den weiteren Kapiteln dieser Arbeit erfolgt dann eine differenzierte Auseinandersetzung mit der sog. „Neuen Steuerung“ der öffentlichen Verwaltungen und ihrer Hintergründe bzw. Auslösern und eine analytische Betrachtung des Reformkonzeptes „Arbeitsamt 2000“ der Arbeitsverwaltung. Weiterhin soll dann vor dem Hintergrund der zuvor betrachteten Zusammenhänge und Strukturen auch Aspekten der Umsetzbarkeit des Konzeptes nachgegangen werden, um schließlich ein (vorläufiges) Fazit zu ziehen.

2. Die geschichtliche Entwicklung der deutschen Arbeitsverwaltung - Vom Arbeitsnachweiswesen zur Bundesanstalt für Arbeit -

Will man eine Organisation verstehen und hinsichtlich ihrer Strukturen analysieren, so geht dies u. E. nicht ohne die Betrachtung ihrer geschichtlichen Entwicklung. Wie kam es zu den jetzt vorherrschenden Strukturen? Wie bildete sich die Organisation ?
Daher widmet sich dieser Teil der Arbeit der Entstehungsgeschichte der deutschen Arbeitsverwaltung. In diesem Kapitel soll gezeigt werden, wie sich in Deutschland in den letzten 150 Jahren die Erkenntnis durchgesetzt hat, dass aus verschiedenen Gründen auf dem Arbeitsmarkt ein Bedürfnis bzw. eine Notwendigkeit nach Arbeitsvermittlung als öffentlicher, d.h. hoheitlicher Leistung bestand bzw. noch besteht. Zusätzlich lässt sich in der Entwicklungsgeschichte der deutschen Arbeitsverwaltung erkennen, dass und wie die deutsche Arbeitsverwaltung auf dem Arbeitsmarkt allmählich durchdrang. Zusätzlich soll aber auch ausdrücklich gezeigt werden, welche Deformationen der Arbeitsmarkt und die öffentliche Arbeitsvermittlung erfahren haben, als sie während der zwölfjährigen nationalsozialistischen Herrschaft ohne Kontrolle durch die Öffentlichkeit (Selbstverwaltung) dem Gebaren eines totalitären Staates ausgeliefert waren. Bewusst werden die Phasen der Arbeitsmarktpolitik in der Bundesrepublik Deutschland und die Aufgabe der Bundesanstalt für Arbeit hierbei in diesem Kapitel vernachlässigt, da darauf gesondert im folgenden Kapitel eingegangen wird.

In diesem Kapitel wurde auf Literatur zurückgegriffen, die teilweise für die Aus- und Fortbildung des Personals der Bundesanstalt für Arbeit (mittlerer und gehobener Dienst) erstellt wurde. Zusätzlich wurden aber auch Veröffentlichungen des IAB (ibv-Doku)genutzt. Die Verwendung von Literatur aus den 70er Jahren lässt sich damit erklären, dass in früheren Jahren überwiegend die geschichtliche Entwicklung der Arbeitsvermittlung und Berufsberatung dargestellt wurde, wohingegen die Entwicklung des Ver-sicherungsprinzips (Arbeitslosengeld) vernachlässigt wurde. Demzufolge wurde auch auf neuere Literatur, wie z.B. auf Sachße/Tennstedt zurückgegriffen, die sich ausführlich der Darstellung der Fürsorge und Unterstützungsleistungen widmen. In den letzten Jahren gab es vermehrt aktuellere Veröffentlichungen zur geschichtlichen Entwicklung der Bundesanstalt für Arbeit, u.a. auch zur Entwicklung der Reichsanstalt für Arbeitsvermittlung und Arbeitslosenversicherung im Dritten Reich (u.a. Fingerhut, Maier).

2.1 Die geschichtliche Entwicklung der deutschen Arbeitsverwaltung im 19. Jahrhundert (1800 – 1900)

Die **industrielle Revolution** machte seit dem 19. Jahrhundert Vermittlungsagenturen für Arbeitsleistungen notwendig. Vor der Industrialisierung gab es noch keine Arbeitsmarkt im heutigen Sinne. Die meisten Menschen arbeiteten in der Landwirtschaft. Die als Knechte und Mägde Beschäftigten erhielten für ihre Arbeit keinen Lohn, sondern waren zumeist in lockerer Form der bäuerlichen Großfamilie assoziiert. Der Gedanke der Nutzung einer festumgrenzten Arbeitszeit war den Menschen noch fremd. Ähnliche Strukturen fanden sich auch im Handwerk. Der ausgebildete Handwerker machte sich selbständig, sobald er seine Gesellenjahre abgeleistete hatte. Während der Lehr- und Gesellenjahre war er in die Familie des Meisters integriert (vgl. Bach/Henning 1991, S. 15). Durch die zunehmende Industrialisierung wurden diese jahrhundertealten patriarchalischen Wirtschaftsformen verändert; die Produktionsbedingungen änderten sich, die Produktionseinheiten wurden größer und zahlreicher, der Kapitalbedarf stieg gewaltig. In den sich bildenden Großstädten entstanden wirtschaftliche Ballungsräume. Diese boten Arbeitsplätze und es bestand ein immenser Bedarf an Arbeitskräften. Landflucht und Abwanderung aus den Kleinstädten in die Großstädte waren die Folge davon. Es entstand das industrielle Proletariat, das zu seinem physischen Überleben auf den Verkauf seiner Arbeitskraft angewiesen war. Es war zwar frei, aber auch auf sich selbst gestellt, auf sich selbst angewiesen und damit schutzlos. Zusammenfassend lässt sich feststellen, dass die Entwicklung auf den entstehenden Arbeitsmärkten für den einzelnen nicht mehr überschaubar, sondern immer komplexer und unübersichtlicher wurde. Freiheiten oder Alternativen, die existierten, konnte der Arbeitnehmer aus Unkenntnis nicht wahrnehmen. Daher kam es oft dazu, dass der einzelne Arbeitnehmer in vielen Fällen der Ausbeutung eines übermächtigen monopolitischen Arbeitgebers, z. B. im Bergbau und/oder den hohen, oft wucherischen Vermittlungsgebühren der an Gewinn orientierten privatwirtschaftlich arbeitenden Arbeitsvermittlern ausgeliefert war.

Mangelnde Information und Transparenz über den relevanten Arbeitsmarkt führte aber auch auf Arbeitgeberseite zu Friktionen, Wachstums- und Produktivitätseinbußen; Fach– und Führungskräftemangel war bereits um die Jahrhundertwende ein ernstes Problem (vgl. Bach/Henning 1991, S. 16; Maier, D. 1990, S. 293f.).

So entstand das Bedürfnis nach arbeitsvermittelnden Agenturen, die es mit ihrer Professionalität Arbeitgebern wie Arbeitnehmern ermöglichen sollten, sich besser auf dem Arbeitsmarkt zurechtzufinden. In enger Verknüpfung mit den bereits aufgezeigten Veränderungen und Umwälzungen ereigneten sich in raschem Tempo soziale Umwälzungen.

Es entstanden neue soziale Probleme wie der Arbeitslosigkeit, der unterwertigen Beschäftigung, der überlangen täglichen Arbeitszeiten, der gesundheitlichen Überbeanspruchung der Arbeitskräfte, Arbeitsunfälle und Invalidität und schließlich der Armut weiter Bevölkerungskreise, die in ihrer Gesamtheit als **soziale Frage** Geschichte gemacht haben (vgl. Bach/ Henning 1991, S. 16; Kuster, F. 1976, S. 213).

Wie sah es zu dieser Zeit im Bereich der **Arbeitsvermittlung** aus? Aufgrund des gestiegenen Bedarfs an Fachkräften und Hilfsarbeitern in der arbeitsteiligen Produktion erweiterte sich der Arbeitsmarkt nicht nur in räumlicher Hinsicht, wie bereits oben beschrieben, sondern auch in fachlicher und qualitativer Hinsicht. Dementsprechend sah auch die Entwicklung der Arbeitsvermittlung aus.
Zusammenfassend lässt sich zum Ende des 19. Jahrhunderts feststellen, dass sich die Arbeitsvermittlung als ein „buntscheckiges Bild von Stellenvermittlungsbüros und Unterstützungseinrichtungen erwies, die alle über eine enge lokale Bedeutung nicht hinauskamen“ (Kuster, F. 1976, S. 214). Die **Berufsberatung** der Jugendlichen wurde zunächst als nicht so dringlich angesehen wie die Vermittlung Erwachsener und die Unterstützung der Arbeitslosen. Die Zahl der Fabrikarbeiter war zu Beginn des 19. Jahrhunderts auf schätzungsweise 300.000 Beschäftigte angestiegen. Diese Anzahl ergibt bereits eine Vorstellung von dem Ausmaß der Industrialisierung und der Größe der daraus erwachsenden arbeitsmarkt- und sozialpolitischen Probleme. Allerdings nahm sich der Staat ihrer noch nicht an, da „die uneingeschränkte liberalistische Wirtschaftsauffassung und die allgemeine Geisteshaltung einer absoluten Freiheitsbejahung“ (ebd.) dem im Wege standen.

Die entstandenen Vermittlungseinrichtungen wurden gewöhnlich **Arbeitsnachweise, Arbeitsnachweisbüros** oder **Stellenvermittlungsbüros** genannt. Motive für ihre Errichtung waren nach Kuster:
1. Soziale Sorge aus christlicher und humanitärer Verpflichtung,
2. wirtschafts- und sozialpolitische Überlegungen,
3. Verbandsinteressen,
4. Gewinnstreben.

Entsprechend diesen Beweggründen ließen sich die Träger der Arbeitsnachweise unterscheiden nach
1. gemeinnützigen Vereinen und Verbänden, die nicht gewerbsmäßige Vermittlung betrieben;
2. unentgeltlich arbeitenden öffentlichen Arbeitsnachweisen der Städte;
3. Gewerkschaften, Arbeitgeberverbänden, Innungen und Landwirtschaftskammern;

4. gewerbsmäßigen Stellenvermittlern (vgl. Kuster, F. 1976, S. 215f.; Bach/Henning 1991, S. 16f.).

Zusammenfassend lässt sich also feststellen, dass die Arbeitsvermittlung im 19. Jahrhundert von einer Vielzahl verschiedenartiger interessengebundener, lokal begrenzter Arbeitsnachweise betrieben wurde. Einzig die unparteiischen öffentlichen Arbeitsnachweise der Städte und gemeinnützigen Vereine besaßen günstigere Voraussetzungen für den Schritt zu größeren organisatorischen Einheiten und zur Erfassung größerer Wirtschaftsräume.
So kam es 1896 in Stuttgart zur Bildung der Württembergischen Landeszentrale für Arbeitsvermittlung. Im gleichen Jahr schlossen sich die Arbeitsnachweise Badens zum Verband badischer Arbeitsnachweise zusammen; in Düsseldorf gründete sich der Verband zur Förderung des Arbeitsnachweises für den Regierungsbezirk Düsseldorf und in Brandenburg entstand der Verband märkischer Arbeitsnachweise. Bereits 1897 trafen sich Vertreter der Arbeitsnachweise zur *„Ersten Deutschen Arbeitsnachweiskonferenz"* in Karlsruhe. Als Ergebnis der Beratungen wurde die Bildung des **Verbandes deutscher Arbeitsnachweise** im Jahre 1898 betrieben. Diesem Verbund gehörten Nachweisverbände in den einzelnen Bundesstaaten und in den preußischen Provinzen an (vgl. Kuster, F. 1976, S. 217).

Wie sah es aber mit der **Arbeitslosenunterstützung** aus ? Um 1840 wurde das Schlagwort *„soziale Frage"* geprägt. Die Schicht der Industriearbeiter lebte lediglich vom Stundenlohn, den sie mit ihrer Hände Arbeit erzielte. Es gab keine gesetzliche Regelung wie die der Kranken-, Unfall- und Invalidenversicherung. Sowohl Arbeitgeber als auch Arbeitnehmer betrachteten nach Kuster „den Arbeitsmarkt als eine Domäne, in die sich der Staat und die Kommunalverwaltungen nicht einmischen sollten" (Kuster, F. 1976, S. 218). Die **Gewerkschaften** beharrten noch bis zum I. Weltkrieg auf der Ablehnung einer staatlichen Arbeitslosenunterstützung. Ihrer Auffassung nach war die Selbsthilfe das geeignete Mittel, die unsozialen Begleiterscheinungen der industriellen Lohnarbeit zu bekämpfen, wie z.B. Lohndruck, unzumutbare Arbeitszeit, Kinderarbeit unter gesundheitsschädigenden Bedingungen. Zu diesem Zweck wurden **Unterstützungskassen** eingerichtet, aus denen sie freiwillige Leistungen an ihre Mitglieder zahlten. Diesen Einrichtungen kam in mehrfacher Hinsicht Bedeutung zu:

1. Von Arbeitslosigkeit betroffene Familien waren aufgrund der finanziellen Unterstützung vor der größten Not geschützt.
2. Dadurch, dass die Arbeitslosen nicht genötigt waren, um jeden Preis zu arbeiten, wurde der Druck auf die Löhne der Beschäftigten vermieden.

3. Der Mitgliederstand der Gewerkschaften wurde gehalten und sie bleiben kampffähige Organisationen auch in Zeiten der wirtschaftlichen Depression und in der Auseinandersetzung mit den Arbeitgeberverbänden (vgl. Kuster, F. 1976, S. 218).

Allerdings gab es keinen Rechtsanspruch auf Unterstützungsleistungen. Bis zum Ende des 19. Jahrhunderts hatte sich jedoch der Gedanke der Notwendigkeit von Unterstützungszahlungen in den Gewerkschaften durchgesetzt.

Wie sah es nun auf der Arbeitgeberseite aus? Einige fortschrittliche **Arbeitgeber**, wie z.B. der Lederfabrikant Cornelius Heyl, Worms; die Maschinenfabrik Heinrich Lanz, Mannheim, 1897 die Karl-Zeiß-Stiftung für optische Werke in Jena; die Maschinenfabrik A. L. Mohr in Hamburg-Harburg regelten Unterstützungsmaßnahmen für ihre Arbeitnehmer aus eigener Initiative (vgl. Kuster, F. 1976, S. 218).

Allerdings waren den Bemühungen der einzelnen sozialpolitisch aufgeschlossenen Unternehmer und den gewerkschaftlichen Unterstützungsmaßnahmen bei längerer Arbeitslosigkeit Grenzen gesetzt. Die Arbeitslosen mussten dann auf die **kommunale Armenfürsorge** der **Gemeinden** zurückgreifen. Diese suchten nun wie im Arbeitsnachweiswesen, aus fürsorgerischen und finanziellenünden auch für die Regelung des Unterstützungswesens nach wirksameren Lösungen. Die Ausführung dieser Pläne fiel zum Teil bereits in die ersten Jahre des 20. Jahrhunderts. Die Prinzipien, nach denen die Städte verfuhren, waren im Grundsatz die gleichen wie beider Errichtung der Arbeitsnachweise:

1. Sie zahlten Zuschüsse an die Verbände (Genter System);
2. sie richteten eigene kommunale Unterstützungskassen ein

(vgl. Kuster, F. 1976, S. 218).

Derweil rückte die Frage nach einer umfassenden **Arbeitslosenversicherung** immer mehr in den Fokus des öffentlichen Interesses, da die sozialpolitische Bedeutung des Problems unausweichlich zu einer allgemeinen öffentlichen Lösung drängte. Sozialpolitiker und Gelehrte wie z.B. Lujo Brentano und Jastrow, desgleichen die politischen Parteien verlangten den Schutz der Arbeiter für den Fall der Arbeitslosigkeit.Bis es jedoch zu einer umfassenden Arbeitslosenversicherung kam, vergingen noch Jahrzehnte (vgl. Kuster, F. 1976, S. 219).

Wie sah nun die **Berufsberatung** zum Ende des 19. Jahrhunderts und zu Anfang des 20. Jahrhunderts aus?

Die sozialpolitische Bedeutung der Berufsberatung wurde vergleichsweise zur Bedeutung der Arbeitsvermittlung und der Arbeitslosenunterstützung spät erkannt. In der Berufsberatung leisteten die Schulen einen erheblichen Beitrag. Zum Teil wurden in einigen Städten die Schulverwaltungen ausdrücklich mit der Berufsberatung Jugendlicher beauftragt, so z.B. in Lüdenscheid. Einige Universitäten, wie z.B. die Universität in Leipzig richteten sogar akademische Berufsberatungsstellen ein. Das vermehrte Eintreten von weiblichen Jugendlichen in das Berufsleben rief die Frauenbewegung auf den Plan, die sich speziell um die Gruppe der weiblichen Jugendlichen bemühte. So wurde 1898 vom *„Bund deutscher Frauenvereine"* der Begriff **Berufsberatung** geprägt. 1902 gründete dieser Bund Auskunftsstellen für Frauenberufe, die in den folgenden Jahren ausgebaut und vermehrt wurden. Erst im Jahre 1913 wurde von der **Zentralstelle für Volkswohlfahrt** in Berlin eine Konferenz einberufen, die sich mit den organisatorischen Fragen, den Aufgaben und einheitlichen Arbeitsmethoden der Berufsberatung auseinandersetzte. Zur weiteren Prüfung und Entwicklung der Probleme bildete die Zentralstelle für Volkswohlfahrt den **Deutschen Ausschuss für Berufsberatung**, der die Grundlagen für die weitere Arbeit schuf.

Als Fazit der bisherigen Betrachtungen lässt sich festhalten, dass bis zum Beginn des 20. Jahrhunderts die Entwicklung zu einer allgemeinen, ein Land oder das Reichsgebiet umfassenden Regelung mit Arbeitsvermittlung, Berufsberatung und Arbeitslosenunterstützung noch nicht einmal in Ansätzen feststellbar ist.

2.2 Die Entwicklung der deutschen Arbeitsverwaltung zu Beginn des 20. Jahrhunderts bis zum Ausbruch des Ersten Weltkrieges

Wie sah nun die Entwicklung der Arbeitsverwaltung zu Beginn des 20. Jahrhunderts aus ?
Im ersten Jahrzehnt des neuen Jahrhunderts ist kein herausragendes Ereignis festzustellen, das den Weg zu einer neutralen Arbeitsverwaltung ebnete. Allerdings lassen sich einige gesetzliche Regelungen benennen, die in Ansätzen als Zeichen des Fortschritts und als Teilerfolg Bedeutung hatten. Im Jahre 1900 wurde die **Gewerbeverordnungsnovelle** erlassen, die die Wiedereinführung der Konzessionspflicht für Stellenvermittler beinhaltete. Das bedeutete, dass für die Errichtung von gewerbsmäßigen Stellenvermittlungen wieder die Erlaubnispflicht eingeführt wurde. Diese Maßnahme war eine Reaktion auf die sich zu Ende des 19. Jahrhunderts abzeichnenden Missstände wie wucherische Gebührenforderungen, Vermittlung von ungeeigneten Arbeitnehmern oder Vermittlung in unzumutbare Beschäftigungsverhältnisse, die dazu führten, dass die zustande gebrachten Arbeitsverhältnisse von vornherein nur auf kurze Dauer angelegt waren.

Bereits 1810 wurde mit Hilfe der *preußischen Gesindeordnung* versucht, die Missstände der gewerbsmäßigen Stellenvermittlung zu steuern (vgl. Kuster, F. 1976, S. 217).
1902 verlangte der Vierte Gewerkschaftskongress in Stuttgart eine **„reichsgesetzliche Regelung der Arbeitsvermittlung“**, die die Gemeinden und Einzelstaaten zur Errichtung und Unterhaltung von Vermittlungsstellen verpflichten sollten. Der Wunsch nach einer Vereinheitlichung der Vermittlung war somit vorhanden. Im gleichen Jahr forderte die Dritte Arbeitsnachweiskonferenz in Berlin die **Abschaffung der gewerbsmäßigen Arbeitsvermittlung** und die **organisatorische Verbindung von Arbeitsnachweis und Arbeitslosenversicherung.** Eine staatliche Regelung der Arbeitsnachweise wurde im Gegen-satz zu den Gewerkschaften abgelehnt.
1910 wurde das sogenannte **Reichsstellenvermittlungsgesetz** erlassen, das die Vereinheitlichung des Stellenvermittlungswesens in Deutschland zum Inhalt hatte. Zusätzlich wurde die Aufsicht über nicht gewerbsmäßig betriebene Vermittlungsbüros durch die Länder sowie die bedarfsorientierte Prüfung von Gewerbezulassungen für gewerbsmäßige Stellenvermittler geregelt. Die Gebührenhöhe für Vermittlungen wurde 1911 in der **Reichsversicherungsordnung (RVO)** festgelegt (vgl. Bauer, Kurt G., S.7, 1995; Saxl, C.,S.6, 1988).
Durch das Reichsstellenvermittlungsgesetz kam es also wenigstens auf einem Teilgebiet des Arbeitsnachweiswesens zu einer gesetzlichen Regelung. Das Gesetz bestimmte folgendes:

1. Vor der Zulassung weiterer Stellenvermittler sollte geprüft werden, ob ein Bedürfnis dafür bestand.
2. Der Träger des öffentlichen Arbeitsnachweises sollte vor der Festsetzung der Gebühren durch die Behörde gehört werden.
3. Der Träger des öffentlichen Arbeitsnachweises konnte selbständig die Entziehung der erteilten Erlaubnis bei der örtlichen Behörde beantragen, wenn er Gründe für die Unzuverlässigkeit des Stellenvermittlers angeben konnte (vgl. Kuster, F. 1976, S. 219) .

Etwa um die gleiche Zeit wurde ein Teilsektor der **Unterstützung der Arbeitslosen** durch zwei Gesetze geregelt. 1909 und 1910 kam es infolge des *Tabaksteuergesetzes* und des *Gesetzes über den Absatz von Kalisalzen* für die Arbeiter im Tabakgewerbe und im Kalibergbau zu einer Beschäftigungskrise. Die Arbeitnehmer aus der Tabakbranche erhielten einen finanziellen Ersatz vom Reich, die anderen eine Entschädigung von den Besitzern der Kalibergwerke. Zwar handelte es sich hierbei nicht um eine versicherungsrechtliche Regelung, jedoch um eine **Hilfe für Kurzarbeit** oder **bei Arbeitslosigkeit.**
Bis in die 20er Jahre des 20. Jahrhunderts gab es für die Arbeitsvermittlung und Arbeitslosenversicherung keine umfassende Regelung. Die Versicherung für den

Fall der Arbeitslosigkeit blieb auch 1911 aus, als die Kranken-, Unfall- und Invalidenversicherung in der **Reichsversicherungsordnung (RVO)** ihr gemeinsames Gesetzbuch erhielten (vgl. Kuster, F. 1976,S. 220; BfA 1989, S. 12). 1912 bot das Arbeitsnachweiswesen ein Bild von Zusammenhanglosigkeit. So gab es damals nicht weniger als 2145 Arbeitsnachweisbüros, darunter z.B. 382 öffentliche Arbeitsnachweise, 547 Arbeitsnachweise der Gewerkschaften, 354 Nachweisbüros der paritätischen Einrichtungen, 561 der Innungen und 97 der Landwirtschaftskammern, von denen ein großer Teil fachlich nichts zu bieten hatte (vgl. Kuster, F. 1976, S. 220).

2.3 Die deutsche Arbeitsverwaltung im Ersten Weltkrieg (1914 - 1918)

Mit Ausbruch des Ersten Weltkrieges zeigte sich die völlig unzureichende Organisation der Arbeitsnachweise. Kriegsbedingt kam es zu einem Bedarf an Ersatz für die in den Krieg eingezogenen männlichen Arbeitskräfte aus dem zivilen Sektor, der Rüstungsindustrie und der Landwirtschaft. Die Reichsregierung war somit zum Handeln gezwungen. Sie musste versuchen, die notwendigen Voraussetzungen für eine zentrale Erfassung des Kräftebedarfs in den einzelnen Sektoren zu schaffen.
Mit Beginn des Ersten Weltkrieges wurde 1914 die **Reichszentrale für Arbeitsnachweise** als Abteilung des Reichsamtes des Inneren in Vereinbarung mit den Länderregierungen und Arbeitgeber- und Arbeitnehmerverbänden errichtet. Diese hatte die Aufgabe, die Folgen der Mobilmachung zu beseitigen, nämlich Ersatzkräfte für die in den Krieg eingezogenen Arbeiter zu beschaffen. Zugleich wurde durch die Errichtung dieser Zentrale die Organisation des Arbeitsnachweisund Vermittlungswesens vereinheitlicht. Ein „Arbeitsmarktanzeiger“ wurde herausgegeben. Allerdings blieb dieser praktisch ohne Bedeutung.
1915 fand die Forderung der Gewerkschaften nach einer reichsgesetzlichen Regelung des Arbeitsnachweiswesens in dieser Situation einhellige Zustimmung im Reichstag. Ihre Ausführung sollte jedoch letzten Endes am Widerstand der Arbeitgeber scheitern, die nicht bereit waren, ihre Machtposition auf dem Arbeitsmarkt aufzugeben. Da jedoch dieser Zustand kriegswirtschaftlich nicht vertretbar war, übertrug das Kriegsministerium 1915 den Arbeitsnachweisverbänden die Begutachtung der Zurückstellungsanträge der Wehrpflichtigen, die die Fabrikationsbetriebe der Kriegsrüstung für sich beanspruchten (vgl. Kuster, F. 1976, S. 220).
1916 wurde dann das sogenannte **Kriegshilfsdienstgesetz** erlassen, welches die Förderung von als kriegswichtig anerkannter Arbeit regelte bzw. festlegte, z.B. Arbeit in den Munitionsfabriken (vgl. Bauer, Kurt G. 1995, S. 7 ; Saxl, C. 1988, S. 6; Kuster, F. 1976, S. 220f).

Die sozialen Spannungen infolge der kriegsbedingten Ernährungs-schwierigkeiten, des Kriegsgewinnlertums, der absinkenden Kaufkraft der Löhne, der kriegsbedingten Frauen und Jugendlichenarbeit aktivierten die Gewerkschaften zu entscheidendem Vorgehen. Sie setzten folgende Regelungen im Kriegshilfsdienstgesetz durch:

1. Sicherungen für die Freiheit des Arbeitsvertrages: So durfte man nur dann zum Hilfsdiensteingezogen werden, wenn eine freiwillige Meldung vorlag oder mit Hilfe paritätisch besetzter Einberufungsausschüsse. Die Arbeitslöhne wurden auf Angemessenheit überprüft; es gab eine Garantie zum Arbeitswechsel bei Verbesserung der Löhne und der Arbeitsbedingungen.

2. Organisatorische Garantien: Die Ausschüsse wurden paritätisch durch Arbeitgeber- und Arbeitnehmervertreter besetzt, die aus Vorschlagslisten der Organisationen zu wählen waren.

Von den Vertretern der Schwerindustrie und der radikal linksgerichteten Arbeiterbewegung wurde das Gesetz allerdings abgelehnt (vgl. Kuster, F. 1976, S. 221).

Im selben Jahr erfolgte auch die Errichtung des sogenannten **Kriegsarbeitsamtes** und mit dem **Vaterländischen Hilfsdienstgesetz** wurde die Zusammenfassung der Arbeitsnachweise und die Einführung eines einheitlichen Organisationsprinzips (Drei-Stufen-Aufbau) sowie die Einführung von Organisationsgrundsätzen geregelt. Zugleich umfasste dieses Gesetz die Dienst-pflicht für Männer zwischen dem 17. und 60. Lebensjahr (vgl.Sachße/Tennstedt, Bd.2, 1988, S. 61; Bauer, Kurt G. 1995, S. 7). Wegen des reichlichen Angebotes weiblicher Arbeitskräfte erschien eine Zwangsregelung, die die Dienstpflicht auch auf die weibliche Bevölkerung ausdehnte überflüssig zu sein.
Bereits vor Erlass des Vaterländischen Hilfsdienstgesetzes hatte die Organisation der verstärkten Integration von Frauen in die Kriegsproduktion begonnen. Bei dem neu errichteten Kriegsamt wurden zwei Stellen geschaffen, die diese Aufgabe übernahmen. Das Kriegsamt gliederte sich zum einen in den Stab und zum anderen in die verschiedenen Abteilungen, wie z.B. dem **Kriegsarbeitsamt.** Beim Kriegsarbeitsamt wurde ein Frauenreferat eingerichtet, welches für die Probleme der Beschaffung und Vermittlung von weiblichen Arbeitskräften zuständig war. Beim Kriegsamt (Stab) wurde eine sogenannte Frauenarbeitszentrale gegründet, der sämtliche in Zusammenhang mit der Frauenarbeit in der Rüstungsindustrie entstehenden Fürsorgeaufgaben unterstanden (s. Sachße/Tennstedt, Bd.2, S.61, 1988; vgl. Abbildung 1). Sachße/Tennstedt beschreiben den Aufbau sehr ausführlich.

Auf regionaler Ebene wurden sogenannte Kriegsamtsstellen bei den verschiedenen Generalkommandos eingerichtet. Hier flossen schließlich die Aufgaben von Kriegsarbeitsamt und Kriegsamt zusammen (vgl. Sachße/ Tennstedt, Bd.2, S.61 ff, 1988). 1917 setzte schließlich eine systematische Durchgliederung des Arbeitsnachweisdienstes ein, die in ihrem Ansatz auf den späteren Aufbau der Arbeitsverwaltung nach örtlichen, bezirklichen und zentralen Aufgaben und entsprechenden Instanzen hinwies (s.o.; vgl. Kuster, F. 1976, S. 221).

Die **Arbeitslosenunterstützung** verlor unter dem Zwang des Krieges den Charakter der Armenpflege. Schließlich gaben auch die Gewerkschaften in Erkenntnis des allgemeinen sozialpolitischen Problems ihren Widerstand gegen die Einführung einer gesetzlichen Arbeitslosenunterstützung auf.

Das Reich stellte den Gemeinden Zuschüsse für die **Erwerbslosenfürsorge** zur Verfügung, die im Rahmen der **Kriegswohlfahrtspflege** gezahlt wurden und befristet nur auf die Dauer des Krieges berechnet waren. Allerdings erwarben die Arbeitslosen dadurch keinen Rechtsanspruch. Die Art und Höhe der Bewilligung war ganz und gar den Gemeinden überlassen. Einige verfuhren sehr großzügig, andere wiederum sehr sparsam, indem sie z.B. nur Bezugsscheine für Speisen, Kohlen oder Bekleidung ausgaben(vgl. Kuster, F. 1976, S. 221). Zum Ende des Ersten Weltkrieges schlossen sich Gewerkschaften und Arbeitgeberverbände zu einer Zentralarbeitsgemeinschaft zusammen. Der „Druck der drohenden Niederlage mit ihren überall sicht- und spürbaren Vorboten, ein zerrütteter Arbeitsmarkt, Elend, Hunger und Radikalisierung der Massen“ (ebd.) machten dieses Handeln notwendig.

Die Zentralarbeitsgemeinschaft trat nach Kuster für folgende Ziele ein:

„1. die Errichtung unparteiischer, öffentlicher und paritätisch besetzter Arbeitsnachweise in einer umfassenden reichseinheitlichen Organisation;
2. Zusammenfassung des Arbeitsnachweiswesens, der Berufsberatung und Arbeitslosenunterstützung als zusammengehörende und deshalb organisatorisch gemeinsam zu lösende Aufgabe;
3. die sofortige Errichtung einer Demobilmachungsbehörde durch die Reichsregierung, die neben anderen Aufgaben auch die Eingliederung der entlassenen Soldaten in den Arbeitsprozess übernehmen sollte“
(Kuster, F. 1976, S. 221).

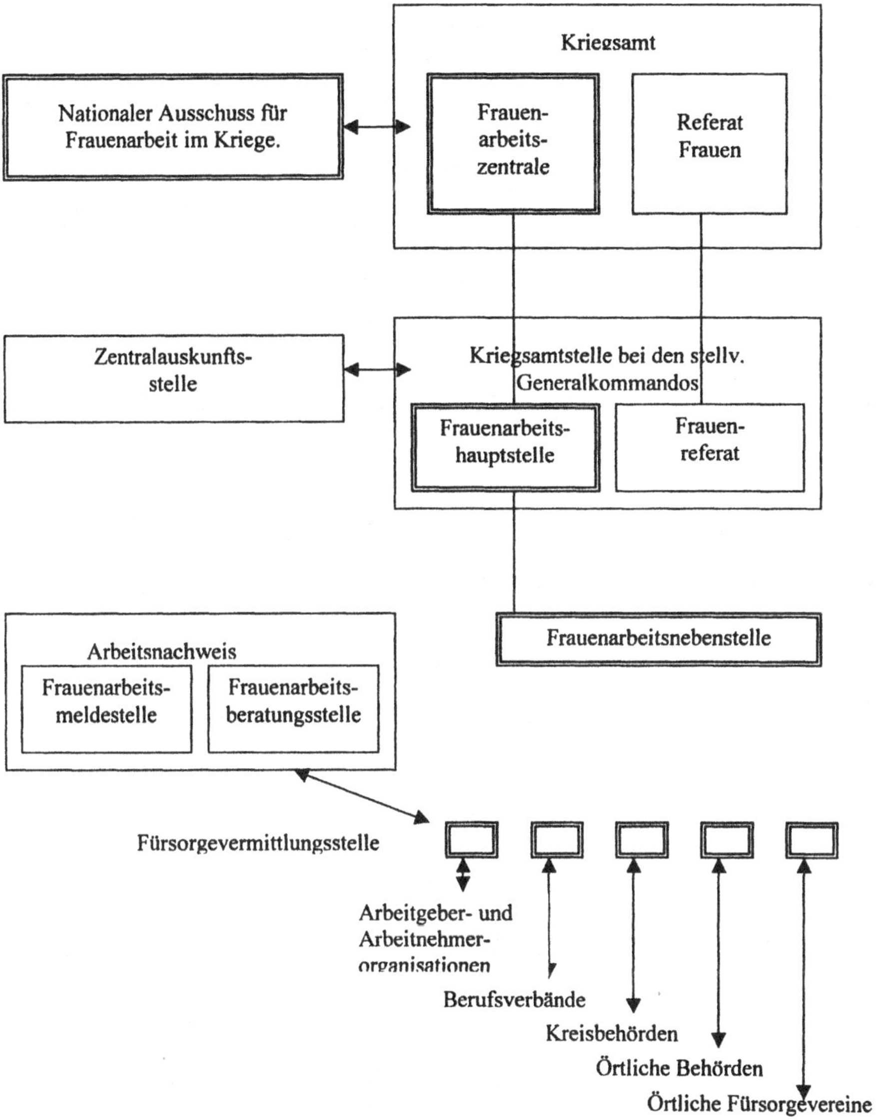

Abbildung 1: Frauenarbeit im Ersten Weltkrieg (Quelle: Sachße/Tennstedt 1988, S.63)

Aus dieser Zielformulierung der Zentralarbeitsgemeinschaft folgten zwei Entwicklungen. Zum einen eine **institutionelle** und zum anderen eine **materiell - rechtliche Entwicklung**. So wurde noch wenige Tage vor dem Zusammenbruch am 4.11. 1918 das **Reichsarbeitsamt** errichtet. Nach Kriegsende wurde noch im gleichen Monat das Kriegsamt durch das **Demobilmachungsamt** ersetzt.
In den Jahren 1918 und 1919 wurden eine Reihe von Demobilmachungsverordnungen erlassen, die die Wiedereingliederung der aus dem Krieg zurückkehrenden Soldaten in den zivilen Arbeitsprozess regeln sollten. Diese Verordnungen regelten folgendes:

- die Verpflichtung der Betriebe Kriegsheimkehrer wiedereinzustellen,
- die Anmeldepflicht offener Stellen,
- eine befristete Entlassungssperre und
- die Verpflichtung der Gemeinden zur Einrichtung der Erwerbslosenfürsorge, deren Kosten das Reich zu 3/6, das Land zu 2/6 und die Gemeinde zu 1/6 zu tragen hatten

(vgl. Saxl, C. 1988, S. 6f.; Bauer, Kurt G. 1995, S. 7; Kuster, F. 1976, S. 222).

Eine besondere Bedeutung für die Arbeitsverwaltung erlangte die *Demobilmachungsverordnung vom 9.12.1918.* Durch sie wurden die Landeszentralbehörden ermächtigt, Vorschriften über den Zusammenschluss der örtlichen Arbeitsnachweise zu erlassen. Außerdem waren sie befugt, die Gemeinden und Gemeindeverbände zur Errichtung öffentlicher, unparteiischer und paritätisch besetzter Arbeitsnachweise zu verpflichten.

2.4 Die Entwicklung der deutschen Arbeitsverwaltung in den Anfängen der Weimarer Republik (1919-1926)

1919 wurde erstmalig eine dezentrale Mittelinstanz in Form von Landesämtern für Arbeitsvermittlung errichtet, wie wir sie in Form der Landesarbeitsämter in der heutigen Bundesanstalt für Arbeit wiederfinden.
Im selben Jahr übernahm das **Reichsarbeitsministerium** die Aufgaben des Reichsarbeitsamtes.
Im Jahr 1920 wurde eine selbständige Behörde, das „**Reichsamt für Arbeitsvermittlung**" errichtet, die dem Reichsarbeitsministerium angegliedert war und somit zum ersten Mal flächendeckenden Charakter hatte. Durch die sogenannte **Verordnung über die Errichtung eines Reichsamtes für Arbeitsvermittlung** vom 5. Mai 1920 erhielt die Organisation des Arbeitsnachweises somit „eine reichseinheitliche Verwaltungsspitze" (Sachße/Tennstedt, Bd.2, S. 96, 1988).

Mit Wirkung vom 01.10 1922 trat das **Arbeitsnachweisgesetz (ANG)** in Kraft. Mit diesem Gesetz wurde das Reichsamt für Arbeitsvermittlung ebenso wie die Aufbauorganisation der Arbeitsnachweise neugeregelt. Es gab nun Landesarbeitsämter und örtliche Arbeitsnachweisämter. Ein dreistufiger Verwaltungsaufbau: Reichsamt, Landesämter und lokale öffentliche Arbeitsnachweise wurde übernommen (vgl. Abbildung 2).
Die Gemeinden wurden durch das Arbeitsnachweisgesetz zur Errichtung der lokalen Arbeitsnachweise verpflichtet (vgl. Saxl, C. 1988, S. 7; Sachße/ Tennstedt, Bd.2, 1988, S.96; Kuster, F. 1976, S. 222).

Die Kosten für diese Arbeitsnachweise hatten überwiegend die Gemeinden zu tragen. Das Gesetz sah lediglich Zuschüsse durch das Reich vor. Auf der Grundlage dieses Gesetzes wurden die nicht – öffentlichen Arbeitsnachweise zunehmend zurückgedrängt, wenn es auch noch kein Monopol gab (vgl. Sachße/Tennstedt, Bd.2, S. 96, 1988). Festgelegt wurde hierin allerdings das **Verbot der gewerbsmäßigen Stellenvermittlung.**
Mit einer Übergangsfrist bis zum 31.12.1930 wurden die nicht gewerbsmäßigen Arbeitsnachweise unter Länderaufsicht gestellt (vgl. Saxl, C. 1988, S.7; Bauer, Kurt G. 1995, S.7).
Am **ANG** blieb zu bemängeln, dass die Vielfältigkeit der nichtgewerbsmäßigen Stellenvermittlungen weiterhin bestehen blieb, dass die Organisation sich nachteilig für die praktische Arbeit erwies, weil die „alte Rivalität zwischen den Arbeitgeber- und Arbeitnehmernachweisen nicht voll überwunden war“ (Kuster, F. 1976, S. 222).
Die Gemeinden waren nur für die Verwaltung und den Haushalt zuständig, den Organen der Selbstverwaltung oblag die Regelung und die fachliche Aufsicht in allen Fragen der Arbeitsvermittlung, Berufsberatung und Erwerbslosenfürsorge (vgl. Kuster, F. 1976, S. 222; Schneider, J. 1997, S. 71580 ff.; Rottenecker/ Schneider 1996). In neueren Veröffentlichungen zur Geschichte der Arbeitsverwaltung, die z.T. auch im Rahmen zur berufskundlichen Dokumentation verwendet werden (s.o.) finden sich detailliertere Schilderungen.
Festzuhalten bleiben die positiven Ergebnisse, die durch das **ANG** erreicht wurden:

1. **Ein weitverzweigtes Netz von örtlichen Arbeitsnachweisstellen**, die über die Mittelinstanzen die Möglichkeit zur überörtlichen Vermittlungstätigkeit erhielten;

2. die **Einführung der Berufsberatung und Lehrstellenvermittlung** als fakultative Aufgabe der Nachweisämter und Landesämter für Arbeitsvermittlung; und schließlich

3. die **Verbindung der Erwerbslosenfürsorge mit der Arbeitsvermittlung** in den öffentlichen Arbeitsnachweisen
(vgl. Kuster, F. 1976, S. 222).

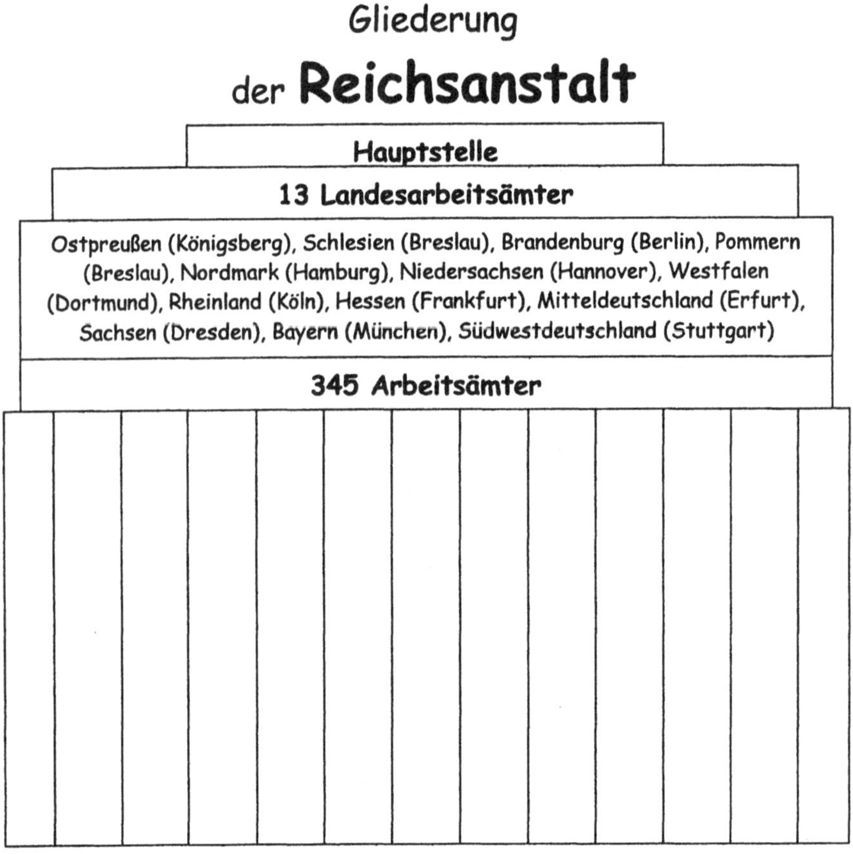

Abbildung 2 (in Anlehnung an Material der SEAD-BA = Sammlung der BA zur Entwicklung der Arbeitsverwaltung in Deutschland)

Die **Erwerbslosenfürsorge**, die vom 13. November 1918 bis zum 15. Oktober 1923 weitgehend bei den Gemeinden lag, wurde durch Verordnung vom 15. Oktober 1923 durch ein Ermächtigungsgesetzes grundlegend reformiert. Aufgrund der immer prekärer werdenden Finanzlage des Reiches und der Länder nach der Währungsstabilisierung kam es zu einem weitgehenden Rückzug der öffentlichen Hand aus der Finanzierung der Erwerbslosenfürsorge (vgl. Sachße/Tennstedt, Bd.2, 1988, S. 94 ff.). Die grundlegende Reform lag in der Umwandlung von der Fürsorge zur Arbeitslosenfürsorge, die auf dem Versicherungsprinzip beruhte.

Als Voraussetzung für den Unterstützungsbezug wurde nun eine 13wöchige ununterbrochene Beschäftigung in einem krankenversicherungspflichtigen Beschäftigungsverhältnis verlangt (vgl.Sachße/Tennstedt, Bd.2, 1988, S. 97 ff.). Die Erwerbslosenfürsorge wurde nun erstmals in das öffentliche Arbeitsnachweiswesen eingegliedert, die Fürsorgeausschüsse von 1918 wurden abgeschafft und die Unterstützungszahlung mit der Arbeitspflicht verknüpft. Die Aufbringung der Kosten wurde neu geregelt. Eine Neuerung bezog sich auf die Bereitschaft des Arbeitlosen, nachgewiesene Arbeit auch außerhalb seines Berufes anzunehmen. Eine Regelung, die sich mittlerweile auch im § 121 des Sozialgesetzbuches III (SGB III), sogenannte Aufhebung des Berufsschutzes, wiederfindet. Einen gewissen Schutz boten nur fehlende körperliche Zumutbarkeit und Versorgung der Familie (vgl. Sachße/Tennstedt, Bd.2, 1988, S. 97). Die Unterstützung konnte außerdem von der Teilnahme an gemeinnützigen Arbeiten und/oder Bildungsveranstaltungen abhängig gemacht werden. Diese Bedingungen fanden sich sowohl im Arbeitsförderungsgesetz sowie sie sich auch heute noch im Bundessozialhilfegesetz (BSHG) als auch im SGB III wiederfinden lassen.
Die Verordnung vom 15. Oktober 1923 führte auch erstmalig Beiträge der Arbeitgeber und Arbeitnehmer für die Erwerbslosenfürsorge ein, die nunmehr aus diesen Beiträgen als auch durch ergänzende Zuschüsse von Reich, Ländern und Gemeinden finanziert wurde (vgl. ebd.).
Die o. g. Verordnung beseitigte außerdem die kommunalen Fürsorgeausschüsse und übertrug deren Arbeit auf die kommunalen Arbeitsnachweise. Somit kam es durch diese Verordnung erstmals zu einer „engen Verzahnung von Erwerbslosenfürsorge und Arbeitsnachweis" (Sachße/Tennstedt, Bd.2, 1988, S. 97), wie sie ebenfalls zu einem späteren Zeitpunkt bei der Bundesanstalt für Arbeit anzutreffen ist.

Die **Berufsberatung** wurde mehr und mehr fester Bestandteil der Aufgaben der Nachweisämter. Die *Allgemeinen Bestimmungen über Berufsberatung und Lehrstellenvermittlung* vom Jahre 1923 verpflichteten die Landesämter zur Errichtung eines Beirates für die Berufsberatung (vgl. Kuster, F. 1976, S.223).

Am selben Tag des Jahres 1923 veröffentlichte die Reichsarbeitsverwaltung auch *„Allgemeine Grundsätze für die Berufsberatung und Lehrstellenvermittlung außerhalb der Arbeitsnachweisämter"*. Dabei stützte sie sich auf die Ermächtigung des § 26 Abs. 2 des ANG. Ziel dieser allgemeinen Bestimmungen und Grundsätze war es, eine einheitliche Arbeitsnachweisorganisation aufzubauen. Die Grundsätze wie unparteiische Berufsberatung und Lehrstellenvermittlung, welche die Neigung, die körperliche und geistige Eignung sowie die wirtschaftlichen und Familienverhältnisse der vor der Berufswahl stehenden Personen sowie die Arbeitsmarktlage und die Berufsaussichten angemessen berücksichtigen sollten, die Vermittlung der Lehrlinge in beruflich, sittlich und gesundheitlich einwandfreie Lehrstellen haben bis heute ihre grundsätzliche Bedeutung behalten.
Hinsichtlich der Eignung der Berufsberater und Lehrstellenvermittler außerhalb der öffentlichen Arbeitsverwaltung erfolgte durch das ANG jedoch ein erheblicher Rückschritt. Die o. g. Grundsätze legten nämlich im einzelnen fest, was unter der Eignung für diese oft verantwortungsvolle Tätigkeit zu verstehen war. Sie sollten über die erforderliche Sachkenntnis auf beiden Gebieten – der Lehrstellenvermittlung und der Berufsberatung – verfügen, sowie über die nötige Lebensreife, eine mehrjährige Berufserfahrung, die Befähigung zum Umgang mit Menschen und in der Regel ein Mindestalter von 28 Jahren vorweisen (vgl. Schneider, J. 1997, S. 71580; Rottenecker/Schneider 1996).

2.5 Die Reichsanstalt für Arbeitsvermittlung und Arbeitslosenversicherung in der Weimarer Republik (1927- 1932)

Mit Wirkung vom 01. Oktober 1927 trat das **Gesetz über Arbeitsvermittlung und Arbeitslosenversicherung (AVAVG),** das dem **Versicherungsprinzip** endgültig den Vorrang bei der Sicherung gegen Arbeitslosigkeit einräumte, in Kraft (vgl. Sachße/Tennstedt, Bd.2, 1988, S.98; vgl. Saxl, C. 1988, s.7; Bauer, Kurt G. 1995, S. 7).

Mit der Umsetzung dieses Gesetzes war eine grundsätzliche Umorganisation von Maßnahmen, Leistungen und Verwaltung verbunden. Es wurde die **Reichsanstalt für Arbeitsvermittlung und Arbeitslosenversicherung** gegründet, die die Spitze der neuen Arbeitsverwaltung bildete. Ihr nachgeordnet waren die 13 Landesarbeitsämter, die an Stelle der vorher 22 Landesämter für Arbeitsvermittlung traten und letztendlich 361 Arbeitsämter als lokale Behörden an Stelle von 885 kommunalen Arbeitsnachweisen (vgl. Abbildung 2). Ein Prinzip, das sich auch heute noch bei der Bundesanstalt für Arbeit wiederfindet (vgl. Meyer, H. 1994, S. 12; Sachße /Tennstedt, Bd.2, 1988, S. 98, Kuster, F. 1976, S.223. Die Reichsanstalt besaß nun einen eigenen Haushalt, der der

Genehmigung der Reichsregierung bedurfte. Die Aufgaben der Reichsanstalt wurden über wiegend durch Angestellte wahrgenommen. Beamte waren hingegen zunächst nur die Präsidenten der Hauptstelle und der Landesarbeitsämter sowie die Direktoren der Arbeitsämter. Daneben gab es noch einige wenige leitende Beamte in der Hauptstelle und den Landesarbeitsämtern. Bis zum Jahre 1935 betrug der Personalstand rund 22.000 Bedienstete (vgl. Kuster, F. 1976, S. 223).
Aus wirtschaftlichen und arbeitsmarktpolitischen Erwägungen, kam es zur Einrichtung größerer Arbeitsamts- und Landesarbeitsamtsbezirke. Sie sollten zugleich auch innerbezirklich einen Ausgleich der Arbeitskräfte ermöglichen und den Verkehr zwischen den Arbeitsämtern und Landesarbeitsämtern erleichtern.
Zusammenfassend lässt sich feststellen, dass sowohl die Landesarbeitsämter als auch die Arbeitsämter Dienststellen der Reichsanstalt waren und die gesamte Arbeitsverwaltung nunmehr vom Reich getragen wurde. Die Arbeitsverwaltung war somit aus der Zuständigkeit von Ländern und Gemeinden gelöst.

Eine wesentlich größere Bedeutung als im ANG wurde der Selbstverwaltung beigemessen.
Die Verwaltung lag auf allen Ebenen bei Verwaltungsausschüssen. Diese waren paritätisch von Vertretern der Arbeitgeber, der Arbeitnehmer und der öffentlichen Körperschaften (Reich, Länder, Gemeinden) besetzt (vgl. Sachße/ Tennstedt, Bd.2, 1988, S. 98).
Durch Einbeziehung der öffentlichen Körperschaften war nach Sachße/Tennstedt „der Gedanke der Selbstverwaltung in der Sozialversicherung erheblich modifiziert“ (ebd.).

Inhaltlich integrierte das neu geschaffene AVAVG **Arbeitslosenversicherung, Arbeitsvermittlung** und **Berufsberatung** und nahm so den Regelungsbereich des Gesetzes über den Arbeitsnachweis mit auf. Zusätzlich wurde die Regelung der produktiven Erwerbslosenfürsorge, nun wertschaffende Arbeitslosenfürsorge genannt, sowie die Krisenfürsorge für die Arbeitslosen, deren Anspruch auf Arbeitslosenunterstützung nach 26 Wochen erschöpft war, ins AVAVG übernommen. Allerdings bestanden im Rahmen der Krisenfürsorge, die auch weiterhin eine Bedürftigkeitsprüfung voraussetzte, Fürsorgeprinzipien auch unter dem AVAVG weiter fort.

Die **Krisenfürsorge** wurde zu lediglich vier Fünfteln vom Reich, zu einem Fünftel jedoch weiterhin von den Gemeinden finanziert. Aufgrund der hohen Arbeitslosigkeit bedeutete der Fortbestand der Fürsorgeprinzipien weiterhin eine fortwährende finanzielle Belastung der Gemeinden mit den Kosten der Arbeitslosigkeit. Durch die spezifische Regelung des AVAVG wurden diese

Kosten noch erhöht. Das AVAVG sah nämlich zwingend eine Höchstdauer der Arbeitslosenunterstützung von nur 26 Wochen vor. Nach der früheren Regelung konnte die Arbeitslosenunterstützung bis auf 52 Wochen ausgedehnt werden, was auch aufgrund der zunehmenden Dauerarbeitslosigkeit in der Regel so gehandhabt wurde.
Die neue Regelung bedeutete also eine Halbierung der Zeit, nach deren Ablauf die Unterstützungsberechtigten aus der Arbeitslosenversicherung ausgesteuert wurden und in die Krisenfürsorge einmündeten (vgl. Sachße/Tennstedt, Bd.2, 1988, S. 99). Allerdings wurden im gleichen Zug die Anwartsschaftszeiten für die Berechtigung zur Arbeitslosenunterstützung von 13 auf 26 Wochen verdoppelt. Das bedeutete, dass man mindestens sechs Monate in einem krankenversicherungspflichtigen Beschäftigungsverhältnis gestanden haben musste, um Arbeitslosenunterstützung zu erhalten, statt wie bisher nur drei Monate.
Wer also nur 13 Wochen Anwartschaftszeit erfüllt hatte, erhielt von vornherein nur Krisenunterstützung. Gegenüber der früheren Regelung wurde somit also die Zahl der Empfänger von Krisenunterstützung drastisch vermehrt. Trotz des Versicherungsprinzips stieg der Kostendruck auf die Gemeinden. Allerdings war auch die Krisenfürsorge nur auf 26 Wochen beschränkt. Das bedeutete für all diejenigen, die danach endgültig aus dem Geltungsbereich des AVAVG ausgesteuert wurden, sich an die kommunale Fürsorge (Armenfürsorge) zu wenden, die voll von den Gemeinden zu finanzieren war. Diese Regelung betraf auch all die Arbeits- und Erwerbslosen, die wegen fehlender Voraussetzungen nicht in der Arbeitslosenversicherung versichert waren und diejenigen, bei denen die Leistungen der Arbeitslosenversicherung zur Deckung des notwendigen Lebensunterhaltes nicht ausreichten (vgl. ebd.). Ein Prinzip, das sich heute auch bei der Ergänzung von Arbeitslosengeld bzw. Arbeitslosenhilfe durch die Gewährung von zusätzlicher Sozialhilfe und / oder Wohngeld widerspiegelt.

Die erste größere Bewährungsprobe musste die Reichsanstalt für Arbeitsvermittlung und Arbeitslosenversicherung 1929 bestehen. Bedingt durch die einsetzende Wirtschaftskrise, erreichten die Arbeitslosenzahlen die 6-Millionen-Grenze, die Beitragssätze mussten demzufolge von 3 % auf 6,5 % erhöht werden (vgl. Tabelle 1). Die Bildung einer Rücklage für den Notfall war unter den katastrophalen Wirtschafts- und Arbeitsmarktverhältnissen nicht möglich.

Als Reaktion auf die Arbeitsmarktmisere nahm die Reichsanstalt für Arbeit erstmalig **Arbeitsförderungsmaßnahmen** und **konjunkturelle Belebungsmaßnahmen** in großem Ausmaß in Angriff. Aufgrund der allgemeinen wirtschaftlichen Depression blieb ihnen jedoch ein breiterer Erfolg versagt. Eine

gezielte Konjunkturpolitik der Reichsregierung, wie sie heute bei dem Stand der volkswirtschaftlichen Erkenntnisse möglich ist, unterblieb damals, weil die damalige Einstellung zur Wirtschaft besagte, dass Ausgaben aus öffentlichen Mitteln aus Sparsamkeitsgründen zu vermeiden seien (vgl. Adamy, W./ Steffen, J. 1982, S. 276 ff.). (Adamy und Steffen haben sich ausführlich mit den damaligen arbeitsmarktpolitischen Maßnahmen auseinandergesetzt; Anm. d. Verf.)
Deshalb wurden die Arbeitsämter trotz aller Bemühungen, Arbeitslosigkeit durch Vermittlung in Arbeit zu verhüten und zu beenden, lediglich zu Stellen für die Zahlung der Arbeitslosenunterstützung, die ihnen den auch heute noch bekannten Beinamen der *„Stempelstellen"* eintrugen.

Für die **Berufsberatung** wurde ein Fortschritt insofern erzielt, als die gewerbsmäßige Berufsberatung vom 01.10.1929 verboten wurde (vgl. Kuster, F. 1976, S. 224).

Entwicklung der Arbeitslosigkeit in Deutschland (in Mio.)

Monat / Jahr	**1928**	**1929**	**1930**	**1931**	**1932**	**1933**	**1934**	**1935**	**1936**	**1937**
Januar	2,3	2,8	3,2	4,9	6,0	6,0	3,8	3,0	2,5	1,8
März	1,7	2,5	3,0	4,7	6,0	5,6	2,8	2,4	1,9	1,2
Mai	1,2	1,4	2,6	4,1	5,6	5,0	2,5	2,0	1,5	0,8
Juli	0,9	1,3	2,8	4,0	5,4	4,5	2,4	1,8	1,2	0,6
September	0,8	1,3	3,0	4,4	5,1	3,8	2,3	1,7	1,0	0,2
November	1,1	2,0	3,7	5,1	5,4	3,7	2,4	2,0	1,2	0,6
Jahresdurchschnitt	1,4	1,9	3,1	4,5	5,6	4,8	2,7	2,2	1,6	0,9

Tabelle 1 (Quelle: ibv DOKU 19/97)

2.6 Die Reichsanstalt unter der nationalsozialistischen Herrschaft (1933-1945)

Bereits im März 1933 wurde die Selbstverwaltung der Reichsanstalt für Arbeit durch die Diktatur Hitlers beseitigt. Die Befugnisse der Selbstverwaltung wurden vom Reichsarbeitsminister auf den Präsidenten der Reichsanstalt übertragen. Zwar beseitigten die Arbeitsbeschaffungsprogramme die Arbeitslosigkeit, sie verlangten aber dafür die Lenkung und den Arbeitseinsatz der Kräfte rücksichtslos nach sogenannten *„staatspolitisch wichtigen Zwecken"*.

Die **Arbeitsvermittlung** wandelte sich unter der nationalsozialistischen Herrschaft zum **Arbeitseinsatz** (vgl. Maier, D. 1989, S.33ff.). Eignungen, Neigungen und Wünsche, die persönlichen Verhältnisse der arbeitssuchenden Menschen sowie die Merkmale und besonderen Verhältnisse der Arbeitsplätze hatten in dieser Zeit hinter die Ziele der Arbeitseinsatzpolitik zurückzutreten.

Einige Beispiele aus der Zeit sollen die Praxis der Arbeitseinsatzpolitik verdeutlichen und veranschaulichen:

- Die Arbeitsämter mussten eine Sonderaktion zu bevorzugten Unterbringung alter Parteikämpfer in Arbeitsplätze durchführen (Erlass vom 18.10.1933);
- Der Präsident übte seit dem 10.11.1933 die Befugnisse der an diesem Tag aufgelösten Selbstverwaltung aus (Erlass);
- Auswärtige durften in Großstädten nur noch mit Zustimmung des Arbeitsamtes eingestellt werden (Berlin, Anordnung vom 17.05.1934; Hamburg, Anordnung vom 30.08.1934);
- Einführung des Arbeitsbuches für alle Arbeitnehmer (Gesetz vom 20.02.1935), das schließlich ein lückenloses Kontrollsystem über die berufliche Vorbildung und Verwendbarkeit, über den Wohnsitz und die Arbeitsstellen der erwerbsfähigen Bevölkerung schuf;
- Bauarbeiter und alle Metallarbeiter, die außerhalb ihres Berufes arbeiteten, waren dem Arbeitsamt seitens der Arbeitgeber zu melden (Anordnung vom 01.03.1938);
- Deutsche konnten zur Dienstleistung auf zugewiesenen Arbeitsplätzen oder zur Berufsausbildung verpflichtet werden (Verordnung vom 22.06.1938);
- Arbeitsverhältnisse durften nur noch mit Zustimmung des Arbeitsamtes gelöst werden (Verordnung vom 01.09.1939);
- Juden hatten die ihnen von den Arbeitsämtern zugewiesenen Beschäftigungen anzunehmen (Verordnung vom 31.10.1941);
- Personen aus der Landwirtschaft konnten vom sogenannten Ortsbauernführer auf begrenzte Zeit zum Einsatz in der Landwirtschaft verpflichtet werden (Verordnung vom 07.03.1942);
- Ein Generalbevollmächtigter für den Arbeitseinsatz wurde eingesetzt zum Zweck der Steuerung des Einsatzes verfügbarer und Mobilisierung unausgenutzter Arbeitskräfte (Erlass vom 21.03.1942);
- Männer im Alter von 16 bis 65 Jahren und Frauen im Alter zwischen 17 und 45 Jahren hatten sich beim Arbeitsamt zu melden, um unverzüglich zu kriegswichtigen Arbeiten eingesetzt zu werden (Verordnung vom 17.01.1943);

- Arbeitskräfte für Aufgaben der Reichsverteidigung konnten durch Stillegung von Betrieben freigemacht werden (Verordnung vom 29.01.1943);
- „Das gesamte öffentliche Leben ist den Erfordernissen der totalen Kriegsführung in jeder Beziehung anzupassen“ (Erlass vom 25.07.1944), Strafe für Verstöße mit Vorsatz oder mit besonders schwerem Nachteil bedeuteten für den einzelnen: Zuchthaus oder Tod (Verordnung vom 25.08.1944)

(vgl. Bach/Henning 1991, S. 18 f.; Uhlig, O. 1970, S. 267 ff.; Fingerhut, R. 1991).
Auffällig ist bei der Betrachtung der dargestellten Lektüre vor allem Folgendes:

- Die Zunahme des Zwangscharakters der Vorschriften im Laufe der Zeit bis hin zu Betriebsstillegungen und sogar zu Bestrafung mit Zuchthaus oder Tod,
- parallel dazu, fand eine immer stärkere Verlagerung der Rechte bzw. Ermächtigungsgrundlagen vom Gesetz hin zu Verordnung, Anordnung und Erlass statt.

Bereits mit dem **Monopolgesetz** vom 5.11.1935 wurde der Reichsanstalt das alleinige Recht zur Tätigkeit auf dem Gebiete der **Arbeitsvermittlung, Berufsberatung** und **Lehrstellenvermittlung** verliehen. Zu dieser Zeit kam die abfällige Bezeichnung der Arbeitsämter als *„Bezirkskommandos der Wirtschaft“* auf, welche in Anbetracht der Aufgabenstellung und der Tätigkeit der Ämter durchaus ihre Berechtigung hatte (vgl. Kuster, F. 1976, S. 224).

Wie sah es nun hinsichtlich der institutionellen und materiell-rechtlichen Entwicklung der Reichsanstalt für Arbeit unter der nationalsozialistischen Herrschaft aus?
Im Dezember 1938 wurden die Aufgaben und Befugnisse des Präsidenten der Reichsanstalt auf den Reichsarbeitsminister übertragen. Der Präsident der Reichsanstalt wurde nun Staatssekretär im Reichsarbeitsministerium, die Hauptstelle wurde in das Reichsarbeitsministerium eingegliedert. Was passierte nun mit den Landesarbeitsämtern und den Arbeitsämtern? Sie erhielten ein halbes Jahr später den Status unmittelbarer Reichsbehörden, die dem Reichsarbeitsministerium unterstanden.
Diese Ereignisse bedeuteten für die Reichsanstalt für Arbeit, dass sie aufgehört hatte als eigene Selbstverwaltungskörperschaft zu bestehen. Für einen Teil der Aufgaben blieb jedoch die Körperschaft des öffentlichen Rechts unter der Bezeichnung **„Reichsstock für Arbeitseinsatz“** bestehen.
Die Befugnisse des Reichsstocks für Arbeitseinsatz beschränkten sich auf die Einnahmen und Ausgaben der Beiträge im Rahmen des Haushaltsplans. Die Dienstaufsicht und die Verwaltung des Reichsstocks lag beim Reichsarbeitsministerium. Die Beiträge, die zuletzt in der Weimarer Republik aufgrund der

hohen Arbeitslosigkeit auf 6,5 % festgelegt worden waren, erreichten nun bei der fehlenden Arbeitslosigkeit hohe Summen. Diese Beiträge wurden zweckwidrig für Rüstungs- und Kriegsausgaben verwendet (vgl. Kuster, F. 1976, S. 224).
1942 wurde „zur Mobilisierung aller Kräfte für den totalen Krieg" (ebd.) der Arbeitseinsatz aus dem Reichsarbeitsministerium ausgegliedert und dem eigens hierfür ernannten **Generalbevollmächtigten für den Arbeitseinsatz** unterstellt. Die Gauleiter der NSDAP wurden zu politischen Beauftragten für den Arbeitseinsatz bestellt. An Stelle der 22 Landesarbeitsämter traten somit 40 **Gauarbeitsämter** (vgl. ebd.).

2.7 Die Arbeitsverwaltung nach dem Zweiten Weltkrieg in der britischen, amerikanischen und französischen Besatzungszone (1945-1949)

Mit der Auflösung der Reichsverwaltung war auch die Organisation der Arbeitsverwaltung zerschlagen. In den ersten Jahren nach Ende des Zweiten Weltkrieges ging die „Zwangsbewirtschaftung des Faktors Arbeit" (Bach/ Henning 1991, S. 19) notgedrungen weiter. Aufgrund des völligen staatlichen und wirtschaftlichen Zusammenbruchs, der Kriegszerstörungen, der desolaten Versorgungslage der Bevölkerung, der Flüchtlings- und Vertriebenen-ströme und anderen Bedingungen gab es vorerst keine andere Möglichkeit der Vorgehensweise. Der Aufbau der Arbeitsverwaltung ging erst langsam von der örtlichen Ebene ausgehend vor sich. So wurden die Arbeitsämter teils unter die Obhut der Gemeinden oder der Kreisverwaltung, teils unter direkter Aufsicht der örtlichen Besatzungsstellen der Besatzungsmächte tätig. Einige blieben unter der Dienstaufsicht der noch funktionsfähigen Landesarbeitsämter. Die Selbstverwaltung, die im AVAVG begründet gewesen war, wurde wieder reaktiviert, indem Beratungsausschüsse eingerichtet wurden, deren Errichtung durch Kontrollrats-Direktive angeordnet wurde.

In der britischen Zone wurde bereits 1946 das **Zentralamt für Arbeit** in Lemgo errichtet.
In der amerikanischen Zone wurde die Einheitlichkeit in der Gesetzgebung und in der Durchführung der Gesetze auf dem Gebiet der Arbeitsvermittlung und Arbeitslosenversicherung durch die koordinierende Tätigkeit des Süddeutschen Länderrates gefördert. Die sogenannte *„Konferenz der Arbeitsbehörden des Vereinigten Wirtschaftsgebietes"* versuchte, indem sie sich zu regelmäßigen Arbeitstagungen traf, eine Aufrechterhaltung eines einheitlichen Arbeitsrechts und eine Sozial- und Arbeitsmarktpolitik unter übergeordneten Gesichtspunkten durchzusetzen. (vgl. Kuster, F. 1976, S. 225).

Ebenfalls 1946 erließ das Staatsekretariat für das französisch besetzte Gebiet Württembergs und Hohenzollerns mit Genehmigung der französischen Militärregierung eine „Rechtsanordnung über den Arbeitseinsatz", in der allen Arbeitern, Angestellten, Lehrlingen, Praktikanten und Volontären vorgeschrieben wurde, anstelle des Arbeitsbuches ein Berufsbuch zu führen. Im zweiten Abschnitt befasste sich die Verordnung wieder mit der Arbeitsvermittlung und dem Arbeitseinsatz (vgl. Schneider, J. 1997, S. 71632).

Wie sah es nun mit der Durchführung der **Arbeitsvermittlung** aus?
Die Besatzungsmächte hielten zur Erfüllung ihrer eigenen Bedürfnisse an der **Arbeitsplatzwechselverordnung** vom 01.09.1939 fest. Der Arbeitseinsatzzwang wurde zudem noch durch den Kontrollbefehl Nr. 3 verschärft. Die Ausführung dieser Verordnung oblag wieder den Arbeitsämtern. Wie sicherlich nachvollziehbar, stießen die Maßnahmen der Arbeitsämter auch in diesen Jahren bei der Bevölkerung auf Kritik, da sie sich weiterhin bzw. erneut hinsichtlich ihrer Arbeitsfähigkeit registrieren lassen mussten, zwangsweise zu Arbeitsgelegenheiten zugewiesen wurden, die nicht ihren Interessen entsprachen und darüber hinaus auch noch mit weitgehend entwertetem Geld entlohnt wurden (vgl. Bach/Henning 1991, S. 19; Kuster, F. 1976, S. 225; Schneider, J. 1997, S.71621 ff.).

Bis 1946 konnten die Arbeitsämter infolge der Blockierung der Mittel des Reichsstocks für Arbeitseinsatz keine Unterstützungen an Arbeitslose auszahlen. Allerdings wurden 1946/47 angesichts starker und zunehmender Arbeitslosigkeit in einzelnen Ländern der Westzonen vorübergehend wieder Zahlungen aufgenommen, die aus den laufenden Beitragseinnahmen, die in alter Höhe zunächst weiter erhoben wurden, finanziert wurden.
Im Herbst 1947 verständigten sich schließlich der Länderrat der amerikanischen Zone und das britische Zentralamt für Arbeit auf ein Änderungsgesetz zum AVAVG (LRGS S.152), so dass am 01.10.1947 zumindest in diesen beiden Zonen das **Arbeitslosenversicherungsrecht** aus der Weimarer Zeit im Grundsatz wieder hergestellt werden konnte (vgl. Kuster 1976, S. 224 f.; Frerich/Frey 1993, Bd.3, S. 8 f.).
Allerdings wichen die gesetzlichen Regelungen in den einzelnen Besatzungszonen in zahlreichen Punkten voneinander ab.
Um dieser Uneinheitlichkeit ein Ende zu bereiten, ermächtigten die amerikanische und britische Militärregierung 1948 den Wirtschaftsrat für das Vereinigte Wirtschaftsgebiet zum Erlass von Verordnungen auf dem Gebiet des Arbeitswesens. So wurde zumindestens in der britischen und amerikanischen Zone eine Vereinheitlichung des Rechts ermöglicht (vgl. Frerich/Frey 1993, S. 5ff.).

2.8 Die Anfänge der Arbeitsverwaltung in der sowjetischen Besatzungszone und die Berufsberatung in der Deutschen Demokratischen Republik

In der sowjetischen Besatzungszone wurde 1945 eine „Deutsche Verwaltung für Arbeit und Sozialfürsorge" errichtet. Die Befehle der Sowjetischen Militärverwaltung Nr. 65 und Nr. 153 schrieben die Registrierung der arbeitsfähigen Männer und Frauen sowie die Lenkung und Vermittlung von Arbeitskräften durch staatliche Einrichtungen vor. Es zeichnete sich also eine ähnliche Vorgehensweise wie in den anderen Besatzungszonen ab.
Am 07.10.1949 wurde die Deutsche Demokratische Republik gegründet.
1951 wurde das **Staatssekretariat für Berufsbildung** für die Berufsberatung und Berufsnachwuchsplanung zuständig. Es koordinierte die Werbemaßnahmen der Betriebe, die diese zur Nachwuchsgewinnung so lange durchführten, bis das Plansoll an neu einzustellenden Jugendlichen erfüllt war.

Im selben Jahr löste die **Verordnung über die Aufgaben der Arbeitsverwaltung und über die Lenkung der Arbeitskräfte** vom 12.07.1951 die *Ämter für Arbeit und Sozialfürsorge* und damit auch die Arbeitsverwaltung im Osten Deutschlands auf. Die Auflösung erfolgte u. a. auch deshalb, weil die Ämter sich seit 1948 der Arbeitsvermittlung statt der von ihnen geforderten Arbeitskräftelenkung zugewandt hatten.

Allerdings wurde bis Ende 1977 noch eine sehr geringe **Arbeitslosenunterstützung** von den Dienststellen der Sozialversicherung bei vorübergehendem unverschuldeten Verlust des Arbeitsplatzes gezahlt. Die **Berufsberatung** blieb unter Aufsicht der bei den Stadt- und Kreisverwaltungen neu gebildeten *„Abteilungen für Berufsausbildung"* bestehen.
1958 wurde im Zuge der Reform der Wirtschaftsverwaltung das bisherige „Ministerium für Arbeit und Berufsausbildung" durch das „Komitee für Arbeit und Löhne" als einem Organ des Ministerrats abgelöst und für die Arbeitspolitik zuständig.
Die bisherigen „Abteilungen für Arbeit und Berufsausbildung" bei den Räten der Bezirke und der Kreise wurden in „Abteilungen" bzw. „Referate für Arbeit" umbenannt und als Fachorgane den Wirtschaftsräten bzw. Plankommissionen der Bezirke bzw. Kreise zugeordnet.

Eine erneute Umbennung dieser „Abteilungen" bzw. „Referate für Arbeit" erfolgte am 28.08.1961. Von nun an hießen diese *„Ämter für Arbeit und Berufsausbildung"*. Zugleich änderte sich auch ihre Aufgabenstellung. Ihnen wurden wichtige Aufgaben bei der Aufstellung der Arbeitskräftepläne der Betriebe und des Wirtschaftsgebietes, bei der Koordinierung der Arbeitskräfteverteilung und bei der rationellen Nutzung der gesellschaftlichen

Arbeitskraft zugewiesen. Die „Ämter für Arbeit und Berufsberatung" wurden als besondere Fachorgane der Räte der Bezirke und Kreise geführt.
Die Verordnung vom 24.08.1961 zur Verbesserung und Arbeitskräftelenkung und Berufsberatung räumte den *„Ämtern für Arbeit und Berufsberatung"* einen weitreichenden Einfluss auf die Arbeitskräftelenkung ein.

1967 entstand in Leipzig das allererste Berufsberatungszentrum (BBZ) der Deutschen Demokratischen Republik. Seine Aufgabe bestand darin, die Aktivitäten der Schulen, Betriebe und anderer Organisationen hinsichtlich der Berufsberatung zu unterstützen und bei erwachsenen Personen Arbeitsberatung durchzuführen.
Im Jahre 1970 wurden die „Ämter für Arbeit und Berufsberatung" der Räte, Bezirke und Kreise bzw. der „Organe für Berufsbildung und Berufsberatung" bei den Räten der Kreise am
01.09.1970 in „Abteilungen Berufsbildung und Berufsberatung" umgewandelt. Der pädagogisch ausgebildeten Berufsberatungskonzeption wurde mit der Verordnung über die Berufsberatung vom 15.04. zum Durchbruch verholfen.
1973 übertrug das Gesetz der örtlichen Volksvertretungen und ihre Organe vom 12.07. den als Fachorgane der Räte der Bezirke neu geschaffenen *„Ämtern für Arbeit und Löhne"* (AAL) und den bei den Räten der Kreise angesiedelten *„Ämtern für Arbeit"* (AA) die Arbeitskräfteplanung und Arbeitskräftelenkung. Ihnen kam auch die Aufgabe zu, diejenigen zu beraten und in die volkswirtschaftlich gewünschten Arbeitsplätze zu lenken, die erstmalig eine Berufstätigkeit aufnahmen, ihren Arbeitsplatz wechseln wollten oder aufgrund von Rationalisierungsmaßnahmen, Betriebsumstellungen oder aus anderen Gründen eine berufliche Neuorientierung vornehmen mussten.

Auf weitere Gesetze hinsichtlich der Regelung der Berufsberatung in der Deutschen Demokratischen Republik soll nicht weiter eingegangen werden. Zum Abschluss werden noch die Auswirkungen der Wirtschafts- und Währungsunion ab dem 01.07.1990 betrachtet. Durch diese Union trat am 01.07.1990 das Arbeitsförderungsgesetz für die Deutsche Demokratische Republik in Kraft. Seine Bestimmungen lehnten sich sehr stark an das Arbeitsförderungsgesetz der Bundesrepublik Deutschland von 1969 an. Ab dem 03.10.1990 mit der Vereinigung der beiden deutschen Staaten - erstreckte sich der Geltungsbereich des Arbeitsförderungsgesetzes von 1969 auch auf das Gebiet der neuen Bundesländer (vgl. Schneider, J. 1997, S. 71658 ff.; Schneider/Rottenecker 1996).

Zusammenfassend lässt sich feststellen, dass von den Fachaufgaben der Arbeitsverwaltung in der Deutschen Demokratischen Republik lediglich die Berufsberatung beibehalten und ab 1970 konsequent ausgebaut wurde. Arbeits-

vermittlung im eigentlichen Sinne gab es nicht mehr. Man kann vielmehr von einer Arbeitskräftelenkung sprechen. Arbeitslosenunterstützung wurde nur noch bis 1977 gezahlt und dass auch nur in bestimmten Fällen (s. o.).
Der folgende Abschnitt widmet sich nun der Entstehungsgeschichte bzw. dem Wiederaufbau der Arbeitsverwaltung auf dem Gebiet der alten Bundesrepublik Deutschland.

2.9 Von der Bundesanstalt für Arbeitsvermittlung und Arbeitslosenversicherung zur Bundesanstalt für Arbeit (1952 - 1989)

Mit dem am 24.05.1949 in Kraft getretenen **Grundgesetz** wurde die Aufhebung der Zwangs- und Lenkungsmaßnahmen, die von den Besatzungsmächten eingeführt bzw. weitergeführt worden waren, in Gang gesetzt. Das Grundgesetz bot nun die Rechtsgrundlage für den Neuaufbau der Arbeitsverwaltung und des Arbeitsvermittlungswesens (vgl. Bauer, K. 1995,S. 8).

Das **Gesetz über die Errichtung einer Bundesanstalt für Arbeit für Arbeitsvermittlung und Arbeitslosenversicherung** vom 10.03. 1952, das am 01.05.1952 in Kraft trat, läutete einen neue Ära in der Geschichte der Arbeitsverwaltung ein.
Nach dem Vorbild der Reichsanstalt wurden der Bundesanstalt die Aufgaben der **Arbeitsvermittlung, Berufsberatung** und **Arbeitslosenversicherung** übertragen. Der bis dahin immer noch existierende „Reichsstock für Arbeitseinsatz" (vgl. Abschnitt 2.6) wurde aufgelöst. Das Vermögen ging auf die Bundesanstalt für Arbeit über.
Wie bereits in Abschnitt 2.7 erwähnt, wichen die gesetzlichen Grundlagen in den einzelnen Besatzungszonen in vielen Punkten erheblich voneinander ab. Somit bestand die vorrangige Aufgabe darin, eine Vereinheitlichung des Gesetzes zu erlangen, dass für die gesamte Bundesrepublik gelten sollte.

Mit dem **Gesetz zur Änderung und Ergänzung des AVAVG** vom 16.04.1956 (BGBl. S. 243) und mit der großen Novelle , dem **Gesetz zur Änderung und Ergänzung des Gesetzes über Arbeitsvermittlung und Arbeitslosenversicherung** vom 23.12.1956, in der Form vom 03.04.1957 (BGBl. S. 321) wurde dies in die Tat umgesetzt (vgl. Kuster, F. 1976, S. 225; Bauer, K. 1995, S. 8).

In der Zeit des Wirtschaftswunders (von 1949 bis 1960) setzte ein wirtschaftlicher und sozialer Strukturwandel in der Bundesrepublik ein. Es kam zu einer bisher noch nie zu beobachtenden wirtschaftlichen Aufwärtsentwicklung mit gleichzeitiger erheblicher Ausweitung der Konsummöglichkeiten und der sozialen Sicherungssysteme. Die daraus resultierende Wirtschafts- und Sozialpolitik der Bundesregierung blieb daher nicht ohne Auswirkungen auf die Aufgaben der Arbeitsmarktpolitik. Der Zwang zum Wiederaufbau der im Krieg zerstörten Wirtschaft und die Notwendigkeit sozialer Reformen sorgte dafür, dass in gesetzlichen Einzelschritten, die Maßnahmen zur aktiven und vorsorgenden Beschäftigungspolitik in den Vordergrund rückten (vgl. Kuster, F. 1976, S. 225; Bach/Henning 1991, S. 19 f.).

Nach Kuster trugen folgende Gesetze dazu bei:

- „Das Gesetz über die Förderung der ganztägigen Beschäftigung in der Bauwirtschaft vom 07.12. 1959 (BGBl. S, 705),
- das **Finanzplanungsgesetz** vom 23.12. 1966 (BGBl. S. 197), das der Bundesanstalt für Arbeit (BA) die Finanzierung zahlreicher Aufgaben der Bundesregierung, insbesondere der beruflichen Förderung und der Arbeitslosenhilfe, aus den Haushaltsmitteln der BA übertrug;
- das 7. Änderungsgesetz zum AVAVG vom 10.03.1967 (BGBl. S. 266), das das **Unterhaltsgeld für Teilnehmer an beruflichen Bildungsmaßnahmen** einführte; und schließlich
- das **Stabilitäts- und Wachstumsgesetz** vom 08.06.1967 (BGBl. S.582), das die Bundesregierung ermächtigte, einen Teil des Rücklagevermögens der BA bei der Bundesbank stilllegen zu lassen“ (Kuster, F. 1976, S. 226).

Neu war, dass der Gesetzgeber die Bundesanstalt mit ihren Aufgaben und Finanzmitteln in die Wirtschafts-, Sozial- und Bildungspolitik einbezog.
Die Aufgaben der Bundesanstalt wurden vielfältiger. Während sie vorher auf die eng begrenzte fachliche Aufgabe der Vermittlung zwischen Kräfteangebot und Kräftenachfrage so wie der Zahlung von Unterstützungsleistungen im Falle von Arbeitslosigkeit spezialisiert war, erweiterte sich ihre Aufgabe dahingehend, dass sie sich um den gesamten Arbeitsmarkt mit seinen wirtschafts-, sozial- und bildungspolitischen Teilbereichen zu kümmern hatte.
Dazu gehörte bzw. gehört auch die wissenschaftliche Erforschung des Arbeitsmarktes, die die BA zu einer planmäßigen und vorbeugenden Arbeitsmarktpolitik mit den entsprechend einzusetzenden Förderungsmaßnahmen befähigen sollte.

Mit dem **Arbeitsförderungsgesetz (AFG)** vom 25.06.1969, das zum 01.07. 1969 in Kraft trat, wurde dieser Zielsetzung im § 1 der erste Rang verliehen. Das AFG dokumentierte den *Präventivcharakter* der Aktivitäten der Arbeitsvermittlung und Arbeitsberatung. Zugleich wurde die Verpflichtung zur aktiven

Arbeitsmarktpolitik festgeschrieben. 1969 erhielt die Bundesanstalt für Arbeitsvermittlung und Arbeitslosenversicherung auch ihren neuen Namen: **Bundesanstalt für Arbeit** (vgl. Kuster, F. 1976, S. 226; Bauer, K. 1995, S. 8).

2.10 Die Entwicklung der Arbeitsverwaltung seit der Vereinigung der beiden deutschen Staaten

Am 21.06.1990 erfolgte die Abstimmung im Bundestag und in der Volkskammer über die Einführung einer Wirtschafts-, Währungs- und Sozialunion zwischen der Bundesrepublik Deutschland und der Deutschen Demokratischen Republik zum 01.07.1990.
Mit Wirkung vom 03.10.1990 erstreckt sich der Geltungsbereich des Arbeitsförderungsgesetzes auch auf das Gebiet der neuen Bundesländer. Die Berufsberatung sowie berufskundliche Information und Dokumentation erfolgen ab dieser Zeit nach westdeutschen Standards. In Berlin wird eine Zentrale Arbeits-verwaltung (ZentrAV) mit 38 Arbeitsämtern und 161 Nebenstellen sowie zunächst 10.600 Beschäftigten aufgebaut.
Nach der offiziellen Vereinigung der beiden deutschen Staaten verfügt die Bundesanstalt für Arbeit in den neuen Bundesländern über 38 Arbeitsämter mit 159 Nebenstellen. Bis zu endgültigen Errichtung der Landesarbeitsämter in den Ländern Sachsen, Sachsen-Anhalt und Thüringen übernimmt die Zentrale Arbeitsverwaltung in Berlin deren Aufgaben für die Dienststellen in diesen Ländern.
Am 15. Mai 1991 zählte die Bundesanstalt insgesamt 19.435 Beschäftigte im Beitrittsgebiet, davon 16.330 Angestellte mit unbefristeten und 2.308 Angestellte mit befristeten Arbeitsverträgen sowie 797 Arbeiter.
Mit Wirkung vom 03.11.1991 wurden aus dem Landesarbeitsamt Schleswig-Holstein und dem Land Mecklenburg-Vorpommern das Landearbeitsamt Nord, aus dem Landesarbeitsamt Berlin und dem Land Brandenburg, das Landesarbeitsamt Berlin-Brandenburg und aus den Ländern Sachsen-Anhalt und Thüringen des Landesarbeitsamt Sachsen-Anhalt-Thüringen.
Die Bundesanstalt für Arbeit verfügte nun über 11 Landesarbeitsämter, 184 Arbeitsämter und 647 Nebenstellen im gesamten Bundesgebiet (vgl. Meyer, H. 1994, S. 12).
1992 wurde in allen Ämtern, sowohl in den alten wie auch in den neuen Bundesländern, die Neuorganisation der Berufsberatung vorgenommen.
1993 begannen in 14 Modellarbeitsämtern Modellversuche mit dem Ziel, die Aufbau- und Ablauforganisation und das Dienstleistungsangebot der Arbeitsvermittlung und Arbeitsberatung zu verbessern. 1994 erfolgte die Weiterentwicklung der Arbeitsvermittlung und Arbeitsberatung einschließlich der Zusammenarbeit mit der Leistungsabteilung.

Ein weiteres wichtiges Ereignis hatte 1994 Auswirkungen auf die Arbeitsverwaltung. Mit dem Beschäftigungsförderungsgesetz, das ab dem 01.08.1994 in Kraft trat, wurde erneut die private gewerbliche Arbeitsvermittlung zugelassen. Die bisherige alleinige Zuständigkeit der Bundesanstalt für die Arbeitsvermittlung, die bisher in § 4 des AFG festgeschrieben war, entfiel somit.
Am 20.12.1995 beschloss der Vorstand der Bundesanstalt das Leitbild der Bundesanstalt, bestehend aus einer Standortbestimmung und den „Leitlinien für Führung und Zusammenarbeit" in allen Institutionen der Bundesanstalt für Arbeit.
1997 wurde das Arbeitsförderungsgesetz von 1969 nach 11 Novellierungen von dem Gesetz zur Reform der Arbeitsförderung (Arbeitsförderungs-Reformgesetz-AFRG) vom 24. März abgelöst. Es wird als 3. Buch in das Sozialgesetzbuch (SGB III) einbezogen. Die bisherige Arbeitsgrundlage der Ämter wurde dadurch abgelöst.
Das auf dem Leitbild der Bundesanstalt beruhende Reformkonzept „Arbeitsamt 2000" sollte originär bis 2002 flächendeckend eingeführt werden. Die Misere auf dem Arbeitsmarkt und ein sog. „Vermittlungsskandal" verschärften jedoch den Druck auf die Bundesanstalt. Gestützt auf die Ergebnisse der von der Bundesregierung eingesetzten Hartz-Kommission entwickelt der neue Vorstand der BA gegenwärtig noch deutlich weitreichendere Maßnahmen. Diese Bestrebungen werden (in Anlehnung an die erfolgreich reformierte britische Arbeitsverwaltung) unter der Bezeichnung „Arbeitsamt 2000 Plus" zusammengefasst.

2.11 Zusammenfassung

Anhand der geschichtlichen Entwicklung der deutschen Arbeitsverwaltung lässt sich erkennen wie langwierig der Prozess zu einer einheitlichen, das gesamte Bundesgebiet umfassenden Behörde war. Der enge Zusammenhang von Arbeitsmarktpolitik mit den Tätigkeiten der Arbeitsverwaltung war schon immer gegeben. Auffällig ist auch, dass sich bestimmte Aufbau- und Ablauforganisationen, wie sie sich in der Weimarer Republik gebildet haben, bei der Bundesanstalt für Arbeit wiederfinden lassen. Im folgenden Kapitel soll daher die bisherige Aufbau- und Ablauforganisation der Bundesanstalt betrachtet werden.

3. Die bisherige Aufbauorganisation der Bundesanstalt für Arbeit

In diesem Kapitel soll die Aufbauorganisation der Bundesanstalt vor der Einführung der Organsisationsstrukturen des Reformvorhabens „Arbeitsamt 2000" dargestellt und anhand der Schilderung der Aufbauorganisation und der Arbeit der einzelnen Abteilungen, die Rahmenbedingungen des Arbeitens in einem kleinen Arbeitsamt verdeutlicht werden. Der folgende Abschnitt widmet sich, um einen Überblick über die Gestaltung des Aufbaus der Bundesanstalt für Arbeit zu gewähren, der Interdependenz von Aufgaben und Organisation der Bundesanstalt für Arbeit.
In diesem Kapitel wurde ausschließlich auf von der Bundesanstalt für Arbeit herausgegebene Literatur zurückgegriffen. Zum Teil handelt es sich hierbei um Literatur zur Aus- und Fortbildung des Personals, zum anderen um vom Referat für Öffentlichkeitsarbeit herausgegebenes Informationsmaterial. Zur Darstellung der einzelnen Abteilungen eines Arbeitsamtes wurden zusätzlich Dienstpostenbeschreibungen und interne Runderlasse herangezogen, die sich mit der Organisation der jeweiligen Abteilung befassen.

3.1 Interdependenz von Aufgaben und Organisation der Bundesanstalt für Arbeit

Die Verschiedenartigkeit der Aufgabenstellung der Bundesanstalt für Arbeit bedingt eine vielfältig gegliederte und fachliche Spezialisierung (vgl. Meyer, H. 1994, S.11). Bei der Schilderung wird hierbei noch von der Aufgabenstellung nach dem AFG ausgegangen. Bei den Aufgabenstellungen handelt es sich zum einen um die **Fachaufgaben im Einzelfall**, wie z.B. Arbeitsvermittlung, Arbeitsberatung, Berufsberatung und Ausbildungsplatzvermittlung, Beratung und Betreuung von besonderen Personengruppen wie z.B. Schwerbehinderte und Rehabilitanden, Gewährung von Lohnersatzleistungen wie Arbeitslosengeld, Kurzarbeitergeld, wie sie im § 3 des AFG aufgeführt waren und sich auch noch im SGB III wiederfinden lassen. Zum anderen hat die Bundesanstalt auch Auftragsangelegenheiten, die vom Bund auf die Bundesanstalt für Arbeit übertragen worden sind, zu erfüllen. So ist die Zahlung von Kindergeld eine übertragene Aufgabe. Die verschiedenen Fachrichtungen in der Aufgabenerfüllung, wie die verschiedenen Dienstposten und Ausbildungswege gehören ebenso zu den Fachaufgaben wie die Überregionalität bestimmter Fachaufgaben, z. B. überbezirkliche Arbeitsvermittlung. Den Fachaufgaben im Einzelfall sind jeweils bestimmte **vielfältig gegliederte Organisationen und eine fachliche Spezialisierung** gegenübergestellt.
So gibt es **Fachabteilungen** wie die Abteilung Arbeitsvermittlung und Arbeitsberatung oder die Berufsberatung etc. in den Arbeitsämtern, den Landesarbeits-

ämtern und der Hauptstelle. Bestimmte **Fachdienste**, wie Psychologischer und Ärztlicher Dienst ergänzen und unterstützen die Arbeit der Fachabteilungen. Diese Fachdienste finden sich ebenfalls im Instanzenzug nach oben fortgesetzt. Auftragsangelegenheiten wie Kindergeld finden ihre organisatorische Entsprechung z.B. als Leistungsabschnitt Kindergeld in der Leistungsabteilung des Arbeitsamts (Bundesanstalt für Arbeit als „Kindergeldkasse"). Die Fachrichtungen in der Aufgabenerfüllung finden ihre Entsprechung in den verschiedenen beruflichen Tätigkeiten wie z.B. Berater, Vermittler oder Sachbearbeiter. Zum anderen werden auch die Ausbildungswege für den höheren, gehobenen und mittleren Dienst bei der Bundesanstalt für Arbeit differenziert. Besondere Organisationseinheiten wie die *Zentralstelle für Arbeitsvermittlung (ZAV)*, *Fachvermittlungseinrichtungen* z.B. für das Reit- und Fahrwesen oder Heuerstellen bieten den organisatorischen Rahmen für die Überregionalität bestimmter Fachaufgaben (allerdings werden diese z. T. in den nächsten Jahren wieder aufgelöst).

Zentralisierte Dienste wie die Auszahlung von Geldleistungen über EDV, das Einziehungsverfahren und Teile der Aus- und Fortbildung des Personals werden organisatorisch über das *Zentralamt der Bundesanstalt für Arbeit* mit dem dortigen Rechenzentrum, Kassen mit Forderungseinzug (integriert in die Landesarbeitsamtsdienststellen) und über *Verwaltungsschulen* oder die *Fachhochschule des Bundes für öffentliche Verwaltung Fachbereich Arbeitsverwaltung* abgewickelt. Die **Verwaltungsaufgaben** wie Personalausstattung (einschließlich aus- und Fortbildung) und Sachausstattung werden durch die entsprechende **Verwaltungsabteilung** im Arbeitsamt, aber auch im Landesarbeitsamt und in der Hauptstelle erledigt.

Übergeordnete Aufgaben (Führungs- und Koordinierungsaufgaben und Grundlagenarbeit, z. B. arbeitsmarktpolitische Grundsatzfragen sowie Arbeitsmarkt- und Berufsforschung, Rechnungslegung der Bundesanstalt für Arbeit und die Durchführung der Vorprüfung) werden durch die **Hauptstelle** und die **Landesarbeitsämter** (in sich gegliedert nach Fachrichtungsgesichtspunkten) wahrgenommen. Die Arbeitsmarkt- und Berufsforschung wird durch das *Institut für Arbeitsmarkt- und Berufsforschung (IAB)* als Abteilung der Hauptstelle ausgeführt. Die Abteilung Hauptkasse im Zentralamt der Bundesanstalt für Arbeit übernimmt die Rechnungslegung und das Vorprüfungsamt mit Außenstellen und Stützpunkten die Durchführung der Vorprüfung (d. h., die Überprüfung der rechtsgültigen Arbeit in den Ämtern; korrekte Ausführung der Vorgaben etc.).

Stützpunktsysteme wie die Bekämpfung der illegalen Beschäftigung und der technische Beratungsdienst finden ihre organisatorische Entsprechung zum einen in bundesweit 40 Stützpunkten („Bearbeitungsstellen")- davon 11 in den neuen Bundesländern und zum anderen im Technischen Berater im Arbeitsamt, der für 3 bis 4 Arbeitsämter zuständig ist.

3.2 Vorgaben der bisherigen Aufbauorganisation durch das Arbeitsförderungsgesetz (AFG)

Durch § 189 Abs. 2 AFG erfährt die **Dreistufigkeit des Aufbaus** der Bundesanstalt für Arbeit - Arbeitsämter, Landesarbeitsämter und Hauptstelle - seine gesetzliche Legitimierung (vgl. Meyer, H., 1994, S.12).

Nach dem Prinzip der **Über- und Unterordnung** unterstehen die Arbeitsämter den Landesarbeitsämtern und diese mit den Arbeitsämtern der Hauptstelle. Die dreistufige Gliederung der Bundesanstalt für Arbeit entspricht im übrigen auch den Art.2 und 3 des **Übereinkommens Nr. 88** der internationalen Arbeitsorganisation vom 09.07.1948 über die Organisation der Arbeitsverwaltung.

Das AFG enthielt aber noch weitere Vorgaben wie (vgl. Meyer, H., 1994, S.12):
- Bestimmung **Nürnbergs** als Sitz der Bundesanstalt für Arbeit (§ 189 Abs.1 AFG),
- Grundsätze für die **bezirkliche Abgrenzung** der Landesarbeitsämter und Arbeitsämter und die Zuständigkeit des Verwaltungsrates hierfür (§189 Abs.3 AFG),
- Ermächtigung der Bundesanstalt für Arbeit, für zentrale und überbezirkliche Aufgaben **besondere Dienststellen** zu errichten (§189 Abs.4 AFG),
- Pflicht der Bundesanstalt für Arbeit zur Errichtung von **Fachvermittlungseinrichtungen** und **Fachausschüssen für die Vermittlung von Seeleuten** (§ 207 AFG),
- **Personalausstattung** der Bundesanstalt für Arbeit mit Beamten und Arbeitskräften mit privatrechtlichem Dienstvertrag (§ 210 Abs.1 AFG).

3.3 Die Dienststellen der Bundesanstalt für Arbeit

Die Bundesanstalt für Arbeit ist durch die Dreistufigkeit des Aufbaus gekennzeichnet. Der folgende Abschnitt soll kurz darstellen, wie sich die Gliederung des Aufbaus, die Aufgabenverteilung zwischen den Instanzen, die bezirkliche Abgrenzung und -Standortwahl sowie die Entscheidungsbefugnisse der Selbstverwaltungsorgane als Träger der Organisationsgewalt darstellen (vgl. Abbildung 3).

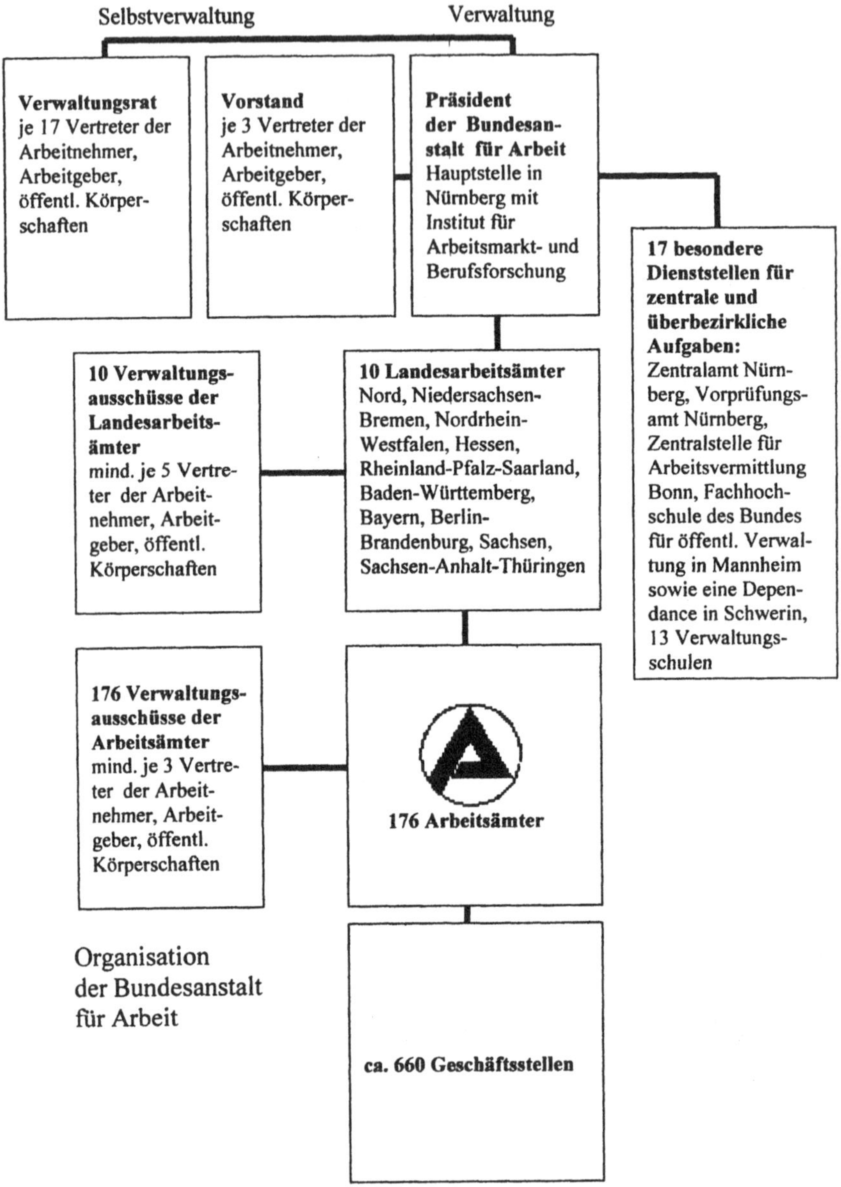

Abbildung 3 (Quelle: Bundesanstalt für Arbeit)

3.3.1 Instanzenzug und Aufgabenverteilung zwischen den Instanzen

Der **dreistufige Instanzenzug** der Bundesanstalt für Arbeit war durch § 189 Abs.2 AFG vorgeschrieben und besteht bislang in dieser Form fort. Die **Hauptstelle** mit Sitz in Nürnberg ist den 10 **Landesarbeitsämtern** und 176 **Arbeitsämtern** übergeordnet. Die 176 Arbeitsämter verfügen noch über insgesamt ca. 660 Nebenstellen (seit 1998 in Geschäftsstellen umbenannt) mit diversen Hilfsstellen. Die den Arbeitsämtern nachgeordneten Nebenstellen und Hilfsstellen sind keine eigenständigen Verwaltungsinstanzen (vgl. Meyer, H. 1994, S.12). Der Hauptstelle sind die **besonderen Dienststellen** (Zentralamt Nürnberg, Vorprüfungsamt Nürnberg, Zentralstelle für Arbeitsvermittlung in Bonn, Verwaltungsschulen in Aalen, Daun, Geretsried, Iphofen, Lauf, Meißen, Mettmann, Münster, Northeim, Oberursel, St. Ingbert, Timmendorfer Strand und Weimar, Fachhochschule des Bundes für öffentliche Verwaltung - Fachbereich Arbeitsverwaltung - in Mannheim sowie eine Dependance in Schwerin) direkt unterstellt. Die Landesarbeitsämter mit Bezeichnung, Sitz und Zahl der Arbeitsämter werden zur Kenntnis aufgezählt. Es handelt sich hierbei um folgende (vgl. Meyer, H. 1994, S.13):

1. Nord (N) (für die Bundesländer Schleswig-Holstein, Hamburg, Mecklenburg-Vorpommern), Sitz in Kiel mit 12 Arbeitsämtern,
2. Niedersachsen-Bremen (NSB), Sitz in Hannover mit 22 Arbeitsämtern,
3. Sachsen-Anhalt-Thüringen (SAT), Sitz in Halle mit 15 Arbeitsämtern,
4. Berlin-Brandenburg (BB), Sitz in Berlin mit 6 Arbeitsämtern,
5. Sachsen (S), Sitz in Chemnitz mit 10 Arbeitsämtern,
6. Nordrhein-Westfalen (NRW), Sitz in Düsseldorf mit 33 Arbeitsämtern,
7. Hessen (H), Sitz Frankfurt am Main mit 13 Arbeitsämtern,
8. Rheinland-Pfalz-Saarland, Sitz Saarbrücken mit 14 Arbeitsämtern,
9. Baden-Württemberg (BW), Sitz in Stuttgart mit 24 Arbeitsämtern,
10. Bayern (B), Sitz in München mit 27 Arbeitsämtern.

Wie sieht nun die konkrete **Aufgabenverteilung zwischen den Instanzen** aus?

Der **Hauptstelle (Führungsinstanz)** obliegt die Gesamtführung der Bundesanstalt für Arbeit. Sie hat die Aufsicht über alle Dienststellen und ist für die Wahrung der Einheitlichkeit bei der Rechtsanwendung und bei Verfahrensweisen (dazu entwickelt sie Grundsatzentscheidungen und gibt bundesweit geltende Weisungen, wie z.B. Runderlasse (RdErl.) heraus) zuständig. In der Hauptstelle werden auch neue Arbeitsverfahren entwickelt, sowie Forschungsarbeit betrieben. Sie bemüht sich um und pflegt Kontakte zu ausländischen Arbeitsverwaltungen im Zuge der internationalen Zusammenarbeit und ist

Gesprächspartner für oberste Bundesorgane und Interessenverbände auf Bundesebene (vgl. Meyer, H. 1994, S. 13; siehe auch Abbildung 4).

Das **Landesarbeitsamt (Mittelinstanz)** hat die Führung auf Landesebene inne. Es übt die Aufsicht über unterstellte Dienststellen aus und setzt zentrale Weisungen der Hauptstelle auf regionale Erfordernisse um. Es ist ferner dafür zuständig, regionale Anliegen gegenüber der Hauptstelle geltend zu machen. Ferner dient es Landesbehörden und Interessenverbänden auf Landesebene als Ansprechpartner (siehe Abbildung 4).

Das **Arbeitsamt (Ausführungsinstanz)** erfüllt die Fachaufgaben der Bundesanstalt für Arbeit im einzelnen gegenüber dem Bürger und dient als Ansprechpartner für örtliche Behörden und Verbände (siehe Abbildung 4).

3.4 Bezirkliche Abgrenzung und Standortwahl

Nach welchen Kriterien werden die Bezirke der Landesarbeitsämter und Arbeitsämter abgegrenzt?
Die Abgrenzung und Auswahl erfolgt nach bestimmten **Grundsätzen** (vgl. Meyer, H. 1994, S.13 f.):

- Die Bezirke der Landesarbeitsämter und Arbeitsämter werden unter Berücksichtigung wirtschaftlicher Zusammenhänge (also Ausrichtung auf Wirtschafts- und Besiedlungsschwerpunkte, gewachsene Einzugsgebiete, Verkehrsanbindungen, Pendlerströme) und im Vernehmen mit den obersten Landesbehörden abgegrenzt (§ 189 Abs.3 AFG).
- Die Organisation der Bundesanstalt für Arbeit ist **flächendeckend**, d.h., sie erfasst das gesamte Gebiet der Bundesrepublik Deutschland. Dabei sind die Dienste **bürgerfreundlich und ortsnah** anzubieten (§ 2 Abs.3 der Richtlinien des Vorstands für die Geschäftsführung). Demnach muss die Abgrenzung insbesondere auf Bevölkerungsschwerpunkte und gute verkehrsmäßige Erreichbarkeit Rücksicht nehmen. Der Grundsatz verlangt auch, dass bei Bedarf **Nebenstellen oder Hilfsstellen** eingerichtet werden.
- Der Grundsatz der „Einräumigkeit der Verwaltung" bedeutet, dass sich die Bezirke der verschiedenen Zweige der öffentlichen Verwaltung nach Möglichkeit nicht überschneiden sollen. Daher sind die **politischen Grenzen von Bundesländern oder Landkreisen** auch ein Anhaltspunkt für die Abgrenzung von Landesarbeitsamts- und Arbeitsamtsbezirken.
- Für die Wahl des Sitzes und Standortes einer Dienststelle gelten weitgehend die gleichen Grundsätze. **Sitz und Anzahl von Nebenstellen** richten sich nach der räumlichen Größe und wirtschaftlichen Struktur des Arbeitsamts-

bezirks und nach dem Umfang der Vermittlungsaufgaben. Ihr Standort ist insbesondere so zu wählen, dass sie verkehrstechnisch leicht zu erreichen sind.

3.5 Entscheidungsbefugnisse der Selbstverwaltungsorgane als Träger der Organisationsgewalt

Die Aufgaben der Bundesanstalt für Arbeit (BA) – Berufs- und Arbeitsberatung, Vermittlung in Ausbildungs- und Arbeitsstellen, Förderung der beruflichen Aus- und Fortbildung einschließlich der Umschulung, ferner Sicherstellung des Lebensunterhalts im Falle von Arbeitslosigkeit und bei Arbeitseinschränkungen- berühren unmittelbar die Interessen von Arbeitnehmern und Arbeitgebern. Die sozialen Gruppen, die sich schon der Arbeitsvermittlung und der Unterstützung im Falle von Arbeitslosigkeit angenommen hatten, bevor der Staat entsprechende Sorge traf, erhielten deswegen entscheidende Mitspracherechte, als mit der Arbeitsverwaltung eine eigenständige Institution dafür geschaffen wurde: Die BA ist eine ***Körperschaft des öffentlichen Rechts mit Selbstverwaltung***. Die Selbstverwaltung der BA hat einen politischen Auftrag: Die gesellschaftlichen Kräfte sollen, soweit es sich um Angelegenheiten handelt, die keiner staatlichen Reglementierung bedürfen, diese Bereiche in eigener Verantwortung ausfüllen und gestalten. Vertreter der Arbeitnehmer, der Arbeitgeber und der öffentlichen Körperschaften nehmen als ehrenamtlich tätige Mitglieder der Selbstverwaltungsorgane unmittelbaren, gestaltenden Einfluss auf die Geschicke der BA und die Art und Weise, wie sie ihre Aufgaben wahrnimmt. Die Selbstverwaltung gibt hierbei Anregungen zur Anpassung der Organisationsziele, bestimmt wesentliche Aktivitäten, kontrolliert durchgeführte Maßnahmen und begleitet die laufende Verwaltungsarbeit. Hieraus wird die Führungsrolle der Selbstverwaltung im Rahmen der Aufgaben der Bundesanstalt deutlich. Die Mitglieder der Selbstverwaltung stellen die notwendige enge Verbindung der Einrichtungen der BA zu den Kräften des sozialen und wirtschaftlichen Geschehens her. Dadurch wird zugleich eine Aufgabenerledigung „am Puls der Zeit“ vorgenommen. Die Mitglieder Selbstverwaltung sind auch berufen, über die Tagesfragen hinaus der Verwaltung Impulse für neue Lösungen zu geben. Der Selbstverwaltungsgedanke der BA findet sich in allen Stufen der Verwaltung wieder: Zentrale Organe sind der **Verwaltungsrat** und der **Vorstand**; bei den Landesarbeitsämtern und bei den Arbeitsämtern werden die Aufgaben der Selbstverwaltung von den **Verwaltungsausschüssen** wahrgenommen. Alle Organisationen sind **drittelparitätisch** aus Vertretern der Arbeitnehmer, der Arbeitgeber und der öffentlichen Körperschaften zusammengesetzt, die aufgrund von Vorschlägen der zuständigen Verbände bzw. Körperschaften berufen werden (vgl. Bundesanstalt für Arbeit 1996, S. 12 ff.; siehe auch Abbildung 4).

Der **Verwaltungsrat** der Bundesanstalt für Arbeit ist zuständig für die Errichtung, den Sitz, die Abgrenzung und die Auflösung von Landesarbeitsämtern und besonderen Dienststellen (§189 Abs. 3 und 4 AFG, Art.2 Abs.3 Satzung). Zugleich bestimmt er die Grundlinien der Politik der Bundesanstalt im Rahmen ihres gesetzlichen Auftrags und überwacht die Erfüllung der Aufgaben. Er hat etwa die Stellung eines **Legislativorgans**. Er erlässt die Satzung der BA und stellt den Haushalt der BA fest. Im Rahmen der Anstaltsautonomie regelt er mit Anordnungen nach dem Arbeitsförderungsgesetz die Dienste und Leistungen der BA, insbesondere den berechtigten Personenkreis, die Anspruchsvoraussetzungen, die Leistungshöhe und das Verfahren. Bei ihm liegt ferner die sogenannte **Kompetenz-Kompetenz.** Kann im Einzelfall über die Abgrenzung der Aufgaben der Organe untereinander keine Abstimmung zwischen den jeweils Beteiligten herbeigeführt werden, so entscheidet der Verwaltungsrat (vgl. Bundesanstalt für Arbeit 1996, S.14).

Der **Vorstand** führt die Geschäfte der BA. Er ist gewissermaßen das **Exekutivorgan** der BA.
Er verfügt über die Grundlinienkompetenz für organisatorische und personelle Maßnahmen (Art.7 Abs.2 Ziff.3 Satzung). Er entscheidet über die einheitlich festzulegende Organisation in den Dienststellen der Landesarbeitsämter und Arbeitsämter – auf Vorschlag des Präsidenten der Bundesanstalt für Arbeit) (§3 Abs.2 der RL des Vorstandes für die Geschäftsführung). Er hat Entscheidungsbefugnisse bei der Organisation der Hauptstelle. Der Vorstand vertritt die BA gerichtlich und außergerichtlich. Allgemeine Weisungen von wesentlicher Bedeutung sind dem Vorstand vor Bekanntgabe mitzuteilen; er entscheidet, ob er die allgemeine Weisung erlässt. Der Vorstand stellt den Haushalt der BA auf, bevor dieser dem Verwaltungsrat zur Feststellung zugeht. Im personellen Bereich übt der Vorstand wichtige Funktionen bei der Besetzung der leitenden Dienstposten aus. Hierzu zählt u. a. das Recht, dem Bundespräsidenten die herausgehobenen Führungskräfte zur Ernennung vorzuschlagen. Daneben bestellt der Vorstand die Direktoren der Arbeitsämter. Ihm obliegt ferner die Verwaltung und Anlage des Vermögens der BA (vgl. Bundesanstalt für Arbeit 1996, S.14).

Die **Verwaltungsausschüsse** der Landesarbeitsämter und Arbeitsämter nehmen für ihre Bereiche die Aufgaben der Selbstverwaltung wahr. Sie werden in diesem Bereich bei allen Angelegenheiten tätig, welche die Fachaufgaben der BA betreffen oder mit ihnen im Zusammenhang stehen. So wirken sie z.B. darauf hin, dass diese Fachaufgaben, z.B. auf dem Gebiet der Arbeitsvermittlung, Berufsberatung, Förderung der beruflichen Bildung, ferner bei bezirklichen Strukturverbesserungen, mit bestmöglichem Erfolg durchgeführt werden. Die Verwaltungsausschüsse sind bei der Vorbereitung des Haushalts ihrer Dienststellen sowie bei wichtigen Personalangelegenheiten eingeschaltet (vgl. Bundesanstalt für Arbeit 1996, S.14).

Der **Verwaltungsausschuss des Landesarbeitsamtes** verfügt über Entscheidungsbefugnisse bei der Errichtung, dem Sitz , der Bezeichnung, der Abgrenzung und Auflösung von Nebenstellen (Art. 10 Abs.6 Satzung).
Der **Verwaltungsausschuss des Arbeitsamtes** hat keine Entscheidungskompetenz. Ihm obliegt nur die Anhörung.
Anhörungen finden zu den verschiedensten Gelegenheiten statt. So werden die Selbstverwaltungsorgane der jeweils betroffenen Dienststellen vor der jeweiligen Entscheidung (z.B. über Errichtung einer Nebenstelle) angehört; zusätzlich wird auch der Vorstand gehört, soweit die Entscheidung beim Verwaltungsrat liegt. Die Anhörung entfällt, wenn das Selbstverwaltungsorgan die Maßnahme selbst vorgeschlagen hat (Art. 2 Abs.3 und Abs.2 bzw. Artikel 10 Abs.6 Satzung).

Zusammenfassend lässt sich feststellen, dass die Selbstverwaltungsorgane aller Stufen eng und vertrauensvoll sowohl untereinander als auch mit der geschäftsführenden Verwaltung zusammenarbeiten. Die gemeinsame Erörterung und die Entwicklung von Lösungsstrategien zur Bewältigung aktueller Arbeitsmarktprobleme sind in diesem Zusammenhang besonders hervorzuheben.

3.5.1 Rechtsaufsicht der Bundesanstalt für Arbeit

Als bundesunmittelbare Körperschaft des öffentlichen Rechts unterliegt die BA der Rechtsaufsicht des Bundesministeriums für Wirtschaft und Arbeit.
Der Vorstand der BA erstattet dem Bundesministerium für Wirtschaft und Arbeit jährlich einen Geschäftsbericht, der vom Verwaltungsrat zu billigen ist.

3.6 Das Institut für Arbeitsmarkt- und Berufsforschung (IAB)

Die Bundesanstalt für Arbeit hatte nach dem AFG (und hat dies auch noch nach dem SGB III) Arbeitsmarktbeobachtung sowie Arbeitsmarkt- und Berufsforschung zu betrieben. Hierfür hat sie Statistiken zu erarbeiten und Erhebungen durchzuführen, Daten aufzubereiten und zu analysieren, Ergebnisse darzustellen und umzusetzen. Im Blickpunkt stehen dabei Umfang und Art der Beschäftigung sowie Lage und Entwicklung auf dem Arbeitsmarkt.

Arbeitsmarkt- und Berufsforschung befasst sich mit bisherigen, aktuellen und künftigen Entwicklungen auf regionalen, nationalen und internationalen Arbeitsmärkten.

Ziel der Arbeitsmarkt- und Berufsforschung ist es zum einen, dem einzelnen Informationen zur Verfügung zu stellen, damit er/sie seine/ihre Entscheidungen bei der Ausbildungs-, Berufs- und Arbeitsplatzwahl abstützen kann. Zum anderen richten sich ihre Ergebnisse an Entscheidungsträger in der Arbeitsmarkt-, Sozial- und Bildungspolitik, damit Problemlagen frühzeitig erkannt und rechtzeitig entschärft werden können.

Arbeitsmarkt- und Berufsforschung wird interdisziplinär betrieben und beteiligt u.a. die Fachrichtungen Volkswirtschaftslehre, Betriebswirtschaftslehre, Ingenieurwissenschaften, analytische Statistik, Soziologie und Politologie. Zusätzlich werden noch Ergebnisse der Wirtschaftsforschung, der Bildungs- und Berufsbildungsforschung, der Berufspädagogik, der Berufskunde und der Zukunftsforschung einbezogen. Die Arbeitsmarkt- und Berufsforschung bedient sich dabei vor allem wirtschafts- und sozialwissenschaftlicher Methoden einschließlich der mathematisch-statistischen Datenanalyse mit Unterstützung der elektronischen Datenverarbeitung. Hierbei greift sie auf Daten der amtlichen und nichtamtlichen Wirtschafts-, Arbeitsmarkt-, Sozial- und Bildungsstatistik, aber auch auf solche Daten, die direkt bei Erwerbspersonen oder in Betrieben erhoben wurden, zurück.

Für die Durchführung der Arbeitsmarkt- und Berufsforschung auf Bundesebene ist das **Institut für Arbeitsmarkt- und Berufsforschung (IAB)**, die Abteilung VI der Hauptstelle der Bundesanstalt für Arbeit zuständig. Das IAB wurde 1967 gegründet. Durch das Arbeitsförderungsgesetz von 1969 erhielt die im IAB organisierte Forschung als Bestandteil einer vorausschauend vorbeugenden Arbeitsmarkt- und Beschäftigungspolitik ihre gesetzliche Grundlage.

Die Forschungstätigkeit wird mit dem Bundesministerium für Arbeit und Sozialordnung abgestimmt; Forschungsergebnisse werden ihm vorgelegt.

Zugleich stehen sie den Dienststellen der BA, der Allgemeinheit, sowie Interessierten in Politik, Wirtschaft und Wissenschaft als Orientierungshilfen zur Verfügung.

Das IAB ist in thematisch abgegrenzte Arbeitsbereiche gegliedert:

1. Mittel- und langfristige Vorausschau,
2. kurzfristige Arbeitsmarktanalyse, Arbeitszeitforschung,
3. Soziologie,
4. Berufs- und Qualifikationsforschung,
5. Technologie und Betriebswirtschaft,
6. analytische Statistik, internationale und regionale Arbeitsmarktforschung,
7. Dokumentation und Information,
8. publizistische Umsetzung und allgemeine Forschungsorganisation,
9. Informationsverarbeitung,
10. wissenschaftliche Praxisbegleitung.

Die Ausschüsse für Arbeitsmarkt- und Berufsforschung des Verwaltungsrats und des Vorstands der BA beraten Programm und Ergebnisse jeweils gemeinsam. Sie bilden die Verbindung der zentralen Selbstverwaltungsorgane zum Institut.

Die bei den Landesarbeitsämtern ansässigen Referate für Arbeitsmarkt- und Berufsforschung arbeiten mit dem IAB bei der Regionalforschung eng zusammen. Die Forschungsergebnisse werden von diesen genutzt und in den nachgeordneten Dienststellen umgesetzt. Sachbearbeiter für Arbeitsmarkt- und Berufsforschung sind bei dreizehn (Stützpunkt-)Arbeitsämtern tätig und führen Erhebungen durch. Diese Einbindung des Instituts soll den Praxisbezug seiner Forschungsvorhaben sichern und die geschäftspolitische Umsetzung ihrer Ergebnisse erleichtern.

Außer eigener Forschung, die auch theoretische und methodische Grundlagenarbeiten, Politikberatung und Beiträge zur Abstimmung der einschlägigen Forschung umfasst, vergibt die BA auch Forschungsaufträge und betriebt in geringem Umfang Vertragsforschung für öffentlich-rechtliche Institutionen. Die wissenschaftliche Arbeit wird dabei z.T. durch eine enge Verbindung zur Hochschulwissenschaft (z.B. in Form von Arbeitskreisen und Kontaktseminaren, durch Lehraufträge und Gemeinschaftsprojekte) unterstützt.

In mittelfristigen Schwerpunktprogrammen beschreibt das IAB regelmäßig seine Arbeitsvorhaben. Das Forschungsprogramm für einen Zeitraum von jeweils fünf Jahren wird nach Beratung vom Präsidenten und der Selbstverwaltung der BA gebilligt. Während das Programm den Rahmen absteckt, erfolgt seine Konkretisierung durch inhaltlich und zeitlich abgrenzbare Forschungsprojekte, von denen Antworten auf ganz bestimmte Fragen erwartet werden.

Die Ergebnisse der Arbeitsmarkt- und Berufsforschung werden in verschiedenen Schriftenreihen veröffentlicht: die vierteljährlich im Kohlhammer-Verlag erscheinenden „Mitteilungen aus der Arbeitsmarkt- und Berufsforschung“ sind als unabhängige Fachzeitschrift ein Forum der Arbeitsmarkt- und Berufsforschung. die Forschungsarbeiten des IAB werden in der Regel zuerst hier veröffentlicht. Umfangreichere Darstellungen von Forschungsergebnissen werden in den „Beiträgen zur Arbeitsmarkt- und Berufsforschung“ vorgelegt. diese Veröffentlichungen sind als wissenschaftliche Berichte und nicht als geschäftspolitische Äußerungen der BA zu verstehen (vgl. Bundesanstalt für Arbeit 1996, S.24 ff.). Auf weitere Veröffentlichungen des IAB soll nicht weiter eingegangen werden.

3.7 Besondere Dienststellen i. S. des § 189 Abs.4 AFG

a) Zentralstelle für Arbeitsvermittlung, Bonn

Die Zentralstelle für Arbeitsvermittlung (ZAV) wurde durch einen Vorstandsbeschluss der Bundesanstalt für Arbeit im Jahre 1954 als besondere Dienststelle gegründet. Sie hatte ihren Sitz zunächst in Frankfurt am Main. Ausschlaggebend hierfür war der Wirtschafts- und Dienstleistungsstandort Frankfurt. Im Zuge des Verlustes der Funktion als Bundeshauptstadt wurde der Sitz der ZAV nach Bonn verlegt. Die ZAV ist bundes- und weltweit tätig. Sie hat derzeit ca. 520 Beschäftigte. Im wesentlichen besteht die ZAV aus diversen Fachvermittlungen, wie z.B. der Fachvermittlung von Fach- und Führungskräften in Industrie und Wirtschaft (z.B. Leiter-Funktionen, Geschäftsführer), der Fachvermittlung von Fach- und Führungskräften hierbei speziell: Führungskräfte der Wirtschaft (z.B. Vorstände, Aufsichtsräte, ähnlich leitende Top-Positionen), der Fachvermittlung von Fach- und Führungskräften im Bereich des Hotel- und Gaststättengewerbes (z.B. Direktionspersonal), der Fachvermittlung von Fach- und Führungskräften von und nach dem Ausland, ferner: Büroführungskräfte zu internationalen Organisationen -BFIO- und verschiedenen Abteilungen wie der Abteilung 1 (Management-Vermittlung/ National), der Abteilung 5 (BfW) (Management-Vermittlung /National mit einer Dependance in Berlin für den ostdeutschen Arbeitsmarkt), der Abteilung 3 (ZIHOGA) (Management-Vermittlung für den Hotelbereich/National und von Angehörigen des Hotel- und Gaststättengewerbes z.B. Küchenpersonal, Service-Personal von und nach dem Ausland) und der Abteilung 2 (Auslandsabteilung) sowie der Abteilung 4 (Zentrale Bühnen-, Fernseh- und Filmvermittlung (ZBF) mit einer Generalagentur in Frankfurt am Main und ZBF-Agenturen in Hamburg, Berlin, Leipzig und München. Der Abteilung 4 ist die Fachvermittlung von Angehörigen künstlerischer Berufe, z.B. Schauspieler/-innen, Tänzer/-innen etc. unterstellt (vgl. Meyer, H., 1994, S.21 f.).

b) Zentralamt der Bundesanstalt für Arbeit, Nürnberg

Das Zentralamt der Bundesanstalt für Arbeit (ZA) hat am 01.01.1970 seine Tätigkeit aufgenommen. Seinen Sitz hat es (im räumlichen Zusammenhang mit der Hauptstelle) in Nürnberg. Es gliedert sich in fünf Abteilungen und eine Arbeitsgruppe und zwar in Abteilung I (Zentrale Informationsverarbeitung), Abteilung II (Dezentrale Informationsverarbeitung), Abteilung III (Hauptkasse der Bundesanstalt für Arbeit), Abteilung IV (Beihilfen /Erstattung von Rechnungen für ärztlichen Behandlungen etc. von Beamten und die hausinterne Verwaltung des Zentralamtes), Abteilung V (Personalbezüge und Versorgung) und die AGIS (Arbeitsgruppe für zentrale Datenverarbeitungsschulung). Das Zentralamt wurde errichtet, um die **technischen Möglichkeiten der elektronischen Datenverarbeitung** für die Aufgaben der Bundesanstalt für Arbeit und das Personalwesen (Löhne, Gehälter und Versorgung) wirkungsvoll zu erschließen. So wurden 1992 an jedem Arbeitstag durchschnittlich 630.000 Auszahlfälle mit ca. 500 Mio. DM erledigt (hierbei handelt es sich um die Überweisung von Lohnersatzleistungen auf die Konten der arbeitslosen Leistungsempfänger) (1992 insgesamt: ca. 159,2 Milliarden Buchungen mit ca. 123,9 Mrd. DM Geldbewegungen) (vgl. Meyer, H., 1994, S.23).

c) Fachhochschule, Mannheim/Schwerin, - Fachbereich Arbeitsverwaltung -

Die Fachhochschule besteht in ihrer bisherigen Rechtsform (Fachhochschule des Bundes für öffentliche Verwaltung -Fachbereich Arbeitsverwaltung-) seit 1979. Ihre Errichtung diente der wissenschaftlich orientierten Ausbildung für den gehobenen nichttechnischen Dienst und für Tätigkeiten als Beratungsfachkraft. In Schwerin wurde eine Dependance des Fachbereiches Arbeitsverwaltung errichtet, die am 17.05.1993 den Betrieb aufgenommen hat (vgl. ebd.).

d) Verwaltungsschulen

Wesentliche Teile der Aus- und Fortbildung des Personals (Lehrgänge, Arbeitsgemeinschaften, Prüfungen, Dienstbesprechungen) werden in den BA-eigenen Verwaltungsschulen durchgeführt. Die Zahl der Schulen wurde im Laufe der Zeit erhöht, wobei jede eine besondere Dienststelle ist.

e) Vorprüfungsamt der Bundesanstalt für Arbeit, Nürnberg

Das Vorprüfungsamt der Bundesanstalt für Arbeit (VPA) wurde 1979 eingerichtet. Seine Aufgabe besteht darin, die Vorprüfung in allen Bereichen der Bundesanstalt für Arbeit (Vorprüfung = letzte anstaltseigene Prüfung der Geschäftsführung, bevor die Prüftätigkeit des Bundesrechnungshofes beginnt) durchzuführen.

Das VPA gliedert sich in die Zentrale in Nürnberg und die Außenstellen – jeweils auf Ebene eines Landesarbeitsamtes. Die Benennung der Außenstelle erfolgt nach dem Sitz des Landesarbeitsamtes; also z.B.: im Bereich Niedersachsen-Bremen „Außenstelle Hannover“. Die Außenstellen sind weiter in Stützpunktbezirke unterteilt. Bundesweit wurden 42 Stützpunkte eingerichtet, einschließlich der neuen Bundesländer (vgl. Meyer, H. 1994, S.24).

Nach der kurzen Darstellung der besonderen Dienststellen, wird nun die Aufbauorganisation eines Arbeitsamtes dargestellt, wie sie auch im Arbeitsamt Lüneburg vor der Einführung der Organisationsstrukturen des Reformkonzeptes „Arbeitsamt 2000“ gegeben war.

3.8 Aufbauorganisation eines Arbeitsamtes

An der Spitze eines Arbeitsamtes steht der **Direktor,** dem alle Abteilungen unterstellt sind. **Ärztlicher Dienst, Psychologischer Dienst** und **Technischer Berater** sind dienstaufsichtlich direkt dem Direktor unterstellt. Die Fachaufsicht liegt allerdings beim Landesarbeitsamt. Zusätzlich gibt es noch die **Beauftragte für Frauenbelange**, die dem Direktor unmittelbar unterstellt ist sowie die **Frauenbeauftragte**, die niemandem unterstellt ist, sondern im Rahmen des Frauenförderungsgesetzes für die Belange der weiblichen Bediensteten eingesetzt wurde. Die **Bearbeitungsstelle Sozialgerichtsgesetz (SGG)** ist mit einem Sachbearbeiter besetzt, der die Bundesanstalt für Arbeit bei gerichtlichen Verfahren vor dem Sozialgericht vertritt und entsprechende Anträge bearbeitet.

Der **Sachbearbeiter für Presse – und Öffentlichkeitsarbeit** ist dem Direktor fachlich direkt unterstellt. In den meisten Fällen obliegt die Dienstaufsicht dem Abteilungsleiter der Verwaltung. In einigen Ämtern gibt es noch den **Sachbearbeiter für Arbeitsmarkt-und Berufsforschung** (in Lüneburg jedoch nicht), der unter der Dienstaufsicht des Direktors steht, aber fachliche Aufträge und Weisungen direkt vom Institut für Arbeitsmarkt- und Berufsforschung (IAB) erhält (vgl. Meyer, H. 1994, S.12; siehe auch Abbildung 4).

Dem Direktor sind alle Organsiationseinheiten eines Arbeitsamtes dienstlich unterstellt. Die Fachaufsicht übten in der bisherigen Organisationsform die Abteilungsleiter aus. Es handelte sich hierbei um folgende Abteilungen:

- **Abteilung I (Arbeitsvermittlung und Arbeitsberatung),**
- **Abteilung II (Berufsberatung),**
- **Abteilung III (Leistungsabteilung) und**
- **Abteilung IV (Verwaltung)**
  (vgl. Abbildung 4).

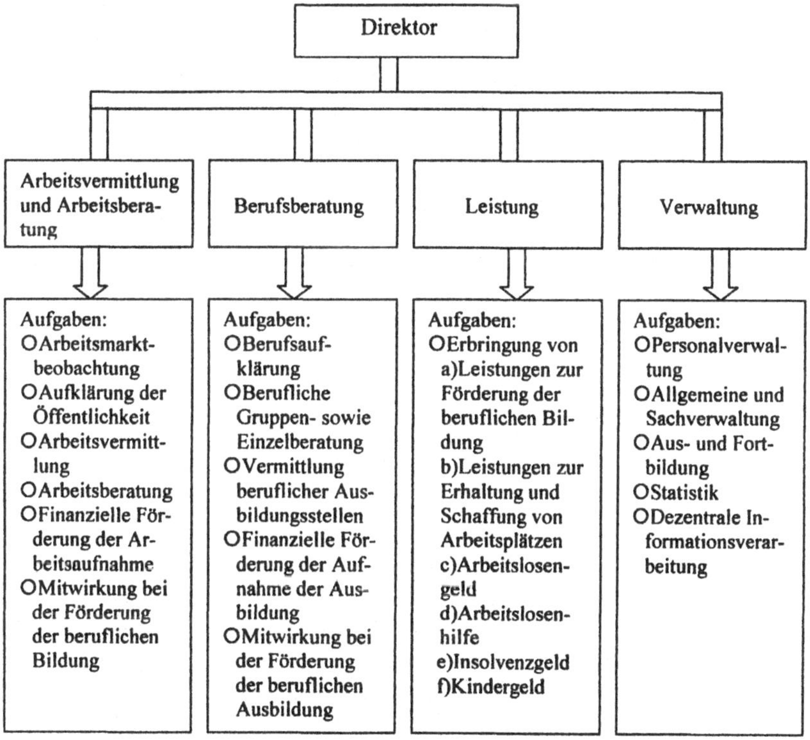

Abbildung 4 (Quelle: Bundesanstalt für Arbeit 1997)

Zum besseren Verständnis der Zuständigkeiten und Über- bzw. Unterordnungsverhältnisse sollen die Begriffe **Dienstaufsicht** und **Fachaufsicht** geklärt werden (vgl. Meyer, H. 1994, S.28 f.).

Dienstaufsicht

Unter Dienstaufsicht wird die dienstliche Weisungs- und Aufsichtsbefugnis gegenüber allen nachgeordneten Mitarbeitern verstanden. Sie obliegt im umfassenden Sinne dem Dienststellenleiter und nach ihm den Abteilungs-, Abschnitts- und Gruppenleitern.

Fachaufsicht

Die Fachaufsicht umfasst die Weisungs- und Aufsichtsbefugnis über die Durchführung der Aufgaben. Sie obliegt allen Vorgesetzten gegenüber den ihnen fachlich unterstellten Mitarbeitern.

Bevor sich die Betrachtung der Analyse der Aufbauorganisation eines Arbeitsamtes widmet, soll das Augenmerk zuerst auf die Betrachtung der bisherigen Abteilungen und ihrer Aufgabengebiete (siehe Abbildung 5) sowie auf die speziellen Fachdienste, wie z.B. den Ärztlichen Dienst gerichtet werden. Begonnen wird mit dem Ärztlichen Dienst.

3.8.1 Der Ärztliche Dienst

Aufgrund gesetzlicher Vorschriften ist die BA gehalten, bei der Durchführung ihrer Fachaufgaben (Beratung, Vermittlung, Förderung, berufliche Rehabilitation) den Gesundheitszustand der Arbeitssuchenden gebührend zu berücksichtigen. Bei den Arbeitsämtern bestehen deshalb **Ärztliche Dienste**, in denen Arbeitsamtsärzte tätig sind, die mit 2-3 Bürosachbearbeitern bzw. Bearbeitern zusammenarbeiten. Hierbei übernehmen die Bearbeiter die anfallenden Büroarbeiten. So kümmern sie sich um die Terminvergabe, schreiben die ärztlichen Gutachten bzw. bringen die amtsärztliche Begutachtung zu Papier. Der Ärztliche Dienst berät die Fachabteilungen in allen ärztlichen, arbeits- und sozialmedizinischen Fragen. Die Arbeitsamtsärzte geben als Sachverständige Gutachten über die **Leistungsfähigkeit** Arbeitssuchender ab, insbesondere bei Krankheiten, Unfällen oder bei angeborenen Leiden. Zusätzlich fertigen sie auch Gutachten zur Frage der Eignung für berufliche Tätigkeiten mit besonderen Anforderungen an. Bei der **Eingliederung Jugendlicher in das Berufsleben** ist im Interesse einer bestmöglichen Beratung

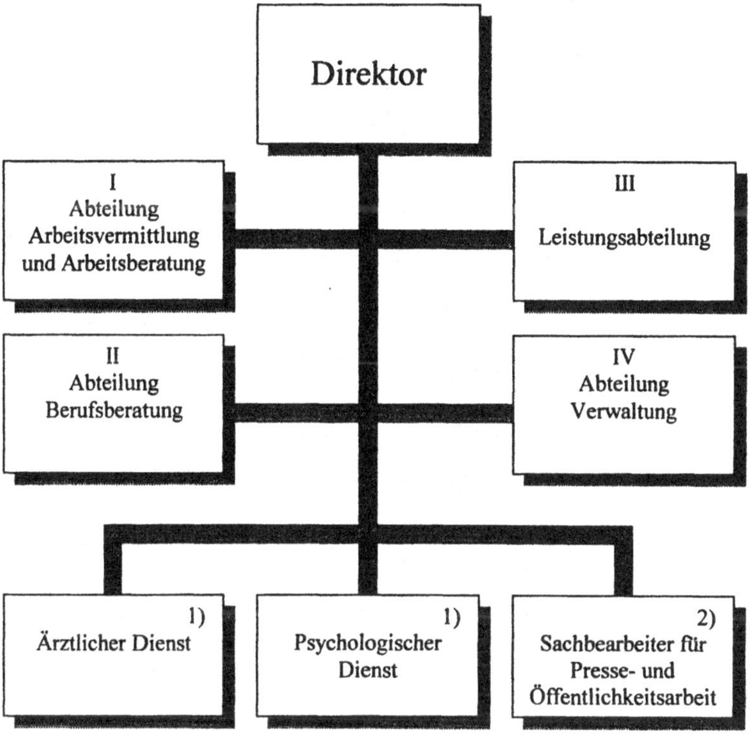

1) dem Direktor dienstaufsichtlich unterstellt, Fachaufsicht durch das LAA
2) fachlich dem Direktor direkt unterstellt, dienstaufsichtlich dem Abteilungsleiter Verwaltung

Abbildung 5 (Quelle: Bundesanstalt für Arbeit 1997)

vielfach die Beurteilung durch den Arbeitsamtsarzt erforderlich, um Entwicklungsstand und gesundheitliche Einschränkungen ausreichend berücksichtigen zu können. Auch Nachwuchskräfte der BA, z.B. Inspektorenanwärter und Auszubildende für den Beruf der Fachkraft für Arbeitsförderung müssen sich dieser amtsärztlichen Untersuchung unterziehen. Ein besonderes Gewicht kommt der Mitwirkung des Arbeitsamtsarztes im Rahmen der **beruflichen Rehabilitation Behinderter** zu. So wird nicht nur eine eingehende Begutachtung des gesundheitlichen Leistungsvermögens vorgenommen; der Amtsarzt nimmt auch an Team- und Expertengesprächen teil. Dadurch wird vielfach erst die Basis für Entscheidungen über notwendige berufliche Rehabilitationsmaßnahmen oder Vermittlungsbemühungen geschaffen. Darüber hinaus sind arbeitsamtsärztliche Gutachten oft wichtige Entscheidungshilfen für **Maßnahmen der beruflichen Förderung** (wie z.B. Umschulung). Der Ärztliche Dienst der BA arbeitet aber auch eng mit den entsprechenden Dienststellen anderer Sozialleistungsträger, mit Rehabilitationseinrichtungen, Betriebsärzten und niedergelassenen Ärzten aller Fachrichtungen zusammen (so werden bei der Begutachtung und Beurteilung der gesundheitlichen Eignung auch andere Gutachten mitberücksichtigt) (vgl. Bundesanstalt für Arbeit 1996, S. 20f.).

3.8.2 Der Psychologische Dienst

Ein weiterer Fachdienst in den Arbeitsämtern ist der **Psychologische Dienst**. Je nach Größe des Amtes sind dort ein oder mehrere Psychologen tätig. Im Arbeitsamt Lüneburg gibt es nur einen Psychologen, der mit einer Bürosachbearbeiterin zusammenarbeitet. Diese nimmt hauptsächlich sachbearbeitende Funktionen wahr. Hauptaufgabe des Psychologischen Dienstes ist die **Mitwirkung im Rahmen der beruflichen Beratung und Vermittlung in Ausbildungs- und Arbeitsstellen.** Bedarf ein Berater oder Vermittler zur Lösung seiner Aufgaben der fachlichen Hilfe eines Arbeitsamts-Psychologen , so kann er sich direkt an den Psychologischen Dienst seines Amtes wenden. Die Unterstützung durch den Psychologen erfolgt in Form einer **psychologischen Begutachtung,** einer **psychologischen Beratung**, einer **Teamberatung** oder einer **standardisierten Eignungsuntersuchung**. Der Psychologische Dienst wird auch für die Erstellung und Durchführung von psychologischen Eignungstests bei der Auswahl von Bewerbern für den gehobenen nichttechnischen Dienst und bei Bewerbern um eine Ausbildungsstelle beim Arbeitsamt durchgeführt.
Eine *psychologische Begutachtung* wird durchgeführt, wenn bei einem Ratsuchenden Fragen der Eignung im Vordergrund stehen. Bei der Beurteilung der Eignung wird einerseits berücksichtigt, ob ein Ratsuchender über die für einen Beruf erforderlichen Fähigkeiten, Kenntnisse und Fertigkeiten verfügt und andererseits, ob der Beruf für den Ratsuchenden, ausgehend von seinen Interessen, Zielen und Lebensorientierungen, angemessen ist. Bei Jugendlichen empfiehlt sich eine psychologische Begutachtung zudem, wenn Fragen zur Berufswahlreife oder Berufsreife auftreten. Eine psychologische Begutachtung ist auch dann angebracht, wenn es gilt, Bedingungen abzuklären, die für erfolgreiche Beratungs- und Vermittlungsbemühungen beachtet werden müssen (z.B. besondere Ausbildungs- oder Arbeitsplatzbedingungen).

Ziel der *psychologischen Beratung* ist es, gemeinsam mit dem Ratsuchenden persönliche Probleme zu analysieren und zu überwinden, die sich bei seiner Berufsentscheidung oder in seinem beruflichen Werdegang nachteilig auswirken. Im einzelnen kann es sich auch hier wieder um die Klärung von Interessen, Fähigkeiten, Ziele und Lebensorientierungen des Ratsuchenden handeln, um seine Aktivierung und Motivierung oder um eine anderweitige psychologische Unterstützung bei der Überwindung beruflicher Schwierigkeiten. In einigen Ämtern, z.B. in Stade bietet der Psychologische Dienst diese Form der Beratung auch für Arbeitslose an. So bietet der Psychologische Dienst dort bei beruflichen Entscheidungen, Anpassungs- und Lernschwierigkeiten, bei psychischen Problemen und bei der Bewältigung des Berufsalltags seine Hilfe an (vgl. Elbe-Geest-Wochenblatt Nr. 12, 34. Jg., vom 19.03.1997, S.1).

In der *Teamberatung* erarbeitet der Psychologe gemeinsam mit dem Berater und dem Ratsuchenden einen Plan für die weitere berufliche Entwicklung. Je nach Problemlage kann es zweckmäßig sein, den Arbeitsamtsarzt oder Dritte (bei jugendlichen Ratsuchenden die Eltern, bei Erwachsenen den Ehegatten bzw. die Ehefrau) an der Teamberatung zu beteiligen.

Die *standardisierte Eignungsuntersuchung* dient der Klärung von Eignungsvoraussetzungen bei bestimmten Ratsuchenden der Berufsberatung. Der Ablauf der Testuntersuchung, die Verarbeitung der vorhandenen Daten und ihre Umsetzung in berufsbezogene Aussagen erfolgt in standardisierter Weise.
Eine weitere Aufgabe, wie bereits erwähnt, ist die Mitwirkung des Psychologischen Dienstes bei der Aus- und Fortbildung der Fach- und Führungskräfte der BA. Bei seiner Tätigkeit greift der Psychologische Dienst bzw. der Psychologe auch auf Wissensbestände und Verfahren zurück, die von der „Zentralen Arbeits-gruppe für Grundlagenarbeiten im Psychologischen Dienst der Hauptstelle (ZAP)“ erarbeitet worden sind (vgl. Bundesanstalt für Arbeit 1996, S.21 f.).

3.8.3 Der Technische Beratungsdienst

Durch die fortschreitende technische Entwicklung treten bei der Beratungs- und Vermittlungstätigkeit der BA spezielle technische, betriebliche und gutachtliche Fragen auf. Für diese besonderen Aufgaben sind bei der Hauptstelle der BA, den Landesarbeitsämtern und Arbeitsämtern Ingenieure als **Technische Berater** zuständig. In Lüneburg gibt es einen Technischen Berater, der unter anderem auch den Arbeitsamtsbezirk Uelzen und Stade betreut. Dieser Technische Beratungsdienst soll zur erfolgreichen Zusammenarbeit mit der Wirtschaft und Verwaltung beitragen. Er unterstützt die Arbeitsvermittlung, die Berufsberatung und die Verwaltung bei der Durchführung ihrer Aufgaben. Durch betriebsorganisatorische und arbeitstechnische Anregungen werden geeignete Ausbildungs- und Arbeitsmöglichkeiten, insbesondere auch für Rehabilitanden (wie z.B. die Gestaltung eines behindertengerechten Arbeitsplatzes), erschlossen. Die fachtechnische Mitwirkung erstreckt sich u.a. auf die Planung, Gestaltung und Ausstattung von Rehabilitationszentren und Werkstätten für Behinderte. Der Technische Berater berät aber auch die Verwaltung eines Arbeitsamtes bei der Ausgestaltung von ergonomischen Arbeitsplätzen etc. (vgl. Bundesanstalt für Arbeit 1996, S. 22).

3.8.4 Der Statistische Dienst und Arbeitsmarktbeobachtung und -berichterstattung

Ein weiterer Fachdienst ist der Statistische Dienst in einem Arbeitsamt. Im Arbeitsamt Lüneburg ist dort zur Zeit ein Sachbearbeiter sowie ein Bürosachbearbeiter beschäftigt. Wozu braucht ein Arbeitsamt einen Statistischen Dienst? Die Bundesanstalt für Arbeit, als Trägerin der amtlichen Arbeitsmarktstatistik, verfügt über einen eigenen Statistischen Dienst, der sich organisatorisch in ihren Aufbau einfügt. Seine Aufgabe ist es, aus vorhandenen Geschäftsunterlagen sowie durch Auswertung von arbeitsmarktrelevanten Statistiken anderer Stellen **statistische Daten zu gewinnen, diese zu analysieren, aufzubereiten und als Informationen, Entscheidungshilfen sowie zur Beobachtung der Wirksamkeit arbeitsmarktpolitischer Maßnahmen anzubieten.** Das allgemein gestiegene Bedürfnis nach zuverlässigen, tiefgegliederten statistischen Informationen erfüllt der Statistische Dienst durch den Einsatz der elektronischen Datenverarbeitung. Die bestehende Statistische Datenbank (STADA) hat bereits eine Ausweitung des Erhebungs- und Auswertungsprogramms ermöglicht. Mit dem Verfahren der computerunterstützten Statistik (coStat) wird den Arbeitsämtern die Gewinnung von tiefgegliederten Informationen, die zeitnah zur Verfügung gestellt werden können, möglich sein.

Was wird ausgewertet? Im Vordergrund stehen die Statistiken über den Arbeitsmarkt, über die Beschäftigung und Arbeitslosigkeit der Arbeitnehmer, die Arbeitsberatung und Arbeitsvermittlung, die Berufsberatung und die Vermittlung von Ausbildungsstellen. Bedeutsame Bereiche sind ferner die Förderung der beruflichen Bildung, die Förderung der Arbeitsaufnahme, die berufliche Rehabilitation, die Leistungen der Arbeitslosenversicherung zur Erhaltung und Schaffung von Arbeitsplätzen, bei Kurzarbeit, zur Förderung der ganzjährigen Beschäftigung in der Bauwirtschaft, für Maßnahmen zur Arbeitsbeschaffung, die Leistungen an Arbeitslose und die Beitragspflichtigen. Außerdem werden Statistiken nach dem Arbeitnehmerüberlassungsgesetz, über

Arbeitsplätze für Schwerbehinderte und über die Leistungen nach dem Bundeskindergeldgesetz erstellt.

Die Ergebnisse der Statistik werden den Fachabteilungen und dem Institut für Arbeitsmarkt- und Berufsforschung (IAB) in geeigneter Form zur Verfügung gestellt. Außerdem werden die wichtigsten Ergebnisse der statistischen Erhebungen und ihrer Auswertungen in den Amtlichen Nachrichten der BA (ANBA) veröffentlicht. Personen und Stellen, für die die arbeitsmarktbezogenen Daten der BA von Interesse sind, können darüber hinaus weitere statistische Informationen – in Einzelfällen auch auf maschinell verwert-baren Datenträgern – erhalten. Zudem bietet sich die Möglichkeit, Einzelheiten über das statistische Erhebungsprogramm beim Statistischen Dienst der BA (Arbeitsamt, Landesarbeitsamt, Hauptstelle) erfragt werden (vgl. Bundesanstalt für Arbeit 1996, S.28). Auf den lokalen Arbeitsamtsbezirk bezogen, wertet der Statistische Dienst die Daten der verschiedenen Fachabteilungen aus und leitet sie auch an die Zeitungen weiter, z.B. die lokalen Arbeitslosenquoten.

Zusätzlich übernimmt der Sachbearbeiter des Statistischen Dienstes im Arbeitsamt Lüneburg auch die Aufgaben der **Arbeitsmarktbeobachtung und –berichterstattung.** In anderen Ämtern gibt es hierfür noch einen besonderen Dienstposten. Die Arbeitsmarktbeobachtung und -berichterstattung konzentriert sich auf die Beschreibung der aktuellen Lage und jüngsten Entwicklung des Arbeitsmarktes. Dabei stellt sie die verschiedenen Aspekte des Arbeitsmarktes im Zusammenhang dar und verbindet sie mit der gesamtwirtschaftlichen Entwicklung. Somit gibt sie vielfach Erklärungshinweise. Arbeitsmarktbeobachtung und –berichterstattung steht also zwischen Forschung und Statistik. Arbeitsmarktbeobachtung erfolgt im Blick auf die Ziele der Arbeitsmarktpolitik und die Aufgaben der BA, wie sie in den §§ 1-3 AFG aufgeführt waren und sich heute auch wieder im SGB III finden lassen. Die Berichte stellen vor allem Ungleichgewichte und Probleme des Arbeitsmarktes dar sowie die Bemühungen der BA, diese zu mindern und die Funktionsweise der Arbeitsmärkte zu verbessern. Veröffentlicht werden insbesondere Monats- und Jahresberichte über die Entwicklung des Arbeitsmarktes, halbjährliche Darstellungen des Ausbildungsstellenmarktes und Jahreshefte über die Berufsberatung sowie jährliche Spezialberichte, z.B. über die Arbeitsmärkte und die Förderung der beruflichen Weiterbildung und /oder Rehabilitation.

Adressaten der Arbeitsmarktberichterstattung der BA sind die eigene Verwaltung, die Selbstverwaltung (vgl. § 191 AFG), staatliche Stellen, Wirtschaft und Verbände, Wissenschaft und Öffentlichkeit. Die Berichte können den Teilnehmern am Arbeitsmarkt Hinweise für zweckmäßiges Verhalten und den Trägern der Arbeitsmarktpolitik Orientierungshilfe für den Einsatz ihrer

Instrumente geben. Arbeitsmarktbeobachtung und –berichterstattung erfolgt auf drei Ebenen: Die Hauptstelle berichtet über das gesamte Bundesgebiet, die Landesarbeitsämter über die Länder und die Arbeitsämter über ihren Bezirk, z.T. auch für einzelne Landkreise. Die Berichte der Landesarbeitsämter und Arbeitsämter werden regelmäßig als Vervielfältigungen bzw. Presseinformationen herausgegeben. Die Texte über das Bundesgebiet erscheinen in den Amtlichen Nachrichten der Bundesanstalt für Arbeit (ANBA) (vgl. Bundesanstalt für Arbeit 1996, S.27).

3.8.5 Die Beauftragte für Frauenbelange und die Frauenbeauftragte

Die BA hatte nach dem Arbeitsförderungsgesetz und hat nach dem SGB III dazu beizutragen, dass der geschlechtsspezifische Ausbildungsstellen- und Arbeitsmarkt überwunden wird und Frauen, deren Unterbringung unter den üblichen Bedingungen des Arbeitsmarktes erschwert ist, beruflich eingegliedert und gefördert werden. Frauen sollen entsprechend ihrem Anteil an den Arbeitslosen an den arbeitsmarktpolitischen Maßnahmen beteiligt werden. Diese arbeitsmarktpolitischen Zielvorstellungen der BA sind jedoch erst 1987 bzw. 1993 im § 2 des Arbeitsförderungsgesetzes festgeschrieben worden. Allerdings hat es schon immer zu den Intentionen der BA gehört, sich besonders benachteiligten Gruppen des Arbeitsmarktes anzunehmen. Dazu zählen auch Mädchen und Frauen, denn trotz verbesserter Chancen im Arbeitsleben, ist ihre Gleichstellung in vielen Bereichen des Lebens noch nicht vollzogen (vgl. Bundesanstalt für Arbeit 1996, S.20), da:

- Frauen immer noch stärker von Arbeitslosigkeit betroffen sind als Männer;
- der Wiedereinstieg in den Beruf nach der Familienphase oft mit Schwierigkeiten verbunden (z.B. gibt es zu wenig geeignete Teilzeitarbeitsplätze) ist;
- das Pro-Kopf-Einkommen der Frauen nur zwei Drittel dessen beträgt, was Männer verdienen;
- der Anteil der Frauen in Führungspositionen deutlich niedriger als der der Männer ist;
- die Mädchen bereits bei der Berufswahl ihre Ansprüche an berufliche Selbstverwirklichung in Erwartung ihrer Doppelbelastung durch Beruf und Familie reduzieren und eher kurze Ausbildungswege in traditionell frauentypischen Bereichen bzw. im Dienstleistungssektor wählen.

Durch die Ernennung von **Beauftragten für Frauenbelange** in der Hauptstelle, den Landesarbeitsämtern und Arbeitsämtern will die BA ihre arbeitsmarktpolitische Zielsetzung der Gleichbehandlung von Männern und Frauen auf dem Arbeitsmarkt in besonderer Weise unterstreichen und damit gleichzeitig ein Äquivalent zu den Gleichstellungsstellen von Bund, Ländern und Kommunen schaffen. Allen gemeinsam ist auf jeden Fall das Ziel in Politik, Wirtschaft und Verwaltung ein öffentliches Bewusstsein zu schaffen und die Gleichbehandlung von Männern und Frauen auf dem Arbeitsmarkt zu unterstützen. Seit Anfang 1995 nehmen die Beauftragten für Frauenbelange in der Hauptstelle und den Landesarbeitsämtern zusätzlich koordinierende Aufgaben im Rahmen der Durchführung des Frauenfördergesetzes wahr (vgl. Bundesanstalt für Arbeit 1996, S.20).

Im Arbeitsamt Lüneburg ist eine ehemalige Arbeitsberaterin mit dieser Aufgabe betraut. Sie beschäftigt sich mit arbeitsmarktpolitischen Projekten, die speziell auf Frauenbelange abgestimmt sind. So führte sie zu Anfang des Jahres 1998 einen Kursus für Frauen durch, die sich selbständig machen wollten (sogenanntes „Existenzgründerseminar für Frauen"). Dabei arbeitet sie auch mit anderen Stellen außerhalb der BA zusammen. Zusätzlich ist sie Ansprechpartnerin für arbeitslose Frauen. Die Stelle wird seit Ende des Jahres 1997 von ihr wahrgenommen.

Zusätzlich gibt es im Arbeitsamt Lüneburg noch die **Frauenbeauftragte**, die sich speziell den Belangen der weiblichen Bediensteten im Arbeitsamt widmet. Mit dieser Stelle ist eine Bearbeiterin aus der Kindergeldstelle betraut. Für ihre Tätigkeit ist sie halb freigestellt. Die andere Zeit nimmt sie weiterhin ihre eigentliche Tätigkeit als Bearbeiterin wahr. Sie nimmt regelmäßig an Sitzungen des Personalrates teil, soweit Frauenbelange betroffen sind. Zusätzlich informiert sie über Regelungen des Frauenfördergesetzes und z.B. über spezielle Arbeitszeitregelungen etc. für weibliche Bedienstete.

3.8.6 Arbeitsvermittlung und Arbeitsberatung

Nachdem die besonderen Dienste in einem Arbeitsamt dargestellt wurden, soll sich die Betrachtung nun der Abteilung I (Arbeitsberatung und Arbeitsvermittlung) in der bisherigen Organisationsform zuwenden. Hierbei wird auf die Aufgabenstellung, die Grundsätze sowie die Organisation der Abteilung eingegangen und beispielhaft am Arbeitsamt Lüneburg inklusive seiner Nebenstellen dargestellt (vgl. Abbildung 7).

3.8.6.1 Aufgaben der Arbeitsvermittlung und Arbeitsberatung

Zunächst soll auf die Aufgaben der bisherigen Abteilung I eingegangen werden, um sich dann den Grundsätzen und der Organisation zuwenden zu können. Hierbei handelt es sich um folgende:

- Arbeitsmarktbeobachtung,
- Aufklärung der Öffentlichkeit,
- Arbeitsvermittlung,
- Arbeitsberatung,
- Finanzielle Förderung der Arbeitsaufnahme und
- Mitwirkung bei der Förderung der beruflichen Bildung

(vgl. Bundesanstalt für Arbeit 1996, S. 38; vgl. Abbildung 6)

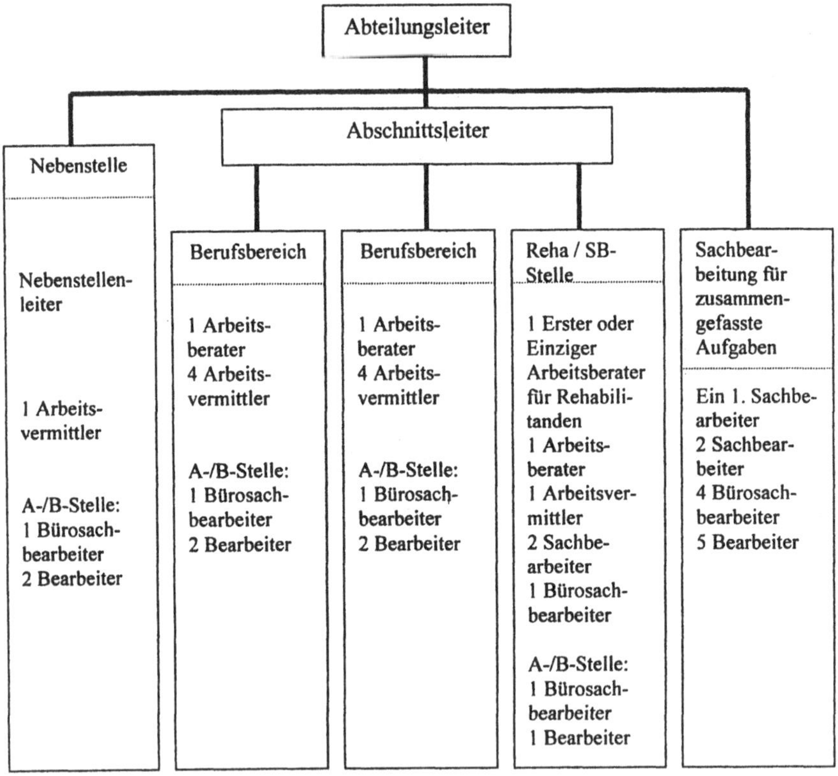

Abbildung 6 (Quelle: Bundesanstalt für Arbeit 1997)

Konkret bedeutet dies, dass die BA im Rahmen der Sozial- und Wirtschaftspolitik der Bundesregierung nach dem Arbeitsförderungsgesetz und seit 1998 nach dem SGB III insbesondere dazu beizutragen hat, dass weder Arbeitslosigkeit und unterwertige Beschäftigung noch ein Mangel an Arbeitskräften eintreten oder fortdauern. Daraus ergibt sich für die BA eine Verpflichtung. Sie hat dafür zu sorgen, dass die Allgemeinheit über Angebot und Nachfrage auf dem Arbeitsmarkt *unterrichtet* wird; sie muss über die Lage und Entwicklung des Arbeitsmarktes *aufklären* (vgl. Stehle, B. 1995, S.12 ff.).

Die BA *vermittelt* BewerberInnen (Arbeitssuchenden) Arbeit und Arbeitgebern Arbeitskräfte unter individueller Berücksichtigung der jeweiligen Fakten.
Nach dem Arbeitsförderungsgesetz (und auch nach dem SGB III) hat die BA *Arbeitsberatung* zu betreiben: Sie hat Arbeitnehmer und Arbeitgeber – auf Verlangen auch unabhängig von der Arbeitsvermittlung – über die Lage auf dem Arbeitsmarkt, die Entwicklung in den Berufen, die Notwendigkeit und Möglichkeiten der beruflichen Bildung und deren Förderung, die Förderung der Arbeitsaufnahme und in Fragen der Wahl oder Besetzung von Arbeitsplätzen zu informieren und individuell zu beraten. Angesichts der Unübersichtlichkeit des Arbeitsmarktes und der raschen, differenzierten Entwicklung im technologischen, ökonomischen und gesellschaftlichen Bereich ist es für den einzelnen schwer, sich allein zurechtzufinden. Deshalb sind speziell geschulte Fachkräfte, wie z.B. Arbeitsvermittler und Arbeitsberater, tätig, die Ratsuchenden Wege und Chancen zur beruflichen Bildung aufzeigen (vgl. Bauer, K. G. 1995, S.77 ff.; Bundesanstalt für Arbeit 1996, S.38 f).

Auch die Beratung rückkehrinteressierter ausländischer Arbeitnehmer wurde der BA übertragen. Jeder Ausländer hat damit das Recht, über allgemeine Rückkehrbedingungen und über die Möglichkeiten der beruflichen Eingliederung einschließlich der Gründung einer selbständigen Existenz im Heimatland unterrichtet und beraten zu werden. Die Dienststellen der BA arbeiten dabei mit anderen fachkundigen Beratungsstellen zusammen (vgl. Bundesanstalt für Arbeit 1996, S.38).

Bei beruflicher Bildung oder bei einer Arbeitsaufnahme kann die BA Leistungen an Arbeitnehmer und Arbeitgeber gewähren. Sie fördert zudem die berufliche Eingliederung Behinderter und wirkt mit bei Maßnahmen zur Verbesserung der Wirtschafts- und Arbeitsmarktstruktur, z.B. im Bergbau oder der Stahlindustrie (vgl. Renner, H./ Schürle, T. 1995, S.232 ff.; Löcken, H. 1995, S. 236 ff.).
Im Rahmen des Arbeitserlaubnisverfahrens entscheidet die BA über die Zulassung ausländischer Arbeitnehmer auf dem deutschen Arbeitsmarkt (vgl. Schmuck, C./Wald, H. 1995, S.183 ff.).

Der BA wurde im Rahmen ihrer Aufgabe zur Wahrung der Ordnung auf dem Arbeitsmarkt ab 1982 der Auftrag zur Initiative und Koordinierung im Kampf aller zuständigen Behörden gegen illegale Beschäftigung erteilt (vgl. Bundesanstalt für Arbeit 1996, S.38).

Bei der Durchführung ihrer Aufgaben stützt sich die BA auf eigene Beobachtungen des Arbeitsmarktes und auf die Forschungsergebnisse ihres Instituts für Arbeitsmarkt- und Berufsforschung. Ihre Mitarbeiter halten daher Kontakt zu Arbeitgebern, Arbeitnehmern und Wirtschaftsorganisationen, insbesondere die Mitarbeiter der Arbeitsvermittlung und Arbeitsberatung.

3.8.6.2 Grundsätze der Arbeitsvermittlung und Arbeitsberatung

Die öffentliche Arbeitsvermittlung und Arbeitsberatung, als gemeinnützige, staatliche Einrichtung, orientiert sich in ihrer Arbeitsbewältigung an sozialstaatlichen Prinzipien. Sie steht allen Arbeitnehmern und Arbeitgebern zur Verfügung. Sie wird immer *freiwillig* in Anspruch genommen. Allerdings findet die freiwillige Inanspruchnahme ihre Grenzen, wenn Sozialleistungen wie Arbeitslosengeld tatsächlich begehrt werden. Bei der Arbeitsvermittlung und Arbeitsberatung werden die *Grundrechte* auf freie Entfaltung der Persönlichkeit, auf Gleichbehandlung, auf Freizügigkeit sowie auf freie Wahl des Berufes und des Arbeitsplatzes beachtet (vgl. Art.2, 12, 3 und 11 GG; Schad, O. 1995, S.87 ff.). Bei der Arbeitsvermittlung und Arbeitsberatung soll und wird den berechtigten Wünschen der Arbeitnehmer und Arbeitgeber individuell Rechnung getragen. Dabei sind die besonderen Verhältnisse der Betriebe und der zu besetzenden Arbeitsplätze ebenso wie die Eignung der Ratsuchenden und Bewerber, z.B. ihre schulische Vorbildung, ihre berufliche Bildung und Befähigung sowie die persönlichen Verhältnisse zu berücksichtigen. Bei gleicher Eignung wird die soziale Lage berücksichtigt. Nach dem Grundsatz der *Unparteilichkeit* (§ 20 Abs.1 AFG und Nr. 13 Vermittlungsrichtlinien der Arbeitsvermittlung) dürfen einzelne Arbeitnehmer oder Arbeitgeber bei der Arbeitsvermittlung weder benachteiligt noch bevorzugt werden. Der Grundsatz der Unparteilichkeit schließt zugleich die absolute *Neutralität* der BA bei Arbeitskämpfen der Sozialpartner ein, d.h., dass das Arbeitsamt über Beginn und Ende eines Arbeitskampfes (legaler Streik, wilder Streik, Aussperrung) unterrichtet werden muss. Die Anzeigepflicht ist für den Arbeitgeber zwingend. Die *Unentgeltlichkeit* der Arbeitsvermittlung und Arbeitsberatung leitet sich aus dem Charakter der gemeinnützigen, öffentlich-rechtlichen Aufgaben der Bundesanstalt für Arbeit ab (§21 AFG und Nr.14 der Vermittlungsrichtlinien). Weitere Grundsätze, die die Abteilung Arbeitsvermittlung und Arbeitsberatung zu beachten hat, sind die der *Vertraulichkeit und des Datenschutzes* (§35 SGB I i. V. m. §§ 67 ff. SGB X, § 22 AFG und Nr. 15 der Vermittlungsrichtlinien). So dürfen z.B. keine Auskünfte über die persönlichen Verhältnisse des Arbeitnehmers, wie z.B. Schulden (auch wenn dies dem Arbeitsvermittler bekannt ist), gegeben werden (vgl. Schad, O., 1995, S. 94 f.). Die Bundesanstalt soll ferner an dem Zustandekommen von Arbeitsverhältnissen zu tarifwidrigen Bedingungen nicht mitwirken, wenn ihr die Tarifwidrigkeit der Bedingungen und die Tarifgebundenheit des Arbeitnehmers und des Arbeitgebers bekannt sind. Deshalb hat die Arbeitsvermittlung bzw. der Arbeitsvermittler die *Tarife zu berücksichtigen* (vgl. Schad, O. 1995, S.93).

3.8.6.3 Die Organisation der Abteilung Arbeitsvermittlung und Arbeitsberatung

Im folgenden Abschnitt wird auf die bezirkliche, die fachliche und auf die arbeitstechnische Gliederung der bisherigen Abteilung I eingegangen.

a) Bezirkliche Gliederung

Mit 10 Landesarbeitsamts- und 176 Arbeitsamtsbezirken in der Bundesrepublik Deutschland verfügt die Arbeitsvermittlung und Arbeitsberatung über ein weit verzweigtes Netz örtlicher Vermittlungseinrichtungen; d.h., dass organisatorisch jede Gemeinde von einem Arbeitsamt erfasst wird und die Arbeitsamtsbezirke lückenlos gegeneinander abgegrenzt sind (flächendeckend).
Ausgangspunkt der bezirklichen Gliederung ist das Arbeitsamt (**Hauptamt**). Sein Bezirk wird unter Berücksichtigung wirtschaftlicher Zusammenhänge (Wirtschafts-und Besiedlungsschwerpunkte, Einzugsgebiete, Verkehrsanbindungen, Pendlerströme) abgegrenzt (§ 189 Abs.3 AFG). Im Arbeitsamt werden alle Fachaufgaben der Arbeitsvermittlung und Arbeitsberatung, auch in unmittelbarer räumlicher Verbindung und Zusammenarbeit mit der Fachabteilung Berufsberatung, der Leistungsabteilung und der Verwaltung abgewickelt (vgl. Rasper, M. 1995, S.70). Im Interesse einer möglichst großen **Bürgernähe** können im Arbeitsamtsbezirk weitere Dienststellen errichtet werden, die – wegen der überwiegenden Aufgaben aus dem Bereich der Arbeitsvermittlung und Arbeitsberatung- der Abteilung Arbeitsvermittlung und Arbeitsberatung im Arbeitsamt zugeordnet sind. Hierbei handelt es sich um:

- **Nebenstellen (seit 1998 in Geschäftsstellen umbenannt)**

Das Arbeitsamt Lüneburg verfügt über zwei Nebenstellen bzw. Geschäftsstellen, in Winsen/L. und in Buchholz i.d.N.
Was kennzeichnet Nebenstellen/Geschäftsstellen?
Sie nehmen für ihren Bereich ständig die Aufgaben der Arbeitsvermittlung und Arbeitsberatung wahr. Sie sind keine selbständigen Dienststellen; sie sind organisatorisch vollständig ausgestaltet. Allerdings fehlen die Verwaltung und vor dem „Arbeitsamt 2000" auch die Leistungsabteilung. Allerdings hatte die Leistungsabteilung in der Nebenstelle Winsen Sprechstunden für leistungsrechtliche Fragen (z.B. zum Arbeitslosen-geld) und für die Entgegennahme von Anträgen eingerichtet. In Buchholz war die Leistungsabteilung bereits im Zuge von Dezentralisierungstendenzen und aufgrund der Umsetzung des Runderlasses 24/94, der besagt, dass die allgemeinen Berufsbereiche und Leistungsstellen Arbeitslosengeld, Arbeitslosenhilfe, Fortbildung und Umschulung im Hauptamt und in Nebenstellen zusammengelegt werden können, um Qualitätsverbesserungen und effizientere Arbeitsweisen zu erreichen (besserer Informationsaustausch zwischen den beiden Abteilungen, kürzere Informationswege, Kundenfreundlichkeit), organisatorisch eingegliedert worden (vgl. Rasper, M. 1995, S.68; Rd.Erl. 24/94). Die Umsetzung in Lüneburg und Winsen wurde, wie in vielen anderen Ämtern auch, durch zunächst einzuleitende Baumaßnahmen verzögert. Die Berufsberatung ist in beiden Nebenstellen eingegliedert, weil der Aufgabenanfall eine dezentrale Wahrnehmung erfordert. Wegen ihrer unterschiedlichen Größe hatten Nebenstellen keine einheitliche Organisation. In Vermittlungsangelegenheiten waren beide Nebenstellen dem Leiter der Abteilung Arbeitsvermittlung und Arbeitsberatung im Hauptamt unterstellt. Die beschäftigten Berufsberater der Abteilung Berufsberatung, die Antragsannehmer in der Auskunftsstelle für leistungsrechtliche Angelegenheiten dem Leiter der Leistungsabteilung, ebenso die Mitarbeiter der organisatorisch eingefügten Leistungsstelle im Arbeitsamt Buchholz. Eine weitere Dienststelle ist die sogenannte **Hilfsstelle.**

- **Hilfsstellen**

Im Arbeitsamtsbezirk Lüneburg befand sich vor der Reform eine Hilfsstelle in Neuhaus. Sie zeichnete sich dadurch aus, dass sie für ihren Bereich nur zeitweise die Aufgaben der Arbeitsvermittlung und Arbeitsberatung wahrnimmt. Sie wurde nur einmal pro Woche von einem abgeordneten Mitarbeiter des Hauptamtes besetzt. Teilweise wurden Hilfsstellen nur für bestimmte Tage oder während einer bestimmten Zeit des Jahres (Saison, Kampagne, Messe) eingerichtet. Die Hilfsstellen waren organisatorisch dem Hauptamt oder einer Nebenstelle angegliedert (vgl. Rasper, M. 1995, S.70).

Die örtlichen Beratungs- und Vermittlungsdienste wurden durch folgende Dienststellen ergänzt:
- **Zentralstelle für Arbeitsvermittlung (ZAV),**
- **Fachvermittlungs- und Ausgleichseinrichtungen,** die zentral Landesarbeitsämtern oder Arbeitsämtern organisatorisch angeschlossen waren. (vgl. Rasper, M. 1995, S.71).

b) Fachliche Gliederung

Fachlich gliederte sich die Abteilung Arbeitsvermittlung und Arbeitsberatung im Arbeitsamt in drei Organisationseinheiten, nämlich in:

- **Berufsbereich (Bb),**
- **REHA/SB-Stelle (RS) und die**
- **Sachbearbeitung für zusammengefasste Aufgaben (SzA).**

Grundeinheit war der Berufsbereich. Die Arbeitsvermittlung wurde grundsätzlich nach Berufen- ohne Trennung nach Geschlechtern- fachlich gegliedert. Die Grundeinheit dieser Gliederung war der Berufsbereich. Die Zahl der Berufsbereiche und Zusammenfassung bestimmter Berufe in diesen Organisationseinheiten richtete sich nach Größe und Struktur des jeweiligen Bezirks. Das Hauptamt in Lüneburg verfügte über drei, die Nebenstelle Buchholz über zwei und die Nebenstelle Winsen über einen Berufsbereich. Jeder Berufsbereich verfügte über eine **Anmelde- und Bearbeitungsstelle (A/B-Stelle)**, die als „Anlaufstelle" eine zentrale Funktion wahrgenommen hat. Der Berufsbereich wurde für einen angemessenen Teil des Arbeitsmarktes gebildet, wobei ihm jeweils ein klar abgegrenzter Zuständigkeitsbereich in Anlehnung an die „Klassifizierung der Berufe" (Verzeichnis über anerkannte Ausbildungsberufe und Anlerntätigkeiten, die unter Berufskennziffern zusammengefasst sind) zugeordnet war und verwandte Berufe möglichst zusammenfasste. Drei bis fünf Berufsbereiche waren in einem **Abschnitt** zusammengefasst (die Anzahl der Berufsbereiche im Arbeitsamtsbezirk Lüneburg wurde bereits erwähnt). Entsprechend der Anzahl der Berufsbereiche wurden mehrere Abschnitte gebildet (vgl. Rasper, M.1995, S.71). **Ausnahmen** von diesem Gliederungsschema bestanden bei Nebenstellen mit geringer Stellenausstattung, bei Fachvermittlungsdiensten (= Berufsbereich), Job-Zeitpersonal - Vermittlung und servis-Vermittlung. Diese waren einem Berufsbereich zugeordnet oder als „Berufsbereich besonderer Art" eingerichtet.

Die Vermittlung von Jugendlichen (Jugendliche bis 18 Jahre), die eine Berufsausbildung nicht anstreben oder dafür nicht in Frage kommen, wurde in einer eigenen Organisationseinheit bzw. von besonders damit beauftragten Mitarbeitern durchgeführt. In Lüneburg, Winsen und Buchholz wurde die Betreuung zusätzlich zu anderen Aufgaben von einem Vermittler übernommen.

Für die Betreuung und Vermittlung von Schwerbehinderten, für die Durchführung von beruflichen Rehabilitationsmaßnahmen und den Aufgaben nach dem Schwerbehindertengesetz ist – auch in der Orgtanisationsstruktur des „Arbeitsamtes 2000“ – eine eigene Organisationseinheit, die **REHA/SB-Stelle** (bzw. das Reha-Team im „Arbeitsamt 2000“) zuständig.

In der **Sachbearbeitung für zusammengefasste Aufgaben** wurden bestimmte Arbeiten, wie die Antragsbearbeitung für Maßnahmen zur beruflichen Fortbildung und Umschulung, für Leistungen zur Förderung der Arbeitsaufnahme (z.B. Bewerbungskosten), für Arbeitsbeschaffungsmaßnahmen oder für die Erteilung von Arbeitserlaubnissen, zentral erledigt.

Alle oben genannten Organisationseinheiten – einschließlich der Neben-/Hilfsstellen – wurden in einer **Abteilung** zusammengefasst.

c) Arbeitstechnische Gliederung und Leitungsgefüge

„Die festgelegte Funktionsverteilung soll die qualifizierte und rationelle Aufgabenerledigung sicherstellen (Runderlass 129/78 i.d.F. d. Runderlasses 29/84)“ (Rasper, M. 1995, S.72).

Alle Berufsbereiche eines Arbeitsamtsbezirks unterstanden fachlich dem **Leiter der Abteilung Arbeitsvermittlung und Arbeitsberatung.** Zu seiner Entlastung waren die einzelnen Berufsbereiche je nach Größe des Arbeitsamtes in einen oder mehrere Abschnitte zusammengefasst. Im Arbeitsamt Lüneburg gab es nur einen Abschnitt, der von einer sogenannten **Abschnittsleiterin** fachlich betreut wurde (vgl. Anhang). Die einzelnen Berufsbereiche waren mit **Arbeitsvermittlern** besetzt. An der Spitze eines Berufsbereichs stand ein **Arbeitsberater**.

Wie waren die Berufsbereiche im Arbeitsamt Lüneburg inklusive seiner Nebenstellen ausgestattet?

Die **Organisationseinheit „Berufsbereich“**, von der es im Arbeitsamt Lüneburg insgesamt drei und in der Nebenstelle Buchholz sowie in der Nebenstelle Winsen einen gab, war folgendermaßen ausgestattet:

a) Lüneburg

Im Arbeitsamt Lüneburg gab es drei Berufsbereiche. Der Berufsbereich I 16 war für besonders qualifizierte Berufe, kaufmännische, technische Berufe und Verwaltungsangestellte sowie für technische Sonderfachkräfte, sozialpflegerische Berufe und Textil- und Bekleidungsberufe zuständig. Der Berufsbereich I 17 betreute die Berufe der Land- und Forstwirtschaft sowie Leder-, Holz-, Bau-, Verkehrs-, Metall- und Elektroberufe, während der Berufsbereich I 18 für Hauswirtschafts-, Ernährungs-, HOGA-Berufe und für Kranken-, Altenpflegeberufe sowie für die JOB-Vermittlung, chemie- und kunststoffverarbeitende Berufe und für Berufe des Verkehrsdienstes und des Wachdienstes und schließlich für die Betreuung von jugendlichen Arbeitslosen zuständig war. An der Spitze eines jeden dieser Berufsbereiche stand ein **Arbeitsberater.** Dieser war für die Durchführung der Aufgaben im Berufsbereich verantwortlich. Er übte die Fachaufsicht aus und nahm qualifizierte Beratungsfunktionen und schwierige Vermittlungsfunktionen wahr (mit besonderer Beauftragung als Arbeitsberater für die Beratung von Straffälligen, von Aussiedlern, für frauenspezifische Belange, für Ausländerangelegenheiten- Integration/Reintegration). Er oder sie war für die Beratung in Fragen des Arbeitsmarktes, der Wahl und Besetzung von Arbeitsplätzen sowie der beruflichen Fortbildung und Umschulung und deren Förderung zuständig (vgl. Bundesanstalt für Arbeit 1996, S. 39 f.).

Im Berufsbereich I 16 gab es 4, im Berufsbereich I 17 3 und im Bereich I 18 ebenfalls 3 **Arbeitsvermittler,** die die Arbeitsvermittlung und Arbeitsberatung innerhalb ihres Zuständigkeitsbereichs durchführen. Sie beraten ebenfalls Arbeitslose, aber auch Arbeitgeber. Die Beratung soll auf die Anliegen der Ratssuchenden abgestimmt sein, bei Arbeitnehmern auf ihre Kenntnisse und Fertigkeiten und bei den Arbeitgebern auf ihre betrieblichen Belange. Das Beratungsgespräch, das der Arbeitsvermittler bei der Entgegennahme des Bewerberangebots des Arbeitnehmers, der eine Stelle sucht oder bei Entgegennahme des Stellenangebots eines Arbeitgebers, führt, gibt Gelegenheit, die Wünsche kennenzulernen sowie alle für die Arbeitsvermittlung wichtigen Umstände, wie Eignung und persönliche Verhältnisse des Betriebes und des zu besetzenden Arbeitsplatzes festzustellen. Eine Beratung der Bewerber erfolgt auch hinsichtlich der Arbeitsmarktentwicklung etc. Auch berufliche Fortbildung ggfls. auch Umschulung wird angesprochen. Zusätzlich führen die Arbeitsvermittler auch die Vermittlung durch. Aus den per EDV gespeicherten Daten der Bewerber wählt der Arbeitsvermittler für die zu besetzende Stelle geeignete Bewerber oder für den Bewerber geeignete Arbeitsplätze aus und unterbreitet dabei entsprechende Vermittlungsvorschläge. Neben telefonischer Kontaktpflege sind die Arbeitsvermittler aber auch gehalten, durch Außendienste

Kontakte zu den ortsansässigen Arbeitgebern zu halten und zu pflegen oder erst herzustellen.

In jedem dieser drei Berufsbereiche gab es 3 **Bürosachbearbeiter** in der Anmelde- und Bearbeitungsstelle, die dieser vorstanden. In jeder dieser drei A-/B-Stellen gab es zusätzlich noch 2-4 **Bearbeiter.** Die Anmelde- und Bearbeitungsstelle hatte vor allem die Aufgabe der Vorklärung von Anliegen von vorsprechenden Besuchern, der Erteilung von (Vor-)Informationen an Besucher und deren Weiterleitung an den bzw. die Arbeitsvermittler bzw. Arbeitsberater sowie der Mitwirkung bei der Entgegennahme von Arbeitslosmeldungen und der Ausgabe von Leistungsanträgen (Anträgen für Arbeitslosengeld).

b) Buchholz

In Buchholz gab es zwei Berufsbereiche (I 51 und I 52), denen jeweils ein Arbeitsberater vorstand. Der Berufsbereich für handwerklich-technische (gewerbliche) Berufe, Jugendliche, Schwerbehinderte und die Jobvermittlung (I 51) verfügte über 4 Arbeitsvermittler und eine A-/B-Stelle. Der Berufsbereich für Angestelltenberufe (I 52) verfügte über drei Arbeitsvermittler. Ebenfalls gab es dort eine A-/B-Stelle, die jeweils von einem Bürosachbearbeiter geführt und durch Bearbeiter ergänzt wurde.

c) Winsen

In Winsen gab es nur einen Berufsbereich, der für alle Berufe des Nebenstellenbereichs zuständig war. Zunächst gab es dort noch die Aufteilung, dass bestimmte Vermittler für bestimmte Berufe zuständig waren und bestimmte Sonderaufgaben wie die Betreuung von Schwerbehinderten, die Job-Vermittlung und die Betreuung von Jugendlichen übernommen hatten. Winsen verfügte weiterhin über einen Arbeitsberater und über 4,5 Vermittler (eine Stelle ist eine reine TZ-Stelle). Die A-/B-Stelle wurde von einem Bürosachbearbeiter und Bearbeitern betreut.

Zusätzlich gab es noch die **Organisationseinheit der REHA/SB-Stelle**. Diese war im Arbeitsamt Lüneburg angesetzt. Sie umfasste die Funktionsebenen Arbeitsberater, Arbeitsvermittler, Bürosachbearbeiter und Bearbeiter.
In Lüneburg gab es die **Erste Arbeitsberaterin für Rehabilitanden**, die für die Durchführung der Fachaufgaben verantwortlich war. Sie besaß in der Organisationseinheit fachliche Weisungsbefugnis und nahm qualifizierte Beratungsfunktionen wahr. Ergänzt wurde ihre Arbeit durch eine weitere **Arbeitsberaterin in der REHA-/SB-Stelle**, deren Aufgabengebiet sich weitge-

hend mit dem der Ersten Arbeitsberaterin deckte. Allerdings hatten beide eine Aufteilung der Betreuung der Rehabilitanden von den Nebenstellen und eine Aufteilung nach Alphabet vorgenommen. Eine **Arbeitsvermittlerin REHA/SB** führte selbständig die Beratung und Vermittlung von Rehabilitanden und Schwerbehinderten durch. Ein **Sachbearbeiter REHA/SB** führte selbständig die sachbearbeitenden Aufgaben (berufliche Rehabilitation, Aufgaben nach dem Schwerbehindertengesetz) durch. Zusätzlich gab es wieder einen Bürosachbearbeiter und Bearbeiter, deren Aufgaben denen der anderen A-/B-Stellen glichen.

Eine weitere Einheit in der Abteilung I bildete die **Sachbearbeitung für zusammengefasste Aufgaben (SzA)**. Sie war direkt dem Abteilungsleiter unterstellt. Die SzA wurde in Lüneburg von zwei teilzeitarbeitenden Mitarbeiterinnen geführt, die sich die Stelle des **Ersten Sachbearbeiters** teilten. Das Teilgebiet für die Bearbeitung von bestimmten Anträgen zur Förderung der Arbeitsaufnahme (FdA) sowie von Arbeitserlaubnissen, ABM etc. wurde durch die Ersten Sachbearbeiterinnen mit betreut. Die Bearbeitung wurde von Bürosachbearbeitern und Bearbeitern wahrgenommen. Das Teilgebiet für die Bearbeitung von beruflichen Weiterbildungsmaßnahmen und Leistungen für die Sprachförderung von Aussiedlern wurde von einem **Sachbearbeiter** wahrgenommen. **Bürosachbearbeiter, Bearbeiter und Hilfskräfte** nahmen mitwirkende und mithelfende Funktionen wahr (vgl. Rasper, M. 1995, S.73).

Nach dem kurzen Überblick über die Arbeit der bisherigen Abteilung I soll nun die Berufsberatung des Arbeitsamtes Lüneburg betrachtet werden.

3.8.7 Die Berufsberatung

Bisher war die BA nach dem Arbeitsförderungsgesetz alleinige Trägerin der Berufsberatung einschließlich der Vermittlung in berufliche Ausbildungsstellen. Nach dem SGB III haben sich jedoch Änderungen ergeben. Die bisherige Aufbauorganisation war jedoch noch immer dementsprechend gegliedert. Bevor die Aufbauorganisation der Berufsberatung dargestellt wird, soll zuerst auf die Aufgaben und die Grundsätze der Berufsberatung eingegangen werden.

3.8.7.1 Aufgaben und Durchführung der Berufsberatung

Die Berufsberatung hat verschiedene Aufgaben zu erfüllen. Hierbei handelt es sich um:

- Berufsaufklärung,
- Berufliche Gruppen- sowie Einzelberatung,
- Vermittlung beruflicher Ausbildungsstellen,

- Finanzielle Förderung der Aufnahme bei der Ausbildung,
- Mitwirkung bei der Förderung der beruflichen Ausbildung,
- Beratung von Arbeitgebern in Nachwuchsfragen,
- Berufsberatung junger Menschen mit Behinderungen

(vgl. Bundesanstalt für Arbeit 1996, S.29 f.).

Dies bedeutet, dass die Berufsberatung Jugendliche und Erwachsene vor Eintritt in das Berufsleben in allen Fragen der Berufswahl und des beruflichen Fortkommens zu beraten hat. Dabei wendet sie sich vor allem an die vor der Berufswahl stehenden Jugendlichen in allgemein- und berufsbildenden Schulen sowie an die Auszubildenden und die Studierenden an Universitäten und Fachhochschulen.

Auf besondere Weise nimmt sich die Berufsberatung auch körperlich, geistig oder seelisch Behinderter sowie sozial Benachteiligter an. Die Berufsberatung erteilt Jugendlichen und Erwachsenen Auskunft und individuellen Rat in Berufsfragen (*berufliche Beratung*).

Die berufliche Beratung wird durch die Unterrichtung über Fragen der Berufswahl und über die beruflichen Bildungswege, die Berufe und ihre Entwicklungstendenzen (*Berufsorientierung*) vorbereitet und ergänzt.

Die Berufsberatung soll helfen, die getroffene Berufsentscheidung zu verwirklichen, indem sie auf das Zustandekommen beruflicher Ausbildungsverhältnisse hinwirkt (*Förderung der beruflichen Ausbildung*).

Die Berufsberatung arbeitet eng mit anderen Organisationen und Dienststellen zusammen: mit Schulen und Schulbehörden, Hochschulen und Studienberatungsstellen, Gesundheitsämtern, Trägern der Berufsausbildung, der Berufsförderung und der Sozialhilfe, Einrichtungen der Arbeitgeber und Arbeitnehmer, wissenschaftlichen Forschungsstätten, Elternvertretungen, Jugend- und Sozialverbänden (vgl. Bundesanstalt für Arbeit 1996, S. 29 f.).

Für die Lösung ihrer Aufgaben auf den umrissenen, mit einander verbundenen Teilgebieten benötigt die Berufsberatung viele Grundlagenkenntnisse, vor allem solche berufs-, betriebs- und wirtschaftskundlicher, menschen- und gesellschafts-kundlicher, auch rechts- , organisations- und verwaltungskundlicher Art. Deshalb beobachtet sie die Entwicklung in den Berufen , die Beschäftigungslage und die Tendenzen auf dem Arbeitsmarkt Dabei stützt sie sich auch auf die Forschungsergebnisse des IAB der BA und auf ein berufliches Informations- und Dokumentationssystem, das berufsrelevante Bewegungen,

Veränderungen und Tendenzen in den Bildungs-, Ausbildungs- und Weiterbildungsbereichen, auf dem Arbeitsmarkt und in den Wirtschaftsstrukturen beobachtet, dokumentiert und publiziert (vgl. Bundesanstalt für Arbeit 1996, S.30).

Bevor die Grundsätze der Berufsberatung dargestellt werden, soll noch einmal erläutert werden, was eigentlich unter den Begriffen Berufsorientierung und Berufsberatung verstanden wird.

Berufsorientierung

Die Berufsorientierung (Berufsaufklärung) richtet sich an diejenigen, die vor der Berufs- bzw. Ausbildungswahl bzw. im beruflichen Entscheidungsprozeß stehen sowie an deren Erziehungsberechtigte. Dabei arbeitet die Berufsberatung vor allem mit den Einrichtungen des Bildungswesens zusammen. Bei der Berufsorientierung unterrichtet sie über Fragen der Berufs- bzw. Ausbildungswahl, über die Berufe, schulische und berufliche Ausbildungsmöglichkeiten (einschließlich deren Anforderungen, Aussichten und Förderung), sowie über beruflich bedeutsame Entwicklungen. Im einzelnen werden von der Berufsberatung folgende Maßnahmen durchgeführt:

- Schulbesprechungen für Schüler und Schülerinnen in allgemein- und berufsbildenden Schulen.
- Berufsorientierende Vortragsveranstaltungen, Seminare und andere Maßnahmen zur Berufswahlvorbereitung.
- Beteiligung an Aktivitäten anderer Stellen.
- Individuelle Betriebskontakte und Berufserkundungen.
- Veranstaltungen für Erziehungsberechtigte der vor der Berufswahl stehenden Jugendlichen.
- In Selbstinformationseinrichtungen, wie dem Berufsinformationszentrum (BIZ) können sich Jugendliche und Erwachsene selbst über Berufe und berufsbezogene Fragestellungen informieren. Das Medienangebot umfasst Informationsmappen und Bücher, Filme, Hörprogramme und Dia-Serien, Programme im BIZ-Computer sowie die Datenbank für Aus- und Weiterbildung KURS

(vgl. Bundesanstalt für Arbeit 1996, S.31 f.; Schauenberg, G. 1987, S.146f., Wöppel, J. 1987, S.152 f.).

Berufliche Beratung

Mit der beruflichen Beratung steht die Berufsberatung all denen zur Verfügung, die über eine allgemeine Berufsorientierung hinaus eine individuelle Beratung

zur Ausbildungs- und Berufswahl wünschen. Das schließt auch die Erörterung von Fragen der schulischen Bildung ein, soweit sie zur Berufswahl und zur beruflichen Entwicklung von Bedeutung sind. Zu dem angesprochenen Personenkreis gehören Schüler und Studierende aller schulischen Einrichtungen einschließlich der Schul- bzw. Studienwechsler und -abbrecher.
Darüber hinaus berät die Berufsberatung auch Erwachsene, obwohl die meisten erwachsenen Ratsuchenden sich zuerst an die Arbeitsberatung wenden. Berufliche Beratung unterstützt Jugendliche und Erwachsene im Rahmen ihrer Ausbildungs-, Studien- und Berufswahlfragen. Ausgehend von den Erwartungen der Ratsuchenden soll sie einen Beitrag zu deren eigenverantwortlichen und möglichst sachkundigen Entscheidungen leisten (vgl. Bußhoff, L. 1987, S. 176 f.). Im Beratungsgespräch sind die individuellen Vorstellungen der Berufswählerinnen und -wähler, ihre Chancen und Risiken, ihr sozialer Kontext, die Gegebenheiten und Entwicklungen der Berufe sowie die des Ausbildungs- und Arbeitsmarktes zentrale Themen (vgl. Esser, M. 1987, S.114ff.). Um Gespräche möglichst ohne Störungen zu führen, aber auch um die Beteiligung Dritter (z.B. Eltern) zu erleichtern, werden Beratungen nach vorheriger Terminvereinbarung durchgeführt. Daneben bietet die Berufsberatung im Arbeitsamt und in den Schulen Sprechstunden an, die ohne Voranmeldung genutzt werden können. Sollten die im gemeinsamen Gespräch erarbeiteten Erkenntnisse für eine Entscheidung nicht ausreichen oder wird es für zweckmäßig gehalten, so kann mit Einverständnis des Ratsuchenden bzw. des Erziehungsberechtigten seitens des Arbeitsamts-Psychologen eine Eignungsuntersuchung vorgenommen werden. Um den Entwicklungsstand und gesundheitliche Einschränkungen von Jugendlichen ausreichend berücksichtigen zu können, kann auch ein Arbeitsamtsarzt eingeschaltet werden. Das Gespräch zwischen dem Ratsuchenden und dem Berufsberater hat nur eine entscheidungsvorbereitende Rolle, die letzte Entscheidung ist auf jedem Falle dem Ratsuchenden und seinen Erziehungsberechtigten vorbehalten. Falls es ein Jugendlicher vorzieht, Probleme und Fragen seiner Berufswahl in einer Gruppe zu erörtern, kann durch die Berufsberatung eine Gruppenberatung angeboten werden. Unter der fachlichen Anleitung des Berufsberaters kann der Jugendliche dann nämlich erkennen, dass Mitschüler vor ähnlichen Fragen stehen wie er selbst, und lernen, deren Initiativen und Erfahrungen für die Bewältigung des eigenen Berufswahlprozesses zu nutzen (vgl. Bundesanstalt für Arbeit 1996, S.34).

Vermittlung in berufliche Ausbildungsstellen

Im Anschluss an die Einzelberatung werden ,wenn vom Ratsuchenden gewünscht, betriebliche und /oder schulische Ausbildungsplätze vorgeschlagen. Dadurch soll die Berufsentscheidung verwirklicht und gleichzeitig den Betrieben geeigneter Nachwuchs vermittelt werden. Im Rahmen der Vermittlungsarbeit achtet die Berufsberatung darauf, dass Bewerbern entsprechend ihrer Eignung einwandfreie Ausbildungsstellen vorgeschlagen werden. Bei der Beurteilung, ob eine Ausbildungsstelle in fachlicher, gesundheitlicher und erzieherischer Hinsicht einwandfrei ist, stützt sich die Berufsberatung u. a. auf gutachtliche Äußerungen der nach dem Berufsbildungsgesetz zuständigen Stellen, wie z.B. Handwerkskammern und Industrie- und Handelskammern (vgl. Bundesanstalt für Arbeit 1996, S.35; Schwedhelm, W.-R. 1987, S.75 ff.).

Neben diesen Aufgaben kümmert sich die Berufsberatung auch noch um die überregionale Ausbildungsvermittlung, um zwischenstaatliche Ausbildungs- und Praktikantenvermittlung sowie um berufsvorbereitende Bildungsmaßnahmen und die Förderung der beruflichen Ausbildung, z.B. durch Gewährung von ausbildungsbegleitenden Hilfen (abH) und sonstigen finanziellen Leistungen (vgl. Bundesanstalt für Arbeit 1996, S.35 ff.; Keila, C. 1987, S.60 ff.).

Nach welchen Grundsätzen arbeitet die Berufsberatung ?

3.8.7.2 Grundsätze der Berufsberatung

Die Berufsberatung wird, ebenso wie die Arbeitsvermittlung und Arbeitsberatung, als gemeinnützige staatliche Einrichtung für jeden tätig, der sie in Anspruch nimmt. Unterrichtung und Unterstützung wird in vielseitiger Form als Hilfe zur Selbsthilfe angeboten.
Dem einzelnen soll geholfen werden, seine verfassungsmäßig gesicherten Grundrechte auf freie Entfaltung seiner Persönlichkeit und sein Recht auf *freie Wahl des Berufes*, der Ausbildungsstätte und des Arbeitsplatzes bewusst und eigenständig wahrzunehmen. Ihre Tätigkeit übt die Berufsberatung *unparteiisch* und *unentgeltlich* aus. Ihre Inanspruchnahme ist freiwillig. Die Berufsberatung soll sowohl den besonderen Einfluss des Berufes auf die wirtschaftliche und soziale Stellung des einzelnen als auch auf die Leistung und das Wachstum der Wirtschaft berücksichtigen. Sie soll alles unternehmen, um Ratsuchenden eine gezielte Berufswahl und eine angemessene Berufsausbildung zu ermöglichen. Im Vordergrund der Arbeit der Berufsberatung soll dabei das Eingehen auf den einzelnen Menschen, der sich beruflich bilden will, stehen. Bei Beratung, Vermittlung und Hilfen der beruflichen Förderung, stehen die körperliche, geistige und charakterliche Eignung, die Interessen und die persönlichen Verhältnisse des Ratsuchenden, wie auch die Verantwortung der Erziehungsberechtigten im Mittelpunkt. Zugleich soll die Berufsberatung die Anforderungen und die Entwicklung der in Betracht kommenden Berufe, auch die Wünsche und die fachliche, gesundheitliche wie erzieherische Eignung der Ausbildungsstelle berücksichtigen. Dabei wägt die Berufsberatung die Lage und

Entwicklung des Ausbildungs-/Arbeitsmarktes sowie der Berufe ab. In keinem Fall darf sie darauf drängen, einen bestimmten Beruf oder Ausbildungsweg zu wählen (vgl. Bundesanstalt für Arbeit 1996, S.30).

Nach der allgemeinen Darstellung der Arbeit der Berufsberatung sowie deren Grundsätze, widmet sich die Betrachtung jetzt der Organisation der Abteilung II, dargestellt am Beispiel des Arbeitsamtes Lüneburg einschließlich der Nebenstellen.

3.8.7.3 Die Organisation der Berufsberatung

Die Organisation erfuhr im Jahre 1992 durch den Runderlass 20/92 eine grundlegende Neuorganisation. Begründet wurde diese Neuorganisation damit, dass sich die Rahmenbedingungen seit der letzten Reform der Jahre 1972-1977 grundlegend geändert hatten. So hatten lt. Runderlass 20/92 die Kundenerwartungen, die Nachfragestrukturen, der Trend zur Regionalisierung und zu einem fallbezogenen, kundenorientierten Aufgabenverständnis zu einer grundlegenden Änderung der Verhältnisse geführt. Durch den Einsatz und Ausbau der EDV wurde ebenfalls eine grundlegende Anpassung der Organisation der Berufsberatung notwendig und möglich. Wie sah die Organisation der Berufsberatung in Lüneburg vor dem „Arbeitsamt 2000“ aus ?

a) Leitungsgefüge

Die Abteilung Berufsberatung wurde von einem **Abteilungsleiter** geführt, dem neben der Gesamtverantwortung für die Aufgabenerledigung in der Abteilung im wesentlichen die Dienst- und Fachaufsicht über den Abschnittsleiter sowie über die Mitarbeiter in den ihm unmittelbar unterstellten Organisationseinheiten oblag. Unterstützt wurde er dabei durch die in diesen Organisationseinheiten angesetzten Ersten Sachbearbeiter bzw. Sachbearbeiter in der Wahrnehmung der Aufsichtsfunktionen gegenüber den dem Sachbearbeiter unterstellten Kräften. In Lüneburg waren dem Abteilungsleiter allerdings die Berufsberater für Abiturienten und Hochschüler (BB-A/H), einschließlich die Organisationseinheit BIZ/Doku unterstellt.

Die weitere Leitungsebene wurde durch einen **Abschnittsleiter** gebildet, dem neben der Verantwortung für die Aufgabenerledigung im Abschnitt im wesentlichen die Dienst- und Fachaufsicht über die ihm in den Beraterbereichen unterstellten Berufsberater sowie über die Mitarbeiter in den weiteren, ihm unmittelbar unterstellten Organisationseinheiten oblag. Da in Lüneburg nur ein Abschnitt gebildet wurde, sind dem dortigen Abschnittsleiter die Berufsberater der allgemeinen Berufsberatung und der Berufsberater für Behinderte, die Organisationseinheiten Beraterbüro und Abteilungsbüro sowie die in den Nebenstellen angesetzten Kräfte der Berufsberatung unterstellt gewesen.

Unterhalb der Leitungsebenen gliederte sich die Abteilung Berufsberatung in die **Organisationseinheiten :**

- Beraterbereich
- Beraterbüro
- Abteilungsbüro
- Berufsinformationszentrum und Dokumentationsstelle.

Die organisatorische Grundeinheit der Abteilung Berufsberatung bildete der **Beraterbereich.** Die konkrete Ausgestaltung bzw. Aufteilung saht folgendermaßen aus:

Lüneburg

Im Arbeitsamt Lüneburg gab es drei Beraterbereiche. Der Beraterbereich 1 setzte sich aus den **Berufsberatern für Abiturienten und Hochschüler** zusammen, die direkt dem Abteilungsleiter unterstellt waren. In diesem Bereich waren 3,5 Berufsberater tätig. Der Beraterbereich 2 besteht aus 4 **allgemeinen Berufsberatern** und war dem Abschnittsleiter unterstellt. Ebenso wie der Beraterbereich 3, der für die Berufsberatung für Behinderte zuständig war und sich aus einem **Ersten Berufsberater für Behinderte** und einem weiteren **Berufsberater für Behinderte** zusammensetzte.

Buchholz

In der Geschäftsstelle Buchholz gibt es zwei Berufsberater, die für die allgemeine Berufsberatung zuständig sind. Die Berufsberatung für Behinderte sowie die für Abiturienten und Hochschüler wird mit von den zuständigen Berufsberatern aus Lüneburg übernommen.

Winsen

Auch in der Geschäftsstelle Winsen sind zwei Berufsberaterinnen tätig, die die allgemeine Berufsberatung wahrnehmen. Die Berufsberatung für Behinderte und für Abiturienten und Hochschüler wird ebenfalls von den zuständigen Berufsberatern aus dem Hauptamt übernommen.

Die nächste Einheit bildete das sogenannte **Beraterbüro**. In Lüneburg war dieses Büro mit einer Sachbearbeiterin besetzt. In Winsen und Buchholz wurde das Beraterbüro von zwei Bürosachbearbeiterinnen betreut.

Das **Abteilungsbüro**, das zugleich auch das Beraterbüro für den Berufsberater für Behinderte bildete, unterstützte zugleich auch den Abschnittsleiter und war nur im Hauptamt zu finden. Dieses Büro war ebenfalls mit einer Sachbearbeiterin besetzt.

Das **Berufsinformationszentrum mit Dokumentationsstelle** war dem Abteilungsleiter unterstellt und ebenfalls nur im Hauptamt ansässig. Ein Sachbearbeiter nimmt die dortigen Aufgaben wahr.

Unterstützt wurden alle Einheiten von Bürosachbearbeitern und Bearbeitern.

Welche Aufgaben hatten die verschiedenen Bereiche ?

b) Fachtechnische Gliederung

Die Organisationseinheit **Beraterbereich** war im Rahmen der Aufgabenverteilung für folgende Aufgaben zuständig (Runderlass 20/92, S.49):

Aufgabenbereich „Berufsorientierung/berufliche Beratung“:

- Fachliche Planung, Vorbereitung, Durchführung und Nachbereitung von Schulbesprechungen, Elternveranstaltungen, berufsorientierenden Gruppenmaßnahmen, berufs- und /oder studienkundlichen Vortragsreihen und Ausstellungen,
- Zusammenarbeit mit Schulen, einschließlich Information der Schulen über das Orientierungs- und Beratungsangebot,
- Durchführung der beruflichen Einzel- und Gruppenberatung sowie von Sprechstunden zur Erteilung von Rat und Auskunft in Fragen der Berufs- und/oder Studienwahl, der Aus- und Fortbildungsmöglichkeiten sowie der Ausbildungs- und/oder Studienförderung,
- Veranlassung und Auswertung von Gutachten der Fachdienste (Ärztlicher Dienst/Psychologischer Dienst).

Aufgabenbereich „Ausbildungsvermittlung/Förderung der beruflichen Ausbildung“:

- Zusammenarbeit mit Ausbildungsbetrieben, sonstigen Ausbildungseinrichtungen und den nach dem Berufsbildungsgesetz zuständigen Stellen,

- Gewinnung von Ausbildungsstellen insbesondere im Rahmen von Betriebsbesuchen und gezielten Vermittlungsbemühungen,
- Führen von Beratungs- und Vermittlungsgesprächen mit Ausbildungsbetrieben,
- Vermittlung in betriebliche und überbetriebliche Ausbildungsstellen sowie Nachweis schulischer Ausbildungsplätze insbesondere im Zusammenhang mit beruflicher Beratung,
- Mitwirkung bei der Planung und Einrichtung von beruflichen Bildungsmaßnahmen, Benennung und Betreuung von Teilnehmern,
- Entscheidung über die Gewährung von Förderungsleistungen dem Grunde nach.

Die Organisationseinheit **Beraterbüro** war im Rahmen der zugeordneten Beraterbereiche für folgende Aufgaben zuständig (Runderlass 20/92, S.50).

Aufgabenbereich „Berufsorientierung/berufliche Beratung“:

- Erstellung von Materialien/Mitteln zur Berufsorientierung,
- Organisation von Berufsorientierungsveranstaltungen der Berufsberater,
- Entgegennahme von Anmeldungen zur Beratung nach Vereinbarung einschließlich Anliegenvorklärung,
- organisatorische Vorbereitung, Abwicklung und Überwachung des Ablaufs der Beratung nach Vereinbarung und der Durchführung von Sprechstunden,
- Mitwirkung bei der Einleitung von Gutachten der Fachdienste.

Aufgabenbereich „Ausbildungsvermittlung/Förderung der beruflichen Ausbildung“

- Sicherstellung zeitnaher Vermittlung bei vorgemerkten Bewerbern und erteilten Aufträgen sowie Nachweis schulischer Ausbildungsplätze nach erfolgter Eignungsfeststellung durch Berufsberater soweit nicht die persönlichen Verhältnisse des Bewerbers oder die besonderen Verhältnisse der freien beruflichen Ausbildungsstelle Vermittlungsbemühungen durch die zuständige Beratungsfachkraft fachlich erfordern bzw. diese sich die Vermittlung vorbehalten hat,
- Führen von anliegenorientierten Vermittlungsgesprächen bei Abwesenheit der zuständigen Beratungsfachkraft oder deren zeitweiliger Bindung durch die Wahrnehmung anderer Fachaufgaben ,
- Vorbereitung und Durchführung von Vermittlungsaktionen, z.B. Ausbildungsbörsen, Tagen der Offenen Tür,
- Feststellung des Erfolges von Vermittlungsbemühungen bei Bewerbern und Ausbildungsbetrieben,

- Entgegnnahme von Vermittlungsaufträgen (schriftlich, telefonisch, persönlich) und Begutachtung und Beurteilung der Ausbildungseignung der Betriebe,
- Vorbereitung und Durchführung allgemeiner Maßnahmen zur Gewinnung von Ausbildungs- und Praktikantenstellen sowie zum Nachweis schulischer Ausbildungsplätze,
- Zusammenarbeit mit Ausbildungsbetrieben, sonstigen Ausbildungseinrichtungen und den nach dem Berufsbildungsgesetz zuständigen Stellen im Einzelfall,
- Abwicklung der überbezirklichen Ausbildungsvermittlung,
- Abwicklung personenbezogener Förderung von Nichtbehinderten (Förderung der Ausbildungsplatzaufnahme, Berufsausbildungsbeihilfe) einschließlich Stellungnahmen,
- Erteilung von Auskünften zur personenbezogenen Förderung einschließlich der Auskünfte zu Anspruchsvoraussetzungen und Leistungen.

Sonstige Aufgaben:
- Wahrnehmung von Ausländerangelegenheiten,
- Führung von Karteien,
- Mitwirkung bei der Statistik,
- Entlastung der Berufsberater von weiteren administrativen Aufgaben.

Die Aufgaben der Organisationseinheit **Abteilungsbüro**, das zugleich das Beraterbüro der Berufsberater für Behinderte war, stellte sich wie folgt dar (Runderlass 20/92, S.53):

- Unterstützung des Abteilungsleiters/Abschnittsleiters insbesondere durch
  - Koordinierung und Durchführung von Maßnahmen zur Information der Öffentlichkeit über Dienste und Leistungen der Berufsberatung,
  - Koordinierung der Aus- und Fortbildung in der Abteilung Berufsberatung,
  - Mitwirkung bei der Zusammenarbeit mit anderen Abteilungen und Fachdiensten,
  - Durchführung von Angelegenheiten des Datenschutzes.

- Unterstützung der Abschnittsleiter bei der Wahrnehmung abschnittsübergreifender fachlicher Schwerpunktaufgaben durch Abwicklung administrativer Arbeiten,
- Wahrnehmung von Aufgaben im Zusammenhang mit der verwaltungsmäßigen Durchführung des Geschäftsablaufes der Abteilung Berufsberatung (Arbeitsplanung, Berichtswesen, Statistik),

- Wahrnehmung der Aufgaben des Beraterbüros für den Beraterbereich der Berufsberater für Behinderte, in begründeten Ausnahmefällen auch für einen Beraterbereich der Berufsberater für Abiturienten und Hochschüler,
- Planung, Vorbereitung und Abwicklung/Abrechnung von berufsvorbereitenden und beruflichen Bildungsmaßnahmen,
- Zusammenarbeit mit Maßnahme- und Kostenträgern sowie Einrichtungen der beruflichen Rehabilitation,
- Erteilung von Auskünften zu Fragen der maßnahmebezogenen Förderung einschließlich der Auskünfte zu Anspruchsvoraussetzungen und Leistungen.

Eine weitere Organisationseinheit bildet das **Berufsinformationszentrum mit Dokumentationsstelle**. Sie ist (auch im „Arbeitsamt 2000") zuständig für:

- Erteilung von persönlich, telefonisch und schriftlich erbetenen Auskünften zu berufskundlichen Fragestellungen,
- Anliegenklärung bei Besuchern, Erteilung von Auskünften im Rahmen der Selbstinformation von Besuchern, ggfls. Verweis auf die Sprechstunde, Beratung nach Vereinbarung bzw. an die Abteilung Arbeitsvermittlung und Arbeitsberatung,
- Aktualisierung und Betreuung der Daten von EDV-Systemen im Bereich BIZ/Doku,
- Durchführung des Änderungsdienstes im Zusammenhang mit der Aktualisierung der Aus- und Weiterbildungsdatenbank (KURS), soweit sie nicht die Arbeitsvermittlung und Arbeitsberatung betreffen
- Planung, Vorbereitung und Abwicklung von berufsorientierenden /berufskundlichen Veranstaltungen im Bereich BIZ/Doku,
- Durchführung von Veranstaltungen zur Nutzung von BIZ/Doku,
- Beschaffung, Erstellung, Aufbereitung und Aktualisierung von berufs-, arbeits-, bildungs-, ausbildungs-, studien-, wirtschafts- und betriebskundlichem Material sowie sonstiger Grundlagen und Informationen zur Erledigung der Fachaufgaben der Beratungsdienste,
- Beschaffung, Aktualisierung und Verwaltung von Berufsorientierungs- und Informationsmitteln sowie deren Verteilung,
- Erstellung und Aktualisierung von regionalen Orientierungsmitteln,
- Initiierung von Maßnahmen zur Information der Öffentlichkeit über Dienste und Leistungen des BIZ,
- Bedienung und Wartung audiovisueller und interaktiver Arbeitsplätze des BIZ,
- Bereitstellung /Aktualisierung von technischen und medialen Arbeitsmitteln,
- Erledigung von Organisations- und Verwaltungsaufgaben des BIZ/Doku (Statistik, Fahrkostenerstattung, Terminplanung),

- Zusammenarbeit mit externen Stellen zum Zwecke der Informationsgewinnung.

3.8.8 Die Leistungsabteilung

Nach der Darstellung der beiden Abteilungen im Arbeitsamt, die überwiegend beratende Funktionen wahrnehmen, wird mit der Darstellung der Leistungsabteilung eine Abteilung des Arbeitsamtes ins Blickfeld gerückt, die, wie es die Bezeichnung schon ausdrückt, sich überwiegend mit der Bearbeitung von Anträgen auf Geldleistungen, wie Arbeitslosengeld, Arbeitslosenhilfe, Kurzarbeitergeld u.ä., sowie der Berechnung und Auszahlung dieser Leistungen befasste. Wie in den vorigen Abschnitten sollen vorerst die Aufgabenstellungen der Abteilung dargestellt werden, um dann auf die fachtechnische und organisatorische Gliederung einzugehen.

3.8.8.1 Aufgaben der Leistungsabteilung

Die Leistungsabteilung hatte verschiedene Aufgaben zu erfüllen, als da wären:

- Erbringung von

Leistungen zur Förderung der beruflichen Bildung, z.B.:
- Berufsausbildungsbeihilfe (BAB)
- Unterhaltsgeld (wird Teilnehmern an beruflichen Fortbildungsmaßnahmen und Umschulungen gewährt);

Leistungen zur Erhaltung und Schaffung von Arbeitsplätzen (Kurzarbeitergeld, Schlechtwettergeld);

Sonstige Leistungen:
- Arbeitslosengeld, Arbeitslosenhilfe
- Konkursausfallgeld.
- Kindergeld.

Zusammenfassend lässt sich für den Bereich der Leistungsabteilung sagen, dass ihre Hauptaufgabe darin bestand, beantragte Leistungen auf ihren Anspruch hin zu überprüfen, Auskünfte über Rechtsansprüche auf bestimmte Leistungen zu erteilen, die Anträge auf Geldleistungen zu bearbeiten und ihre Auszahlung zu gewährleisten. Dabei war sie streng an die gesetzlichen Vorgaben gebunden.

3.8.8.2 Leitungsgefüge und fachtechnische Gliederung

a) Leitungsgefüge

An der Spitze der Leistungsabteilung stand im Arbeitsamt Lüneburg in der bisherigen Organisationsform eine **Abteilungsleiterin,** die die Entscheidungs-, Anordnungs- und Zeichnungsbefugnis für den Gesamtbereich der Leistungsabteilung hat. Sie hatte die Arbeit der Leistungsabteilung dem Direktor gegenüber zu vertreten und trug die fachliche Verantwortung für die Durchführung der Aufgaben in der Leistungsabteilung. Sie war für die Organisation der Abteilung verantwortlich und trug die Dienst- und Fachaufsicht gegenüber ihren Mitarbeitern. Zusätzlich war sie für die Erfolgskontrolle zuständig, wurde bei Angelegenheiten des Personals beteiligt, führte Personalgespräche und hatte die Beziehungspflege zu Stellen innerhalb und außerhalb des Arbeitsamtes zu betreiben. Aufgaben, wie sie auch die anderen Abteilungsleiter des Arbeitsamtes zu erledigen hatten (Organisationshandbuch der Leistungsabteilung des Arbeitsamtes, Abschnitt B Nr.3.1, 1996, S.2 ff.).

Ihr direkt unterstellt war ein **Abschnittsleiter** sowie die **Leistungsgruppe für Winterbauförderung, Kurzarbeitergeld, Berufsausbildungsbeihilfe, Altersteilzeitgesetz, Ordnungswidrigkeiten, Außendienst und Leistungen nach dem Rehabilitationsgesetz** (Zahlung von Übergangsgeld bei Teilnahme an einer beruflichen REHA-Umschulung aus gesundheitlichen Gründen). Zusätzlich ist ihr die **Bearbeitungsstelle zur Bekämpfung der illegalen Beschäftigung (BillBG).**

Dem **Abschnittsleiter** waren drei Leistungsgruppen **(Leistungsgruppe für Arbeitslosengeld, Arbeitslosenhilfe, Fortbildung und Umschulung, Eingliederungshilfe** sowie die **Leistungsgruppe Arbeitslosengeld, -hilfe, Fortbildung und Umschulung, Eingliederungshilfe**, die für die Geschäftsstellen Buchholz und Winsen zuständig waren und die **Leistungsgruppe Kindergeld)** direkt unterstellt sowie die **Zentrale Verteilstelle**, die alle eingehenden Anträge, Anfragen, Posteingänge etc. sammelt und an die zuständigen Stellen verteilt.

Der Abschnittsleiter war zugleich Abwesenheitsvertreter der Abteilungsleiterin. Seine Aufgaben bestanden darin, Leitungs- und Führungsaufgaben im Zuständigkeitsbereich (unmittelbar unterstellte Organisationseinheiten bzw. Mitarbeiter) wahrzunehmen. Er leitete die Leistungsabteilung – ungeachtet der fachlichen Gesamtverantwortung der Abteilungsleiterin – im Rahmen der Durchführung der Aufgaben der Leistungsabteilung durch verantwortliche

Übernahme von Aufgaben aus deren Aufgabenkreis und unterstützte diese dadurch (Organisationshandbuch der Leistungsabteilung des Arbeitsamtes (OHB-L-AA) Abschnitt B Nr.3.2, S.1 f.). Er übte Entscheidungs-, Anordnungs- und Zeichnungsbefugnis im Rahmen der hierzu getroffenen Regelungen aus.

b) Fachtechnische Gliederung

Die Leistungsabteilung gliederte sich in folgende **Organisationseinheiten** (OHB-L-AA, Abschnitt B Nr.1.1, 1996, S.1):

- Leistungsabschnitt
- Leistungsgruppe
- Leistungsstelle
- Sonderleistungsstelle
- Verteilstelle für die Arbeitsgebiete Alg, Alhi, FuU, Eghi
- Datenerfassungs-/Schreibstelle
- Antragsannahme
- Auskunfts- und Beratungsstelle
- Rechtsauskunftsstelle
- Aktenhaltung
- Bearbeitungsstelle zur Bekämpfung der illegalen Beschäftigung.

Die einzelnen Organisationseinheiten sollen kurz dargestellt und ihre Aufgaben kurz zusammengefasst werden.

Leistungsabschnitt

Ein Leistungsabschnitt umfasste zwei, höchstens drei Leistungsgruppen. Im Arbeitsamt Lüneburg gab es vier Leistungsgruppen (s.o.). Waren in der Leistungsabteilung vier Leistungsgruppen vorhanden, bildeten jeweils drei Leistungsgruppen den **Abschnitt**, dieser war einem Abschnittsleiter unterstellt (OHB-L-AA, Abschnitt B Nr.2.1, S.1).

Leistungsgruppe

Zu Leistungsgruppen waren in der Regel nur Leistungsstellen aus dem gleichen Aufgabengebiet zusammenzufassen. Die Zusammenfassung von Leistungsstellen verschiedener Aufgabengebiete war immer dann zulässig, wenn die Zahl der vorhandenen Leistungsstellen nicht ausreichte, um für einzelne Aufgabengebiete Leistungsgruppen zu bilden. Eine Leistungsgruppe bestand grundsätzlich aus drei, höchstens aber vier auf Dauer eingerichteten **Leistungsstellen**. Eine Leistungsgruppe Kug, WBF, AtG, VOG (Vorruhestandsgesetz), wie in Lüneburg, setzte sich zum einen aus zwei für diese Arbeitsgebiete auf Dauer eingerichteten Leistungsstellen und aus einer Leistungsstelle für OWIG und Außendienst zusammen (OHB-L-AA, Abschnitt B Nr.2.2, S.1). Die beiden Leistungsstellen für Alg, Alhi, FuU und Eghi bestanden aus drei bzw. für Buchholz und Winsen insgesamt aus vier auf Dauer eingerichteten Leistungsstellen. Jeder dieser beiden Leistungsgruppen stand ein **Gruppenleiter** vor, der die Arbeit innerhalb der Leistungsstellen koordinierte. In jeder objektorientierten Leistungsgruppe war ein **Anordnungsbefugter** anzusetzen. Dem bzw. der Gruppenleiterin waren Bürokräfte und Sachbearbeiter unmittelbar unterstellt. Er oder sie trug die fachliche Verantwortung für die Durchführung aller Aufgaben im Zuständigkeitsbereich, wie z.B. für die ordnungsgemäße und termingerechte Aufgabenerledigung im Leistungs-abschnitt, Organisation, Dienst- und Fachaufsicht im Zuständigkeitsbereich etc. (OHB-L-AA, Abschnitt B, Nr.3.3, S.3 ff.). Der oder die Anordnungsbefugte unterstützte den bzw. die Gruppenleiterin im Rahmen der Durchführung seiner/ihrer Aufgaben, überwachte und koordinierte die termingerechte und ordnungsgemäße Aufgabenerledigung in der Leistungsgruppe, stellte die richtige und einheitliche Entscheidungs- und Verfahrenspraxis in der Leistungsabteilung sicher, übte die Fachaufsicht aus etc. (OHB-L-AA, Abschnitt B, Nr.3.5, S.1 ff.). Im Aufgabengebiet Kindergeld bestehte eine Leistungsgruppe, die sich aus drei Leistungsstellen zusammensetzte. Diesen Leistungsstellen war eine Gruppenleiterin vorgesetzt, die gleichzeitig Anordnungsbefugte war. Ebenso sah es in der bereits oben genannten Leistungsgruppe Kug, OWIG etc. aus, bei der der Gruppenleiter gleichzeitig der Anordnungsbefugte war.

Leistungsstelle

Die Leistungsstellen waren jeweils für einzelne Aufgaben- bzw. Arbeitsgebiete zuständig. Die Bildung einer Leistungsstelle setzte voraus, dass nach dem quantitativen und qualitativen Arbeitsanfall der Ansatz eines Sachbearbeiters/Anordnungsbefugten in vollem Umfang erforderlich war. Die Zahl der erforderlichen Leistungsstellen richtete sich nach der jahresdurchschnittlichen Belastung. Hierfür bietet die Personalbemessung einen Anhaltspunkt. Bei nur vorübergehend erhöhter Belastung waren die vorhandenen Leistungsstellen um Bürosachbearbeiter bzw. Bearbeiter zu verstärken oder Sonderleistungsstellen zu bilden (OHB-L-AA, Abschnitt B, Nr.2.3, S.1). Eine Leistungsstelle in den Arbeitsgebieten Alg, Alhi, FuU, Eghi bestand in der Regel aus einem Sachbearbeiter (gehobener Dienst), 2 Bürosachbearbeitern (mittlerer Dienst) und 2 Bearbeitern (mittlerer Dienst). Nach Buchholz wurden im Rahmen der Neuorganisation bzw. der räumlichen Zusammenlegung von Arbeitsvermittlung und Arbeitsberatung und der Leistungsabteilung (Runderlass

24/94) drei Leistungsstellen (III 121, III 122, III 123) verlagert, so dass diesen Leistungsstellen pro Stelle maximal 6 Mitarbeitern angehören durften (OHB-L-AA, Abschnitt B, Nr. 2.3, S.2). Eine Leistungsstelle (III 124) war nur für die Bearbeitung von Leistungsanträgen von Bewerbern bzw. Antragstellern aus dem Amtsbezirk der Nebenstelle Winsen zuständig. Allerdings befand sich diese noch bis zur Umsetzung des Konzeptes „Arbeitsamt 2000" in Lüneburg, da aufgrund baulicher Maßnahmen die Zusammenlegung der Abteilung Arbeitsvermittlung und Arbeitsberatung mit der Leistungsabteilung in Winsen noch nicht stattfinden konnte.
Im Aufgabengebiet Kindergeld bestand die Leistungsstelle grundsätzlich aus 1 Sachbearbeiter/Anordnungsbefugten, 3 Bürosachbearbeitern und 2 Bearbeitern. In den Arbeitsgebieten BAB, REHA, Eghi bestand die Leistungsstelle in der Regel aus 1 Sachbearbeiter/Anordnungsbefugten, 1 Bürosachbearbeiter und 1 Bearbeiter. In den Arbeitsgebieten Kug, WBF, AtG/VOG bestand die Leistungsstelle in der Regel aus 1 Sachbearbeiter/Anordnungsbefugten, 2 Bürosachbearbeitern und 2 Bearbeitern (OHB-L-AA, Abschnitt B, Nr.2.3, S.2).Im Aufgabengebiet Sonstige Aufgaben und Geldleistungen bestand die Leistungsstelle in der Regel aus 1 Sachbearbeiter/Anordnungsbefugten, 1 Bürosachbearbeiter und 1 Bearbeiter und im Arbeitsgebiet OWIG, Außendienst in der Regel aus 1 Sachbearbeiter (OWIG), 1 Sachbearbeiter (AD) sowie aus 2 Büro-sachbearbeitern und 0,5 Bearbeiter (OWIG, AD) (OHB-L-AA, Abschnitt B, Nr.2.3, S.3).

Sonderleistungsstelle

Sonderleistungsstellen konnten dann gebildet werden, wenn dies im Hinblick auf Art und Umfang des Arbeitsanfalls angebracht ist (so wurde z. B. Anfang des Jahres eine Sonderleistungsstelle gebildet, um die Flut von Neuanträgen auf Arbeitslosengeld in angemessener Zeit bewältigen zu können). Sonderleistungsstellen konnte die Bearbeitung bestimmter Arbeitsvorgänge ohne Bindung an das bestehende System der Arbeitsteilung übertragen werden. Einzelheiten über die Einrichtung einer Sonderleistungsstelle (insbesondere Dauer, Aufgaben Besetzung) wurden in einer Dienstvereinbarung festgelegt. Die personelle Zusammensetzung einer Sonderleistungsstelle sollte sich grundsätzlich an der Regelbesetzung von Leistungsstellen orientieren, wenn die Struktur des Arbeitsanfalls in der Sonderleistungsstelle derjenigen auf Dauer eingerichteten Leistungsstellen entsprach. Gegebenenfalls waren auch Mitarbeiter aus anderen Abteilungen hinzuzuziehen. Sonderleistungsstellen waren einer für das Aufgabengebiet zuständigen Leistungsgruppe zuzuordnen (OHB-L-AA, Abschnitt B, Nr. 2.4, S.1).

Verteilstelle

In der Zentralen Verteilsstelle wurden alle für die verschiedenen Leistungsgruppen auflaufende Post gesammelt, gesichtet und den zuständigen Stellen innerhalb der Leistungsabteilung zugeleitet. Ab drei Leistungsgruppen (wie im Arbeitsamt Lüneburg) waren zwei Bürokräfte mit dieser Arbeit zu betrauen. Für das Aufgabengebiet Kindergeld gab es keine eigene zentrale Verteilstelle. Allerdings wurde es zugelassen, dass innerhalb der zentralen Verteilstelle oder innerhalb einer dezentralen Aktenhaltung der Kindergeldstelle Verteilaktionen wahrgenommen wurden, z.B. durch personelle Verstärkung in der Zentralen Verteilstelle (OHB-L-AA, Abschnitt B, Nr. 2.5, S.1).

Datenerfassungs-/Schreibstelle

In den Arbeitsgebieten Alg, Alhi, FuU sowie im Aufgabengebiet Kindergeld gab es jeweils eine Datenerfassungs- bzw. Schreibstelle, die Daten von arbeits-losen Leistungsempfängern abspeicherten, Änderungen in die EDV eingaben (wie z.B. bei Umzug eines Leistungsempfängers etc.) und teilweise auch noch Korrespondenz nach Diktat verfaßten. Im Regelfall waren je Leistungsstelle 0,5 Datenerfasser(in)/Schreibkräfte anzusetzen (OHB-L-AA, Abschnitt B, Nr. 2.6, S.1).

Antragsannahme

Die Anträge für die Arbeitsgebiete Alg, Alhi, FuU waren grundsätzlich **dezentral** auf der Ebene der Leistungsgruppen Alg, Alhi, FuU und Eghi durch Bürosachbearbeiter der Leistungsstellen im Wechsel oder in den Leistungsstellen anzunehmen. In der Regel war es jedoch so, dass die Antragsteller ihre Anträge entweder persönlich in der Antragsannahme abgaben oder per Post zusandten. Die Leistungsanträge für FuU und Fragebogen für Eghi (Eingliederungshilfe für Aussiedler) für Teilnehmer an Fortbildungs- und Umschulungs-Maßnahmen und an Deutsch-Sprachlehrgängen/Maßnahmekosten wurden gleich in der Abteilung Arbeitsvermittlung und Arbeitsberatung entgegengenommen. Anträge für das Aufgabengebiet Kindergeld, BAB, Reha, Eghi, Kug, WBF, AtG, VOG etc. wurden ebenfalls dezentral in den dafür eingerichteten Antragsannahmen durch Bürosachbearbeiter entgegengenommen. In den Nebenstellen, die zunächst noch über keine Leistungsstelle verfügten, wie in Winsen, wurden die Leistungsanträge durch Angehörige der Leistungsabteilung (in der Regel Bürosachbearbeiter) im Rotationsprinzip in der Antragsannahme entgegengenommen (OHB-L-AA, Abschnitt B, Nr. 2.7, S.1).

Auskunfts- und Beratungsstelle

Der sich aus dem SGB I ergebenden Aufklärungs-, Beratungs- und Auskunftspflicht (§§ 13-15 SGB I) trug die Leistungsabteilung dadurch Rechnung, dass sie Auskunfts- und Beratungsstellen eingerichtet hatte. In den Arbeitsgebieten Alg, Alhi, FuU und Eghi hatten Auskunftserteilung und Beratung in Leistungsangelegenheiten ebenfalls **dezentral** zu erfolgen. Die Erteilung der Auskünfte wurde durch Bürosachbearbeiter der Leistungsstellen im Wechsel wahrgenommen. Falls die Belastungsverhältnisse es ergaben, war von den Beschäftigten, denen die Antragsannahme oblag, im Rahmen ihres Aufgabenkreises auch die persönliche Beratung/Auskunft wahrzunehmen. Dies galt ebenso für die Antragsannahme in den Nebenstellen. Im Aufgabengebiet Kindergeld erfolgte die Auskunftserteilung und Beratung ebenfalls durch Bürosachbearbeiter aus den Leistungsstellen. Ebenso im Aufgabengebiet BAB, Reha, Eghi. Im Arbeitsgebiet Kug, WBF, AtG/Vog, zusammengefasste Aufgaben, OWiG, AD hatte die Auskunftserteilung/Beratung durch die für die Aufgabengebiete zuständigen Fach- und Führungskräfte, in Einzelfällen auch durch Bürosachbearbeiter, zu erfolgen (OHB-L-AA, Abschnitt B, Nr.2.8, S.1).

Rechtsauskunftsstelle

Sofern qualifizierte Auskünfte- wozu Rechtsauskünfte und sonstige Auskünfte in besonders schwierigen Leistungsangelegenheiten zählen- in größerem Umfang auf Dauer erteilt werden müssen, ist eine besondere Rechtsauskunftsstelle einzurichten. Die Aufgaben werden durch die Fachkraft für Rechtsauskünfte wahrgenommen. Im Amtsbezirk des Arbeitsamtes gibt es keine derartige Stelle. Auskünfte dieser Art erteilen die Gruppenleiter, der Abschnittsleiter oder die Abteilungsleiterin (OHB-L-AA, Abschnitt B, Nr. 2.9, S.1) bzw. die Leistungsberater oder Teamleiter in der neuen Organisationsform.

Aktenhaltung

In der Aktenhaltung werden sämtliche Leistungsakten (d.h. Vorgänge, Anträge) aufbewahrt. Sämtliche Akten haben eine sogenannte Stammnummer (seit 1998 Kundennummer). Dadurch sind die Vorgänge bestimmten Leistungsempfängern zuzuordnen. Für die Arbeitsgebiete Alg, Alhi, FuU, Eghi ist die Aktenhaltung dezentral in den Leistungsgruppen oder in den Leistungsstellen eingerichtet gewesen. Für das Aufgabengebiet Kindergeld gibt es eine eigene Aktenhaltung. Die Aktenhaltung in den übrigen Arbeitsgebieten (BAB, Reha, AtG/Vog, Kaug, zusammengefasste Aufgaben) war grundsätzlich auf der Ebene der Leistungsgruppen vorzusehen. Allerdings konnte (bei zweckdienlichen Überlegungen) innerhalb der einzelnen Leistungsart eine Verlagerung auf die Leistungsstelle vorgenommen werden (was im Arbeitsamt Lüneburg so ist). Die Wahrnehmung der Aufgaben der Aktenhaltung (Einsortieren von Schriftstücken, Heraussuchen von Akten zwecks Weiterleitung an die bearbeitenden Stellen, Einsortieren etc.) wurde auf Gruppenebene von sogenannten Aktenverwaltern wahrgenommen (OHB-L-AA, Abschnitt B, Nr. 2.10, S.1).

Bearbeitungsstelle BillBG

In Stützpunktarbeitsämtern, wie in Lüneburg, sind Bearbeitungsstellen zur Bekämpfung illegaler Beschäftigung einzurichten. Die Bearbeitungsstelle ist mit Sachbearbeitern, Bürosachbearbeitern und Bearbeitern besetzt. Die Sachbearbeiter nehmen unter anderem auch Baustellenprüfungen etc. vor. Sie prüfen auch die unerlaubte Beschäftigung von ausländischen Arbeitnehmern (OHB-L-AA, Abschnitt B, Nr. 2.11, S.1)

Auf die genaue Tätigkeitsbeschreibung der einzelnen Mitarbeiter in den unterschiedlichen Leistungsgruppen etc. soll hier nicht näher eingeganegen werden. Zusammenfassend sei gesagt, dass Sachbearbeiter (gehobener Dienst) überwiegend schwierige Leistungsfälle bearbeiten, Außendienste vornehmen (z.B. bei Anzeigen von Schwarzarbeit, Betriebsprüfungen etc.), Rechtsauskünfte erteilen, teilweise die fachliche Aufsicht über die ihnen unterstellten Mitarbeiter ausüben und Widersprüche prüfen. Die Bürosachbearbeiter bearbeiten mittelschwere Fälle, die ihnen vom Sachbearbeiter zugeteilt werden, üben die Antragsannahme und teilweise Auskunfts- und Beratungstätigkeiten aus. Die Bearbeiter haben meist mit leichten Fällen zu tun. Sie bearbeiten überwiegend Routinefälle bzw. erledigen die Zuarbeiten für den Sachbearbeiter oder den Bürosachbearbeiter.

3.8.9 Die Verwaltung

Die Verwaltung eines Arbeitsamtes ist überwiegend für die internen Abläufe eines Amtes zuständig und hat so gut wie gar keine Berührungen mit dem Publikum bzw. den Kunden eines Arbeitsamtes. Dargestellt werden sollen die Aufgaben und die Aufbauorganisation der Verwaltung eines Arbeitsamtes inklusive des Leitungsgefüges.

3.8.9.1 Die Aufgaben der Verwaltung

Die Verwaltung eines Arbeitsamtes hat verschiedene Aufgaben zu erledigen:

- Personalverwaltung
- Allgemeine und Sachverwaltung, z.B.:
- Verwaltung der Gebäude, Möbel
- Aus- und Fortbildung des Personals
- Statistik
- Dezentrale Informationsverarbeitung

3.8.9.2 Aufbauorganisation und Leitungsgefüge

Der Abteilung Verwaltung steht ein **Abteilungsleiter** vor. Er trägt ebenfalls die fachliche Verantwortung für seine Abteilung und ist in allen Fragen der Personalauswahl und sonstigen Aufgaben der Verwaltung zuständig.
Dem Abteilungsleiter sind 5 **Sachbearbeiter** unterstellt. Direkt unterstellt sind ihm noch die **Zahlstelle** sowie die **Zahlstellenprüfung**, wobei die erste dem Sachbearbeiter für die Allgemeine und Sachverwaltung und die zweite dem Sachbearbeiter der Personalverwaltung fachlich unterstellt sind. Die Zahlstelle zahlt Vorschüsse auf das Arbeitslosengeld, Kindergeld etc. aus, aber auch für durch Dienstreisen entstandene Auslagen, sofern sie nicht überwiesen werden sollen. Die Zahlstellenprüfung überprüft die Arbeit der Zahlstelle.

Die **Allgemeine Sachverwaltung** kümmert sich um die Verwaltung der Gebäude des Arbeitsamtes, auch um Instandsetzungsarbeiten, Renovierung, Anmietung. Ferner regelt sie auch die Verhandlungen z.B. mit dem Staatshochbauamt bei Anbauten. Sie beschafft Büromaterial und Möbel. Unterstellt ist diesem Fachgebiet die **Poststelle** mit ihren Mitarbeitern (Boten, Bearbeiter) sowie der allgemeine **Informationsdienst**.

Die **Personalverwaltung** ist für alle Angelegenheiten des Personals (Eingruppierung, Höhergruppierung, Führung der Krankenliste, Bearbeitung von Reisekostenanträgen, Beförderung, Einstellung, Auswahl und Entlassung von Personal, Bearbeitung von Beihilfeanträgen) zuständig.

Die **Aus- und Fortbildung** wird von einem Ausbildungsleiter geleitet. Er ist für die Organisation und Kooperation der Aus- und Fortbildung des Personals und der Nachwuchskräfte im besonderen zuständig.

Die Aufgaben der **Statistik** wurden bereits zu Anfang des Kapitels besonders beschrieben.

Die **dezentrale Informationsverarbeitung**, der die Telefonzentrale sowie der Schreibdienst und die Datenstelle unterstehen, ist für den reibungslosen Ablauf der dezentralen Informationsverarbeitung im Arbeitsamt zuständig. Bei Schwierigkeiten mit der EDV-Anlage helfen die Mitarbeiter des Rechenzentrums diesen Schaden zu beheben.

3.9 Merkmale der Aufbauorganisation eines Arbeitsamtes

Nach der Darstellung der bisherigen Aufbauorganisation der einzelnen Abteilungen eines Arbeitsamtes und deren Aufgaben soll das Augenmerk auf die Strukturen dieser Abteilungen bzw. des Arbeitsamtes an sich gerichtet werden. Nach welchen Prinzipien waren die Abteilungen gegliedert? Wie stark war das Leitungsgefüge ausgeprägt? Gab es genau fixierte Autoritätshierarchien?

Betrachten wir zunächst das bisherige **Leitungsgefüge**. Für die Abteilungen **Arbeitsvermittlung und Arbeitsberatung**, **Berufsberatung**, **Leistungsabteilung** und **Verwaltung** lässt sich folgendes feststellen:

Alle publikumsbezogenen Abteilungen (Arbeitsvermittlung, Berufsberatung und Leistungsabteilung) verfügen über jeweils eine obere und eine mittlere Führungsebene, wobei die obere jeweils der/die **Abteilungsleiter/-in** und die mittlere jeweils der/die **Abschnittsleiter/-in** ausübt. Dies gilt sowohl für die Arbeitsvermittlung und Arbeitsberatung als auch für die Berufsberatung. die Leistungsabteilung hingegen verfügt noch über eine weitere Führungsebene, nämlich den/die **Gruppenleiter/-in**.
Die Verwaltung ist diejenige Abteilung, die das geringste Leitungsgefüge aufweist. Die Ebene des Abschnittsleiters fehlt ganz, so dass es nur eine obere Führungsebene, nämlich den/die Abteilungsleiter/-in gibt.

Nach welchen **Prinzipien** findet die Aufgliederung der Organisation der Bundesanstalt für Arbeit, in diesem Falle die eines Arbeitsamtes statt?

Wie bereits zu Anfang des Kapitels erwähnt, gibt es eine starke **Interdependenz von Aufgaben und Organisation der Bundesanstalt für Arbeit**. Die Verschiedenartigkeit der Aufgabenstellungen bedingt auch eine vielfältig gegliederte Organisation und fachliche Spezialisierung. Ein Merkmal, nach dem die einzelnen Abteilungen der Bundesanstalt für Arbeit bzw. die eines Arbeitsamtes gegliedert bzw. errichtet worden sind, ist also das der **funktionellen Spezialisierung**, d.h., dass im Zuge der Arbeitsteilung jede Abteilung spezielle Aufgaben zu erfüllen hat. Die Gliederung in einzelne Abteilungen ist bedingt durch die Aufgabenstellungen nach dem AFG.

Wie sieht es mit der **Hierarchie** innerhalb eines Arbeitsamtes aus?

Bosetzky et. al. schrieben bereits 1973 eine Einführung in die Organisationssoziologie für Angehörige des Öffentlichen Dienstes. Dieses Werk befasst sich insbesondere mit der Bürokratieforschung. Im folgenden soll auf den Begriff der Hierarchie eingegangen werden.
Unter Hierarchie soll hierbei ein „System aus mindestens zwei Rängen, Stellen oder Rollen, die in einem Über- und Unterordnungsverhältnis stehen" (Bosetzky/Fischer/Tiefensee, 1973, S.180) verstanden werden. Die Rollen hierbei sind zumeist kettenförmig angeordnet, so dass z.B. Rolle 1 (z.B. ein Arbeitsberater) der Rolle 2 (z.B. dem Abschnittsleiter) untergeordnet ist, 2 (Abschnittsleiter) der Rolle 1 (dem Arbeitsberater) über-, der Rolle 3 (Abteilungsleiter) aber untergeordnet ist. Nach Bosetzky et al. wird „in jeder Behörde schließlich eine Rolle erreicht, die keiner anderen Rolle in dieser Organisation mehr untergeordnet ist, dafür aber einer Gruppe von Personen (z.B. dem Parlament) oder einer vorgesetzten Behörde" (Bosetzky/ Fischer/Tiefensee, 1973, S.180).

Am Beispiel des Arbeitsamtes ist z.B. der Direktor dem Landesarbeitsamt untergeordnet. Die Kette lässt sich solange weiterverfolgen, bis schließlich der Vorstandsvorsitzende der Bundesanstalt für Arbeit lediglich dem Parlament/der Regierung untergeordnet ist. Je höher eine Rolle angesiedelt ist, desto größer ist auch ihr Machtpotential und ihr Prestige. Nach Bosetzky et al. entsteht dann „ein sogenannter **Instanzenzug**, da jedes Organisationsmitglied zur Ausführung der Weisung verpflichtet ist, die es von der ihm übergeordneten Person erhält. Es hat den Auftrag auszuführen und seine Ausführung nach oben zu melden (Rückmeldung)" (ebd.). Dieser Instanzenzug findet sich auch bei der Bundesanstalt für Arbeit wieder. So bekommt die Bundesanstalt für Arbeit ihren Auftrag von der Bundesregierung, die die entsprechenden Gesetze, wie das AFG oder das SGB III verabschiedet. Die Bundesanstalt für Arbeit als unmittelbare Bundesbehörde ist zur Ausführung dieser Weisungen und Gesetze verpflichtet (Art.30 GG, Art.87 Abs.2 und Abs.3 GG). Bei der Bundesanstalt für Arbeit finden wir einen dreistufigen Instanzenzug (Hauptstelle, Landesarbeitsämter, Arbeitsämter) (vgl.4.2). Die Delegation der Aufgaben erfolgt von oben nach unten. Die Arbeitsämter als unterste Instanz sind verpflichtet, die ergangenen Weisungen des jeweiligen Landesarbeitsamtes auszuführen und in Form von Statistiken, Vermittlungszahlen oder auch neuerdings in Form der sogenannten

Eingliederungsbilanz die Ausführung der Weisung zu melden. Das gleiche Prinzip erfolgt auch bei den Landesarbeitsämtern, die der Hauptstelle zu berichten haben. Allerdings ist das Bild des „oben" und des „unten" für jede Organisation charakteristisch.
So zählt beispielsweise Werner Thieme folgende Befugnisse auf, die die Inhaber in der Hierarchie höher angesiedelter Positionen haben:

- Befugnis zur Anordnung (Weisungsbefugnis),
- Befugnis zur Evokation (das Recht, eine Sache an sich zu ziehen),
- Befugnis zur Aufsicht (Fach-, Rechts- und Dienstaufsicht),
- zur Beanstandung, Kassation (Aufhebung von Entscheidungen) und Sanktion (Maßnahmen wegen der Verletzung von Rechts- und Ordnungsprinzipien) (Thieme, W. 1967, S.88 ff).

(W. Thieme verfasste 1967 ein Lehrbuch für den öffentlichen Dienst, das sich im Besonderen mit der speziellen Verwaltungslehre beschäftigte. Die damals geltenden Erkenntnisse gelten auch heute noch, Anm. d. Verf.).

Wie bereits dargestellt, gibt es auch in einem Arbeitsamt klare Über- und Unterordnungsverhältnisse aufgrund der Positionen/Rollen, die einzelne Mitglieder der Organisation innehaben. Anhand der Analyse von **Dienstposten-beschreibungen** soll die Amtshierarchie noch einmal verdeutlicht werden, wobei hier nur beispielhaft auf einen Dienstposten der Leistungsabteilung eingegangen werden soll:

Im Organisationshandbuch der Leistungsabteilung des Arbeitsamtes ist z.B. fest definiert, welche Aufgaben der/die AbteilungsleiterIn zu erfüllen hat und wem er/sie unterstellt sowie wer ihm/ihr unterstellt ist . So hat er folgende Befugnisse (OHB-L-AA, Abschnitt B, Nr.3.1, S.1):

> „Entscheidungs-, Anordnungs- und Zeichnungsbefugnis für den Gesamtbereich der Leistungsabteilung; spezielle Regelungen sind der Geschäftsordnung des Arbeitsamtes zu entnehmen".

Auch die Unter- und Überordnungsverhältnisse sind klar festgelegt. So heißt es im Organisationshandbuch der Leistungsabteilung, dass der unmittelbare Vorgesetzte des Abteilungsleiters der Direktor sei. Der unmittelbar unterstellte Mitarbeiter des Abteilungsleiters sei hingegen der Abschnittsleiter (OHB-L-AA, Abschnitt B, Nr.3.1,S.1). Diese Kette lässt sich bis zur Ebene des Bürosachbearbeiters (mittlerer Dienst) fortsetzen. Nach dem gleichen Prinzip sind auch die Dienstpostenbeschreibungen der Abteilung Arbeitsvermittlung und Arbeitsberatung, der Berufsberatung und der Verwaltung aufgebaut (Runderlass 29/84; 20/92).

Die Beschreibung der Tätigkeitsmerkmale bzw. der vom Dienstposteninhaber zu erfüllenden Aufgaben ist ebenfalls klar umrissen. So ist z.B. der Abteilungsleiter der Leistungsabteilung u.a. in Angelegenheiten des Personals sowie des Personal- und des Sachhaushalts zu beteiligen. Im OHB-L-AA folgt nun eine klare Darstellung, wie diese Aufgabe zu erfüllen sei, nämlich z.B. durch Stellungnahme zu Dienstreise-, Urlaubs- und Arbeits-, Dienstbefreiungsanträgen der Mitarbeiter oder durch die dienstliche Beurteilung der Mitarbeiter, durch Führung von Mitarbeitergesprächen oder durch Anregen beruflicher Förderung bestimmter Mitarbeiter (OHB-L-AA, Abschnitt B, Nr.3.1, S.3). Dies sei nur zur Verdeutlichung gedacht.

Wie sieht es mit **Bezahlung/Entlohnung** der einzelnen Dienstposten aus? Sind sie nach Positionen innerhalb der Hierarchie gestaffelt?

Diese Frage lässt sich bejahen. In jeder Dienstpostenbeschreibung ist zugleich auch die Vergütungsgruppe (für Angestellte) bzw. die Besoldungsgruppe (für Beamte) festgelegt. So heißt es z.B. im Runderlass 129/78 (Organisation der Abteilung Arbeitsvermittlung und Arbeitsberatung in den Arbeitsämtern), dass die Tätigkeit eines Arbeitsvermittlers (damals noch Hauptvermittler genannt) mit der Besoldungsgruppe A10 bzw. der Vergütungsgruppe IV b vergütet wird oder wie im OHB-L-AA, Abschnitt B, Nr. 3.30, S.1, dass der Dienstposten eines Bürosachbearbeiters im Außendienst in der Leistungsabteilung mit der Vergütungsgruppe Vc bewertet ist. Diese Bewertungen lassen sich auch in der Dienstpostenbeschreibung der Berufsberatung und der Verwaltung wiederfinden.

Nachdem nun einzelne Strukturen der Aufbauorganisation eines Arbeitsamtes gesondert betrachtet worden sind, stellt sich nun die Frage, welchem Organisationsmodell sie zuzuordnen ist bzw. wo sich Ähnlichkeiten zu Organisationsmodellen finden lassen.

3.9.1 Die Merkmale und Dimensionen der bürokratischen Organisation

Am ehesten lassen sich Ähnlichkeiten zum Bürokratiemodell nach Max Weber feststellen. Für Max Weber stellt das Modell bürokratischer Herrschaft den Idealtypus und die reinste Form legaler Herrschaft in Staat und Gesellschaft dar. Zunächst soll jedoch geklärt werden, was unter dem Begriff ***Bürokratie***

verstanden wird. Es gibt zahlreiche Begriffsbestimmungen, von denen einige dargestellt werden sollen.
Anschließend soll der Webersche Bürokratiebegriff geklärt werden, um Schlussfolgerungen für die Organisation des Arbeitsamtes ziehen zu können.

3.9.1.1 Definition des Begriffes „Bürokratie“

Nach Stimmer handelt es sich bei der Bürokratie um ein „hierarchisches Verwaltungssystem, in dem Kompetenz und Verantwortung klar festgelegt sind und in dem Funktionsträger hauptberuflich nach Vorschriften arbeiten. Entscheidungen erfolgen schriftlich und sind durch Aktenführung nachvollziehbar. Bürokratien üben legitimierte Herrschaft aus und existieren sowohl im staatlichen als auch im außerstaatlichen Bereich“ (Stimmer, F. 1994, S.90).

Grunow und Hegner verweisen noch auf die *Mehrdimensionalität* des Begriffes der Bürokratie. Sie unterscheiden zwischen den Begriffen *Bürokratismus*, *Bürokratisierung* und *Bürokratie* (Grunow/Hegner, 1977 S.49).
Ihnen zufolge wird der Begriff „Bürokratismus“ überwiegend im negativ bewertenden Sinne benutzt, indem eine besonders gesteigerte Form bürokratischer Elemente bzw. Strukturen (wie z.B. extrem schematisierte Verfahrensweisen) damit bezeichnet wird.
Eine weitere Variante ist der Begriff der „Bürokratisierung“, der zweierlei Nuancen einbringt.
Zum einen suggeriert er, dass die Beschaffenheit und die Folgen der Bürokratie im Kontext eines historischen Entwicklungs- und Wandlungsprozesses zu betrachten sind und zum anderen verweist er auf die Offenheit des Begriffs gegenüber den „tragenden und den leidtragenden Bereichen dieses Prozesses“ (Grunow/Hegner 1977, S.49) auf die Notwendigkeit, nicht nur die *Bürokratisierung von Organisationen*, sondern auch die der *zwischenmenschlichen Beziehungen* und die der *Gesamtgesellschaft* mitzudenken, womit sich der mehrdimensionale Charakter des Begriffes zeigt. Diese Mehrdimensionalität zeigt sich auch, wenn man die verschiedenen Inhalte untersucht, die mit dem Begriff „Bürokratie“ bezeichnet werden. So lassen sich nach Albrow die folgenden „sieben modernen Betrachtungsweisen der Bürokratie“ unterscheiden (Grunow/Hegner 1977, S.49):

- die rationale Organisation als Bürokratie
- die Unfähigkeit einer Organisation als Bürokratie
- Bürokratie im Sinne von Beamtenherrschaft
- Bürokratie im Sinne von öffentlicher Verwaltung
- Bürokratie im Sinne von Verwaltung durch Beamte

- die Organisation (schlechthin) als Bürokratie
- die moderne Gesellschaft als Bürokratie.

Dies bedeutet, dass bei der Verwendung des Begriffes „Bürokratie" jeweils ein bestimmtes Begriffsraster zu verwenden ist, das den Betrachter jeweils in die Lage versetzt, eindeutig in bezug auf möglichst viele der angesprochenen Gesichtspunkte zu argumentieren.
Festzuhalten bleibt, dass der Begriff der *Bürokratie* eine gewisse Mehrdimensionalität beinhaltet. Bei der Betrachtung der Organisationsform des Arbeitsamtes soll hierbei nur auf den Aspekt der Bürokratie als Organisationsform eingegangen werden. Auf die Auswirkungen von bürokratischen Organisationen auf ihre Mitglieder soll umfassender in Teil B dieser Arbeit eingegangen werden.

3.9.1.2 Die Merkmale und Dimensionen der Bürokratie nach Weber

Nach Weber weist die bürokratische Organisationsform folgende Merkmale auf (vgl. Schwarz, G. 1995, S.36; Bosetzky/Fischer/Tiefensee 1973, S.193 f.; Mayntz, R. 1985, S. 110 f.):

- Eine Arbeitsteilung , die auf funktioneller Spezialisierung beruht.
- Ein System von Verfahrensweisen zur Bewältigung von Arbeitssituationen.
- Eine genau fixierte Autoritätshierarchie/begrenzte Amtsautorität.
- Ein Regelsystem für die Rechte und Pflichten der Organisationsmitglieder.
- Sachlichkeit und Unpersönlichkeit der zwischenmenschlichen Beziehungen.
- Beförderung und Auslese, die auf fachlicher Kompetenz beruhen.
- Nach der Position abgestufte Bezahlung/Belohnung.
- Betonung schriftlicher Kommunikation auf dem Dienstwege.
- Rationale Disziplin als Organisationskonzept.
- Zusammenfassung der Entscheidungs- und Kontrollbefugnisse in der Organisationsspitze.

(Sämtliche Autoren beschäftigen sich mit der Darstellung der bürokratischen Organisationsform. Ein Thema, das bereits Anfang der 70er Jahre im Öffentlichen Dienst und noch heute hinsichtlich Organisationsreformen diskutiert wird; Anm. d. Verf.)

Welche Merkmale lassen sich in der Aufbauorganisation des Arbeitsamtes wiederfinden?

Wie bereits in Kapitel 3.9 analysiert, finden sich einige Punkte bzw. Merkmale einer bürokratischen Organisation, wie sie Weber definiert hat, auch im Arbeitsamt wieder.
So gibt es die nach der Position abgestufte Bezahlung/Belohnung und ein Regelsystem für die Rechte und Pflichten der Organisationsmitglieder (z.B. über das Personalvertretungsrecht oder Dienstpostenbeschreibungen, Verwaltungsbetriebslehre). In der Geschäftsordnung des Arbeitsamtes wird z.B. genau festgelegt, wer was wie zu tun hat. Sie legt die Grundsätze für das Geschäftsverfahren und den inneren Dienstbetrieb in den Arbeitsämtern fest. Sie gliedert sich in die Teile: A) Organisation, Grundsätze, B) Allgemeiner Dienstbetrieb, C) Rechte und Pflichten der Mitarbeiter sowie in D) Geschäftsverfahren, Arbeitsabläufe (vgl. Meyer, H. 1994, S.28 f.).

Die Arbeitsteilung innerhalb des Arbeitsamtes beruht auf funktioneller Spezialisierung, d.h., dass jede Stelle innerhalb der Organisation für ganz bestimmte Aufgaben zuständig ist. Die Entscheidungs- und Kontrollbefugnisse sind ebenfalls jeweils in der Organisationsspitze, z.B. beim Abteilungsleiter, zusammengefasst (vgl. auch Dienstpostenbeschreibungen).

Ein weiteres Merkmal von Bürokratien ist die festgelegte Amtsautorität bzw. die Autoritätshierarchie. Wie dargelegt, finden wir diese Über- und Unterordnungsverhältnisse auch auf allen Ebenen des Arbeitsamtes bzw. in dessen Abteilungen.

Die Betonung schriftlicher Kommunikation wurde zwar nicht in Kapitel 3.9 dargestellt, findet sich aber in bestimmten Dienstanordnungen und im Bereich der Ablauforganisation des Arbeitsamtes (festgelegt durch die Geschäftsordnung) wieder. Die Ablauforganisation stellt Verfahrensregelungen für die Arbeitsabläufe in der Verwaltung bereit.

Die Einhaltung des Dienstweges, d.h. die Beachtung des festen Systems vertikaler Kommunikationslinien, die eingehalten werden müssen, wird ebenfalls in der Geschäftsordnung festgelegt.

Bevor sich der Zusammenfassung der gewonnenen Erkenntnisse und den daraus resultierenden Schlussfolgerungen zugewendet werden soll, ist es noch erforderlich, sich mit den Vor- und Nachteilen der bürokratischen Organisationsform zu befassen.

3.9.1.3 Vorteile der bürokratischen Organisation

Nach Max Weber weist die bürokratische Organisation gegenüber anderen Formen der öffentlichen Verwaltung, insbesondere früheren Verwaltungen, Vorteile auf. So ist er der Auffassung, dass „die rein bureaukratische, also: die bureaukratisch-monokratische aktenmäßige Verwaltung nach allen Erfahrungen die an Präzision, Stetigkeit, Disziplin, Straffheit und Verlässlichkeit, also: Berechenbarkeit für den Herrn wie für die Interessenten, Intensität und Extensität der Leistung, formal universeller Anwendbarkeit auf alle Aufgaben rein *technisch* zum Höchstmaß der Leistung Vervollkommenbare, in all diesen Bedeutungen: formal *rationalste*, Form der Herrschaftsausübung" (Weber, M. 1964, S.164) ist.
An anderer Stelle heißt es: „Der entscheidende Grund für das Vordringen der bürokratischen Organisation war von jeher ihre rein *technische* Überlegenheit über jede andere Form. Ein voll entwickelter bürokratischer Mechanismus verhält sich zu diesem genau wie eine Maschine zu den nicht mechanischen Arten der Gütererzeugung. Präzision, Schnelligkeit, Eindeutigkeit, Aktenkundigkeit, Kontinuierlichkeit, Diskretion, Einheitlichkeit, straffe Unterordnung, Ersparnisse an Reibungen, sachlichen und persönlichen Kosten sind bei streng bürokratischer, speziell: monokratischer Verwaltung durch geschulte Einzelbeamte gegenüber allen kollegialen oder ehren- und nebenamtlichen Formen auf das Optimum gesteigert. (...) Vor allem aber bietet die Bürokratisierung das Optimum an Möglichkeiten für die Durchführung des Prinzips der Arbeitszerlegung in der Verwaltung nach rein sachlichen Gesichtspunkten, unter Verteilung der einzelnen Arbeiten auf spezialistisch abgerichtete und in fortwährender Übung immer weiter sich einschulende Funktionäre. „Sachliche" Erledigung bedeutet in diesem Fall in erster Linie Erledigung ohne Ansehen der Person nach *berechenbaren Regeln.* (...).

Statt des durch persönliche Anteilnahme, Gunst, Gnade, Dankbarkeit, bewegten Herren der älteren Ordnungen verlangt eben die moderne Kultur für den äußeren Apparat, der sie stützt, je komplizierter und spezialisierter sie wird, desto mehr den menschlich unbeteiligten, daher streng *sachlichen Fachmann*" (Weber, M. 1964, S.716-718).

Zusammenfassend gesagt, liegen also die Vorteile einer bürokratischen Organisation in:

- der Berechenbarkeit der Handlungen,
- Präzision, Stetigkeit, Disziplin, Straffheit und Verlässlichkeit,
- Intensität und Extensität der erbrachten Leistungen,
- der formal universellen Anwendbarkeit auf alle Aufgaben,

- den Ersparnissen an Reibungen, Vermeidung von Reibungsverlusten,
- ihrer Rationalität,
- der Ersparnis an sachlichen und persönlichen Kosten und sie bietet
- das Optimum an Möglichkeiten für die Durchführung des Prinzips der Arbeitszerlegung nach rein sachlichen Gesichtspunkten.
- Sie kann mit streng nach sachlichen Gesichtspunkten handelnden Mitarbeitern, die Fachkräfte sind, aufwarten.

Nach Bosetzky sind bürokratische Organisationsformen besonders dann zweckmäßig, wenn :

- die der Organisation oder der Organisationseinheit zugeteilte Aufgabe verhältnismäßig leicht zu lösen ist und aus der Be- und Verarbeitung von mehr oder minder kontinuierlich anfallenden, planbaren und unproblematischen Informationen und ihrer Weitergabe nach vorher feststehenden Entscheidungen besteht (Bosetzky, H. 1970, S.156 ff.).

Insbesondere bei Vorliegen folgender Bedingungen erweisen sich bürokratische Organisationsformen als besonders zweckmäßig:

- die von der Organisation oder Organisationseinheit zu bewältigende Aufgabe macht die Anwendung sozialer Fähigkeiten, wie Einfühlungsvermögen, Überzeugungskraft, Selbstbeherrschung, Höflichkeit, Takt und gute Allgemeinbildung sowie sprachliches Geschick (Artikulationsfähigkeit) unnötig oder überflüssig (so sind z.B. professionell orientierte und teamartig kooperierende Mitarbeiter in der Sachbearbeitung für Dienstreiseanträge in der Verwaltung oder in der Zahlstelle nicht unbedingt nötig; in den beratenden Tätigkeiten wie in der Berufsberatung oder der Arbeitsvermittlung sehr wohl);
- die einer Organisation oder Organisationseinheit zugewiesene Aufgabe erfordert einen großen Fundus an Dienstwissen (nach Bosetzky verfügt hier ein in der eigenen Organisation ausgebildeter Beamter bzw. Angestellter, der in seinen Dienstjahren z.B. durch viele Referate gewandert ist, in höherem Maße über diesen Fundus als z.B. ein Akademiker, der von außen kommt);
- die Aufgabe besteht in der Behandlung von objektiven Dingen (z.B. von Grundstücken und Gebäuden, die genau registriert und bewertet werden müssen);
- die Aufgabe erfordert einen großen Fundus an gesichertem Fachwissen (etwa von juristischem, so dass einfache Wenn-Dann-Entscheidungen möglich sind, die relativ leicht gelernt werden können);
- die zu erfüllende Aufgabe bringt immer gleiche oder zumindest sehr ähnliche Tätigkeiten (Routineaufgaben) mit sich (weil sich diese in viele Teilaufgaben

zerlegen lassen, die auch von weniger qualifizierten Arbeitskräften erfüllt werden können und die Anwendung von energiesparenden Dauerregelungen erlauben);

- die Arbeitsleistung und die verhaltensspezifische Rollenerfüllung muss in weitem Maße von außen überwacht werden (wozu sich bürokratische Methoden am besten eignen);
- in den Organisationen, mit denen man es zu tun hat, herrschen gleichförmige Ereignisse, Erwartungen und Reaktionen vor (die Gleichförmigkeit der Umwelt erlaubt und erfordert Dauerregelungen);
- die Organisationen und Institutionen, mit denen man es zu tun hat, sind in hohem Maße formalisiert (je kongruenter die Strukturen und die Funktionsweisen zweier Systeme sind, desto effizienter ist die Kooperation zwischen ihnen) (Bosetzky, H. 1970, S. 156 ff.).

Bosetzky bezieht seine Erkenntnisse aus einer Untersuchung von Verwaltungen innerhalb der Industrie. Diese Erkenntnisse lassen sich jedoch durchaus auch auf den öffentlichen Dienst übertragen und haben immer noch Gültigkeit. Aus den Darstellungen lässt sich erkennen, dass es unzweckmäßig und ineffizient wäre, wenn man Organisationen bzw. Organisationseinheiten, deren Aufgabenerfüllung eine bürokratische Orientierung verlangt, z.B. teamartig-professionell gestaltet.

Welche Mängel weist nun die bürokratische Organisationsform auf ?

3.9.1.4 Die Mängel der bürokratischen Organisationsform

Nach Bosetzky (ebd.) fallen in rein bürokratischen Organisationen vor allem die **Effizienzverluste** auf, die durch die *Mängel des hierarchischen Systems* bedingt sind.

Insgesamt handelt es sich hierbei um folgende Mängel (vgl. Bosetzky,H.1970, S.177 ff.; Mayntz, R. 1985, S.115 ff.):

Das hierarchische System

- ist mit einer Überbetonung des Standpunktes der Spitze verbunden;
- siedelt die Zuständigkeitsverteilung zu weit oben an;
- missachtet die Tatsache, dass Untergebene oft sachverständiger sind als die Vorgesetzten;
- konzentriert Innovation ebenso wie Unfähigkeit auf die Spitze;
- be- und verhindert die horizontale Kooperation (darunter wird die Zusammenarbeit von Organisationsmitgliedern verstanden, die derselben

Rangstufe oder Schicht angehören. Diese Beziehungen sind wesentlich weniger durch Vorschriften und Regeln bestimmt und ermöglichen oft eine schnellere Erledigung der Aufgaben (vgl. Bosetzky et al. 1973, S.181));

- fördert eine formalistische, kompetenzbewusste, starre und aufwendige Koordination;
- blockiert die Initiative von unten und
- vernachlässigt die Bildung eines Konsens über die Ziele des Systems.

Weitere Mängel ergeben sich in der *Informationssammlung und –verarbeitung.*

- Überfülle von Informationen, weil aus Furcht und mangelnder Kenntnis der Zusammenhänge alles schriftlich fixiert wird;
- Überbewertung der Äußerungen von Vorgesetzten gegenüber den Meinungen von in der Hierarchie tiefer angesiedelten Mitarbeitern;

- Filtern und Zurückhalten von Informationen, um Fehler zu vertuschen und eigene strategische Ziele zu erreichen.

Hinzu kommen noch Tendenzen

- zur Langsamkeit der Kommunikation und zur Schwerfälligkeit der Entscheidungen;
- zur Vermehrung des Personals und der Dienststellen;
- zum Fortbestehen von funktionslos gewordenen Stellen und Abteilungen;
- zur doppelten Ausführung bestimmter Arbeiten;
- zu einem Übermaß an Vorschriften;
- zur überflüssigen Präzision und
- zur überflüssigen gegenseitigen Kontrolle.

Weitere Effizienzverluste können sich durch spezifische *Attitüden und Reaktionsweisen der Beamten und Angestellten* im öffentlichen Dienst ergeben (vgl. Mayntz, R. 1985, S.173 ff.; auch Althoff/Thielepape 1990, S.257 ff.), etwa

- die kalkulierte Leistungsbereitschaft (man tut gerade soviel, um nicht aufzufallen);
- das übertriebene Streben nach Sicherheit;
- das Überbetonen der Regelbefolgung;
- die Rigidität im Hinblick auf Veränderungen;
- das Abschieben von Verantwortung;
- das Desinteresse am Zweck und an der Effektivität der eigenen Arbeit;
- das übertriebene Eigeninteresse der Organisationsmitglieder (Orientierung auf die eigene Karriere und nicht auf die optimale Pflichterfüllung sowie

Verwendung der Dienstzeit zur Erledigung von Aufgaben für Parteien, Gewerkschaften und Personalräten etc.) und
- das Sabotieren von Entscheidungen, die von unliebsamen und anderen Cliquen und Gruppen angehörenden Vorgesetzten getroffen werden.

Natürlich finden sich diese Symptome nicht nur in öffentlichen Verwaltungen, sondern auch in jeder grundlegenden bürokratischen Großverwaltung, insbesondere auch in der Industrie. Die Mängel sind nach Bosetzky et al. „nicht primär auf menschliche Schwächen zurückzuführen, sondern ergeben sich aus dieser besonderen Form der Organisierung menschlicher Aktivitäten" (Bosetzky/Fischer/Tiefensee 1973, S.199). Kritisch anzumerken ist jedoch, dass sich die bürokratische Organisationsform indergestalt negativ auswirken kann, aber nicht unbedingt muss. Im folgenden Kapitel soll darauf eingegangen werden. Was für Schlussfolgerungen lassen sich aus dieser Zusammenstellung ziehen? Dieser Frage soll sich der folgende Abschnitt stellen.

3.9.2 Zusammenfassung und Schlussfolgerung

Zusammenfassend lässt sich feststellen, dass sich einige Punkte des Bürokratiemodells nach Max Weber durchaus auch in der bisherigen Aufbauorganisation des Arbeitsamtes wiederfinden lassen. Allerdings liegt nicht die Bürokratie in Reinform vor. Es lassen sich durchaus Tendenzen zur Weiterentwicklung der Organisation finden, wie im folgenden dargestellt werden soll. Vorab ist es jedoch erforderlich zu klären, weshalb dem Begriff der Bürokratie ein negatives Image anzuhaften scheint. Anschließend soll diskutiert werden, ob die bürokratische Organisationsform nicht durchaus auch heute noch ihre Berechtigung haben kann und ob die mit der Organisationsreform angestrebte professionelle oder prozessorientierte Organisationsform nicht auch Nachteile mit sich bringt.

Auffällig ist, dass dem Begriff der „Bürokratie" ein überwiegend negatives Image anzuhaften scheint (vgl. 3.9.1; Grunow/ Hegner 1977). Den weitverbreiteten Darstellungen in der Öffentlichkeit zufolge sind die MitarbeiterInnen des öffentlichen Dienstes „faul, unfähig und gleichzeitig überbezahlt" (Stratemann/Wottawa 1995, S.12). Dieser Auffassung von der Haltung der MitarbeiterInnen des öffentlichen Dienstes scheint die Darstellung der Nachteile bürokratischer Organisationsformen, wie sie in Kapitel 3.9.1.4 dargestellt wurde, zu entsprechen.
Immer wieder wird auch die Altersversorgung bei Beamten und Angestellten mit Zusatzversicherung kritisiert. Einige sind sogar der Auffassung, dass ein hoher Prozentsatz der Angehörigen des öffentlichen Dienstes korrupt seien, und

sehen sich darin in den gelegentlichen Meldung dieser Art in den Massenmedien bestätigt. Andere wiederum beklagen die vermeintlich fehlende Leistungskraft des öffentlichen Dienstes als Ganzes; es herrscht die Auffassung vor, dieser sei privatwirtschaftlichen Einrichtungen weit unterlegen. Stratemann/Wottawa weisen darauf hin, dass „nahezu jeder einige Anekdoten erzählen kann, mit denen „bewiesen" werden kann, wie unfreundlich und inkompetent die Angehörigen des öffentlichen Dienstes sind" (Stratemann/Wottawa 1995, S.12). Nicht abzustreiten ist, dass es im öffentlichen Dienst Fehlverhalten von MitarbeiterInnen gibt, von Unfreundlichkeit bis zu echter Korruption. Stratemann/Wottawa weisen allerdings darauf hin, dass die Belege dafür fehlen, dass „dies in der Privatwirtschaft (relativ gesehen) nicht in mindestens der gleichen Häufigkeit vorkommt" (Stratemann/Wottawa 1995, S.13). Jeder Beschreibung von ineffizienten Fehlentscheidungen im öffentlichen Bereich bis hin zu unsachgerechter Mittelverwendung, lassen sich nach Stratemann/ Wottawa „entsprechende Beispiele aus der Privatwirtschaft gegenüberstellen" (ebd.). Stratemann/Wottawa benennen einige Beispiele, die aufzeigen, dass eine Diskrepanz zwischen der öffentlichen Meinung über den öffentlichen Dienst und den objektiven Verhältnissen in den Verwaltungen besteht. So verweisen sie auf Arbeitszeitstudien von Lehrern, die eine deutlich über der 40-Stunden-Woche liegende Arbeitsbelastung aufweisen. Auch die Gehaltsunterschiede zur Privatwirtschaft fallen Stratemann/Wottawa zufolge insbesondere bei den höheren Angestellten und Beamten, wo am häufigsten die Kritik ansetzt, zu Ungunsten des öffentlichen Dienstes aus. So verdienen gerade erfolgreiche Führungskräfte in der Privatwirtschaft wesentlich mehr, als innerhalb der Angestellten- bzw. Beamtenbezüge für vergleichbare Verantwortungsbereiche erreichbar ist. Die Zusatzversicherung für den öffentlichen Dienst führt zwar tatsächlich dazu, dass bis zu 90 Prozent der Nettobezüge als Rente erhalten bleiben (bei Beamten sieht die Situation deutlich schlechter aus), was deutlich günstiger ist als in der gesetzlichen Rentenversicherung. In der öffentlichen Diskussion wird allerdings vergessen, dass es auch in größeren Unternehmen der Privatwirtschaft zur Einrichtung von Betriebsrenten gekommen ist, die ebenso wie die Zusatzversorgung im öffentlichen Dienst eine erhebliche Angleichung der Altersbezüge an die letzten Nettogehälter zur Folge haben (vgl. Stratemann/Wottawa 1995, S.13 f.). Stratemann/Wottawa weisen schließlich darauf hin, dass die Kritik an der (mangelnden) Effizienz des öffentlichen Dienstes zwar durchaus seine Berechtigung habe, aber nicht übersehen werden dürfte, dass „Deutschland im Vergleich zu anderen Ländern einen äußerst leistungsfähigen öffentlichen Dienst hat, der sich durch hohe Gesetzestreue auszeichnet und einen wesentlichen Standortvorteil auch für Investoren darstellt" (Stratemann/Wottawa 1995, S.13).

Wenn die objektiven Verhältnisse von der subjektiven Einschätzung sehr vieler Bürger so stark abweichen, muss es dafür Gründe geben, die auch für die

Gestaltung eines Reformprozesses des öffentlichen Dienstes von Bedeutung sind. Nach Stratemann/Wottawa handelt es ich um folgende psychologische Gründe:

- Besteht ein „Machtgefälle“ zwischen zwei Personen, kommt es auch dann zu negativen Emotionen des „Unterlegenen“ (Hilflosigkeitsgefühle, Zuschreibung negativer Eigenschaften an den „Mächtigen“, ggfls. auch Aggression), wenn sich der „Mächtige“ völlig korrekt verhält und sich bemüht, die bestehende Distanz so weit wie möglich auszugleichen (z.B. bei der Ablehnung eines Antrages auf Arbeitslosengeld wegen fehlender Anspruchsvoraussetzungen). Für die psychologische Auswirkung ist die Größe der Machtdistanz entscheidender als die Art der Machtausübung. Da sich viele Bürger im Umgang mit Angehörigen des öffentlichen Dienstes „Mächtigen“ gegenüber sehen, sind entsprechende emotionale Reaktionen zu erwarten. Der einzelne Bürger hat kaum Möglichkeiten, ein für ihn unerwünschtes Verhalten seines Partners aus dem öffentlichen Dienst abzustellen; es fehlen faktisch entsprechende Eingriffsmöglichkeiten, außer im Falle einer Ablehnung eines Antrages das Einreichen eines Widerspruches gegen diese Entscheidung.

- In vielen Bereichen beschneidet der öffentliche Dienst die Selbstentfaltung des Bürgers, und zwar immer dann, wenn im Interesse der Gesamtheit entsprechend einschränkende Gesetze oder Verordnungen erlassen wurden (z.B. Gewerbeaufsicht, Bauordnungsvorschriften). Die Verantwortung für solche Bestimmungen liegt jedoch bei der Legislative. Der öffentliche Dienst ist lediglich die ausführende Instanz, also die Exekutive. Für den Bürger ist diese Unterscheidung jedoch irrelevant, wenn seinen Wünschen nicht stattgegeben wird. Der „Schuldige“ ist dann nicht das Beschlussorgan, sondern der einzelne Beamte, der seinen Antrag zu prüfen hat und der möglicherweise als uneinsichtig, stur usw. bezeichnet wird.

- In den meisten Bereichen kann der Bürger nicht zwischen konkurrierenden Angeboten im Bereich der öffentlichen Dienstleistungen entscheiden, sondern ist zum „Zwangskauf“ verpflichtet. So kann ein Arbeitsloser lediglich beim Arbeitsamt Leistungen wie Arbeitslosengeld beantragen und sich nicht an eine andere Stelle wenden. Stratemann/Wottawa weisen darauf hin, dass in einer solchen Situation des „Zwangskaufs“ damit zu rechnen ist, dass die Leistung des nicht freiwillig gewählten Anbieters als ineffizient, qualitativ schlecht und häufig auch das Verhalten der Mitarbeiter als unfreundlich beschrieben (und subjektiv in dieser Weise erlebt) wird. Ihrer Auffassung nach, führt „das Fehlen von Eigenverantwortung bei der Auswahl der Leistungserbringer leicht zu der Meinung, ein anderer (und vielleicht gar nicht sorgfältig geprüfter) Anbieter wäre um vieles besser gewesen“ (Stratemann/Wottawa 1995, S.15).

- Dieser sogenannte „Zwangskauf“ führt auch zu einer besonders kritischen Haltung gegenüber sozialen Leistungen des öffentlichen Dienstes. Bei Monopolunternehmen wie dem öffentlichen Dienst entstehen Preise nicht im Wettbewerb und durch das Aufeinandertreffen von Angebot und Nachfrage, sondern sie werden in Beschlüssen über die Verwendung von Steuermitteln bzw. durch Gebührenordnungen festgelegt, denen sich der einzelne Bürger oft hilflos ausgesetzt fühlt. Die Gebühren orientieren sich hierbei am Kostendeckungsprinzip, so dass der Bürger bei geringerer Bezahlung der MitarbeiterInnen des öffentlichen Dienstes auch weniger bezahlen müsste, „so dass er in diesem Sinne wirklich die Mitarbeiter der Stadtverwaltung aus eigener Tasche bezahlt“ (Stratemann/Wottawa 1995, S.16). Im Zusammenhang damit stehen auch die bereits dargestellten negativen Auffassungen über die finanzielle Situation von MitarbeiterInnen des öffentlichen Dienstes

(vgl. Stratemann/Wottawa 1995, S.13 ff.).

Nach der Darstellung, wie es zum negativen Image des öffentlichen Dienstes in der Öffentlichkeit kommen kann, soll anschließend betrachtet werden, inwieweit Chancen zur Reform des öffentlichen Dienstes, dessen Organisationsform immer noch die Grundzüge des Bürokratiemodells nach Max Weber (vgl. 3.9.1) aufweist, bestehen.

Der öffentliche Dienst wurde stets den sich ändernden politischen Verhältnissen angepasst, durch immer neue Gesetze mit neuen Aufgaben betraut und auch in den Schulungsmethoden des Personals im Detail weiterentwickelt. Allerdings bleiben hierbei die grundlegenden Strukturen , die Basis für die Steuerung des Systems „öffentlicher Dienst“, unverändert. Die in der Öffentlichkeit vorwiegende Erklärung dafür, warum die Grundstrukturen des öffentlichen Dienstes für so lange Zeit im Kern unverändert blieben, ist Stratemann/Wottawa zufolge die „Verschwörungstheorie“ (vgl. Stratemann/Wottawa 1995, S.19 f.). Dieser Theorie zufolge sitzen Beamte an so vielen Schaltstellen der Verwaltung und der Politik, dass sie es verstehen, jede Reform zu unterbinden. Für die Abwehr von „Modeströmungen“ aufgrund von Stimmungsschwankungen in der öffentlichen Meinung kann diese Theorie durchaus zutreffend sein. Ebenso sind Behinderungen von Basisinnovationen durch die persönliche Betroffenheit der Entscheidungsträger denkbar. Bedenkt man jedoch die politischen Veränderungen seit der letzten großen Verwaltungsreform in Preußen (um 1807), so reicht diese Erklärung („Verschwörungstheorie“) für die Änderungsresistenz des öffentlichen Dienstes nicht mehr aus. Nach Stratemann/Wottawa liegt der eigentliche Grund für die Stabilität des öffentlichen Dienstes in seiner bisherigen Form darin, dass seine Strukturen lange Zeit fortschrittlicher waren als die Steuerungsmethoden in anderen Bereichen der Gesellschaft. Noch in den 50er Jahren gab es Managementkurse für Führungskräfte privater Unternehmen, in denen entscheidende Regelungen des öffentlichen Dienstes – Zuständigkeiten, Schutz vor Einmischungen von außen bei Entscheidungsvorgängen, Subsidiaritätsprinzip – als besonders fortschrittliche Verfahrensweisen vermittelt wurden, die gegen viele Widerstände in veraltet geführten Unternehmen nur mühsam durchgesetzt werden konnten (vgl. Stratemann/Wottawa 1995, S.20). Was heute angesichts der wachsenden Kritik an der Effizienz der öffentlichen Verwaltungen nicht mehr nachvollziehbar erscheint, war jedoch noch in den 50er Jahren eine Tatsache. Der öffentliche Dienst hatte in den o.g. Steuerungsaspekten einen Entwicklungsvorsprung von fast 150 Jahren. Erst in den letzten Jahrzehnten lösten sich die meisten Privatunternehmen von auf die Person des Inhabers oder einzelner starker Führungskräfte zugeschnittenen autoritären Führungskulturen mit „oft demotivierender Einmischung der Vorgesetzten in die Aufgabenbereiche der unterstellten Mitarbeiter" (Stratemann/Wottawa 1995, S.20). Die Angestellten und Beamten des öffentlichen Dienstes waren nicht nur in finanzieller Hinsicht stärker abgesichert als die Mitarbeiter aus der Privatwirtschaft, sondern zumindest in den mittleren und oberen Hierarchieebenen durch die heute veraltet erscheinenden bürokratischen Zuständigkeitsregelungen vor willkürlichen Einmischungen der Vorgesetzten besser geschützt. Allerdings heißt dies nicht, dass der öffentliche Dienst früher kostengünstiger, effizienter oder bürgernäher gewesen wäre als private Dienstleistungsunternehmen, es bedeutet lediglich, dass die Organisationsform und daraus folgend die Arbeitsbedingungen für die Angehörigen des öffentlichen Dienstes eine im Vergleich zur Privatwirtschaft positive Einschätzung ihrer beruflichen Rolle zur Folge hatte (vgl. Stratemann/Wottawa 1995, S.20 f.).

Allerdings ist es nach Auffassung von Stratemann/Wottawa im letzten halben Jahrhundert durch gesellschaftliche Prozesse, die gleichzeitig Ursache und Folge fundamentaler Veränderungen der Auffassung sachgerechter Steuerung von Organi-sationen sind, zu einer Kluft zwischen der Gesellschaft einerseits und den Steuerungsformen des öffentlichen Dienstes andererseits gekommen, so dass der öffentliche Dienst mittlerweile ein „Modernisierungsdefizit" aufweist (vgl. Stratemann/Wottawa 1995, S.21 f.).
Stratemann/Wottawa weisen darauf hin, dass das auf Max Weber zurückgehende Bürokratiemodell, wie es auch in Kapitel 3.9 beschrieben wurde, lange Zeit die selbstverständliche Grundlage des öffentlichen Dienstes war. Gerechtigkeit im Sinne der Einhaltung der gleichen Verfahrensvorschriften konnte dadurch für alle Bürger gesichert, unsachgemäße Einmischung im

Einzelfall zumindest, stark erschwert und die stets notwendige wirtschaftliche Effizienz der Amtsführung erreicht werden. Wie kam und kommt es dazu, dass die bürokratische Organisationsform als nicht mehr ausreichend bzw. nicht mehr angemessen betrachtet wird?

Stratemann/Wottawa zufolge veränderten sich in den letzten Jahrzehnten als Folge der wandelnden wirtschaftlichen Bedingungen auch die Erwartungen der Bürger (vgl. hierzu Kapitel 6 ff). In den 60er Jahren hatte in den meisten Branchen ein Wechsel von einem „Anbietermarkt“ (die Gestaltungsmacht des Marktes liegt beim Produzenten, da die Konsumenten froh sind, überhaupt entsprechende Waren kaufen zu können) zu einem durch die Wünsche des Nachfragers geprägten Marktgeschehen (als Folge des Überangebotes an Waren und Dienstleistungen müssen sich die Anbieter bemühen, in besonderer Weise den Wünschen des Kunden entgegenzukommen) stattgefunden. Eine Entwicklung, die auch nicht am öffentlichen Dienst vorbeiging. Geänderte Erwartungen wurden auch an den öffentlichen Dienst herangetragen. So wird nicht mehr die sachgerechte, den allgemeinen Vorschriften entsprechende Behandlung, sondern die maximale Erfüllung der persönlichen Wünsche als erwartete Leistung eingefordert (vgl. Stratemann/Wottawa 1995, S.29). Erwartungen, die zunehmend auch bei Organisationsreformen des öffentlichen Dienstes (wie z.B. beim Konzept „Arbeitsamt 2000“) und bei der Ausgestaltung der Ausbildung der Nachwuchskräfte des öffentlichen Dienstes (vgl. Kapitel 4), z.B. in Form der Kundenorientierung, berücksichtigt werden.
Parallel zu den geänderten Erwartungen der Bürger an den öffentlichen Dienst hat sich auch das persönliche Selbstverständnis vieler Führungskräfte im öffentlichen Dienst und vieler MitarbeiterInnen, vor allem außerhalb des engsten hoheitsrechtlichen Bereiches, verändert. Diese Tendenzen zeigen sich auch innerhalb der Bundesanstalt für Arbeit. Nach Stratemann/Wottawa liegt diesem neuen Selbstverständnis eine Auffassung des öffentlichen Dienstes zugrunde, die sich durch das Modell „professionelle Organisation“ beschreiben lässt (vgl. Stratemann/Wottawa 1995, S.29 f.). Die wichtigsten Unterschiede zwischen **professioneller Organisation** und **Bürokratiemodell** (nach Max Weber) sollen zum besseren Verständnis kurz dargestellt werden:

- Erfolgt die Zielsetzung im bürokratischen Organisationsmodell durch legitimierte Autorität, so steht in der professionellen Organisation der Aufklärungs- und Verhandlungsprozess zwischen Experten und Kunden im Vordergrund, d.h. die Interessen des „Kunden“ werden nicht über den Umweg von politisch legitimierten Gremien gewahrt, sondern durch das persönliche Verhandeln zwischen dem Leistungserbringer und dem Nachfrager.

- Während die Zielerreichung in der Bürokratie „unpersönlich", sachlich und vorschriftenkonform verläuft, zeichnet sich die professionelle Organisation durch hohes persönliches Engagement und individuelle Varianten der MitarbeiterInnen aus.

- In der bürokratischen Organisation geht es um die Bereitstellung notwendiger Mittel. die Ziele sind von oben vorgegeben. die Haushaltsmittel werden automatisch begrenzt („sparsame Haushaltsführung"). In der professionellen Organisation strebt der jeweilige Experte die optimale Zielerreichung an, daher gibt es tendenziell nie genug Mittel.

- Als Belohnung für die Akzeptanz der „von oben" vorgegebenen Ziele sieht die bürokratische Organisation, wie sie Max Weber versteht, die Allimentation nach allgemeinen Regeln (z.B. Besoldungssystem) vor, gibt den MitarbeiterInnen eine starke Rechtstellung (und dadurch eine gewisse Unabhängigkeit) sowie soziales Ansehen durch Übertragung legitimierter Autorität („Amtsautorität"). In der professionellen Organisation ist die Bezahlung durch Kunden, die tendenziell aushandelbar ist, die Konkurrenzfähigkeit am Markt sowie die Arbeitszufriedenheit durch Gestaltungsmöglichkeiten der MitarbeiterInnen die Belohnung für optimale Dienstleistung, d.h., der Leistungserbringer erwartet, dass er für eine besondere Leistung (d.h.: eine besonders gute Erfüllung der Kundenwünsche) auch für sich selbst persönliche Vorteile erwarten kann; nicht die in der Bürokratie fundamentalen allgemeinen Regelungen sollen Besoldung und Aufstieg bestimmen, sondern die individuelle Leistungsfähigkeit. Das „Machtmittel" des Kunden liegt nicht im Schutz vor Willkür gegenüber unzulässigen Einmischungen, sondern in der Tatsache, dass der Kunde für die gewünschten Leistungen bezahlt; entspricht die Leistung oder das Leistungsversprechen nicht den Erwartungen, wird diese entsprechend niedriger dotiert. Allerdings ist es fraglich, wie sich diese Variante der professionellen Organisationsform auf den öffentlichen Dienst übertragen lässt, da die meisten Leistungen der Behörden, wie z.B. Arbeitsberatung unentgeltlich sind
(vgl. Stratemann/Wottawa 1995, S.30).

Zusammenfassend lässt sich feststellen, dass es zwischen der professionellen Organisation und dem Bürokratiemodell nach Max Weber erhebliche Unterschiede gibt. Stratemann/Wottawa machen auch das Aufeinanderprallen dieser beiden Grundformen im Selbstverständnis von Organisationen für die aktuellen Spannungen im und gegenüber dem öffentlichen Dienst verantwortlich (vgl. Stratemann/Wottawa 1995, S.31 f.). Einer der entscheidenden Grundgedanken der neuen Steuerungsmodelle für den öffentlichen Dienst lautet: Das

Verhältnis zwischen öffentlichem Dienst und Bürger sowie die verwaltungsinternen Beziehungen sollen weitestgehend nach Organisationsregelungen gemäß einer professionellen Organisation gestaltet werden. Auch in der Weiterentwicklung der Organisation der Bundesanstalt für Arbeit („Arbeitsamt 2000") finden sich diese Gedanken wieder. Eine detaillierte Untersuchung soll diesbezüglich jedoch nicht stattfinden. Vielmehr soll der Frage nachgegangen werden, ob die Einführung einer professionellen Organisation nur Vorteile oder auch Nachteile sowohl für die BürgerInnen als auch für die MitarbeiterInnen mit sich bringt und ob die mittlerweile als veraltet betrachtete bürokratische Organisationsform nicht durchaus noch ihre Berechtigung hat, zumindestens in einzelnen Gebieten. Dabei sollen sich die Betrachtungen auf die Bundesanstalt für Arbeit bzw. auf ein Arbeitsamt beziehen.

Den MitarbeiterInnen des öffentlichen Dienstes wird immer wieder vorgeworfen, dass sie in „Zuständigkeiten" und nicht in Problemlösungen denken und nicht in der Lage oder nicht willens sind, auf die Bedürfnisse und besonderen Belange einzelner „Antragsteller" einzugehen. Gleichzeitig gibt es aber auch Aussagen von Angehörigen des öffentlichen Dienstes mit unmittelbarem Kontakt zum Bürger, dass „sie ja sehr gerne auf die einzelnen Wünsche eingehen würden, der Bürger aber die Sachzwänge, denen der einzelne Sachbearbeiter unterliege, weder kenne noch akzeptiere und aus diesem Grund völlig überzogene Vorstellungen über die Möglichkeit der Berücksichtigung seiner individuellen Anliegen habe" (Stratemann/Wottawa 1995, S.38).Welche Gründe gibt es für die nach dem Erleben vieler Bürger bestehenden Missstände in Form eines überzogenen „Zuständigkeitsdenkens", wenn sie nicht in einer individuellen „Schwäche" der einzelnen MitarbeiterIn liegen?
Wie bereits in 4.9.1 ff. gezeigt, erfolgt die Aufgabenverteilung innerhalb einer **bürokratischen Organisationsform** nach sachlogischen Kriterien. Hierbei werden die Aufgaben hierarchisch nach Ober- und Unterbegriffen strukturiert. Diese Aufteilung wird so lange fortgesetzt, bis durch das Erreichen einer sehr feinen Gliederung die verbleibenden Aufgaben von einem einzelnen Mitarbeiter bewältigt werden können. Eine solche Form der Aufteilung findet sich ,wie bereits dargestellt, auch im Arbeitsamt. Was für Konsequenzen hat diese Aufgabengliederung?

- Die hohe Spezialisierung hat zur Folge, dass (zumindest auf den unteren hierarchischen Ebenen) man sämtliche für diesen Zuständigkeitsbereich geltenden rechtlichen Vorschriften und Bestimmungen kennt und daher auch einhalten kann.

- Allerdings führt die damit einhergehende Zergliederung der Arbeit in einzelne Teilschritte dazu, dass der eigentliche, weitergehende Nutzen der eigenen Tätigkeit vom Mitarbeiter nicht erlebt wird.

- Die Konzentration auf ein enges Aufgabenfeld kann zumindest bei langjähriger Tätigkeit die Bedeutung und die Einbettung des eigenen Aufgabenbereiches in der Wahrnehmung der Mitarbeiter verzerren: es kann dazu kommen, dass Vorschriften überinterpretiert und die Interessen der Gemeinschaft (sie es des jeweiligen Amtes oder der jeweiligen Antragsteller) gegenüber den Interessen des eigenen Zuständigkeitsbereiches überbetont werden. Auch die Bereitschaft zu einer globaleren Verantwortungsübernahme kann sich vermindern (um dies zu verhindern, sollten sinnvolle Maßnahmen der Personalentwicklung, z.B. Wahrnehmung von bestimmten Aufgaben im Rotationsprinzip, häufige Wechsel in verschiedene Sachgebiete, durchgeführt werden).

Der größte **Nachteil** dieser sachlogischen Aufteilung liegt darin, dass sich der einzelne Bürger nicht im Mittelpunkt des Interesses sieht. Er muss sich der Struktur der Organisation anpassen und nicht die umgekehrt. So wird z.B. ein aus Bürgersicht homogener Vorgang wie „Arbeitslosmeldung“ nicht nur von einem Mitarbeiter bearbeitet, der für dieses Problem zuständig ist. Vielmehr muss der Antragsteller sich vorerst in der Abteilung Arbeitsvermittlung und Arbeitsberatung arbeitslos melden und bekommt dort seinen Antrag auf Arbeitslosengeld von MitarbeiterInnen der A/B-Stelle ausgehändigt. Anschließend erfolgt noch ein Vermittlungsgespräch bei einer ArbeitsvermittlerIn. Den Antrag auf Arbeitslosengeld muss der Antragsteller wiederum bei einer anderen Abteilung des Arbeitsamtes, der Leistungsabteilung, abgeben, wo dieser dann bearbeitet wird.

Allerdings hat diese Form der Aufgabenverteilung und Aufteilung nicht nur Nachteile. Es gibt auch **Vorteile** der bürokratischen Organisationsform:

- Durch die Spezialisierung kommt es dazu, dass die entsprechenden MitarbeiterInnen eine hohe fachliche Kompetenz in ihrem jeweiligen Aufgabengebiet aufweisen. Sie sind kompetente AnsprechpartnerInnen, falls ein Bürger eine detaillierte Auskunft erwünscht.

- Fachliche Kompetenz führt zu Verhaltenssicherheit und zur Vermeidung von Fehlern.

- Die Aufteilung der Aufgaben nach „Zuständigkeiten“ kann sich für die MitarbeiterInnen als vorteilhaft erweisen. Jeder weiß, welches Arbeitsfeld und Aufgabengebiet zu bearbeiten ist. Auch dieser Punkt kann zu Verhaltenssicherheit führen.

- Durch die Zuständigkeit für ein bestimmtes Aufgabenfeld kann sich ein ganz besonderes Verantwortungsgefühl für die übertragene Aufgabe entwickeln, d.h., dass die Aufgabe (z.B. Bearbeitung eines Antrages auf Arbeitslosengeld) besonders genau und ordnungsgemäß durchgeführt wird (was auch für den Bürger von Vorteil ist).

- Die Zuständigkeit für ein bestimmtes Aufgabengebiet kann auch dazu führen, dass die verantwortliche MitarbeiterIn ein großes Interesse an der Ausgestaltung und Veränderung ihres Arbeitsbereiches hat.

- Wie in Kapitel 3.9.1.3 aufgezeigt, weist die bürokratische Organisationsform eine hohe Form von Präzision und Verlässlichkeit auf. Durch die Vorgabe von Zielen und Festlegung von Regeln, Bestimmungen u.ä. ist zusätzlich gesichert, dass gleiches Recht auf alle Bürger angewendet werden kann. Subjektive Entscheidungen können vermieden werden.

- Besonders zweckmäßig ist die bürokratische Organisationsform bei der Erfüllung von Routineaufgaben. So kann diese Organisationsform durchaus bei der Bearbeitung von Anträgen auf Geldleistungen mit immer wiederkehrenden gleichförmigen Aufgaben von Vorteil sein.

Der sachlogischen Aufgabenverteilung, wie sie sich immer noch im Bereich der Arbeitsverwaltung wiederfinden lässt, steht die Verteilung nach prozessbezogenen Kriterien bzw. der Kundenorientierung gegenüber. Wie sieht die Aufgabenverteilung in diesem Bereich aus? Sind die Vorteile gegenüber der bürokratischen Organisationsform wirklich immens oder weist auch diese Form Schwächen auf? Diesen Fragen soll nachgegangen werden.
In der **prozessbezogenen Organisation** werden die insgesamt anfallenden Arbeiten nach den aus Kundensicht zusammenhängenden Vorgängen strukturiert. Die **Vorteile** dieser Organisation sollen kurz dargestellt werden :

- Der Zeitaufwand des Bürgers zur Erledigung von Verwaltungsangelegenheiten wird deutlich reduziert.

- Die Aufgaben der Sachbearbeiterinnen werden durch vielfältigere Aufgaben abwechslungsreicher. Teilweise kann sogar der gesamte Prozess bis zum

„Erfolg“ (z.B. Antragstellung, Abgabe des Antrags, Berechnung, Auszahlung) miterlebt werden. Die Arbeit wird ganzheitlicher.

- Durch die vielfältige und ganzheitliche Aufgabe kann sich die Arbeitsmotivation, die Lernbereitschaft und die Identifikation der Mitarbeiter mit ihrer Verwaltung verbessern
(vgl. Stratemann/Wottawa 1995, S.42).

Allerdings bringt diese Form der Organisation auch erhebliche **Nachteile** mit sich:

- Die Vielfältigkeit von Aufgaben erfordert von der jeweiligen MitarbeiterIn ein wesentlich breiteres Kompetenzniveau als die enge Spezialisierung. Fachwissen und auch Fachkompetenz können z.T. verschwinden. Solche organisatorischen Umstellungen können deshalb nur gelingen, wenn sie mit entsprechenden Weiterbildungsmaßnahmen für MitarbeiterInnen verbunden sind.

- Musste vorher vom Bürger eine Integrationsleistung, die durch das Aufsuchen verschiedener Ansprechpartner geleistet wurde, erbracht werden, so hat diese nun verwaltungsintern zu erfolgen. Als Folge davon, muss es einerseits verantwortliche Führungskräfte für die Gesamtleistung des Mitarbeiters gegenüber dem Bürger, andererseits zumindest eine fachliche Aufsicht bzw. Führung für die einzelnen Teilbereiche geben, da es unmöglich ist, das entsprechende Fachwissen über viele Teilbereiche der Verwaltung hinweg in einer einzigen verantwortlichen Führungskraft zu bündeln. Allerdings erfordert dies wieder eine erhebliche Umstellungsleistung der Führungskräfte, da bisher in den meisten Fällen die Aufgaben der beiden neuen Führungsschienen im Zuständigkeitsbereich einer Führungskraft zusammengefasst waren (z.B. in Form des Abteilungsleiters). Stratemann/Wottawa weisen daraufhin, dass diese zweite Hierarchieschiene zu Mehrfachunterstellungen von MitarbeiterInnen gegenüber Vorgesetzten führen kann, was wiederum ein erhebliches Konfliktpotential zwischen den verschiedenen Vorgesetzten schaffen kann, z.B. durch unterschiedliche Schwerpunkte hinsichtlich der Wichtigkeit von Maßnahmen (vgl. Stratemann/Wottawa 1995, S.44 f.). Ist das Betriebsklima schlecht, sind die MitarbeiterInnen sicherlich eher geneigt, Vorgesetzte gegeneinander „auszuspielen“. Inwiefern dieses Konfliktpotential für eine dynamische Arbeitsgestaltung mit hoher Innovationsfähigkeit genutzt wird oder eher zu dysfunktionalen und die Leistung der Organisation lähmenden Dauerkonflikten führt, hängt sicherlich auch wesentlichen von dem Entwicklungsniveau der Organisationskultur und der persönlichen Kompetenz der einzelnen Führungskräfte ab.

- Bedingt durch die breiteren Aufgabengebiete der MitarbeiterInnen, die umfassendere Beschäftigung mit dem Einzelfall und die Möglichkeit mehrerer Vorgesetzter wird die Wahrscheinlichkeit für das Auftreten von Fehlern bzw. stark von der subjektiven Bewertung des Sachbearbeiters abhängigen Entscheidungen im Einzelfall erhöht. Hat eine Organisation als höchstes Ziel die Vermeidung von Fehlern, muss eine solche Organisationsform auf Bedenken stoßen (vgl. Stratemann/Wottawa 1995, S.44 f.).

Zusammenfassend lässt sich feststellen, dass gegebenenfalls eine Kombination von Merkmalen beider Organisationsformen sinnvoll wäre. Inwieweit dies handhabbar ist, sollte kritisch hinterfragt werden. Allerdings weisen Stratemann/Wottawa darauf hin, dass die in sich stimmigen Kombinationen einerseits „Bürokratie / Verhaltenskontrolle / Zuständigkeitsdenken“ und andererseits die Variante „professionelle Dienstleistungsorganisation / Ergebniskontrolle / kundenorientierte Organisation“, die die Grundlage der aktuell diskutierten neuen Steuerungsmodelle bildet, sind (vgl.Stratemann/Wottawa 1995, S.45).

Welche Tendenzen lassen sich angesichts der vorab diskutierten und zusammengetragenen Ergebnisse hinsichtlich der Organisationsformen im Arbeitsamt bzw. bei der Bundesanstalt für Arbeit erkennen? Hierzu sollen beispielhaft einige Reformansätze und Untersuchungsergebnisse bezüglich des Rollenverhaltens von Vermittlungsfachkräften der letzten Jahre dargestellt werden.

Bereits Anfang der 80er Jahre im Rahmen der **Neustrukturierung der Organisation der Arbeitsvermittlung und Arbeitsberatung,** Ansätze zur Weiterentwicklung. So heißt es im Runderlass 29/84 S.18: „In den Berufsbereichen (der Abteilung Arbeitsvermittlung und Arbeitsberatung, Anm. d. Autorin) ist teamorientiertes Arbeiten zu fördern. Dies soll insbesondere dadurch erreicht werden, dass alle Mitarbeiter eines Berufsbereichs in die Verantwortung für eine erfolgsbezogene Aufgabenerledigung eingebunden sind; Schwerpunktaktivitäten und Zielprojektionen im Rahmen der abteilungs- und abschnittsinternen Vorgaben unter der fachlichen Verantwortung des Arbeitsberaters kooperativ festzulegen sind. (...).“ Was unter teamorientiertem Arbeiten zu verstehen ist, lässt sich mit Wahren beschreiben. Nach Wahren weisen Teams spezifische Merkmale auf, die über die Merkmale von Gruppen hinausgehen. So verfolgen Teams (in vielen Fällen) gemeinsame Ziele und entwickeln auf der Basis längerdauernder, intensiver, gemeinsamer Erfahrungen

entwickeln auf der Basis längerdauernder, intensiver, gemeinsamer Erfahrungen einen starken Gruppenzusammenhalt sowie einen ausgeprägten Gemeinschaftsgeist. Teams sind jedoch nicht mit Gruppen zu verwechseln. Erst, wenn Gruppen in hohem Maße die zuvor genannten Merkmale erfüllen, werden sie als Teams bezeichnet (vgl. Wahren, H.-K. E. 1994, S.42).

Auch **im Bereich des Personals** lässt sich nicht nur der typische Bürokrat (vgl.4.9.1.4) finden, sondern vielmehr eine Vielzahl von beruflichem Selbstverständnis. So wurde für den Bereich der Arbeitsvermittlung eine Untersuchung von der Universität Bremen vorgenommen, die das Rollenverhalten der Vermittlungsfachkräfte zum Untersuchungsgegenstand hatte (vgl. Egle, F. 1995, S.29 f.). Es wurden vier Kategorien festgestellt:

- der Arbeitsvermittler als Makler,
- der Arbeitsvermittler als Sozialarbeiter,
- der Arbeitsvermittler als Bürokrat und
- der Arbeitsvermittler als Berater.

Der **Makler** unter den Arbeitsvermittlern sieht seine primäre Aufgabe darin, den Arbeitskräftebedarf der Betriebe möglichst reibungslos und schnell zu decken. Er bemüht sich um gute Betriebskontakte, tritt selbstbewusst auf und pflegt eine unbürokratische Arbeitsweise. Er betreibt „Bestenvermittlung“ und schlägt weniger geeignete Bewerber für eine Stelle nicht vor, obwohl diese aufgrund ihrer sozialen Qualifikationsmerkmale Einstellungschancen gehabt hätten.

Der Typus des **Sozialarbeiters** unter den Arbeitsvermittlern versteht sich nicht als „Lieferant“ von Arbeitskräften für die Betriebe, sondern identifiziert sich mit dem Arbeitslosen und seinem Hauptproblem, bei dem bestehenden Ungleichgewicht auf dem Arbeitsmarkt und einer wenig rücksichts- und verständnisvollen „2/3- Gesellschaft“ einen Dauerarbeitsplatz zu erhalten. Der Arbeitsvermittler sieht seine primäre Aufgabe in der persönlichen Hilfestellung, die er den Arbeitslosen in ihrer aktuellen Situation geben kann und nicht in der Vermittlung in einen der wenig attraktiven Arbeitsplätze.

Der **Bürokrat** unter den Arbeitsvermittlern bewältigt seine Aufgaben sowohl weniger marktorientiert als der Makler als auch weniger sozial engagiert als der Sozialarbeiter. Er zeichnet sich dadurch aus, dass er wenig Eigeninitiative zeigt. Er versteckt sich hinter vielen Regeln, Normen und Erlassen. Seine Handlungsspielräume lässt er von oben bzw. von außen einschränken.

Der **Berater** unterscheidet sich von allen vorherigen Typen des Arbeitsvermittlers: Er sieht nicht nur die soziale Seite des Problems, sondern versucht, den Arbeitslosen durch konkrete berufliche Alternativen mit den Instrumenten der aktiven Arbeitsmarktpolitik zu motivieren und zu aktivieren. Anders als der Bürokrat handhabt er die ihm vorgegebenen bürokratischen Regeln und Vorschriften in flexibler Art und Weise. Anders als der Makler, versucht der Berater, die betrieblichen Personalmanager umfassend über den Arbeitsmarkt zu informieren und sie – gegebenenfalls durch gezielte Nutzung der Instrumente der aktiven Arbeitsmarktpolitik – zu Konzessionen bei der Einstellung von Zielgruppen des Arbeitsmarktes zu bewegen.

Im Bereich der **Weiterentwicklung der Organisation der Arbeitsämter** bedingt durch die sich ständig ändernden Rahmenbedingungen (wirtschaftlich, politisch, Kundenerwartungen etc.) wurden auch einige Veränderungen vorgenommen, um z.B. die Effektivität und Effizienz der Arbeit in den einzelnen Abteilungen zu steigern und zu verbessern. Auch bestimmte Verfahrenswege wurden verkürzt und die Zusammenarbeit von Abteilungen, deren Arbeit im Gesamtzusammenhang steht, gefördert bzw. verbessert. Die bürokratische Organisationen kennzeichnende Langsamkeit sollte ebenfalls durch organisatorische Maßnahmen abgebaut werden. So wurde 1994 die **Weiterentwicklung der Arbeitsvermittlung und Arbeitsberatung einschließlich der Zusammenarbeit mit der Leistungsabteilung** vorangetrieben. Da die Arbeitsvermittlung immer noch an das Versicherungsprinzip gekoppelt ist (stellt sich ein Arbeitsloser nicht der Arbeitsvermittlung zur Verfügung, so erhält er kein Arbeitslosengeld o.ä.) ist die enge Zusammenarbeit der beiden Abteilungen Arbeitsvermittlung und Arbeitsberatung mit der Leistungsabteilung unvermeidlich. Oft laufen in der Arbeit der Vermittlungsfachkräfte Fragen zu Geldangelegenheiten auf. Für den Kunden ist oft die getrennte Aufgabenerledigung nicht klar. Musste der Kunde früher z.B. von der Nebenstelle ins Hauptamt fahren, um sein Anliegen zu klären, so soll durch die räumliche Zusammenlegung der allgemeinen Berufsbereiche und der Leistungsstellen Alg, Alhi, FuU im Hauptamt und in den Nebenstellen (Lösungsansatz B) mehr Kundennähe, kürzere Arbeitswege und mehr Effektivität sowie Mitarbeiterzufriedenheit durch Optimierung der Arbeitsbedingungen erreicht werden. Bei der Zusammenlegung ist der jeweils zu betreuende Personenkreis der Leistungsstellen mit dem der Berufsbereiche identisch (vgl. Kapitel 4.8.8; siehe auch Abbildung 7).

Auch im Zuge der **Neuorganisation der Berufsberatung** 1992 sollten Arbeitsgänge verkürzt bzw. ganzheitlicher werden. So wurde z.B. der „Abbau von Arbeitsteilung und stärker integrierte Arbeitserledigung durch mehr fallbezogenes Arbeiten im Bereich fachtechnischer Aufgaben“ (Runderlass

20/92,) angestrebt. Zusätzlich sollten „klare Führungskompetenzen“ (ebd.) geschaffen werden, um dadurch eine Verbesserung des Leitungsgefüges in seiner Wirksamkeit zu erreichen. Dies sollte durch die Einführung einer Einlinienorganisation erreicht werden.

Schematische Darstellung der räumlichen Zusammenlegung von allgemeinen Berufsbereichen und Leistungsstellen Alg, Alhi, FuU

Berufsbereich (z.B. für Metallberufe)

	A-/B-Stelle	AV	AV	AV	AV	AB
Wartebereich						
Antragsannahme/ Auskunft	Aktenverwaltung	BSB B	SB	BSB B	Datenerfassung/ Schreibarb	Zahlstellenprüfung

Leistungsstelle (z.B. für Metallberufe)

Abbildung 7 (Quelle: Bundesanstalt für Arbeit 1995, S. 69)

1996 wurde mit dem Runderlass 1/96 das neue sogenannte **„Leitbild der BA“** eingeführt. Es sollte Anstöße zu einem sich verändernden Umgang miteinander geben. So heißt es im Runderlass 1/96 S.1: „Die im Leitbild enthaltenen Vorstellungen sind vielschichtig und erwarten von den einen die Fähigkeit, Gewohntes in Frage zu stellen und gegebenenfalls abzuwerfen und fordern von den anderen, eine Ungeduld, die Veränderungen unbedingt erstreiten will, zu mäßigen. Traditionsfestes Beharren und drängende Ungeduld müssen zu einer Kraft finden, die gemeinsame Lösungen und Weiterentwicklungen erschließt“. Mit dem Leitbild wurden neue Grundsätze für Führung und Zusammenarbeit in der BA festgelegt. Im Hinblick auf die Neuorganisation der gesamten Bundesanstalt für Arbeit, dem sogenannten Arbeitsamt 2000, mussten sich auch die bisherigen Denkmuster und Führungsstrukturen, Veränderungen stellen. Das Leitbild soll jedoch nicht als Patentrezept oder Zwangsvorschrift verstanden werden. Das Leitbild gibt bestimmte Leitlinien vor, nach denen in Zukunft agiert werden soll. Der Weg dorthin wird als Wachstumsprozess und ständige Weiterentwicklung betrachtet. Leitlinien des Leitbildes sind:

- Die gemeinsame Verantwortung/Wir-Gefühl entwickeln,
- Zielorientiert führen,
- Kooperativ führen,
- Fachlich kompetent sein,
- Als Führungskraft glaubwürdig sein (Bundesanstalt für Arbeit 1996, S.3).

Daraus lässt sich die Schlussfolgerung ziehen, dass innerhalb der Bundesanstalt für Arbeit immer wieder Anpassungsleistungen an geänderte Erwartungen der Kunden und an geänderte politische Verhältnisse erbracht wurden. In der letzten Zeit sind vermehrt Reformprozesse in Richtung der prozessorientierten Organisationsform (s.o.) zu beobachten. So wurde die Zusammenlegung der Abteilung Arbeitsvermittlung und Arbeitsberatung mit der Leistungsabteilung beschlossen, um Wege zu verkürzen und die Kundenzufriedenheit zu erhöhen. Auch das neue Leitbild der BA lässt sich in den Gedanken der professionellen Organisationsform einordnen (s.o.). Trotzdem lassen sich auch immer noch bürokratische Elemente in der Aufbau- und Ablauforganisation der Bundesanstalt für Arbeit feststellen (vgl. 3.9). Betrachtet man die bürokratische Organisationsform und vergleicht man diese mit der prozessorientierten Organisation, so stellt sich heraus, dass beide Formen sowohl Vor- als auch Nachteile aufweisen (s.o.). Das überwiegend negative Image der Bürokratie kann bei Betrachtung ihrer Vorteile nicht nur bestätigt werden. Im Gegenteil: für bestimmte Aufgaben erweist sie sich sogar als vorteilhaft gegenüber der prozessorientierten Organisation. Im Falle des Arbeitsamtes wäre zu überlegen, inwieweit sich die Übernahme von prozessorientierten Kriterien für bestimmte Aufgaben und Abteilungen eignet und für welche nicht. Allerdings lässt sich eine Organisation nie ohne sein Personal verändern. So heißt es im Runderlass 24/94: „Die Akzeptanz der organisatorischen Veränderungen bei den Mitarbeitern ist Voraussetzung für eine erfolgreiche Umsetzung“. Deshalb soll sich das folgende Kapitel mit dem Personal der Bundesanstalt für Arbeit auseinandersetzen, beispielhaft am Arbeitsamt Lüneburg inklusive seiner Nebenstellen/Geschäftsstellen dargestellt.

4. Das Personal der Bundesanstalt für Arbeit

Organisationen werden durch Menschen mitbestimmt. Sie wirken an der Erreichung von Organisationszielen mit. Sie können die Weiterentwicklung bzw. den reibungslosen Ablauf von Organisationen aber auch behindern (vgl. hierzu Küpper/Ortmann 1988). Deshalb ist es wichtig, sich mit dem Personal bzw. seiner Zusammensetzung zu beschäftigen. Bevor die Personalstrukturen am Beispiel des Arbeitsamtes Lüneburg beispielhaft dargestellt werden, soll zunächst die Personalausstattung und -entwicklung der Bundesanstalt für Arbeit betrachtet werden. Im Anschluss daran werden bestimmte Berufsverläufe innerhalb des Personals analysiert. Eine Auswertung der Veränderung der Ausbildungsrahmenpläne für den gehobenen und mittleren nichttechnischen Dienst bei der Bundesanstalt für Arbeit soll darüber Auskunft geben, inwieweit sich die Ausbildung den veränderten Rahmenbedingungen der letzten Jahre angepasst hat. In diesem Kapitel wurde, soweit Dokumente ausgewertet wurden, ausschließlich auf interne Schriften und Runderlasse der Bundesanstalt für Arbeit zurückgegriffen.

4.1 Personalausstattung und -entwicklung

Die sozialpolitischen Rahmenbedingungen der letzten 55 Jahre haben sich ständig geändert und damit auch die Arbeitsaufgaben der Mitarbeiter der Bundesanstalt für Arbeit. So stellte die Bundesbeauftragte für Wirtschaftlichkeit in der Verwaltung in ihrer gutachtlichen Stellungnahme zu den Organisationsstrukturen der Bundesanstalt für Arbeit vom 16. März 1995 fest, dass im Zeitraum von 1970 bis 1993 die Arbeitslosenzahlen auf das 25fache angestiegen sind. Zugleich wurden die von der Bundesanstalt für Arbeit zu beachtenden Rechtsgrundlagen immer komplexer und umfangreicher (vgl. Kap.2). So weitete sich das Arbeits-förderungsgesetz von ursprünglich 251 Paragraphen und 46 Textseiten auf (Stand von 1995) 318 Paragraphen und 96 Textseiten aus (vgl. Bundes-beauftragte für Wirtschaftlichkeit in der Verwaltung 1995, S.5). Auch mit dem SGB III wurde das Recht der Arbeitsförderung nicht unbedingt übersichtlicher oder weniger kompliziert.

Wie sieht es angesichts der stetig wachsenden Zahlen von Erwerbslosen nun mit der Zahl der Beschäftigten bei der Bundesanstalt für Arbeit aus?

Ein Artikel im Hamburger Abendblatt vom 13.03.1998 berichtet über den Notstand bei den Arbeitsämtern. So heißt es in diesem Artikel: „Trotz einer Rekordzahl an Erwerbslosen müssen die deutschen Arbeitsämter mit immer weniger Personal auskommen. Nachdem in den vergangenen Jahren bereits

5000 Stellen abgebaut wurden, sollen bis zum Jahr 2002 weitere 1230 Arbeitsplätze gestrichen werden. Beim Arbeitsamt Hamburg sank die Zahl der Personalstellen seit 1993 von 1563 auf 1333 in diesem Jahr. Mittlerweile kommen in der Hansestadt rein rechnerisch jeden Tag 120 bis 180 Arbeitssuchende auf 2,1 bis 2,5 Beschäftigte“ (Hamburger Abendblatt v. 13.03.1998, Nr.61, S.1).

Ähnliches hört man auch von Seiten der Gewerkschaften. So berichtet die ÖTV vom kontinuierlichen Anwachsen der Zahl der Arbeitslosen und einer gleichzeitig kontinuierlichen Verringerung des Personals in den Arbeitsämtern. Parallel dazu vergrößere sich die Langzeitarbeitslosigkeit und die Zahl der Stellenangebote von Arbeitgebern gehe zurück (ÖTV 1998, S.10 f.). Diesen gesteigerten Anforderungen soll die Arbeitsverwaltung mit immer weniger Beschäftigten gerecht werden. Dargestellt wird auch die Misere, dass auf einen /eine ArbeitsvermittlerIn im Durchschnitt 735 Stellensuchende kommen. Zugleich weist die ÖTV darauf hin, dass nicht nur die quantitative Seite problematisch sei, sondern auch die qualitative. Je höher die Belastung, desto qualitativ schlechter sei die geleistete Arbeit (ebd.).

Wie drückt sich die sinkende Zahl der Beschäftigten nun in Zahlen aus?

Waren 1970 noch rund 33.256 Beschäftigte bei der Bundesanstalt für Arbeit vorzufinden, so lag die Zahl der Beschäftigten 1997 bei 83.956, wobei hier von Plankräften inklusive Ermächtigungen für Arbeiter, Nachwuchskräfte, beamtete Hilfskräfte und Kräfte mit befristeten Arbeitsverträgen ausgegangen wird (BWV 1995, S.17 ff.; Bundesanstalt für Arbeit 1998). Wie zu erkennen, hat sich die Zahl der Beschäftigten von 1970 bis 1997 um ca. das 2,5fache erhöht. Vergleicht man diesen Anstieg jedoch mit dem Anstieg der Arbeitslosenzahlen, so relativiert sich diese Erhöhung. Viele Stellen bzw. Ermächtigungen für befristete Kräfte oder bestimmte Stellen fallen in Zukunft ganz weg. So zeichnet es sich schon ab, dass Kräfte, die im Schreibbüro oder in der Datenerfassung tätig sind, in Zukunft nicht mehr gebraucht werden, da mit Einsatz des PC jeder Mitarbeiter an seinem Arbeitsplatz in Zukunft selbst seine Dokumente etc. schreiben kann. So heißt es in der Mitarbeiter-Zeitschrift DIALOG :

„Noch in diesem Jahr werden die in den Arbeitsämtern vorhandenen 10.000 stand-alone-PC vernetzt und weitere 10.000 PC und Arbeitsplatzdrucker installiert. Bis Ende 1999 wird die Zahl der Neuinstallationen auf insgesamt 50.000 PC, 20.000 Arbeitsplatzdrucker und mindestens 1000 Domäne-Server anwachsen. (...). Ab Ende 1999 ist der bundesweite Einsatz von IT 2000 (Informationstechnik, Anm. d. Autorin) Stufe 1 (Prozesse Vermittlung, Leistung, Kunde) und damit die Ablösung der bestehenden Verfahren coArb, coLei Alg/Alhi-Uhg geplant“ (DIALOG Mai/Juni 1998, S.1). Bei den bestehenden Verfahren handelt es sich um hausinterne EDV-Programme.

Aufgrund der Wiedervereinigung im Jahre 1990 stieg die Zahl der insgesamt bei der Bundesanstalt für Arbeit Beschäftigten an. Von 1993 bis 1994 stagnierte diese Zahl, während der Abbau von Stellen in den folgenden Jahren rapide vorwärtsschritt. Dieser Trend hält weiter an. So heißt es in der Mitarbeiter-Zeitschrift DIALOG: „Die Bundesanstalt geht in das neue Haushaltsjahr, das durch die Umstellungsarbeiten auf das SGB III geprägt sein wird, bei gleichbleibend hoher Arbeitslosigkeit mit einem um 940 Stellen reduzierten Personalansatz, da am 31. Dezember 1997 in entsprechender Zahl kw-Vermerke (Kürzel für „künftig wegfallende" Stellen, Anm. d. Verf.) wirksam geworden sind. ... Bis zum 31. Dezember 1998 müssen neben den 190 kw-Stellen weitere 750 Stellen für Plankräfte aus dem Bereich der traditionellen Kernaufgaben der Bundesanstalt herausgelöst und in den Bereich der Bekämpfung der illegalen Beschäftigung verlegt werden. Damit ist entsprechend der Haushaltsmaßgabe der Wegfall von 1000 Ermächtigungen für die Beschäftigung von befristeten Kräften in diesem Bereich auszugleichen. ... Verwaltung und Selbstverwaltung hatten aufgrund der Arbeitssituation (SGB III, anhaltend hohe Arbeitslosigkeit) und wegen der gesetzlich festgelegten Einrichtung neuer Dienstposten (Innenrevision, hauptamtlich Beauftragte für Frauenbelange) ein Festhalten an dem 1995 getroffenen Haushaltskompromiss einer kontinuierlichen Einschlankung für das Haushaltsjahr 1998 nicht mehr als vertretbar angesehen" (DIALOG, Januar/Februar 1998, S.1 ff.). Allerdings sahen der Haushaltsausschuss des Deutschen Bundestages und die Bundesregierung sich mit Blick auf die äußerst angespannten finanzpolitischen Rahmenbedingungen nicht in der Lage, den Vorstellungen der Bundesanstalt (Verlängerung der Mittel für befristete Aushilfskräfte etc.) zu folgen. Im Haushaltsgenehmigungsverfahren fordert die Bundesregierung die Bundesanstalt auf, auch in Zukunft – wie alle anderen öffentlichen Körperschaften – den Notwendigkeiten der Personalbegrenzung Rechnung zu tragen (ebd.). Im DIALOG wird darauf hingewiesen, dass es bei diesen Rahmenbedingungen wiederum einer erheblichen Kraftanstrengung der MitarbeiterInnen bedürfe, um die Arbeitsfülle ohne in der Öffentlichkeit erkennbare Einbrüche zu bewältigen (ebd.). Laut Angaben der ÖTV wurden seit 1992 mehr als 3000 Stellen abgebaut.
Nach Ankündigung einer „Vermittlungsoffensive" wurden zum 01.10.2001 Mittel für 1000 neu einzustellende MitarbeiterInnen für den Bereich der Arbeitsvermittlung bereitgestellt. 1000 weitere Arbeits-vermittlerstellen sollen durch interne Personalumschichtungen entstehen. Zudem sollen Mittel bereitgestellt werden, um bei Trägern der Erwachsenenbildung zusätzliche Arbeitsvermittlungsaktivitäten zu finanzieren. Diese kurzfristige Personalaufstockung um 1000 Arbeitsvermittlerstellen ist im Zusammenhang mit dem (weiterhin) außerordentlichen Legitimationsdrucks der Bundesanstalt und der andauernden konjunkturellen Flaute bzw. Flaute auf dem Arbeitsmarkt zu sehen.

4.2 Zur Struktur des Personals

Nach der Betrachtung der Personalausstattung und -entwicklung interessiert im Hinblick auf die bevorstehende Organisationsreform und die dadurch geänderten Rahmenbedingungen der Arbeit der Bundesanstalt für Arbeit, die Struktur des Personals. Was für Menschen arbeiten in dieser Organisation? Welchen Zugang hatten sie zur BA? Liegen Karrierewege außerhalb der BA vor? Welche Funktionen üben sie in der Organisation aus? Dazu wurde mit 15 nach dem Zufallsprinzip ausgewählten Mitarbeitern des Arbeitsamtes Lüneburg inkl. seiner Geschäftsstellen Winsen und Buchholz ein Leitfadengespräch geführt. Die Befragung wurde hierbei auf Personen des gehobenen und mittleren Dienstes beschränkt, da diese den überwiegenden Teil des Personals ausmachen bzw. zahlenmäßig am stärksten vertreten sind.

Die Auswahl der Mitarbeiter beschränkte sich nicht nur auf eine einzelne Abteilung, sondern es wurde versucht, möglichst alle Abteilungen bei der Befragung einzubeziehen, um ein abgerundeteres Bild zu bekommen.

4.2.1 Das Leitfaden-Interview als Form der Befragung und Mittel zur Datenerhebung

Zur Befragung wurde auf eine Methode der qualitativen Sozialforschung, dem Interview zurückgegriffen. Die Wahl fiel auf die qualitative Sozialforschung, weil sie menschliches Handeln als „intentional gerichtet, sozial koordiniert, von subjektiven Wissens- und Motivkomplexen regulierten, die soziale Wirklichkeit schaffenden Prozess“ (Terhart, E. 1994, S.130) versteht. Organisationen werden von Menschen geschaffen und verändert. Durch ihr Handeln werden bestimmte soziale Wirklichkeiten, u. a. am Arbeitsplatz, geschaffen.

Welche **Rolle** erfüllen Menschen bzw. das Personal innerhalb einer Organisation?
Nach Endruweit kann eine gesamte Organisation „als Instrument einer übergeordneten sozialen Einheit zur Erfüllung spezieller sozialer Bedürfnisse angesehen werden“ (Endruweit, G. 1981, S.76). Endruweit betont aber auch die Bedeutung der Instrumente der Organisation. Sie bilden seiner Auffassung nach die wichtigste Grundlage zur zielgerichteten Ausübung der Funktionen von Organisationen (ebd.). Als maßgeblichen Punkt für eine Organisationsanalyse sieht er die Angemessenheit der Instrumente für die Ziele der Organisation an. Unter Instrumenten versteht Endruweit „solche unabhängigen Organisationsvariablen, deren Einsatz bei der Ausübung der Organisationsfunktionen unmittelbar oder mittelbar zur Zielerreichung beiträgt “ (Endruweit, G. 1981,

S.76). Jede Organisation besteht aus mehreren menschlichen Individuen (Endruweit verweist hierbei auf verschiedene Ansätze bzw. Organisationsbegriffe, deren erstes Definitionselement die „Personenmehrheit“ u. ä. ist). Welche Funktion üben nun die Menschen in einer Organisation aus?
Nach Belardi versteht man unter Organisation „ein soziales Gebilde mit definierten Aufgaben, Mitgliedern, einer Binnenstruktur, welche durch Aufgabenspezialisierung und Arbeitsteilung planvolles, zielorientiertes Handeln ermöglicht“ (Belardi, N. 1994, S.339). Endruweit verweist noch auf eine Definition von Kieser/Kubicek die unter Organisationen „soziale Gebilde, ..., mit deren Hilfe Aktivitäten der Mitglieder auf das verfolgte Ziel ausgerichtet werden sollen“ (Kieser/Kubicek in: Endruweit, G. 1981, S.77).
Damit steht fest, dass die Menschen bzw. Mitglieder in einer Organisation die Stellung eines Instrumentes der Organisation einnehmen. Als *Personal* von Organisationen versteht Endruweit „solche Angehörige (also zum System, nicht zur Umwelt Zählende), die an den Zielverwirklichungsprozessen aktiv mitarbeiten, ohne wie die Mitglieder an den zugehörigen strategischen oder taktischen Entscheidungen aus eigenem Recht mitwirken zu können“ (Endruweit, G. 1981, S.80). Er unterscheidet hierbei zwischen Mitgliedern und Personal einer Organisation. Mitglieder entscheiden über die Organisation mit. *Mitglieder* haben z.T. die Organisation mitbegründet, z.B. ein Unternehmen. Die Organisation nimmt nur Mitglieder auf, z.B. Genossenschaften, Vereine, Clubs, Personengesellschaften des Wirtschaftslebens u. a. . Mitglieder sind diejenigen Angehörigen einer Organisation, die „durch ihre Mitarbeit aktiv zur Zielerreichung beitragen und die gleichzeitig an den für die Zielerreichung wichtigen Entscheidungen beteiligt sind“ (Endruweit, G. 1981, S.78). Das Personal hingegen wird eingestellt, weil es Aufgaben übernehmen soll, die zwar der Erreichung der Organisationsziele dienen, jedoch eher eine aufgabenspezifische als zielengagierte Qualifikation verlangen. Allerdings wirken beide Arten von Organisationsangehörigen, die Mitglieder und das Personal an der Erreichung der Organisationsziele, wie auch an Organisationsentwicklung, durch ihre Einbindung in die Organisationsstrukturen mit (vgl. Endruweit, G. 1981, S.81). Womit feststeht, dass Menschen entscheidend Organisationen ausgestalten.

Wie bereits erwähnt, steht bei der BA eine Organisationsentwicklung bevor. Organisationsentwicklung i. e. S. meint die „Änderung des Problemlösungsverhaltens von Menschen in Organisationen durch reaktives und proaktives Lernen im interpersonellen Kontext, wobei Lernen sich sowohl auf individuelle Verhaltensänderungen als auch auf Veränderungen in den Interaktionsmustern (strukturell und prozessual) bezieht“ (Bartölke, K. 1980). Auch deshalb ist es wichtig, sich mit den Strukturen des Personals zu befassen.

Um zu verstehen, welche Strukturen das Personal aufweist, wie z.B. seine Interaktionsmuster aussehen, wurde eine Befragung vorgenommen. Befragt wurden 15 Mitarbeiter des Arbeitsamtes Lüneburg, die in unterschiedlichen Funktionen tätig sind bzw. jeweils einen anderen Zugang zur Bundesanstalt hatten. Die Befragung sollte nicht nur der Erfassung und Verarbeitung von Datenmengen dienen, sondern auch das Nachvollziehen individueller Motivlagen, z.B. warum jemand zur BA gegangen ist, möglich machen. Dazu bieten sich qualitative Verfahren an.

Eine Methode der qualitativen Sozialforschung ist das **Interview**. „In der Praxis der empirischen Sozialforschung spielen qualitative - teilstandardisierte und offene - Interviews in vielfältigen Varianten eine Rolle“ (Hopf, C. 1991, S.177). Zum Teil sind sie in komplexere

qualitative Designs integriert, z.B. als Feldgespräche im Rahmen teilnehmender Beobachtung oder auch als Expertengespräche zur Erarbeitung grundlegender Informationen über ein bestimmtes Forschungsfeld. Andererseits gibt es aber auch eine Vielzahl qualitativer Studien, in denen teilstandardisierte oder offene Interviews die zentrale Datenbasis bilden (vgl. Hopf, C. 1991, S.177).
Bei der Befragung der Mitarbeiter wurde ein **teilstandardisiertes bzw. Leitfaden-Interview** herangezogen. Teilweise wird das Leitfaden-Interview auch Leitfadengespräch genannt (vgl. Kromrey, H. 1994, S.286). In halb- bzw. teilstandardisierten Interviews sind die Fragen mehr oder minder in einem Interview-Leitfaden festgelegt (vgl. Spöhring, W. 1989, S.148 f.). Im allgemeinen lässt sich sagen, dass diese Interviews im Einzelfall sehr unterschiedlich sein können. So können sie sich z.B. über mehrere Termine hinziehen, in ihren Frage- oder Themenvorgaben (dem Gesprächsleitfaden) sehr ausführlich, aber auch sehr knapp sein. Sie können den befragenden weitgehende Freiheiten in der Gestaltung der Frageformulierungen, der Frageabfolge oder Streichung von Fragen erlauben oder auch nicht. Ein wichtiger Unterschied zum standardisierten Interview liegt darin, dass es im Interview keine Antwortvorgaben gibt und dass die Befragten ihre Ansichten und Erfahrungen frei äußern können (vgl. Terhart, E. 1994, S.133). Normalerweise werden die InterviewerInnen bei teilstandardisierten, aber auch bei relativ stark strukturierten Interviews zugleich dazu aufgefordert, die im Leitfaden vorgegebenen Fragen nach eigenem Ermessen und nach Einschätzung des theoretischen Anliegens der jeweiligen Studie zu hinterfragen, durch Nachfragen zu ergänzen und auch Gesichtspunkte, die von den Befragten unabhängig vom Gesprächsleitfaden eingebracht werden, sofern diese von Bedeutung für die Untersuchung erscheinen, mit zu berücksichtigen (vgl. Hopf, C. 1991, S.177).
Zwar wurden im Leitfaden einige Fragen vorformuliert (schließlich ging es z.T. auch um die reine Abfrage von beruflichen Daten bzw. Bildungswegen), diese

waren aber offen gewählt. Offene Fragen deshalb, weil diese die Antwortformulierung dem Befragten überlassen und die Kategorien, in denen er antworten kann, offen lassen (vgl. Kromrey, H. 1994, S.279).

4.2.3 Ergebnisse der Befragung

Die befragten Personen sind im Alter von 24 bis 57 Jahren. Einige sind bereits seit 29 Jahren bei der Bundesanstalt tätig, andere erst seit 2 Jahren.
Von den 15 befragten Personen sind 7 im mittleren Dienst, 8 im gehobenen Dienst beschäftigt, 1 Person ist noch Nachwuchskraft des gehobenen Dienstes. Die Personen sind in unterschiedlichen Abteilungen des Arbeitsamtes Lüneburg inklusive seiner Nebenstellen beschäftigt.
Von den 15 Befragten verfügen 7 über einen Realschulabschluss und 8 über einen Hochschulabschluss oder die Fachhochschulreife.
3 Personen sind in der Leistungsabteilung tätig. Eine als Sachbearbeiter und die andere als Anordnungsbefugte (vgl. Kap.3). Eine Person ist Bürosachbearbeiter in der Leistungsabteilung. 3 Personen sind in einer Anmelde- und Bearbeitungsstelle der Abteilung Arbeitsvermittlung und Arbeitsberatung, z.T. als Bürosachbearbeiter oder Bearbeiter, tätig. 2 von diesen 3 Personen kommen von außerhalb der BA. Eine Person war Industriekaufmann und eine Steuerfachgehilfin. 1 Person hat als Azubi beim Arbeitsamt angefangen und war bereits in der Berufsberatung, in der Leistungsabteilung und in der Arbeitsvermittlung als Bearbeiterin tätig. 1 weitere Person arbeitet als Bearbeiter im BIZ der Berufsberatung und hat als Azubi beim Arbeitsamt angefangen.
3 der anderen Befragten üben eine Tätigkeit als Arbeitsvermittler im gehobenen Dienst aus. 1 Befragter ist als Berufsberater und einer als Arbeitsberater tätig.
Einer der übrigen Befragten nimmt die Tätigkeit des Vorsitzenden des örtlichen Personalrates wahr und der letzte der Befragten ist Nachwuchskraft des gehobenen Dienstes bzw. befindet sich in der Ausbildung zum Verwaltungsinspektor.
Ein anderer Befragter nimmt die Aufgaben des Ausbildungsleiters in der Verwaltung wahr.

Von den 15 Befragten haben 9 eine amtsinterne Ausbildung, entweder zum/zur Fachangestellten für Arbeitsförderung oder zum Verwaltungsinspektor abgeschlossen und verfügen über keine andere Berufserfahrung, als die in der BA erworbene. 6 der anderen Befragten haben bereits vor Beginn ihrer Tätigkeit in der BA eine Ausbildung abgeschlossen und auch in ihrem Ausbildungsberuf gearbeitet bzw. ein Studium absolviert. 5 der anderen Befragten haben aber alle noch eine 1.(Prüfung für den mittleren Dienst bei der BA) oder auch 2. Fachprüfung (Prüfung für Tätigkeiten im gehobenen Dienst) abgelegt und

besitzen somit innerhalb der BA den Status einer gelernten Kraft und nicht den einer angelernten Hilfskraft bzw. haben eine Beraterausbildung (Ausbildung an der FH Mannheim zum Berufs- oder Arbeitsberater) absolviert.. Eine Person absolviert noch ihre Ausbildung bei der BA 2 der Befragten haben ein Lehramtsstudium abgeschlossen. 1 Befragter ein Studium der Wirtschaftswissenschaften. 3 Befragte verfügen über eine gewerbliche oder handwerkliche Berufsausbildung, z.B. Schlosser, Konditor; 3 andere über eine kaufmännische Ausbildung (z.B. Steuerfachgehilfin, Bürogehilfin, Industriekaufmann). Andere waren danach noch als Soldat auf Zeit tätig.
3 weitere haben die Ausbildung zum Verwaltungsinspektor abgeschlossen und waren bzw. sind z.T. als Vermittler oder Sachbearbeiter in der Leistungsabteilung oder als Ausbildungsleiter tätig. Eine Person hat einen amtsinternen Aufstieg vom mittleren Dienst in den gehobenen Dienst absolviert und ist mittlerweile Anordnungsbefugte in der Leistungsabteilung. Einer der Befragten, der die Ausbildung zum Verwaltungsinspektor absolviert hat, hat an einer Fortbildung zum Arbeitsberater teilgenommen und war vorher als Arbeitsvermittler tätig.

Als **Motive**, um zur BA zu gehen, kristallisierten sich im Interview folgende heraus:

- Ende der Dienstzeit als Soldat auf Zeit; Wunsch weiter im öffentlichen Dienst tätig zu sein,
- Sicherheit des Arbeitsplatzes,
- Eltern sind auch im öffentlichen Dienst tätig/Vorbildfunktion,
- Arbeitsmarktsituation, vor allem in den 70ern; viele waren arbeitslos, beim Arbeitsamt wurden Kräfte benötigt,
- „Lehrerschwemme“, keine Chance, im Beruf etwas zu finden,
- nach befristeten Arbeitsverträgen wurde man fest übernommen,
- Spaß an Beratungstätigkeiten, Freude am Umgang mit publikumsbezogenen Tätigkeiten,
- gute Teilzeitarbeitsmöglichkeiten für Frauen, die Kinder zu betreuen haben.

4.2.4 Zusammenfassung

Aus den Ergebnissen der Befragungen lassen sich diverse Rückschlüsse ziehen. Zum einen gibt es **verschiedene Karrieretypen bzw. –wege** im Arbeitsamt Lüneburg.

So lassen sich vier Wege festhalten:

1. **Ausbildung zur/zum Fachangestellten zur Arbeitsförderung (mit Option durch amtsinterne Fortbildung auch in den gehobenen Dienst zu kommen); danach Tätigkeiten im mittleren Dienst**
2. **Ausbildung/FH-Studium zum/zur VerwaltungsinspektorIn; danach Tätigkeiten im gehobenen Dienst**
3. **Soldat auf Zeit, danach Inspektorenanwärter**
4. **Tätigkeiten/Studium/Berufsausbildung außerhalb der BA, über Zeitverträge o. ä. in die BA aufgenommen worden und danach fest übernommen worden. Innerhalb der BA wurden noch die 1. und teilweise auch 2. Fachprüfung absolviert. Teilweise Tätigkeiten im mittleren oder gehobenen Dienst.**

Grundsätzlich gibt es noch einen **fünften Karriereweg bzw. –typ.** Im **höheren Dienst** sind fast ausschließlich **Univeritätsabsolventen** tätig. Nach Absolvieren eines Studiums der Erziehungswissenschaften, der Sozialwissenschaften, der Wirtschaftswissenschaften; der Medizin oder der Psychologie und der Laufbahn als AnwärterIn für den höheren allgemeinen Dienst als BerufsberaterInnen für Abiturienten und Hochschüler, als DirektorenInnen, als AbteilungsleiterInnen, als AmtsärztInnen oder PsychologInnen tätig (vgl. Berufskundliche Kurzbeschreibungen zum Berufsbild „Beamter/Beamtin bei der Bundesanstalt für Arbeit – höherer Dienst) tätig. Allerdings bezog die Befragung diesen Personenkreis nicht mit ein.

Eine andere Schlussfolgerung aus den Ergebnissen liegt darin, dass die Motive, die die Befragten bewogen haben, zur BA zu gehen, sehr heterogen sind.
Teilweise handelte es sich um sehr **individuelle Motive** wie: Sicherheit des Arbeitsplatzes, gute Teilzeitarbeitsmöglichkeiten für Frauen mit Kindern, Spaß an Beratungstätigkeiten, aber auch um **arbeitsmarktliche Gründe**, wie: Lehrerschwemme, Arbeitslosigkeit, Ende der Dienstzeit als Soldat auf Zeit.
Sonstige Motive wie Zufall, „Hineinrutschen“ über Zeitverträge spielten ebenfalls eine Rolle.

Was für **Schlussfolgerungen** lassen sich aus diesen Ergebnissen hinsichtlich des Personals ziehen ?

1. Das Personal des Arbeitsamtes bildet **keine homogene Gruppe**, vielmehr gibt es sehr unterschiedliche Karrieretypen und –wege.
2. Der **Zugang** zur BA ist **sehr unterschiedlich**.
3. Die Befragten verfügen über einen mittleren bis hohen Schulabschluss.
4. Waren sie vor ihrer Tätigkeit in der BA berufstätig, so waren sie überwiegend im kaufmännischen Bereich beschäftigt.

5. Die Tätigkeit bei der BA ist oft nicht der erwünschte „Traumberuf" gewesen bzw. zu Anfang eine Notlösung , um nicht arbeitslos zu werden.
6. Die Motive, die zu einer Arbeitsaufnahme bei der BA führten, waren/sind sehr unterschiedlich.
7. Durch die verschiedenen beruflichen Zugänge bietet sich der BA ein beträchtliches Potential an noch nicht zum Einsatz gekommenen Qualifikationen, wie z.B. pädagogisches Vorwissen (z.B. bei ehemaligen Lehrern) oder kaufmännisches Vorwissen etc. , das gegebenenfalls bei Personalentwicklungs- oder bei Fortbildungs- oder Ausbildungsmaßnahmen evtl. genutzt werden könnte, an.
8. Da sich die Befragung nur auf Personen bezog, die im gehobenen oder im mittleren Dienst tätig sind, lassen sich nur für diesen Personenkreis bestimmte Rückschlüsse ziehen. Die Mehrzahl der befragten Personen haben mit unmittelbar publikumsbezogenen Aufgaben zu tun. Sie sind als Arbeitsvermittler, Arbeitsberater, Berufsberater, Bearbeiter, Bürosachbearbeiter in der Anmeldestelle der Arbeitsvermittlung, der Berufsberatung oder in der Antragsannahme der Leistungsabteilung tätig. Andere kommen als Sachbearbeiter in der Leistungsabteilung nur indirekt mit Publikum in Kontakt. Sie berechnen die Ansprüche auf Arbeitslosengeld, prüfen die rechtlichen Voraussetzungen etc. Die Mitarbeiter, die in der Verwaltung beschäftigt sind, haben am wenigsten mit dem Personenkreis zu tun, der die Leistungen der Arbeitsverwaltung in Anspruch nimmt. Sie sorgen für den internen Ablauf der Organisation oder kümmern sich um den ordnungsgemäßen Ablauf der Aus- und Fortbildung des Personals, wie z.B. der Ausbildungsleiter.

Was für Aussagen lassen sich mithilfe der festgehaltenen Befragungsergebnisse hinsichtlich der Organisationsreform (*„Arbeitsamt 2000"*) machen?

Aus den Befragungen ergab sich, dass es sehr unterschiedliche Motive gab, eine Tätigkeit bei der Bundesanstalt für Arbeit aufzunehmen. Die BA verfolgt durch die neue Gestaltung ihrer Organisation bestimmte Ziele. Sie will den vielfältigen und sich verändernden Anforderungen besser als bisher gerecht werden. Eines der Ziele ist u.a. die Förderung der Zufriedenheit und des Arbeitserfolgs der MitarbeiterInnen. Durch die Organi-sationsreform sollen Hierarchien abgebaut, die Dienstleistungen des Arbeit-samtes wirksam und wirtschaftlich erbracht werden. Zusätzlich soll die Dienst-leistung am Kunden orientiert werden. Die bisherige Aufbauorganisation des Arbeitsamtes weist, wie in Kapitel 3.9 ff. gezeigt, noch viele Elemente des Bürokratiemodells nach Max Weber auf. In der öffentlichen Diskussion wird der Begriff der Bürokratie meistens negativ bewertet. Wie in Kapitel 3.9ff. aufgezeigt, kann ein bürokratisches Organisationsmodell aber auch Vorteile haben. In diesem Kapitel sollen Analysen zur

Struktur des Personals durchgeführt werden. Die Befragungen haben auch einige Motive der MitarbeiterInnen zutage gebracht. Lassen sich diese in Bezug auf die anstehende Organisationsreform auswerten?
Das Motiv der „Sicherheit des Arbeitsplatzes“ kann in Bezug zum Konzept *„Arbeitsamt 2000“* sowohl negativ als auch positiv ausgewertet werden.
Negativ in dem Sinne, als dass den MitarbeiterInnen mit diesem Motiv unterstellt werden könnte, dass sie grundsätzlich kein Interesse an einer Neugestaltung ihres Arbeitsplatzes bzw. der Umgestaltung ihrer Organisation haben könnten, sondern vielmehr ihre „Ruhe“ haben wollen. Zusätzlich könnte ihnen unterstellt werden, dass eine mangelnde Leistungsbereitschaft vorliegt bzw. lediglich Dienst nach Vorschrift ausgeübt wird. Der Wunsch nach Sicherheit könnte mit Trägheit, mangelnder Begeisterungsfähigkeit für Änderungen interpretiert werden.
Positiv könnte das Motiv „Sicherheit des Arbeitsplatzes“ aber auch dafür stehen, dass gerade diese MitarbeiterInnen ein Interesse daran haben könnten, ihr Arbeitsumfeld neu zu gestalten. Betrachtet man die Ergebnisse der Untersuchung der Universität Bremen in Bezug auf das Selbstverständnis von Arbeitsvermittlern, so ist zu erkennen, dass es bereits innerhalb einer
Position verschiedene individuelle Umgangsmöglichkeiten mit der Funktion des Arbeitsvermittlers gibt. Es gibt den typischen Bürokraten, aber auch den Berater etc.(vgl. 3.9).
Viele der befragten MitarbeiterInnen waren vor der Aufnahme ihrer Tätigkeit bei der BA arbeitslos. Grundsätzlich könnte man davon ausgehen, dass diese MitarbeiterInnen, die die Erfahrung der Arbeitslosigkeit gemacht haben, auch ein Interesse daran haben könnten, mitzuhelfen, die Dienstleistung am Kunden zu orientieren.
Das Motiv der „Vorbildfunktion“ kann durchaus positiv bewertet werden. Arbeiten die Eltern bzw. ein Elternteil bereits im öffentlichen Dienst könnte die betreffende MitarbeiterIn bestimmte Vorteile, die der öffentliche Dienst bietet, bereits erkannt haben. Es könnte davon ausgegangen werden, dass keine starke Abneigung gegen die Tätigkeit beim öffentlichen Dienst vorliegt. Im Gegenteil, der Ausbildungsberuf wurde frei gewählt.
Bei denjenigen MitarbeiterInnen, die als eines ihrer Motive „Spaß an Beratungstätigkeiten, Freude am Umgang mit publikumsbezogenen Tätigkeiten“ angaben, könnte die Schlussfolgerung gezogen werden, dass dieser Personenkreis geänderten Leitbildern und neuen Arbeitsweisen (z.B. vermehrte Kundenorientierung), offen gegenübersteht und durchaus Veränderungspotential bzw. die Bereitschaft, aktiv an der Umgestaltung der Aufgaben und der Organisation mitzuwirken, vorhanden ist.
Auch diejenigen, die aus vormals anderen Berufen (z.B. Lehrer) kommen, sind mittlerweile in der BA etabliert. Wie aus den Befragungen hervorging, haben alle noch eine Fachprüfung absolviert und somit den Status einer ausgebildeten

Kraft mit einer BA-Ausbildung. Grundsätzlich kann auch bei diesem Personenkreis von einem Veränderungswillen ausgegangen werden, es sei denn, dass sich die Betreffenden in einem Zustand „innerer Kündigung“ befinden.
In Bezug auf die Sozialisation durch die bisherige bürokratische Organisation des Arbeitsamtes könnten sich folgende Thesen aufstellen lassen:
Das bisherige System bietet durch seine klar abgegrenzten Hierarchien, Zuständigkeiten und eine funktionelle Spezialisierung für die Mitarbeiter auch eine gewisse Sicherheit und Verlässlichkeit. Durch die Spezialisierung kann es auch zu einer Verhaltenssicherheit der MitarbeiterInnen kommen („Fachmann/ Fachfrau“). Die geplante Organisationsreform, die u.a. Ziele wie Abbau von Hierarchien, Errichtung von Kundenbüros etc. verfolgt, kann auch zu Verhaltensunsicherheiten führen (Wer ist nun zuständig? Was ist Teamarbeit?). Diese Verhaltensunsicherheiten und geänderten Arbeitsweisen können auch zu Frustrationen führen, was sich u.U. auch nachteilig auf die Kunden auswirken könnte (womit die „Kundenorientierung“ unterlaufen werden könnte). Dies wäre ggfls. kritisch zu hinterfragen.
Für bestimmte Arbeitsabläufe (s. 3.9) bietet die bürokratische Organisationsform optimale Lösungsstrategien. Wie Bosetzky gezeigt hat, können z.B. insbesondere Routineaufgaben besonders gut gelöst werden. Kritisch zu hinterfragen wäre, u.U. auch, ob sich die geplante Organisationsreform auch wirklich für alle Abteilungen durchführen lässt.

Nach der Darstellung der Ergebnisse der Befragung ausgewählter Mitarbeiter des Arbeitsamtes, widmet sich die folgende Betrachtung bzw. Analyse der Veränderung der Ausbildung des gehobenen und mittleren nichttechnischen Dienstes bei der Bundesanstalt für Arbeit.

4.3 Die Veränderungen der Ausbildung in der Bundesanstalt für Arbeit

Nicht nur die Befragung von Mitarbeitern, sondern auch die Analyse von schriftlichem Material kann Aussagen über das Personal ermöglichen. Um herauszufinden, inwieweit sich die Ausbildung den geänderten Rahmenbedingungen der letzten 20 Jahre angepasst hat, wurden die Ausbildungsrahmenpläne der Verwaltungsinspektorenanwärter (gehobener Dienst) und der Fachangestellten für Arbeitsförderung (mittlerer Dienst) zur Untersuchung herangezogen. Sie wurden mit Hilfe der Dokumentenanalyse analysiert.

4.3.1 Die Dokumentenanalyse anhand der Ausbildungsrahmenpläne des gehobenen Dienstes

Bei der Analyse wird nur auf den sogenannten Weg 1 für den gehobenen Dienst eingegangen. Unter dem Weg 1 wird der Vorbereitungsdienst der Verwaltungsinspektorenanwärterlnnen (VIA) verstanden. Die Aufstiegsfortbildungen für Angestellte aus dem mittleren Dienst in den gehobenen Dienst werden nicht betrachtet, auch nicht die Fortbildungen und/oder Ausbildungen zur Beratungsanwärterln bzw. zur Arbeits- oder Berufsberaterln. Der sogenannte Vorbereitungsdienst beginnt jeweils am 1. September eines Jahres und dauert insgesamt drei Jahre. Die Verwaltungsinspektorenanwärterln ist in dieser Zeit Beamtln auf Widerruf.
Zugangsvoraussetzungen neben der Eignung ist bei Neueinstellungen zum einen das Abitur oder die Fachhochschulreife. Das Höchstalter sollte 32 Jahre betragen, bei Schwerbehinderten 40 Jahre.
Unter Eignung der Bewerberln versteht man, dass diese zunächst folgende Grundvoraussetzungen erfüllen muss:

- Die Bewerberln muss Deutsche i. S. d. Art. 116 GG sein (§ 7 Abs.1 Nr.1 BBG),
- sie muss die Gewähr dafür bieten, dass sie jederzeit für die freiheitliche demokratische Grundordnung i. S. d. GG eintritt (§ 7 Abs.1 Nr.2 BBG),
- als „Laufbahnbewerberin“ muss sie die vorgeschriebene oder übliche Vorbildung besitzen oder als „andere Bewerberln“ (Angestellte mit Abschlussprüfung für Azubi und mindestens 5,5 Jahren Tätigkeit bei der BA) die erforderliche Befähigung durch Lebens- und Berufserfahrung innerhalb oder außerhalb des öffentlichen Dienstes erworben haben (§ 7 Abs.1 Nr.3 BBG).

Ferner muss die Bewerberln
- die für die Ämter ihrer Laufbahn erforderliche geistige und körperliche Eignung (Dienstfähigkeit), die durch amtsärztliche Untersuchung festgestellt wird, besitzen,
- charakterlich für die Übernahme in ein Beamtenverhältnis geeignet sein (Erkenntnisse ergeben sich aus dem vorzulegenden Führungszeugnis nach dem Bundeszentralregistergesetz),
- in geordneten wirtschaftlichen Verhältnissen leben (Abgabe einer Erklärung vor der Einstellung).

Als weitere allgemeine Voraussetzungen werden von der Bewerberln gefordert:

- Sie darf nicht entmündigt sein und nicht die Fähigkeit zur Bekleidung öffentlicher Ämter verloren haben (§11 Abs.2 BBG).
- Sie darf kein Verbrechen oder Vergehen begangen haben, das ihn der Berufung unwürdig erscheinen lässt (§ 12 Abs.1 Nr.2 BBG).
- Sie darf die Altersgrenze für den Eintritt in den Ruhestand (§ 41 Abs.1 BBG) noch nicht überschritten haben (§ 41 Abs.3 BBG). Auch das laufbahnrechtlich zulässige Höchstalter (32 Jahre bzw. 40 Jahre bei Schwerbehinderten) darf nicht überschritten sein (vgl. Höltermann/Thamm 1994, S.38 ff.).

Die Ausbildung der InspektorenanwärterInnen ist während der drei Jahre in 18 Monate Studium an der Fachhochschule des Bundes Fachbereich Arbeitsverwaltung und in 18 Monate Praktikum inklusive Fachseminare aufgegliedert, wobei die Studienphasen nicht aneinandergereiht sind, sondern in ein sechsmonatiges Grundstudium und vereinzelte Blöcke von Hauptstudien geteilt werden. Zwischendurch schließen sich die Praktika inklusive Fachseminare an, um die im Studium erworbenen Fachkenntnisse in der Praxis umsetzen zu können. Die Ausbildung wird mit der schriftlichen und mündlichen Prüfung abgeschlossen.
Das statusmäßige Ziel nach erfolgreichem Abschluss der Ausbildung ist BeamterIn in der Laufbahngruppe des gehobenen Dienstes (BesGr A 9- A 13). Die für die Ausbildung maßgebenden Vorschriften lauten: Laufbahn-, Ausbildungs- und Prüfungsordnung für die Laufbahn des gehobenen nichttechnischen Dienstes in der BA (LAPO-gehD-BA) (vgl. § 18 BBG, §25 BLV, Höltermann/Thamm 1994, S. 38 ff.; Bundesanstalt für Arbeit 1994, S. 51).

Die Dokumentenanalyse

Schreiben des Präsidenten der BA vom 14. August 1979 m. W. z. 01. September 1979

1979 wurde die Ausbildung der VIA mit Einführung der Fachhochschulausbildung grundlegend neu gestaltet. So hieß es im Schreiben des Präsidenten der BA vom 14. August 1979 an die Landesarbeitsämter und Arbeitsämter: „Die Ausbildung der VIA wird mit Einführung der Fachhochschulausbildung grundlegend neu gestaltet, so dass eine Gegenüberstellung mit den bisherigen Ausbildungsvorschriften nicht möglich ist“ (BA 1979, S.2). Nach Auskunft des örtlichen Ausbildungsleiters fand die Ausbildung der VIA sonst überwiegend im Ausbildungsamt und in Form von Lehrgängen statt. Zwar blieb es bei einer Laufbahn für den gehobenen nichttechnischen Dienst in der BA, allerdings wurden während dieser Ausbildung für diese einheitliche Laufbahn –

je nach Verwendung der AnwärterIn- bestimmte Studienanteile des Hauptstudiums sowie Teile der Praktika als **Spezialausbildung** entweder für die Bereiche *Arbeitsvermittlung und Arbeitsberatung/Berufsberatung* oder die Bereiche *Leistung/Verwaltung* konzipiert. Diese Spezialisierung fand ihre Berücksichtigung auch in der Gestaltung der schriftlichen Prüfung: bei zwei - von insgesamt sechs - Prüfungsarbeiten wurde auf die vertiefte Ausbildung in den genannten Bereichen Rücksicht genommen. Allerdings sollte die Spezialausbildung nur in dem unbedingt erforderlichen Umfang stattfinden. Schwerpunkt der Ausbildung blieb auch im Hauptstudium – neben dem ohnehin gemeinsamen Grundstudium- und in der praktischen Ausbildung in den Arbeitsämtern die gemeinsame und einheitliche Ausbildung aller AnwärterInnen. „Sie soll die Austauschbarkeit und die breite Verwendungsmöglichkeit der Mitarbeiter des gehobenen Dienstes auch in Zukunft gewährleisten. Durch den speziellen Teil. der Ausbildung wird also nicht festgelegt, dass der Anwärter nur noch in diesem Aufgabenbereich verwendet werden kann“ (BA 1979, S.3).
Die **Gliederung der Ausbildung** wurde ab 1979 nach folgendem Rahmenplan durchgeführt:

1. Einführungspraktikum (1 Monat)
2. Studienabschnitt I (Grundstudium) (6 Monate)
3. Praktikum A 1 (5,5 Monate)
4. Studienabschnitt II a (Hauptstudium) (3,5 Monate)
5. Praktikum A 2 (3, 5 Monate)
6. Studienabschnitt II b (Hauptstudium) (3 Monate)
7. Praktikum B (6,5 Monate)
8. Studienabschnitt III (Hauptstudium) (5,5 Monate)
9. Praktikum C (1,5 Monate).

Nach dieser Gliederung der Ausbildung wechselten sich Fachstudien und berufspraktische Ausbildung miteinander ab. Mit diesem Wechsel sollte „eine enge Verzahnung von theoretischem Lernen und praktischer Mitarbeit erreicht und die Praxisbezogenheit des gesamten Studiums betont werden“ (BA 1979, S.5). Die Bedeutung der Praktika neben dem auf die BA bezogenen Studium wurde hervorgehoben. Der Anwärter sollte lernen, die in den Fachstudien erworbenen Kenntnisse in der Praxis richtig anzuwenden. Deshalb wurde die Ausbildung in den Arbeitsämtern auf die praktische Mitarbeit in den Arbeitsämtern ausgerichtet und Ausbildungsrahmenpläne für die Praktika A bis C erstellt, die den Ämtern zugingen (vgl. ebd.).

Ziel der neu strukturierten Ausbildung war die Vermittlung von wissenschaftlichen Erkenntnissen und Methoden sowie der berufspraktischen

Fähigkeiten, Kenntnisse und Fertigkeiten, die zur Erfüllung der Aufgaben in der Laufbahn des gehobenen Dienstes erforderlich waren (§ 11 der LAPO).

Für die Lehrveranstaltungen waren insgesamt 2.200 Stunden vorgesehen, die sich wie folgt verteilten:

Grundstudium (davon 50 Stunden für besondere Pflichtfächer) : 650 Stunden
Hauptstudium: 1300 Stunden
Seminare während der berufspraktischen Studienzeiten:
(Fachseminare) 250 Stunden.

Im Grundstudium wurden folgende Pflichtfächer festgelegt:

1. Staats- und verfassungsrechtliche Grundlagen des Verwaltungshandelns; gesellschaftliche und politische Bezüge: Allgemeine Staatslehre, Verfassungsgeschichte der Neuzeit, Politiklehre, Staats- und Verfassungsrecht, Regierungs- und Verwaltungshandeln,
2. Allgemeine rechtliche Grundlagen der Aufgabenerfüllung: Rechtslehre, Allgemeines Verwaltungsrecht, Besonderes Verwaltungsrecht, Verwaltungsrechtsschutz, Recht des öffentlichen Dienstes, Zivilrecht und Strafrecht;
3. Gesamtwirtschaftliche Zusammenhänge und ökonomische Grundlagen der Aufgabenerfüllung: Volkswirtschaftslehre, Finanzwissenschaft, Öffentliche Finanzwissenschaft, Soziale Sicherung,
4. Organisatorische Grundlagen, Information und Informationsverarbeitung: Innerbehördliche Organisation und Datenverarbeitung,
5. Ausgewählte Bereiche der Individual-, Sozial- und Organisationspsychologie,
6. Methoden des geistigen Arbeitens: Lernmethoden und Lerntechniken, Methoden, Techniken und Verfahren, die am Arbeitsplatz benötigt werden,
7. Laufbahntypische Bereiche der Aufgabenerfüllung

(§ 14 LAPO).

Im Hauptstudium waren für die Studienabschnitte II a 370 Stunden, für den Abschnitt II b 340 Stunden und für den Studienabschnitt III 590 Stunden, zu absolvieren waren. Pflichtfächer im Hauptstudium waren:

Studienfach A:

1. Arbeitsmarkt und Arbeitsmarktpolitik einschließlich Grundlagen der Arbeitsmarkt- u. Berufsforschung,
2. Soziale Sicherung in der Bundesrepublik Deutschland,
3. Grundfragen des Sozialverhaltens,
4. Betriebswirtschaftslehre und Berufskunde.

Studienfach B:

5. Organisation und Verwaltung der BA,
6. Arbeitsvermittlung und Arbeitsberatung (je nach Spezialisierung mehr oder weniger Stunden),
7. Berufsberatung und Ausbildungsvermittlung (s.o.),
8. Förderung der beruflichen Bildung, Förderung der beruflichen Rehabilitation, Förderung der Arbeitsaufnahme,
9. Leistungen zur Erhaltung und Schaffung von Arbeitsplätzen sowie bei Arbeitslosigkeit u. bei Zahlungsunfähigkeit des Arbeitgebers, Kindergeld (§ 15 LAPO).

Die Ausgestaltung der Praktika und Fachseminare wurde ebenfalls geregelt. Es wurde genau festgelegt, wieviel Wochen in bestimmten Abteilungen und wann diese Praktika absolviert werden mussten. Das letzte Praktikum C diente hierbei hauptsächlich der Vorbereitung auf die mündliche Prüfung (§§ 16 ff. LAPO).

In seiner Sitzung am 3.4.1984 hatte der Senat der Fachhochschule des Bundes für die öffentliche Verwaltung eine ***Diplomierungsordnung*** für die AbsolventInnen der Fachhochschule beschlossen. Die Diplomierungsordnung wurde im Gemeinsamen Ministerialblatt vom 4. Juni 1984 veröffentlicht (GMBl. 1984, S. 207) und trat mit Wirkung vom 1. Januar 1982 in Kraft. Die Diplomierung der AbsolventInnen der Fachhochschule des Bundes für öffentliche Verwaltung richtete sich nach einem Beschluss der Kultusministerkonferenz in Form und Verfahren nach nordrhein-westfälischem Landesrecht. Der zuständige Minister für Wissenschaft und Forschung des Landes Nordrhein-Westfalen hatte die DiplO-FH Bund allerdings nur mit der Einschränkung genehmigt, dass die Absolventen die Vorbildungsvoraussetzungen gemäß § 18 Abs. 1 Nr. 1 des Bundesbeamtengesetzes (BBG) erfüllten, also eine zu einem Hochschulstudium berechtigende Schulbildung oder einen als gleichwertig anerkannten Bildungsstand nachwiesen. Diese Voraussetzung wurde in § 1 Diplo-FH Bund aufgenommen. Dies bedeutete, dass im Bereich der BA nach den Bestimmungen der DiplO-FH Bund ehemalige Verwaltungsinspektoren-

anwärterInnen, BeratungsanwärterInnen und TeilnehmerInnen an der Aufstiegsausbildung gehobener Dienst diplomiert wurden, die die Fachhochschulreife oder die allgemeine Hochschulreife besaßen und ab dem Jahre 1982 die Laufbahn-, Abschluss- oder Aufstiegsprüfung bestanden hatten. TeilnehmerInnen an der Aufstiegsausbildung gehobener Dienst ohne förmliche Fachhochschulreife oder allgemeine Hochschulreife hatten nach damaligem Stand nach bestandener Aufstiegsprüfung keine Möglichkeit, den Diplomgrad zu erhalten. Allerdings sollte versucht werden, über das Bundesministerium des Innern eine Nachdiplomierung der nach früherem Recht ausgebildeten BeamtInnen des Bundes und der AufstiegsbewerberInnen zu erreichen. Den AbsolventInnen des Fachbereichs
Arbeitsverwaltung der FH Bund wurde somit der Diplomgrad „Diplom-Verwaltungswirt“ bzw. „Diplom-Verwaltungswirtin“ verliehen.

Runderlass 158/84

Zum 1. September 1984 trat eine Neufassung der LAPO-gehD-BA in kraft. Sie bewirkte im wesentlichen den *Wegfall der Spezialisierungseinrichtungen* sowie *Änderungen im zeitlichen Ablauf der Ausbildung*. So wurde die praktische Ausbildung geändert, um diese effektiver zu gestalten, indem das Einführungspraktikum von einem Monat auf einen halben Monat gekürzt wurde. Vor dem Praktikum B sollten bereits im Hauptstudium I fachspezifische Inhalte vermittelt werden, damit die Bewerber während der Praktika effektiv mitarbeiten konnten. Neu war auch, dass ein Hauptstudienabschnitt IV sowie ein Praktikum D und E eingeführt wurde. Das Hauptstudium IV endete mit dem schriftlichen Teil der Laufbahnprüfung. Im Praktikum E sollte die Ausbildung individuell und ansatzbezogen geregelt werden, d.h., sollte die AnwärterIn nach Bestehen des schriftlichen und mündlichen Teils der Ausbildung als z. B. ArbeitsvermittlerIn eingesetzt werden, so absolvierte sie ihr letztes Praktikum auch in diesem Bereich, wobei sie „richtig“ mitarbeiten mussten.
Zusätzlich ergaben sich noch Änderungen hinsichtlich der Aufgabenstellungen für die schriftliche Abschlussprüfung. So waren die sechs Prüfungsaufgaben aus den Studienfächern :

- A 1 (Arbeitsmarkt und Arbeitsmarktpolitik einschl. Grundlagen der Arbeitsmarkt- u. Berufsforschung),
- A 3 (Grundfragen des Sozialverhaltens),
- B 5 (Organisation und Verwaltung der Bundesanstalt für Arbeit) und B 6 (Selbstverwaltung und Aufsicht),
- B 7 (Arbeitsvermittlung und Arbeitsberatung) und B 9 (Förderung der beruflichen Bildung, Förderung der beruflichen Rehabilitation, Förderung der Arbeitsaufnahme),

- B 8 (Berufsberatung) und B 9 (Förderung der beruflichen Bildung, Förderung der beruflichen Rehabilitation, Förderung der Arbeitsaufnahme) und
- aus dem Studienfach B 10 (Leistungen zur Erhaltung und Schaffung von Arbeitsplätzen (Kug) sowie bei Arbeitslosigkeit und bei Zahlungsunfähigkeit (Kaug) des Arbeitgebers, Kindergeld und A 2 (Recht der Sozialen Sicherung)

zu stellen. Geändert hatte sich im Vergleich zu den vorigen Regelungen lediglich, dass nun alle AnwärterInnen auch Förderungsrecht der AV und BB zu lernen hatten und die Spezialisierung der Richtungen Arbeitsvermittlung/ Arbeitsberatung/Berufsberatung und Leistung/Verwaltung wegfiel. D. h., jeder VIA, der seine Ausbildung ab dem 01. September 1984 begann, wurde zur „All-round-Kraft“ ausgebildet.
Durch die Einführung eines Praktikums D und E sowie des Hauptstudiums IV hatten sich natürlich auch der Rahmenplan der Ausbildung sowie die Zeitrichtwerte für die einzelnen Studienabschnitte des Hauptstudiums verändert. Ab dem 1. September 1984 wurde die Ausbildung nach folgendem Rahmenplan durchgeführt:

1. Einführungspraktikum (0,5 Monate)
2. Grundstudium (6 Monate)
3. Praktikum A (1,5 Monate)
4. Hauptstudium I (2,5 Monate)
5. Praktikum B (2 Monate)
6. Hauptstudium II (4 Monate)
7. Praktikum C (4 Monate)
8. Hauptstudium III (2,5 Monate)
9. Praktikum D (6 Monate)
10. Hauptstudium IV (3, 5 Monate)
11. Praktikum E (4 Monate)

(§ 12 Abs.1 LAPO-gehD-BA).

Die Zeitrichtwerte für die einzelnen Studienabschnitte des Hauptstudiums hatten sich wie folgt verändert:

Hauptstudium I	= 285 Stunden
Hauptstudium II	= 390 Stunden
Hauptstudium III	= 285 Stunden
Hauptstudium IV	= 340 Stunden

(§ 15 Abs.2 LAPO-gehD-BA).

Die Laufbahn, Ausbildungs- und Prüfungsordnung für die Laufbahnen des gehobenen Dienstes in der Bundesverwaltung wurden am 18. Dezember 1991 zum dritten Mal geändert. Deshalb wurde es auch erforderlich, die Laufbahn-, Ausbildungs- und Prüfungsordnung für die Laufbahn des gehobenen nichttechnischen Dienstes in der Bundesanstalt zu ändern. Wesentliche Auswirkungen der Änderung waren:

- die nicht bestandene Zwischenprüfung war nach dem Grundstudium vollständig zu wiederholen;
- das Bestehen der Laufbahnprüfung wurde davon abhängig gemacht, dass auch in der mündlichen Prüfung mindestens die Durchschnittspunktzahl 5 erreicht wurde;
- bei Prüfungsversäumnissen wurde dem Direktor der besonderen Dienststelle „Fachbereich Arbeitsverwaltung der FH Bund" ein gestuftes Entscheidungsermessen eingeräumt, ob die nicht erbrachte Prüfungsleistung nachgeholt werden konnte (z.B. bei Krankheit des Anwärters), mit „ungenügend" (Rangpunkte 0) bewertet oder die gesamte Prüfung für nicht bestanden erklärt wurde (bei nicht ausreichender Entschuldigung).

Im Runderlass 40/95 vom 18. April 1995 wurde die erneute Änderung der Laufbahn-, Ausbildungs- und Prüfungsordnung für die Laufbahn des gehobenen nichttechnischen Dienstes in der Bundesanstalt für Arbeit damit begründet, dass „die Weiterentwicklung der Ausbildung der VerwaltungsinspektoranwärterInnen es erforderlich macht, einige Bestimmungen für die Laufbahn des gehobenen nichttechnischen Dienstes in der Bundesanstalt für Arbeit (...) zu ändern" (Runderlass 40/95, S.1). Die Änderung bezog sich auf folgende Punkte:

- Um die Stoffmenge im Hauptstudium der VerwaltungsinspektoranwärterInnen der BA zu verringern, wurden die Studienfächer in einen *Kernbereich* und in *Nebenfächer* gegliedert. Die Nachwuchskräfte erhielten nun eine begrenzte Wahlmöglichkeit zwischen verschiedenen Lehrveranstaltungen. Daraus ergaben sich auch Auswirkungen auf das Prüfungsrecht bei der Laufbahnprüfung. So konnten nun in der mündlichen Prüfung Lerninhalte, die die Studierende im Wahlbereich der Studienfächer des Hauptstudiums belegt hatte, als Gegenstand der mündlichen Prüfung herangezogen werden.
- Aufgrund der Revision der Inhalte des Hauptstudiums hatte sich auch die Bezeichnung der Studienfächer geändert. Die Bezeichnung der Studienfächer lautete nun:

1. Arbeitsmarkttheorie, Arbeitsmarktpolitik und Arbeitsmarktstatistik
2. Betriebswirtschaftslehre für die Arbeitsverwaltung
3. Sozialpsychologie in der Arbeitsverwaltung
4. Ausgewählte Rechtsgebiete für die Arbeitsverwaltung
5. Berufskunde
6. Selbstverwaltung, Organisation und Verwaltung der Bundesanstalt für Arbeit
7. Arbeitsvermittlung und Arbeitsberatung
8. Berufsberatung
9. Berufliche Eingliederung Behinderter
10. Leistungen der Arbeitsverwaltung.

- Die praktischen Ausbildungszeiten der VerwaltungsinspektoranwärterInnen wurden zeitlich neu gegliedert. So wurden für das Praktikum A 1, 5 Monate und für das Fachseminar I 5 Tage angesetzt. Das Praktikum B sollte 2 Monate dauern einschließlich Urlaub. Das Fachseminar II 8 Tage. Das Praktikum C umfasste 4 Monate und das Fachseminar III 8 Tage. Für das Praktikum D waren 6 Monate einschließlich Urlaub vorgesehen und für das sich daran anschließende Fachseminar IV 13 Tage. Das letzte Praktikum (E) sollte 4 Monate einschließlich Urlaub dauern. Zur Vorbereitung auf die mündliche Prüfung sollte die AnwärterIn insgesamt 5 Tage von der Ausbildung freigestellt werden.
- Bei den Fachseminaren entfielen die Leistungsnachweise, deren Ergebnisse bis dahin immer in die Durchschnittspunktzahl der Laufbahnprüfung einmündeten.

Mit dem Runderlass 11/98 vom 17. Februar 1998 wurde der Studienplan für das Hauptstudium der VerwaltungsinspektoranwärterInnen geändert. Mit der Neufassung des Studienplans (Stand Oktober 1997) wurden die Inhalte der Studienfächer überarbeitet und an neue Entwicklungen angepasst. Der neue Studienplan unterscheidet sich gegenüber dem aus dem Jahre 1994 insbesondere in folgenden Punkten:

- Die Ausbildung am Fachbereich Arbeitsverwaltung wird auf die neue Rechtsgrundlage ausgerichtet; im neuen Studienplan entsprechen die Lerninhalte dem SGB III (vgl.Kap.2.11).
- Der Wahlbereich im Studium wird verbessert, da die Erfahrungen in den vergangenen Jahren gezeigt haben, dass dieser Bereich noch nicht ausreichend ausgestaltet wurde. Die Wahlveranstaltungen sind nun gleichmäßig über alle vier Abschnitte des Hauptstudiums verteilt. Für den/die einzelnen Studierenden erweitern sich die Wahlmöglichkeiten.

- Die Organisationsentwicklung der BA aufgrund des Modellprojekts *Arbeitsamt 2000*, die inzwischen konkrete Gestalt angenommen hat, wird nun in mehreren Studienfächern behandelt.
- Verschiedene Studienfächer erhalten neue Bezeichnungen. Teilweise haben sie auch neue Inhalte bzw. Ergänzungen. Dazu später.

Der Studienplan in der vorliegenden Fassung stellt lediglich eine *Übergangslösung* dar. die konkrete Umsetzung des SGB III sowie die Erprobungsphase des Arbeitsamts 2000 werden voraussichtlich weitere Korrekturen bei den Zuschnitten und Inhalten der Studienfächer, die erst nach praktischen Erfahrungen in einer sogenannten „großen Lösung" des Studienplanes für das Hauptstudium festgeschrieben werden können und sollen. Der neue Studienplan gilt für die Ausbildung der VIA ab dem Einstellungsjahr 1997.

Zielrichtung des Studiums ist die *breite berufliche Befähigung* für *alle Aufgabenbereiche* des bisherigen gehobenen nichttechnischen Dienstes in der Bundesanstalt für Arbeit (vgl. Runderlass 11/98. S.3). Der Studienplan soll nicht Ausweis des vollständigen Fachwissens in sämtlichen Studienfächern sein; er soll lediglich die Schwerpunkte des Studiums verdeutlichen. Allerdings soll er einen Rahmen darstellen, der als Minimalkatalog zu erfüllen ist.

Der Studienplan teilt sich in **Kern- und Wahlbereiche** auf. Was wird darunter verstanden?

Kernbereich

Der Kernbereich bildet den größten Anteil (1010 Stunden, das sind knapp drei Viertel aller Stunden). Er umfasst den unverzichtbaren stofflichen Umfang in jedem Studienfach und ist stets relevant für die Laufbahnprüfung. Die Teilnahme an diesen Veranstaltungen ist für alle Studierenden verbindlich.

Wahlbereich

Hier können Studierende zwischen verschiedenen Lehrveranstaltungen (Inhalt, Dozent/Dozentin, zeitliche Lage) wählen. Die Studierenden werden jeweils einen Studienabschnitt vorher über das Angebot informiert („kommentiertes Vorlesungsverzeichnis").
Insgesamt hat jeder Studierende im Wahlbereich 320 Stunden zu belegen, das sind 16 Veranstaltungen `a 20 Stunden (jede Veranstaltung im Wahlbereich umfasst 20 Stunden). Diese 16 Veranstaltungen werden auf die vier Hauptstudienabschnitte gleichmäßig verteilt.

In jedem Studienabschnitt müssen die Studierenden demnach vier Veranstaltungen belegen, davon drei in verschiedenen Studienfächern. Die vierte Veranstaltung kann in einem vierten Studienfach oder zusätzlich in einem der drei bereits gewählten Studienfächer belegt werden.
Wahlbereiche bzw. Wahlfachgruppen sind z.B. „Ideen- und Qualitätsmanagement". In dieser Gruppe wurde bzw. wird u.a. die Bedeutung von Qualitätsmanagement für die BA untersucht (vgl. Egle, F. 1998, S.2).

Mit Kern- und Wahlbereich haben die Studierenden insgesamt 1330 Veranstaltungsstunden während des Hauptstudiums nachzuweisen. Vorher waren lediglich 1300 Veranstaltungsstunden nachzuweisen. Lehrangebote in Kern- und Wahlbereichen werden in unterschiedlichen Formen angeboten. So können z. B. Übungen, Klausurenkurse, Seminare, Projekte, Kleingruppen und/oder Teamteaching angeboten werden. Allerdings ist sowohl die Teilnahme an Kern- und Wahlbereichen zwingend.

Lehr- und Lernorganisation

Der Fachbereich Arbeitsverwaltung arbeitet in der Regel mit teilnehmerzentrierten Lehrmethoden. Etwa zwei Drittel der verfügbaren Veranstaltungszeiten dienen der Stoffvermittlung. Die restlichen Zeiten dienen der Einübung. Die Nachwuchskräfte werden hierzu in Lerngruppen zusammengefasst (hierbei soll eine Gruppengröße von ca. 20-25 Personen angestrebt werden). Unter bestimmten Voraussetzungen sind aber auch Veranstaltungen in kleineren Lerneinheiten (Halb- oder Drittelgruppen), aber auch in Doppelgruppen sowie als Großveranstaltungen für einen ganzen Jahrgang möglich. Angestrebt ist „ein aktives Auseinandersetzen mit den Lernmitteln" (Runderlass 11/98). Dabei kann „auf Kontakte und Zusammenwirken ebenso hingearbeitet werden wie auf Prozesse zur Urteilsbildung und zur Kooperation" (ebd.). Wichtiges Ziel der Lehr- und Lernorganisation ist dabei „die Handlungskompetenz der Studierenden, insbesondere die personale Grundkompetenz, die soziale Kompetenz und die organisatorische Kompetenz (vgl. Handlungsfeld 8 im Arbeitsamt 2000)" (Runderlass 11/98).

4.3.2 Ergebnisse und Schlußfolgerungen

Ergebnisse

Zusammenfassend lassen sich folgende Ergebnisse festhalten:

- Die Ausbildung für VerwaltungsinspektorenanwärterInnen wurde seit 1979 laufend verändert.
- Seit dem 1. September 1979 fand die Ausbildung der VIA in Form der Fachhochschulausbildung statt und wurde im Gegensatz zur früheren Ausbildungsform grundlegend neu gestaltet.
- Die Ausbildung wurde seit 1979 auf das Ziel hin ausgerichtet, wissenschaftliche Erkenntnisse und Methoden sowie berufspraktische Fähigkeiten, Kenntnisse und Fertigkeiten, die zur Erfüllung der Aufgaben in der Laufbahn des gehobenen Dienstes erforderlich waren, zu vermitteln.
- Fachstudien und berufspraktische Ausbildung wurden eng miteinander verzahnt, wobei die AnwärterInnen in den Praktika lernen sollte, ihre in den Studien erworbenen Kenntnisse in der Praxis richtig anzuwenden.
- 1984 trat die Diplomierungsordnung für die FH Bund in Kraft. Alle Anwärter, die ab dem Jahre 1982 ihre Laufbahnprüfung erfolgreich bestanden hatten, wurden nachdiplomiert und erhielten den Diplomgrad „Diplom-Verwaltungswirt“ bzw. „Diplom-Verwaltungswirtin“.
- Rückwirkend zum 1. September 1984 trat eine Neufassung der LAPO-gehD-BA in Kraft. Sie bewirkte im wesentlichen den Wegfall der bis dahin noch geltenden Spezialisierungseinrichtungen für VIA. Bis dahin wurden -je nach Verwendung des Anwärters- bestimmte Studienanteile des Hauptstudiums sowie Teil der Praktika als Spezialausbildung entweder für die Bereiche *Arbeitsvermittlung und Arbeitsberatung/Berufsberatung* oder für die Bereiche *Leistung/Verwaltung* konzipiert, d.h., dass jeder Anwärter bereits in der Ausbildung auf Tätigkeiten im Beratungsbereich oder im überwiegend sachbearbeitenden Bereich vorbereitet wurde.
- Ebenfalls rückwirkend zum 1. September 1984 ergaben sich Änderungen im zeitlichen Ablauf der Ausbildung. Um die praktische Ausbildung effektiver zu gestalten, wurde das bis dato einmonatige Einführungspraktikum auf die Hälfte gekürzt. Zusätzlich wurden den VIA nun im Hauptstudium I fachspezifische Inhalte vermittelt, damit diese im sich daran anschließenden Praktikum mitarbeiten konnten. Der Verlauf der Ausbildung wurde stärker aufgegliedert. Statt 3 Praktika gab es nun 5. Zusätzlich wurde noch ein Hauptstudienabschnitt IV eingeführt.
- Durch den Wegfall der Spezialisierung mussten auch die Prüfungsaufgaben geändert werden: die VIA wurden jetzt in allen Bereichen geprüft.

- 1986 erfuhren die Ausbildungsrahmenpläne für das Einführungspraktikum, für die Praktika, die Rahmenpläne für die Fachseminare und der Studienplan für das Hauptstudium eine Neufassung. Dabei wurden die fortgeschrittene Aufgaben- und Rechtsentwicklung berücksichtigt.
- 1995 erfuhr die Ausbildung der VIA eine erhebliche Neufassung: Um die Stoffmenge im Hauptstudium der VIA zu verringern, wurden die Studienfächer in Kern- und Nebenbereiche geteilt. Die Nachwuchskräfte erhielten nun eine begrenzte Wahlmöglichkeit zwischen verschiedenen Lehrveranstaltungen.
- Aufgrund der Revision der Inhalte des Hauptstudiums hatte sich auch die Bezeichnung für einige Studienfächer geändert (vgl. Runderlass 40/95). Es blieb zwar bei fachspezifischen Fächern, hinsichtlich der interdisziplinären Bereiche wie Betriebswirtschaftslehre, Sozialpsychologie etc. kam es zu Veränderungen.
- Auch die praktischen Ausbildungszeiten wurden neu gegliedert und bei den Fachseminaren entfiel der bisher zu erbringende schriftliche Leistungsnachweis.
- 1998 trat die bislang grundlegendste Veränderung ein. Der Studienplan wurde neu gefasst: die Ausbildung wird ab 1. September 1997 (rückwirkend) auf die neue Rechtsgrundlage ausgerichtet; im neuen Studienplan entsprechen die Lerninhalte dem SGB III. Der Wahlbereich im Studium wurde verbessert.
- Die Organisationsentwicklung der BA (AA 2000) wird in mehreren Veranstaltungen behandelt.
- Verschiedene Studienfächer erhielten neue Bezeichnungen und andere, z.T. auf das Konzept „Arbeitsamt 2000“ ausgerichtete Inhalte.
- Ab 1998 wird das Studium verstärkt auf die Konzepte des Arbeitsamtes 2000 ausgerichtet. So soll Team- und Gruppenarbeit erlernt und gefördert, aber auch Handlungskompetenz, personale Grundkompetenz und soziale Kompetenz im Studium erworben werden.

Schlussfolgerungen/Interpretation

Aus den dargestellten Ergebnissen lassen sich hinsichtlich der Struktur des Personals des gehobenen Dienstes ab 1979 folgende Schlussfolgerungen ziehen:

- AbsolventInnen des Einstellungsjahrgangs 1979 bis 1983 sind noch nach den Spezialisierungseinrichtungen ausgebildet worden. Zwar verfügen sie auch über Grundkenntnisse in den jeweils anderen Fachgebieten, jedoch keine vertieften. Diese AbsolventInnen müssen demzufolge auch hinsichtlich ihrer Spezialisierungsrichtung eingesetzt worden sein bzw. haben ihren Ansatz entweder im Bereich der Beratungstätigkeiten (Arbeitsvermittlung/Arbeitsberatung, Berufsberatung, Ausbildungsvermittlung oder im eher sachbearbeitenden Bereich (Leistung/Verwaltung) gefunden. Diese Absolventen sind einige der ersten, die eine Fachhochschulausbildung absolviert haben.

- Die Absolventen der Einstellungsjahrgänge 1982 bis laufend haben alle den Diplomgrad „Dipl.Verwaltungswirt/-in".
- Diejenigen, die ihre Ausbildung 1984 bis 1992 begonnen und abgeschlossen haben, wurden auf „breiter Basis" ausgebildet. Sie wurden in allen fachspezifischen Bereichen gleichermaßen ausgebildet.
- Ab 1986 wurden die Rahmenpläne für die Praktika etc. an die Veränderungen der LAPO-gehD-BA angepasst.
- All diejenigen, die ab 1. September 1994 ihre Ausbildung begannen, erhielten die Wahlmöglichkeit zwischen verschiedenen Lehrveranstaltungen. Die Stoffmenge des Hauptstudiums wurde reduziert. Sie wurden teilweise schon nach sich auch im Studienplan von 1998 wiederfindenden Veränderungen der Inhalte der Studienfächer unterrichtet.
- Alle Anwärter, die ab dem 1. September 1997 ihre Ausbildung begonnen haben, werden nach dem aktuellen Rechtsstand und der neuen Organisationsphilosophie (Leitbild, Arbeitsamt 2000) ausgebildet. Sie sollen vermehrt betriebswirtschaftliche Aspekte in ihr Denken mit einbeziehen. Auch auf Kundenfreundlichkeit, Bürgernähe, Marketing, Qualitätsmanagement etc. wird vermehrt Wert gelegt.

Zusammenfassend lässt sich eine stetige Veränderung der Ausbildung seit 1979 erkennen. Sie wurde laufend und meistens relativ zeitnah an rechtliche Entwicklungen oder geänderte Rahmenbedingungen angepasst. Zunehmend setzte sich der Trend zur wissenschaftlichen Ausbildung durch. Neben fachspezifischen Inhalten des Studiums setzten sich zunehmend auch interdisziplinäre Ansätze wie Betriebswirtschaftslehre und Sozialpsychologie bezogen auf die Arbeitsverwaltung durch. Neu ist, dass (im Runderlass 11/98) zunehmend auch die Verbreitung der neuen Organisationsphilosophie und die Förderung von Sozialkompetenz, Teamfähigkeit etc. gefordert wird. Hier lassen sich Ansätze zu organisatorischem Lernen erkennen.

Das soll nicht heißen, dass alle anderen AbsolventInnen nicht über diese „Grundtugenden" verfügen würden; aus der Ausgestaltung der Inhalte der Studienfächer und deren Veränderungen lassen sich aber dahingehend Rückschlüsse ziehen, als dass erst in letzter Zeit verstärkt darauf geachtet wurde. Hinsichtlich der Qualifikation der Beschäftigten, die diese Ausbildungsform absolviert haben, lässt sich feststellen, dass der Trend zur „Allround-Kraft" ging. Die AbsolventInnen sind vielfältig einsetzbar. Sie verfügen über eine wissenschaftlich orientierte Ausbildung und sollten demzufolge in der Lage sein, sich auf Veränderungen (Gesetzesänderungen, Organisationsentwicklung etc.) einzustellen.

4.3.3 Die Dokumentenanalyse anhand der Ausbildungsrahmenpläne und Prüfungsordnungen des mittleren Dienstes

Wie sieht es nun mit der Ausbildung im mittleren Dienst aus? Sind auch dort Veränderungen zu erkennen?
Zunächst soll die Ablauf der Ausbildung zur/zum „Fachangestellten für Arbeitsförderung" dargestellt werden, um anschließend Rückschlüsse aus den älteren Dokumenten hinsichtlich der Veränderung der Ausbildung ziehen zu können.

Die Ausbildung zum/zur Fachangestellten für Arbeitsförderung (mittlerer Dienst)

Diese Form der Ausbildung beginnt ebenso wie die Ausbildung für den gehobenen Dienst am 1. September jeden Jahres. Die Ausbildung dauert grundsätzlich drei Jahre, endet aber zumeist mit Bestehen der mündlichen Abschlussprüfung im Juli, also zwei Monate vorher. Die Ausbildung gliedert sich ebenfalls wie bei den VIA in praktische und schulische Teile. Insgesamt besuchen die Auszubildenden 4 Lehrgänge, die sich mit berufspraktischen Zeiten ergänzen. Die Ausbildung gestaltet sich wie folgt:

- Allgemeine Einführung (2 Wochen)
- Lehrgang 1 (3 Wochen; Inhalt: Arbeitsvermittlung und Arbeitsmarkt, Einführung in die Berufsberatung, Einführung in die Arbeit der Leistungsabteilung, Einführung in die Verwaltung, fachübergreifende Themen)
- Praktische Ausbildung (2 Wochen Verwaltung, 11 Wochen AVuAB, 10 Wochen Leist.abt., 2 Wochen Statistik, 1 Woche EDV-Kurs, 4 Tage anwenderspezifische EDV-Schulung, 12 Wochen Berufsschule, ca. 4 Wochen Urlaub)
- Lehrgang 2 (3 Wochen; Arbeitsvermittlung, Leistungsrecht, Verwaltung, Bürgerorientiertes Verwaltungshandeln)
- Praktische Ausbildung (4 Wochen Leist.-Abt., 7 Wochen Verwaltung, 1 Woche Arbeitsgemeinschaft, 12 Wochen Berufsschule); Zwischenprüfung
- Lehrgang 3 (3 Wochen; AVuAB, Berufsberatung, Leistungsrecht, Verwaltung, Verwaltungsrecht)

- Berufspraktische Zeiten (5 Wochen Verwaltung, 8 Wochen Berufsberatung, 3 Wochen Arbeitsvermittlung, 1 Woche Arbeitsgemeinschaft, 4 Wochen Urlaub, 3 Tage EDV-Schulung, danach: 8 Wochen AVuAB, 8 Wochen Leist.-Abt., 3 Wochen Verwaltung, 1 Woche Arbeitsgemeinschaft 3 (Vorbereitung auf die schriftliche Prüfung), 12 Wochen Berufsschule)
- Lehrgang 4 (4 Wochen; AvuAB, Leistungsrecht, Verwaltung)
- Schriftliche Prüfung (Anfang bis Mitte Mai eines jeden Jahres)
- Vorbereitung auf die mündliche Prüfung und eine Woche Arbeitsgemeinschaft
- Mündliche Prüfung (Mitte Juli).

Wie zu erkennen, ist auch diese Ausbildung durch eine enge Verzahnung von Theorie und Praxis gekennzeichnet.

Im Gegensatz zum Ausbildungsverhältnis im gehobenen Dienst, das ein Beamtenverhältnis auf Widerruf begründet, gelten die Auszubildenden als Angestellte. Sie schließen mit dem Arbeitsamt, in dem sie ihre Ausbildung beginnen, einen Ausbildungsvertrag. Die VIA hingegen werden als Bundesbeamte eingestellt. Der Ausbildungsvertrag ist privatrechtlicher Natur. Das Ausbildungsverhältnis ist ein personenrechtliches Dauerschuldverhältnis, das sich nicht, wie beispielsweise ein Werkvertrag, in einer einmaligen Erfüllungshandlung erschöpft, sondern die Verpflichtung zu einem fortlaufenden Tun (Erbringen der Arbeitsleistung) begründet (vgl. Kummer, H. 1994, S.68 f.). Da die Bundesanstalt eine juristische Person des öffentlichen Rechts ist, sind ihre Angestellten und demzufolge auch ihre Auszubildenden im öffentlichen Dienst tätig. Beeinflusst vom Beamtenrecht enthält das Arbeits-/Ausbildungsverhältnis im öffentlichen Dienst und damit auch in der Bundesanstalt für Arbeit einige Besonderheiten gegenüber demjenigen bei privaten Arbeitgebern.

Die Art der Aufgabenerledigung, die sowohl durch die BeamtInnen als auch durch ArbeitnehmerInnen erfolgt, bringt es z.B. mit sich, dass auch an die *Treuepflicht* der Angestellten besondere Anforderungen gestellt werden. Hierzu gehören (auch für die Auszubildenden):

- das Gelöbnis, mit dem sich der/die Angestellte zur gewissenhaften Erfüllung seiner/ihrer Dienstobliegenheiten und der Wahrnehmung der Gesetze verpflichtet (§6 MTA),
- das Bekenntnis zur freiheitlich demokratischen Grundordnung (§8 Abs.1 S.2 MTA),
- besondere Anforderungen an das persönliche Verhalten (§8 Abs.1 S.1 MTA),

- die Schweigepflicht, der der/die Angestellte auch noch nach Beendigung des Dienstverhältnisses unterliegt (§9 Abs.1 MTA),
- spezielle Regelungen ,hinsichtlich der Annahme von Geschenken und Belohnungen in Bezug auf die dienstliche Tätigkeit (§10 MTA),
- spezielle Regelungen bezüglich der Ausübung einer Nebentätigkeit (§ 11 MTA).

Für Auszubildende gelten zusätzlich noch die Regelungen des Jugendarbeitsschutzgesetzes, sofern sie unter 18 Jahre sind.

Was für **Voraussetzungen für das Zustandekommen eines Ausbildungsverhältnisses** müssen gegeben sein?

Zuerst müssen *sachliche Voraussetzungen* für eine Einstellung vorhanden sein. Im Falle der Auszubildenden gibt es eine jährlich Quote von einzustellenden BewerberInnen, die vom Landesarbeitsamt vorgegeben wird.

Zusätzlich kommen noch *Eignungskriterien* wie bei den VIA hinzu. Die BewerberInnen müssen sowohl die fachlichen (gutes bis befriedigendes Realschulzeugnis) und gesundheitlichen Voraussetzungen erfüllen. Zusätzlich werden auch die charakterlichen Eigenschaften (z.B. durch Vorstellungsgespräche) und die Bereitschaft, der für das erstrebte Amt erforderlichen politischen Treuepflicht zu genügen, überprüft (vgl. Kaiser, H. 1994, S.71).

Die Ausbildung nach der Ausbildungsordnung vom 6. Juni 1988/ Ausbildung und Prüfung von Auszubildenden nach der Neuordnung

Die Ausbildungsordnung vom 6. Juni 1988 trat am 1. August 1988 in Kraft. Sie hat die enge Verzahnung von Theorie und Praxis während der Ausbildung der Auszubildenden zum/zur Fachangestellten für Arbeitsförderung zum Inhalt. Mit ihrer Einführung ergaben sich folgende Änderungen:

- Änderungen im Prüfungsrecht,
- engere Verzahnung von Theorie und Praxis,
- Revision der Inhalte der Lehrgänge,
- bessere Abstimmung der Praktika und der Lehrgänge (früher gab es nur eine Grund- und Ergänzungsausbildung; alle Stationen wurden zweimal durchlaufen, was die Uneffektivität der Ausbildung erhöhte)

(vgl. Ausbildungsordnung vom 6. Juni 1988; Bundesanstalt für Arbeit 1991, S.1ff.).

Ausbildungsordnung vom 6. Juni 1988 und Runderlass 48/90/ Prüfungsordnung für die Durchführung der Abschlussprüfung im Ausbildungsberuf „Fachangestellter/Fachangestellte für Arbeitsförderung“ und Runderlass 5/91 (Durchführungsanweisungen für die Durchführung der Abschlussprüfung)

Mit der neuen Ausbildungsordnung von 1988 wurden anstelle der bisherigen schriftlichen Prüfungsfächer „Aufsatz aus dem Gesamtaufgabengebiet der Bundesanstalt für Arbeit“ und „Verwaltungsrechnen“ die schriftlichen Prüfungsfächer „Verwaltung“ und „Wirtschaftskunde und Soziale Sicherung“ eingeführt. Im Prüfungsfach Verwaltung können die Auszubildenden zwischen einer Aufgabe aus der „Aufbau- und Ablauforganisation“ und dem „Dienstrecht der Angestellten“ wählen. Insgesamt ist die Abschlussprüfung schriftlich in den Prüfungsfächern

- Arbeitsvermittlung und Arbeitsberatung,
- Leistungsrecht, Verwaltung (Dienstrecht oder Aufbau- und Ablauforganisation der BA)
- und Wirtschaftskunde und Soziale Sicherung (durch die Berufsschule vermittelter Lehrstoff) durchzuführen (§ 9 Ausbildungsordnung vom 6. Juni 1988).

Die mündliche Prüfung besteht aus einem Prüfungsgespräch. Dieses soll sich insbesondere auf die Prüfungsgebiete „Wirtschaftstruktur und Arbeitsmarkt“ sowie auf die „Berufsberatung“ erstrecken. Die mündliche Prüfung soll für die einzelne PrüfungsteilnehmerIn nicht länger als 30 Minuten dauern (§ 10 Ausbildungsordnung vom 6. Juni 1988).

Erst 1990 wurde die Prüfungsordnung mit Wirkung zum 1. September 1990 in Kraft gesetzt. Diese löste die bis dahin mit einigen Änderungen noch gültige Prüfungsordnung vom 30. September 1976 ab. Allerdings regelt die Prüfungsordnung lediglich das formelle Prüfungsrecht. Inhalt, Anforderungen, Dauer und Bestehensregelungen der Abschlussprüfung für Auszubildende ergeben sich aus der „Verordnung über die Berufsausbildung zum Fachangestellten /zur Fachangestellten für Arbeitsförderung“ vom 6. Juni 1988, veröffentlicht im BGBl S. 721 ff (Runderlass v. 4. August 1988), also aus der Ausbildungsordnung.

Beginnend mit dem Einstellungsjahrgang 1992 wurde ein Teil der Ausbildung umgestellt. Den Auszubildenden wurde bislang in einem Lehrgang eine ausbildungsspezifische Anwenderschulung der BA-internen Informationsverarbeitung (4 Tage CoArb, 1 Tag CoLei, 3 Tage COMPAS) vermittelt. Stattdessen wurde nun ein 14stündiger Lehrgang „Praktische Informationsverarbeitungsgrundlagen (IV) für Auszubildende der BA" neu eingeführt. Ziel dieses Lehrgangs war es, die Auszubildenden in die Lage zu versetzen, im Rahmen ihrer praktischen Ausbildung am Arbeitsplatz auch mit den jeweiligen IV-Verfahren arbeiten zu können. Daher sollte dieser Lehrgang möglichst bald nach der Einstellung der Auszubildenden durchgeführt werden, damit diese Schulung weitgehend für alle Auszubildenden abgeschlossen war, bevor sie zur Ausbildung in die Fachabteilungen gingen.

Im Schreiben des Präsidenten der Bundesanstalt für Arbeit vom 4. August 1994 an alle Dienststellen der Bundesanstalt wurde die erneute Veränderung bzw. Neustrukturierung der Ausbildung der Auszubildenden der BA im Bereich der Grundlagen der Informationsverarbeitung dargestellt. Seit der Einführung der Maßnahme „Basisqualifikation IV" für Auszubildende im Jahr 1988 hatten sich die Rahmenbedingungen erheblich verändert. Diesen Änderungen sollte Rechnung getragen werden. Die Weiterentwicklung der Informationsverarbeitung, die bessere schulische Vorbildung der Auszubildenden im IV-Bereich (z.B. durch EDV-Unterricht an den Schulen etc.) sowie neue Hard- und Software-plattformen in der BA hatten die Konzeption eines neuen Lehrgangs „Grund-lagen der Informationsverarbeitung (IV) für Auszubildende (GINA)" erforderlich gemacht. Der bisherige Lehrgang „Basisqualifikation IV" wurde ersetzt. Ziel war es, durch die Verwendung der auch an den Arbeitsplätzen vorhandenen Hardware im Lehrgang einen höheren Praxisbezug zu erreichen. Die Durchführung des Lehrganges wurde auf die Anfangszeit der Ausbildung gelegt. Die neu geschaffene Maßnahme sollte einen einheitlichen Wissensstand im Bereich der IV-Grundkenntnisse herstellen. Die IV-Grundkenntnisse sollten hierbei an Beispielen aus den Verfahren der Arbeitsvermittlung/Arbeitsberatung, Berufsberatung und der Leistungsabteilung vermittelt werden. Auf der Basis des im Lehrgang erworbenen Grundwissens und durch die Integration der IV-Inhalte in die Fachunterrichte erhielten die UnterweiserInnen am Arbeitsplatz die Möglichkeit, die praxisorientierte Anwendung der einzelnen IV-Verfahren in konkreten Einzelfällen zu vermitteln. Eine Verknüpfung von theoretischen Kenntnissen und praktischer Umsetzung unter Einsatz der zur Verfügung stehenden Arbeitsmittel (CoArb, COMPAS, Colei = hausinterne EDV-Programme) wurde hierdurch ermöglicht.

Im Februar 1995 wurde in einem Arbeitskreis zur Weiterentwicklung der Azubi-Ausbildung die zeitliche Gliederung der Ausbildung sowie auch Form und Inhalt der Leitfäden diskutiert und es wurden Festlegungen getroffen. Die Ergebnisse wurden am 22.3.1995 in der Sitzung des Unterausschusses, den der

Berufsbildungsausschuss zur Begleitung der Bemühungen um die Weiterentwicklung eingesetzt hatte, erörtert. Dabei kam es zu folgenden Ergebnissen:

1. Einigkeit bestand mit der Arbeitnehmergruppe darüber, dass
- die praktische Ausbildung mehr in den Vordergrund gerückt werden müsse,
- die Stofffülle der Ausbildungsinhalte reduziert und dem exemplarischen Lernen Vorrang eingeräumt werden müsse,
- neue Lernmethoden wie *Projektarbeit* und *Leittextmethode* in der Ausbildung eingesetzt werden sollten.
2. Keine Einigkeit konnte hingegen bei folgenden Punkten erzielt werden:
- Reduzierung der Lehrgangswochen von 14 auf 9,
- Einführung eines Ausbildungsabschnittes: Arbeitsplatzorientierte Ausbildung zwischen schriftlicher und mündlicher Prüfung,
- Änderung der Prüfungsregelungen,
- Notwendigkeit der Änderung der Ausbildungsordnung.

Es wurde schließlich immer deutlicher, dass im Zuge des Projektes „Arbeitsamt 2000“ und aus den sich aus dem Arbeitsförderungsreformgesetz (AFRG) ergebenden Veränderungen der Aufbau- und Ablauforganisation sowie der Aufgaben der Arbeitsämter eine weitergehende Anpassung der Ausbildung notwendig wurde.
1996 war der Stand der, dass die Überarbeitung der Ausbildung fortgesetzt werden würde, sobald die für die Ausbildung wesentlichen Veränderungen erkennbar werden würden.
Allerdings sollte bereits ein Element aus der Weiterentwicklung – die Projektarbeit – in die laufende und die ab 1.9.1996 beginnende Ausbildung eingebaut werden. Im März 1996 hatte sich bereits ein Unterausschuss des Berufsbildungsausschuss mit den durchzuführenden Projekten beschäftigt und Vorschläge zur Projektdurchführung im Jahre 1997 erarbeitet. Für die nachfolgenden Jahre sollten Regelungen im Rahmen der Weiterentwicklung der Azubi-Ausbildung getroffen werden.

Mit dem Runderlass 4/97 wurde die Einführung eines Elements aus der Weiterentwicklung, nämlich die Projektarbeit, festgelegt. Begründet wurde die Aufnahme dieses Elements in die praktische Ausbildung damit, dass „die Änderung tradierter Organisationsformen, die zunehmende Bedeutung von Schlüsselqualifikationen (Teamgeist, soziale Kompetenz, Zuverlässigkeit etc.) in der beruflichen Praxis und die Notwendigkeit ganzheitlicher Betrachtung komplexer Praxisgegebenheiten“ (ebd.) auch die Nutzung neuer Lehrmethoden in der Ausbildung erforderlich machen, die insbesondere die Entwicklung organisatorischer und sozialer Kompetenzen fördern.

Als Methode sollte sich dafür die Projektarbeit anbieten. Bei dieser Methode wählen sich die Auszubildenden selbst eine Aufgabe, die aus einem realen Problem oder einer aktuellen Fragestellung im Rahmen der Ausbildung entwickelt wird. Die Aufgabe soll in einem zeitlich festgelegten Rahmen selbständig von der Gruppe der Auszubildenden bearbeitet werden. Das Ergebnis wird anschließend vorgestellt und bewertet.

Mit Beginn der Ausbildung der Auszubildenden des Einstellungsjahrganges 2000 trar eine neue Ausbildungsordung in Kraft, die die bisher noch gültige Ausbildungsordnung von 1988 ablöst. Diese zielt voll auf die Grundsätze des Konzeptes „Arbeitsamt 2000“ ab und betont neben Fachkompetenz in noch höherem Maße als bisher die Bedeutung sozialer Kompetenzen wie Teamfähigkeit und leitet stärker zu eigenverantwortlichem Handeln an.

4.3.4 Ergebnisse und Schlussfolgerungen

Ergebnisse

- Auch die Ausbildung zum/zur Fachangestellten für Arbeitsförderung unterlag in den letzten Jahren einigen Änderungen.
- Dabei wurden vorwiegend Änderungen und Revisionen hinsichtlich der Leitfäden für die praktische Ausbildung vorgenommen.
- Allerdings wurden auch die Inhalte von Lehrgängen und Arbeitsgemeinschaften überarbeitet und besser an die praktische Ausbildung angepasst, d.h. eine bessere Koordination von praktischer und theoretischer Ausbildung wurde vorangetrieben.
- Neuerungen bzw. veränderte Rahmenbedingungen, wie z.B. bessere schulische Vorbildung der Azubis im EDV-Bereich wurden berücksichtigt und Lehrgänge inhaltlich und zeitlich dementsprechend verändert.
- Im Laufe der letzten 10 Jahre ist auch ein Trend zur Förderung der vermehrten Eigeninitiative der Azubis zu erkennen.
- Im Jahre 1997 fand mit Einführung der Projektarbeit in die praktische Ausbildung ein erster Schritt in Richtung „Arbeitsamt 2000“ und Teamarbeit statt.
- Mit der aktuellen Ausbildungsordnung sollen nun im Hinblick auf die geänderte Organisationsphilosophie neben den fachlichen Kenntnissen auch

die sogenannten Schlüsselqualifikationen (Teamarbeit, soziale Kompetenz, Eigenverantwortung etc.) stärker gefördert werden.

Schlussfolgerungen

Welche Schlussfolgerungen lassen sich nun für die Ausbildungsabsolventen ziehen?

- Neben der BA-spezifischen Wissensvermittlung (Arbeitsvermittlung, Berufsberatung etc.) wurde zunehmend Wert auf eine erfolgreiche praktische Mitarbeit in den praktischen Ausbildungsteilen und auf Eigeninitiative der Azubis („Holschuld") gelegt.
- Ab 1997 sind verstärkt Tendenzen zur Weiterentwicklung der Azubi-Ausbildung im Hinblick auf das Konzept „Arbeitsamt 2000" zu erkennen. Selbständiges Erarbeiten von fachlichen Kenntnissen und gemeinsames systematisches Planen, Urteilen und Handeln, wie es in der Projektarbeit notwendig ist, sollen gefördert werden. Im Hinblick auf die geplante vermehrte Teamarbeit im neuen Organisationskonzept lässt sich für die Auszubildenden ab dem Einstellungsjahrgang 1997 die Schlussfolgerung ziehen, dass diese zukünftigen Mitarbeiter weniger Probleme bei der Umsetzung von Teamarbeit haben werden, als ihre Kollegen, die die Ausbildung zu einem früheren Zeitpunkt absolviert haben.

4.4 Zusammenfassung

Was können die ausgewerteten Ausbildungspläne hinsichtlich der Qualifikation des Personals aussagen?

Es lassen sich folgende Schlussfolgerungen ziehen:

- Die Ausbildung läuft sowohl für den mittleren als auch für den gehobenen Dienst universell, d.h., dass die Nachwuchskraft grundsätzlich für alle Abteilungen und Fachaufgaben eines Arbeitsamtes ausgebildet wird.
- Nach Abschluss der Ausbildung übernehmen die ausgebildeten Kräfte zumeist eine Funktion innerhalb einer Abteilung. Sie können dabei sowohl in der Abteilung Arbeitsvermittlung und Arbeitsberatung, als auch in der Abteilung Berufsberatung, in der Leistungsabteilung oder in der Verwaltung ihren Erstansatz finden.
- Wie aus den Ergebnissen der Befragungen von Angehörigen des mittleren und gehobenen Dienstes zu erkennen, ist der Großteil der Befragten nach

Einmünden an einen Arbeitsplatz fast ausschließlich in einer Abteilung geblieben. Eine Ausnahme bildet eine Bearbeiterin, die bereits drei Fachabteilungen durchlaufen hat. Für die in der Ausbildung erworbenen Kenntnisse bedeutet dies, dass mit Einmünden in eine bestimmte Abteilung die universellen in der Ausbildung erworbenen Kenntnisse mit der Zeit den speziellen Kenntnissen, die für die konkrete praktische Arbeit am Arbeitsplatz benötigt werden, weichen werden.

- Grundsätzlich haben die MitarbeiterInnen durch die universelle Ausbildung jedoch die Möglichkeit innerhalb des Arbeitsamtes die Abteilungen und somit auch die Aufgabengebiete zu wechseln. Mobilität zwischen den Abteilungen ist also demzufolge grundsätzlich möglich.
- Es stellt sich jedoch die Frage, wie lange die Ausbildung bereits zurückliegt. Liegt die Ausbildung bereits 10-20 Jahre zurück und wurde in dieser Zeit lediglich dieselbe Funktion ausgeübt, so lässt sich die Schlussfolgerung ziehen, dass die betreffende MitarbeiterIn ein hohes Maß an Spezialisierung aufweist. Ein Wechsel in eine andere Funktion außerhalb der bisherigen Abteilung wäre nur mit einer längeren Einarbeitungszeit (am neuen Arbeitsplatz) möglich.
- Bei der anstehenden Organisationsreform wird Teamarbeit verlangt. Betrachtet man sich die bisherigen Strukturen der Organisation, so wird erkenntlich, dass bislang in kleineren Organisationseinheiten (z.B. im Berufsbereich der Arbeitsvermittlung) nach ähnlichen Mustern gearbeitet wurde. Allerdings verbirgt sich hinter dem Begriff „Team" mehr als nur Arbeit in der Gruppe. Im Bereich der Ausbildung wird seit 1995 (im gehobenen Dienst) und seit 1997 (im mittleren Dienst) vermehrt auf Eigenschaften , wie Teamgeist, Sozialkompetenz, Eigeninitiative etc. Wert gelegt. Eigenschaften, die für die Einführung der Teamarbeit unerlässlich sind. Für MitarbeiterInnen, die noch nicht eine entsprechende Ausbildung erhalten haben, wären ggfls. Qualifizierungsmaßnahmen/Fortbildungen erforderlich.

5. Zwischenfazit: Bilanz und Entwicklungssituation am Ende des 20. Jhdts.

Mit der vorliegenden Arbeit wurde eine Bilanz gezogen. Die vorhandenen Strukturen, sowohl der Aufbauorganisation als auch des Personals, der Bundesanstalt für Arbeit wurden anhand des Arbeitsamtes Lüneburg beispielhaft untersucht und analysiert.
Welche Rückschlüsse lassen sich aus den gewonnenen Erkenntnissen ziehen?
Mit der Darstellung der geschichtlichen Entwicklung der deutschen Arbeitsverwaltung wurde gezeigt, wie diese sich zu einer einheitlichen, das gesamte Reichs- bzw. Bundesgebiet umfassenden Behörde entwickelt hat. Allerdings ist auch zu erkennen, dass bestimmte Strukturen der Aufbauorganisation, wie der dreistufige Instanzenzug (Hauptstelle, Landesarbeitsämter, Arbeitsämter) bereits bei der Reichsanstalt für Arbeitsvermittlung und Arbeitslosenversicherung vorhanden waren bzw. entstanden sind. Diese mittlerweile über 70 Jahre alten Strukturen finden sich immer noch bei der Bundesanstalt für Arbeit wieder. Hier ließe sich kritisch hinterfragen, inwieweit dies noch den gegenwärtigen Rahmenbedingungen angemessen ist. In Zeiten einer zunehmend auseinanderklaffenden Schere zwischen Personalstand und der stetig wachsenden Zahl der Arbeitslosen mit den daraus resultierenden gestiegenen Anforderungen, ist es umso bedeutender die Funktionstüchtigkeit auch mit einem geringeren Personalstand zu gewährleisten und dabei qualitativ ausreichende Arbeitsergebnisse zu erzielen.

Bei der Betrachtung der sozial-, wirtschafts-, finanz- und arbeitsmarktpolitischen Rahmenbedingungen der letzten 50 Jahre wird deutlich, inwieweit sich das Aufgabenspektrum der Bundesanstalt für Arbeit erweitert hat. Seit der Einführung des AFG im Jahre 1969 kamen ständig neue Aufgaben auf sie zu. Zusätzlich lässt sich aus der Betrachtung der sozialpolitischen Rahmenbedingungen der Arbeit erkennen, welche Anpassungsleistungen von der Arbeitsverwaltung mit ihrem Personal vollbracht werden mussten. Bis zur ersten Ölkrise 1973 mussten sich die Mitarbeiter der Bundesanstalt nie ernsthaft mit dem Problem der Massenarbeitslosigkeit auseinandersetzen. Wohingegen in den 1980er Jahren die Gruppe der Langzeitarbeitslosen an Bedeutung gewann. Zugleich wurde deutlich, dass eine zunehmende Entkoppelung von Wirtschaftsentwicklung und Arbeitsmarkt stattfand. War es zur Zeit des wirtschaftlichen Aufschwungs (50er und 60er Jahre) grundsätzlich unproblematisch, Arbeitssuchende zu vermitteln, so zeigte sich bereits Anfang der 1970er Jahre und Anfang der 1980er Jahre eine gegenläufige Tendenz. Mit der Wiedervereinigung kamen neue Probleme auf die Arbeitsverwaltung zu.

In Kapitel 3 wurde die bisherige Aufbauorganisation der Bundesanstalt für Arbeit dargestellt. Die einzelnen Abteilungen des Arbeitsamtes Lüneburg wurden beschrieben und anschließend analysiert. Hierbei zeigte sich, dass sich im Vergleich zum Bürokratiemodell nach Max Weber, immer noch erhebliche Merkmale dieses Modells wiederfinden lassen. So gibt es noch immer ein erhebliches Leitungsgefüge in allen Abteilungen. Dienstposten sind genau definiert und ihre Aufgabenbeschreibungen geregelt. Abteilungsdenken steht im Gegensatz zu übergreifendem Denken. Das heißt allerdings nicht, dass sich die Aufbauorganisation der Bundesanstalt für Arbeit gar nicht den veränderten Rahmenbedingungen angepasst hätte. Es fanden in einzelnen Abteilungen (der Berufsberatung, der Arbeitsvermittlung und Arbeitsberatung sowie der Leistungsabteilung) kleinere Reformen der Organisationsstruktur statt.
Begründet wurden diese Umstrukturierungen mit geänderten Kundenerwartungen, Anpassungen an die technische Entwicklung und/oder mit einem geänderten Selbstverständnis der Arbeitsverwaltung, die sich nicht mehr als Behörde, sondern als ein Dienstleistungsunternehmen verstehen möchte. Zusammenfassend lässt sich feststellen, dass es zwar im Laufe der Zeit kleinere Umstrukturierungen innerhalb einzelner Abteilungen gab, jedoch eine umfassende Reform der Organisation, wie sie das Konzept *„Arbeitsamt 2000“* für die Gesamtorganisation vorsieht, bisher noch nicht stattgefunden hat. Kritisch zu hinterfragen ist jedoch, inwieweit Organisationsmodelle, die aus der Privatwirtschaft kommen, geeignet sind, im Bereich des öffentlichen Dienstes übernommen zu werden.

Dem Personal kommt bei der Umsetzung des Konzeptes *„Arbeitsamt 2000“* eine wichtige Rolle zu. Aus diesem Grund wurden einzelne Mitarbeiter interviewt, um Erkenntnisse über deren Qualifikationsstruktur zu gewinnen und eine Dokumentenanalyse anhand von Ausbildungsrahmenplänen für den gehobenen und den mittleren Dienst bei der Bundesanstalt für Arbeit durchgeführt. Hierbei wurde festgestellt, dass das befragte Personal keine homogene Gruppe bildete. Es lagen die unterschiedlichsten Berufsverläufe außerhalb und innerhalb der BA vor. Auch die individuellen Beweggründe, zur BA zu gehen, wiesen sehr unterschiedliche Aspekte auf. Kritisch zu hinterfragen wäre, inwieweit Personen, die angaben, nur aus Motiven der Arbeitsplatzsicherheit oder aus mangelnden Alternativen zur BA gegangen zu sein, überhaupt die Bereitschaft oder Motivation aufbringen, sich bei der Umsetzung der neuen Organisationsphilosophie zu beteiligen. Andererseits können auch gerade diese Personen ein Interesse daran haben, ihren Arbeitsplatz neu zu gestalten. Ein weiterer Aspekt könnte die Dauer der Zugehörigkeit zu der BA sein. Es bleibt zu fragen, inwieweit das Handeln durch die bisherigen bürokratischen Strukturen bereits geprägt ist. Ein weiteres Ergebnis der Befragung war, dass beim befragten Personal Qualifikationen vorliegen (z.B.

ehemalige Lehrer), die im Rahmen der ausgeübten Tätigkeit in der BA nicht mehr zum Einsatz kommen. Interessant wäre eine Untersuchung darüber, inwieweit auch diese Qualifikationen bei der Umsetzung der Organisationsreform einzusetzen wären.
Die Analyse der Ausbildungsrahmenpläne ergab, dass die Ausbildung den geänderten Anforderungen laufend angepasst wurde. Allerdings muss zwischen der Ausbildung des mittleren und gehobenen Dienstes differenziert werden. Gemeinsam ist beiden Ausbildungsgängen, dass bei den jüngeren Einstellungsjahrgängen ab 1995/1997 vermehrt Wert auf Kompetenzen gelegt wird (Teamgeist, Sozialkompetenz etc.), die als unabdingbar für die Umsetzung des Konzeptes *„Arbeitsamt 2000"* gelten. Beim gehobenen Dienst lässt sich bereits seit den 1980er Jahren eine Tendenz zu noch heute geltenden Ausbildungsinhalten feststellen. Im Hinblick auf das ausgebildete Personal kommt es jedoch auch darauf an, wie lange die Ausbildung zurückliegt. Gegebenenfalls wären hier entsprechende Personalmaßnahmen angezeigt, um eine Nachqualifizierung zu erreichen.

Vor dem Hintergrund der gegenwärtigen Rahmenbedingungen (andauernd hohe Arbeitslosigkeit, sinkende Steuereinnahmen, konjunkturelle Flaute, geänderte Kundenerwartungen) hat die Bundesanstalt für Arbeit das Konzept *„Arbeitsamt 2000"* entwickelt. Dieses Reformvorhaben wird im Folgenden umfassend analysiert. Hierbei soll insbesondere auch der Frage nachgegangen werden, inwieweit sich die Reform mit dem vorhandenen Personal realisieren lässt.

6. Die Ausgangssituation für Entwicklungskonzeptionen in der öffentlichen Verwaltung

Die öffentlichen Verwaltungen scheinen sich derzeit in einer Erneuerungsphase zu befinden. So stellen Flösser/Otto für den Bereich groß- und mittelstädtischer Kommunen den Eintritt in eine Experimentierphase mit dem Ziel einer Verwaltungsmodernisierung fest (Flösser/Otto 1996, S.8). Der Grund für diese allgemeine Tendenz wird in der Literatur in einer Legitimationskrise öffentlicher Verwaltungen gesehen, die durch ein verändertes gesellschaftliches, ökonomisches und politisches Umfeld bedingt ist (vgl. u.a. Beck/Schwarz 1997, S.13ff; Flösser/Otto 1996,S.7ff; Stratemann/Wottawa 1995, S.11ff).
Aufgrund des Ausmaßes des Problems der Massenarbeitslosigkeit und der damit einhergehenden Gewichtung der Bedeutung ihrer Bekämpfung in der deutschen Sozialpolitik kommt den Reformkonzeptionen der Arbeitsverwaltung bzw. der Bundesanstalt für Arbeit ein besonderer Stellenwert zu.

Im ersten Teil dieser Arbeit wurden die gegenwärtigen Strukturen der Arbeitsverwaltung und die hierfür maßgeblichen Entwicklungen betrachtet. Nun soll der Blick auf aktuelle Entwicklungskonzeptionen und Reformbestrebungen gerichtet werden. Im Fokus des Interesses steht hier neben den konkreten Inhalten von Reformkonzepten vornehmlich die Frage nach der Übertragbarkeit auf die derzeitigen Strukturen. Unter „Strukturen" sind hier neben der formellen Aufbau- und Ablauforganisation, wie sie sich z.B. über das Studium eines Organigramms erschließt, auch die vorherrschenden Einstellungen zu Führung und Verhalten in der Organisation und die vorhandenen Kompetenzen des Personals zu verstehen. Inwieweit lassen sich geplante Reformen mit dem gegebenen Personal durchführen, sind die hierfür notwendigen Kompetenzen bei nachgeordneten MitarbeiterInnen oder auch bei Führungskräften vorhanden? Wollen diese die geplanten Veränderungen überhaupt? In welchem Umfang lassen sich Reformen vor diesem Hintergrund realisieren?
Diese Betrachtung erfährt ihre Konkretisierung durch die Bezugnahme auf das Arbeitsamt Lüneburg. Sowohl die formellen Strukturen als auch die Beschaffenheit des Personals wurden in den vorangegangenen Kapiteln analysiert.

Zunächst werden im ersten Schritt die sozialpolitischen und gesellschaftlichen Rahmenbedingungen betrachtet. Hier stellt sich nicht nur die Frage nach den allgemeinen für öffentliche Verwaltungen maßgeblichen äußeren Faktoren. Vielmehr soll auch geprüft werden, inwieweit diesen vor dem Hintergrund derzeitiger Reformbestrebungen im Bereich der öffentlichen Verwaltungen eine Bedeutung zukommt, die insofern als prozessauslösend charakterisiert werden kann, als dass von einem allgemeinen, auf den öffentlichen Verwaltungen lastendem Reformdruck auszugehen ist. Weiterhin ist nachzuvollziehen, in welcher Weise die von außen an die öffentlichen Verwaltungen herangetragenen Anforderungen in konkreten Reformkonzepten ihre Berücksichtigung finden.

Die Bundesanstalt für Arbeit ist bezüglich ihrer Modernisierungsbestrebungen nicht mit der Notwendigkeit der Entwicklung neuer Modelle von Führung, Steuerung und der Schaffung wirklich neuer verwaltungstechnischer und organisatorischer Strukturen konfrontiert. Für Reformen im Bereich der öffentlichen Verwaltungen stehen Konzepte insbesondere von der Kommunalen Gemeinschaftsstelle für Verwaltungsvereinfachung (KGSt) zur Verfügung. Die hier zugrundeliegenden theoretischen Modelle sind näher zu betrachten. Neben der Darstellung der theoretischen Grundlagen ist zu klären, woher diese stammen bzw. inwieweit diese auf den Bereich der öffentlichen Verwaltungen übertragen werden können.

Bevor die konkreten Entwicklungskonzeptionen der Arbeitsverwaltung in den Fokus dieser Betrachtung gerückt werden, erfolgt zuvor eine Auseinandersetzung mit einem Bericht des Bundesrechnungshofes zu den Organisationsstrukturen der Bundesanstalt für Arbeit (BA). Die bisherigen Strukturen des Arbeitsamtes wurden im ersten Teil dieser Arbeit analysiert. Der Bericht und die darin enthaltenen Empfehlungen des Bundesrechnungshofes stellen in dieser Betrachtung das Bindeglied zwischen den gegenwärtigen Strukturen der Arbeitsverwaltung und den aktuellen Entwicklungskonzeptionen dar.

Die Reformkonzepte der Bundesanstalt für Arbeit werden unter dem Begriff „Arbeitsamt 2000" zusammengefasst. Das Konzept „Arbeitsamt 2000" beinhaltet zunächst eine Veränderung der Organisationsstrukturen. Bereits 1996 wurde das sog. „Leitbild" der Bundesanstalt für Arbeit eingeführt. Explizites Ziel des Leitbildes ist eine Innovation der Unternehmens- und Führungskultur. Hier ist zu analysieren, inwieweit dies als Voraussetzung für eine erfolgreiche Reform der Organisationsstrukturen zu werten ist. Die Bundesanstalt für Arbeit will das Reformvorhaben „Arbeitsamt 2000" und das „Leitbild" als ein Gesamtkonzept verstanden wissen.
Da für Modernisierungsprozesse im Bereich der öffentlichen Verwaltungen bereits erprobte Konzepte vorliegen (vgl. u.a. Stratemann/Wottawa 1995, S.9f), ist anzunehmen, dass die Arbeitsverwaltung hierauf zurückgreift. Dies ist im Einzelnen mit der Darstellung des Reformvorhabens der Arbeitsverwaltung nachzuvollziehen. Im Mittelpunkt dieser Arbeit stehen jedoch neben den abstrakt-theoretischen Organisationsveränderungen insbesondere die Menschen, die hiervon in erster Linie betroffen sind: die MitarbeiterInnen der Arbeitsverwaltung. Neben den bereits aufgeworfenen Fragen nach erforderlichen Einstellungs- und Kompetenzänderungen und nach einer neuen Unternehmens- und Führungskultur, ist hier auch die Notwendigkeit gezielter,

auf die Menschen bezogener Maßnahmen zu prüfen. Es ist evident, dass das Gelingen eines Reformprozesses in entscheidender Weise auch von der Akzeptanz der MitarbeiterInnen aller Hierarchieebenen abhängt. Es ist zu vermuten, dass eine Organisationsreform ohne angemessene Berücksichtigung aller vorgenannter Aspekte nicht gelingt oder, günstigstenfalls, hinter den Erwartungen zurückbleibt.

An dieser Stelle wird bereits deutlich, dass eine ernstgemeinte Organisationsreform weit über eine Veränderung der abstrakt-theoretischen Organisationsstrukturen hinausgeht. Das Reformkonzept der Arbeitsverwaltung wird in diesem Sinne anhand des Arbeitsamtes Lüneburg diskutiert. Hinsichtlich der Umsetzbarkeit des Konzeptes ergibt sich die Notwendigkeit einer Kompetenzabgleichung. Die im Teil A analysierten Ressourcen der MitarbeiterInnen des Arbeitsamtes Lüneburg sind mit den aus dem neuen Konzept resultierenden Anforderungen in ein Verhältnis zu setzen. Die sich hieraus möglicherweise ergebenden Defizite führen einerseits zur Frage nach der Notwendigkeit personalbezogener Maßnahmen zur Vermittlung erforderlicher Kompetenz- und/oder Einstellungsänderungen. Desweiteren lassen sich Rückschlüsse ziehen, inwieweit das Reformvorhaben angesichts der tatsächlich vorhandenen Kompetenzen und Einstellungen realistischerweise gelingen kann, oder ob diese aufgrund zu großer Diskrepanzen zwangsläufig hinter den Erwartungen zurückbleiben.

6.1 Sozialpolitische und gesellschaftliche Rahmenbedingungen

Die sozialpolitischen Daten der letzen Jahre ergeben ein eher bedrohlich wirkendes Szenario. Massenarbeitslosigkeit, staatliche Finanzkrise, Steuerausfälle, Kosten der Wiedervereinigung, neue Armut etc. sind in diesem Zusammenhang vielgenannte Vokabeln (vgl. u.a. Maelicke (Hrsg.) 1994; Schwarz 1995). Für den Bereich der öffentlichen Verwaltungen sucht man über Organisations- bzw. Verwaltungsreformen einen Ausweg aus der Krise. *Neue Steuerung*, *Public Management*, *Organisationsentwicklung* und innovative Managementkonzepte sollen u.a. Effektivität und Effizienz steigern (vgl. Schwarz 1995; Stratemann/Wottawa 1995; KGSt-Bericht 5/1993).
Schwarz findet vor diesem Hintergrund im Komplex der zugrundeliegenden Motive und Entwicklungen drei Haupttendenzen:

- konjunkturelle und strukturelle Veränderungsprozesse in der Wirtschaft
- Internationalisierung und Globalisierung der nationalen Volkswirtschaften

- Organisationsreform und Strukturumbau als Ausweg aus der Krise (Schwarz 1995, S,11).

Als die am häufigsten zitierten Gründe für die Wirtschaftskrise der Neunziger Jahre nennt Schwarz folgende Faktoren:

- Folgen der wirtschaftlichen Fehleinschätzung/ Fehlentwicklung seit der deutschen Vereinigung
- zu hohe Produktionskosten/Lohnkosten und Lohnnebenkosten
- Folgen einer falschen Wirtschafts- und Sozialpolitik
- Managementfehler der Unternehmensführungen
- Kompetenzmängel der politischen Parteien in Wirtschaftsfragen
- Folgen der Besitzstandswahrungspolitik von Parteien und Gewerkschaften
- Anspruchsdenken und leistungsfeindlicher Hedonismus in weiten Teilen der Bevölkerung
- zu kurze Arbeitszeit im „Freizeitpark" Deutschland
- verbreitete Forschungs- und Technikfeindlichkeit
- falsche Subventionspolitik in veraltete Industrien (Bergbau, Stahl)
- säkularisierte Individualethik statt gruppen- und firmenbezogenem Gemeinwohldenken
- bürokratische Organisationsstrukturen in Politik, Wirtschaft und Verwaltung
- Konkurrenz und Machtkämpfe statt Kooperation
- fehlende Innovation und Kreativität auf allen Ebenen der Gesellschaft
- Ängstlichkeit, Risikoscheu, Besitzstandsdenken, Strukturkonservativismus (Schwarz 1995, S.13)

Neben wirtschaftlichen und wirtschaftspolitische Ursachen wird also auch der Bereich der Organisation von Verwaltung und Politik als Faktor für die beschriebene Wirtschaftskrise genannt. Zunächst soll jedoch ein anderer Bereich betrachtet werden: Auffällig ist auch die Nennung gesellschaftlicher Aspekte, so ist z.B. die Rede von Anspruchsdenken, Hedonismus und Individualethik. Da die Ansprüche der Staatsbürger (auch an den Staat) unmittelbare Bedeutung für die staatlichen Institutionen haben (vgl. Koch 1982), werden im nächsten Schritt die gesellschaftlichen Rahmenbedingungen in Augenschein genommen. Im Anschluss daran werden die konkreten Auswirkungen bzw. die Bedeutung dieser Bedingungen für die staatlichen Verwaltungen betrachtet.

6.2 Vom „Otto Normalverbraucher" zum „Anything-goes-Typ"

Bereits Mitte der achtziger Jahre prägte Beck den Begriff der *Risikogesellschaft* mit dem er einen System- und Epochenwandel in drei Bereichen bezeichnete: 1. Das Verhältnis der Industriegesellschaft zu ihren Ressourcen, die sie aufbraucht, 2. das Verhältnis der Gesellschaft zu den von ihr erzeugten Gefahren (Risiken), die die Grundannahmen der bisherigen Gesellschaftsordnung in Frage stellen, 3. der Prozess der Individualisierung. (vgl. Beck 1986). Für die neunziger Jahre nennt Beck einen weiteren epochalen Prozess, die Globalisierung (Beck 1996). Individualisierung und Globalisierung bewirken nach Beck eine elementare Veränderung in allen gesellschaftlichen Handlungsfeldern (ebd.). Was bedeutet dies nun für das einzelne Individuum (und somit für den Adressaten behördlicher Leistungen im weitesten Sinne)?

Zum Einen entsteht eine Verunsicherung durch die Ablösung bisher gültiger Wertorientierungen und Problemlösemuster. „Allgemein verbindliche Ziele, Tugenden oder Werte sind und nicht verfügbar. Moralische Orientierungen sind nur möglich im Prozess einer Verständigung auf einen möglichen Konsens" (Thiersch 1995, S.21). Lebensführungsmuster werden somit individualisiert, es bilden sich „vielfältige und partikulare Lebenswelten, Milieus oder Lebenslagen aus (Thiersch 1995, S.13). Folglich entsteht auch eine ungeahnte Optionenvielfalt, die auch belastend sein kann: „(...) die Wahl des eigenen Lebensplans, die Entscheidung für das, was verbindlich sein soll, macht Lebensbewältigung zu einem eigenen, okkupierenden, oft strapaziösen Thema" (Thiersch 1995, S.13). Verschärft wird diese Problematik eines *Wahlzwangs* durch die bereits umrissenen wirtschaftlichen und politischen Veränderungen. Habermas spricht in diesem Zusammenhang von „neuen Unübersichtlichkeiten (Habermas 1985).

Andererseits ergeben sich aus den umrissenen gesellschaftlichen Entwicklungsschüben auch neue Chancen. Man kann sich für einen eigenen, individuellen Lebensplan entscheiden und nach seinen eigenen Werten leben.

Kennzeichnend sind die Pluralität von Lebensformen und die Öffnung und Entwicklung von Subsystemen (vgl. Thiersch 1995). Gleichzeitig führen Widersprüchlichkeit, Vielfältigkeit und Wahl zu einem Selbstbezug, den Thiersch auf einer Skala zwischen Anspruchsdenken, Egoismen und Korruptionen einordnet: „Man weiß sich auf sich geworfen; man sieht, wo man bleibt und dass man nicht verliert" (Thiersch 1995, S.13). Die Menschen versuchen aus der Komplexität modernen Lebens einen optimalen Nutzen zu ziehen, allerdings „ohne sich zu sehr in die Tiefe der Problemstellungen, der Zielkonflikte und der Widersprüchlichkeiten zu begeben" (Maelicke 1994, S.10). Man setzt auf Selbsterfahrung, Emotionalität und Selbstverwirklichung und entwickelt zunehmend den Wunsch, anders und unverwechselbar zu sein. Maelicke spricht in diesem Zusammenhang von einer Ablösung des *Otto Normalverbraucher* der Moderne der Nachkriegszeit durch den *Anything-goes-Typ* der Postmoderne (Maelicke 1994).
Für den neuen Konsumenten ist das Individuelle maßgeblich. Nach Maelicke wird das Grundmuster die Produkt- und Dienstleistungsentwicklung im Dialog mit dem Kunden (ebd.).

6.3 Konsequenzen für die öffentlichen Verwaltungen

Welche Folgerungen ergeben sich aus dem Dargestellten nun für die öffentlichen Verwaltungen?
Zunächst soll das Augenmerk auf einen Sachverhalt gerichtet werden, der sich nach Koch aus der Regierungsweise westlicher Demokratien ergibt: Während es auf der einen Seite „fast systematisch zu steigenden Ansprüchen an den Staat kommt" (Koch 1982, S.11), sind die Möglichkeiten ihrer Finanzierung nicht in ausreichendem Maße gegeben. Wie oben belegt, tritt das Individuum, in diesem Zusammenhang treffender als Staatsbürger bezeichnet, mit einem ausgeprägten Selbstbezug auf, der in Kategorien wie Anspruchsdenken und Egoismen gefasst werden kann. Diese richten sich auch auf den Staat und seine Instanzen und tragen zum Phänomen des „groben Missverhältnisses von Ansprüchen an das staatliche Leistungsangebot und den Möglichkeiten ihrer Finanzierung" (ebd.) bei. Nach Koch ist es in einer solchen Situation, „in der die Leistungsfähigkeit des Staates mehr oder weniger dauerhaft überlastet wird, gewissermaßen selbstverständlich, dass die Reform von Regierung und Verwaltung zu einem zentralen Thema der Auseinandersetzung wird" (ebd.). Koch fasst unter dem Begriff Regierungs- und Verwaltungsreform drei Strategien zusammen:

- Sparmaßnahmen / Reduzierung des finanziellen Aufwandes (z.B. Senkung von Leistungssätzen)

- Reduzierung des out-put staatlichen Handelns (Aufgabenabbau) / Privatisierung, Entstaatlichung

- Regierungs- und Verwaltungsreform im engeren Sinne

Unter der letztgenannten Strategie versteht Koch den Versuch, durch Organisationsreformen die Relation von Aufwendungen und Leistungen im Rahmen weitgehend vorgegebener Größen zu verbessern (Koch 1982).
Verwaltungsreformen sind somit als Reaktion auf das Missverhältnis zwischen den Ansprüchen und Erwartungen der Bürger an ihren Staat und den Möglichkeiten ihrer Finanzierung zu verstehen, oder anders ausgedrückt: als Reaktion auf die staatliche Finanzkrise.
Bevor der Blick nun auf die unmittelbaren Bedingungen von Verwaltungsreformen gerichtet wird, soll der Frage nachgehen werden, inwieweit die herausgearbeiteten gesellschaftlichen Rahmenbedingungen bzw. die Ansprüche und Einstellungen in der Gesellschaft ihren Niederschlag im Bereich der Verwaltungen finden.
Beck/Schwarz stellen in diesem Zusammenhang fest, dass sich die allgemeine Zielrichtung von Modernisierungstendenzen in diesem Bereich unter der Formel „Von der Behörde zum Dienstleistungsunternehmen" zusammenfassen lässt (Beck/Schwarz 1997). Als maßgebliche Merkmale der angestrebten Organisation werden u.a. folgende Kriterien genannt:

- KundInnennähe,

- Markt- und Serviceorientierung der Dienstleistungen

- Qualität

(Beck/Schwarz 1997).

Hier tritt also eine deutliche Kundenorientierung zutage. Wie sieht dies nun in konkreten Konzepten aus?
Die Kommunale Gemeinschaftsstelle für Verwaltungsvereinfachung (KGSt) hat insbesondere für Verwaltungsreformen im Bereich der Jugendhilfe eine Vorreiterrolle übernommen und detaillierte Konzepte und Berichte erarbeitet (vgl. u.a. Flösser/Otto 1996; Stratemann/Wottawa 1995). Im KGSt-Bericht 5/1993 wird auf die Notwendigkeit, die Bürger nicht mehr als „betreute Verwaltungsobjekte", sondern als vollwertige Partner zu akzeptieren, hingewiesen. Unter Hinweis auf komplexer gewordene gesellschaftliche Bedingungen und härter gewordene wirtschaftliche Zwänge werden für ein neues Leitbild „Dienstleistungsunternehmen Kommunalverwaltung" u.a. folgende Kriterien benannt:

- Nachfrage- und Kundenorientierung, daher Organisation „von außen nach innen“,

- Denken in Produktzyklen und laufendes Anpassen der Leistungen an veränderte Nachfrage
  (KGSt-Bericht 5/1993, S.13).

Hier ist also sehr deutlich die Hinwendung zum Bürger als Partner der Verwaltung und ein Selbstverständnis als Dienstleister für den Bürger erkennbar. Desweiteren wird deutlich darauf hingewiesen, dass den veränderten gesellschaftlichen Rahmenbedingungen auf diesem Wege Rechnung zu tragen ist.
Im Vorgriff auf spätere Ausführungen in dieser Arbeit soll in diesem Zusammenhang auch ein Blick auf die Konzepte der Arbeitsverwaltung geworfen werden. Lassen sich hier ähnliche Schwerpunkte erkennen?
Auch im Konzept „Arbeitsamt 2000“ wird auf veränderte Rahmenbedingungen hingewiesen: „Die Erwartungen der Kunden haben sich verändert. In der Gesellschaft hat sich ein Werte- und Bedürfniswandel vollzogen, der auch das Dienstleistungsangebot der BA (=Bundesanstalt für Arbeit) beeinflusst. Die Kunden erwarten einen individuell gestalteten, bürgerfreundlichen und unbürokratischen Service“ (Bundesanstalt für Arbeit 1997). Als explizites Organisationsziel wird im Konzept „Arbeitsamt 2000“ u.a. die Orientierung der Dienstleistungen am Kunden genannt (ebd.).
Neben der ausdrücklichen Betonung der Kundenorientierung findet sich wiederum der Hinweis auf veränderte gesellschaftliche Rahmenbedingungen. Desweiteren fällt auf, dass von einem *individuellen Service* gesprochen wird, man trägt also den individuellen Ansprüchen Rechnung und versucht einen entsprechenden Service zu leisten.

Zusammenfassend ist an dieser Stelle festzuhalten, dass die herausgearbeiteten veränderten gesellschaftlichen und wirtschaftlichen Rahmenbedingungen in den öffentlichen Verwaltungen sehr wohl ihren Niederschlag gefunden haben. In den dargestellten Modernisierungskonzepten wird dies explizit dargelegt und man macht dies auch in der Zielformulierung deutlich. Ein weiteres Indiz hierfür ist sicherlich auch in den verwendeten Begrifflichkeiten zu sehen. So wird z.B. wie selbstverständlich von *Kundenorientierung*, *Dienstleistung* und Service gesprochen. Die generelle Verwendung des Begriffs „Kunde“ für die Adressaten behördlicher Leistungen ist m.E. zwar problematisch, hat sich inzwischen jedoch offensichtlich durchgesetzt. Denn häufig werden diese Leistungen ja nur aufgrund von Not- und Zwangslagen in Anspruch genommen, so ist z.B. ein „Kunde“ der Arbeitslosengeld beantragt, auch verpflichtet die Leistungen der

Arbeitsvermittlung in Anspruch zu nehmen und sich aktiv selbst um Arbeit zu bemühen (§121 SGB III (Sozialgesetzbuch Drittes Buch)). Von einem Auftreten als Käufer von Dienstleistungen auf einem „Markt", wie es einem Kunden entsprechen würde, kann in der Regel sicher nicht die Rede sein (s. hierzu u.a. Merchel 1995; Olk 1994; Schaarschuch in Flösser/Otto(Hrsg.) 1996).

Inwieweit wirkt sich der dargestellte gesellschaftliche Wandel der Werte auf die Mitarbeiter in öffentlichen Verwaltungen bzw. auf ihre Einstellung zur Arbeit aus?

Nerdinger stellt fest, dass es in diesem Zusammenhang zu einer qualitativen Verschiebung der Ansprüche an die Arbeit gekommen ist (Nerdinger 1995). Demnach sind vornehmlich intrinsische Aspekte in den Vordergrund getreten:

- Interessante und abwechslungsreiche Arbeit

- Verantwortungsvolle Arbeit

- Eigene Ideen in die Arbeit einbringen können
  (vgl. Nerdinger 1995, s.47; s. hierzu auch Rosenstiel et al. 1995; Girschner 1990)

Wie sieht es nun mit den Möglichkeiten zur Verwirklichung vorgenannter Aspekte aus? Beck/Schwarz nennen die Partizipation von Mitarbeitern und die Dezentralisierung von Verantwortung und Kompetenzen als grundsätzliche Merkmale im Bereich von Reformbestrebungen in öffentlichen Verwaltungen (Beck/Schwarz 1997). Dies findet seine Entsprechung u.a. im KGSt-Bericht 5/1993. Den „Standarderwartungen" der Mitarbeiter im Hinblick auf sinnhafte, selbständige Arbeit und eigenen Gestaltungsspielräumen soll ausdrücklich Rechnung getragen werden. Auch im Konzept „Arbeitsamt 2000" der Bundesanstalt für Arbeit bleiben die veränderten Erwartungen der Mitarbeiterschaft nicht unberücksichtigt: „Das Selbstverständnis und die Bedürfnisse der Mitarbeiter haben sich verändert. Freiheitliche Erziehung, höhere Schulabschlüsse, eine moderne Ausbildung stärken ihr Selbstwertgefühl und ihr Verlangen nach mehr Kompetenz und Verantwortung" (Bundesanstalt für Arbeit 1997). Entsprechend wird der Aspekt „Zufriedenheit und Arbeitserfolg der Mitarbeiter fördern" explizit als Organisationsziel genannt (ebd.).
Hinsichtlich des hier nur kurz umrissenen Bereichs der Motivation bzw. der Bedürfnisse der MitarbeiterInnen erfolgt an späterer Stelle eine ausführlichere Auseinandersetzung, zunächst ist festzuhalten, dass auch der Wandel der Ansprüche und Erwartungen an die Arbeit in Reformkonzepten öffentlicher Verwaltungen Berücksichtigung findet. Wie hier die konkrete Umsetzung aus-

sieht und welche Bedingungen hierbei zu berücksichtigen sind, wird noch an anderer Stelle zu überprüfen sein.

Ergebnisse:

Die für Verwaltungsreformen maßgeblichen Auslöser lassen sich zu zwei Faktoren zusammenfassen:

- Verschärfte wirtschaftliche Rahmenbedingungen
- Wertewandel in der Gesellschaft

Erstgenannter Faktor bewirkt Verwaltungsreformen im weitesten Sinne. Dies sind zum Einen Sparmaßnahmen durch Reduzierung der staatlichen Ausgaben, z.B. durch Absenkung von Leistungssätzen. Desweiteren versucht der Staat Einsparungen durch den Abbau von Aufgaben (Privatisierung) zu erreichen. Schließlich erhofft man Einsparungen durch Verwaltungsreformen im engeren Sinne, durch organisatorische Maßnahmen sollen Effektivität und Effizienz gesteigert werden („Neue Steuerung“). Unmittelbarer Einfluss geht auch vom dargestellten gesellschaftlichen Wertewandel aus. Die Erwartungen der Gesellschaft an Staat und Verwaltung haben sich geändert, erwartet wird der individuelle und schnelle Service. Die öffentlichen Verwaltungen suchen sich an die neuen Bedingungen anzupassen. Entsprechend werden sie in den Reformkonzepten berücksichtigt, die „Neue Steuerung“ scheint der Ausweg aus der Krise zu sein.

Bevor nun die konkreten Reformkonzepte der Arbeitsverwaltung betrachtet werden, soll daher zunächst genauer auf die Konzepte der Neuen Steuerung eingegangen werden.

7. „Neue Steuerung“: Von der Behörde zum Dienstleistungsunternehmen?

Konzepte zur „Neuen Steuerung“ öffentlicher Verwaltungen stehen insbesondere von der Kommunalen Gemeinschaftsstelle für Verwaltungsvereinfachung (KGSt) zur Verfügung (Stratemann/Wottawa 1995, S.9). Die von der KGSt in die Diskussionen um die Reform des öffentlichen Dienstes eingespeisten Begriffe, Strategien und Konzepte finden, wie an späterer Stelle noch verdeutlicht wird, auch ihren Niederschlag in den Modernisierungsvorhaben der Arbeitsverwaltung. Sowohl die Begriffe, die Führungs- und Unternehmenskultur, als auch das Organisationskonzept des „Arbeitsamts 2000“ bzw. des „Leitbildes“ der BA sind der „Neuen Steuerung“ der KGSt entnommen. Dieser Vorgriff macht deutlich, dass vor der Auseinandersetzung mit den konkreten Konzepten der Arbeitsverwaltung zunächst sinnvollerweise eine genauere Betrachtung der Konzepte der Neuen Steuerung steht. Hier ist auch zu klären, woher die zugrundeliegenden Theorien stammen bzw. inwieweit eine Übertragung in den Bereich der öffentlichen Verwaltungen sinnvoll ist.
Weiterhin ist zu prüfen, inwieweit die einzelnen Elemente der Neuen Steuerung einander bedingen bzw. ob die Übernahme einzelner Theorien oder Arbeitsprinzipien in den Bereich der Arbeitsverwaltung sinnvoll ist. Um diese Schlüsse im Zusammenhang mit der Diskussion der Reformkonzepte der Arbeitsverwaltung ziehen zu können, bedarf es zunächst einer umfassenderen Betrachtung der Neuen Steuerung.

7.1 Ziele der Neuen Steuerung

Derzeit befinden sich die öffentlichen Verwaltungen in einer Art Umbruchphase. Die althergebrachten Verfahren im Bereich der Aufgabenerledigung und die organisatorischen Gegebenheiten taugen nicht mehr, um den geänderten Anforderungen gerecht zu werden (vgl. Flösser/Otto 1996; Banner 1994). Das Resultat ist der Ruf nach Verwaltungsreformen (vgl. Kapitel 7). Die öffentlichen Verwaltungen unternehmen eine Vielzahl von Anstrengungen. Für den Bereich der Kommunalverwaltungen wurde die Kommunale Gemeinschaftsstelle für Verwaltungsvereinfachung (KGSt) gegründet, die u.a. ein Neues Steuerungsmodell für diesen Bereich entworfen hat. Eine Vielzahl von Kommunalverwaltungen befindet sich in einer Experimentierphase, die von Unternehmensberatungs- und Organisationsentwicklungsfirmen begleitet wird, für die sich hier ein neues und lukratives Betätigungsfeld auftut (vgl. Flösser/Otto 1996; Merchel/Schrapper 1996).

Erklärtes Ziel des Neuen Steuerungsmodells der KGSt ist die Umwandlung der Kommunalverwaltung zum „öffentlichen Dienstleistungsunternehmen“. Folgende Kriterien sind für den Umwandlungsprozess maßgeblich:

- Schrittweiser Aufbau einer unternehmensähnlichen, dezentralen Führungs- und Organisationsstruktur

- Die Aktivierung dieser Struktur durch Wettbewerb
  (KGSt-Bericht 5/1993, S.15)

Über welche Merkmale soll die angestrebte Dienstleistungsorganisation nun verfügen? Beck/Schwarz nennen folgende Kriterien:

- KundInnennähe

- Markt- und Serviceorientierung der Dienstleistungen

- Qualität

- Effektivität und Effizienz

- Dezentralisierung von Verantwortung und Kompetenzen

- Partizipation von MitarbeiterInnen

- Leistungsmessung und –steuerung

- Kooperation und Vernetzung
  (Beck/Schwarz 1997).

Die Ziele der Reformbestrebungen lassen sich also zusammengefasst folgendermaßen formulieren:

(Anbieterseite:)

- Verwaltungen haben sich zukünftig an unternehmerischen Leitbildern zu entwickeln und ihre Dienstleistungen entsprechend zu produzieren.

(Nachfrageseite:)

- Es ist ein Statuswechsel vom (z.B.) Klienten zum Kunden zu vollziehen.

7.2 Methoden und Konzepte der Neuen Steuerung

Nachdem die Ziele der Neuen Steuerung verdeutlicht sind, stellt sich die Frage auf welchem Wege diese erreicht werden sollen. In diesem Zusammenhang werden viele Begriffe genannt, die eine deutliche betriebswirtschaftliche Handschrift erkennen lassen. Einige der am häufigsten zitierten sind:

- Qualitätsmanagement (QM)
- Total Quality Management (TQM)
- Management-by-Techniken
- Qualitätszirkel
- Teamarbeit
- Evaluation
- Outputorientierung
- Prozessorientierung
  (vgl. u.a. Schwarz 1995; Gehrmann/Müller 1996; KGSt-Berichte 5/1993, 9/1994, 6/1995).

Angesichts dieser Aufzählung wird deutlich, dass die Theorien der Neuen Steuerung der Betriebswirtschaft entstammen (ebd.). Im KGSt-Bericht 5/1993 ist bereits von einem „Konzern Kommunalverwaltung" die Rede. Moderne Verwaltungen wollen sich als Dienstleistungsbetriebe verstanden wissen. Die Zulässigkeit einer Gleichsetzung mit Betrieben der Privatwirtschaft darf in diesem Zusammenhang jedoch in Frage gestellt werden. Dies beginnt bereits bei der Gewinnorientierung privaten Unternehmertums. Das eine Sozialverwaltung wie ein Arbeitsamt auch bei modernsten Unternehmensstrukturen jemals gewinnbringend arbeiten kann, darf ausgeschlossen werden. Zudem wird es nicht als Anbieter von Dienstleistungen auf einem wettbewerbsorientierten Markt auftreten können. Ansprüche auf Arbeitslosengeld lassen sich per Gesetz ausschließlich bei dem für den Wohnort zuständigen Arbeitsamt durchsetzen. Dies wäre theoretisch allenfalls für den Bereich der Arbeitsvermittlung denkbar. Spätere Ausführungen werden jedoch zeigen, dass mit den „Kunden" (auf die Problematik des Kundenbegriffs wurde in Kapitel 7.3 eingegangen) des Arbeitsamtes auch hier nicht kostendeckend gearbeitet werden kann. Produktorientierung im Sinne der Privatwirtschaft setzt zunächst eine tragfähige

Produktdefinition voraus. Die Erfahrungen der Kommunalverwaltungen haben gezeigt, dass dies höchst problematisch ist (vgl. Flösser/Otto 1995, S.7ff; van Santen 1998,S.38ff). Zudem lassen sich Dienstleistungen nicht ohne weiteres messen, wie z.B. die Anzahl der in einer Zeiteinheit produzierten Güter eines Industriebetriebs.
Ein weiterer Aspekt ist die ethische Grundhaltung (vgl. Schwarz 1995,S.64). Die gegebenen Organisationsstrukturen wirken sich auch auf die Persönlichkeit der MitarbeiterInnen aus. Stratemann/Wottawa nennen „den Verkäufer" als negative Zerrform eines Mitarbeiters in einer gewinnorientierten Organisation.

Dieser ist dadurch gekennzeichnet, dass er

- nur an den Abschluss eines Geschäftes denkt und ungeduldig ist,
- nicht objektiv informiert und nur das teuerste verkaufen will (prozentualer Gewinn),
- nicht am Kundenwohl orientiert ist (Stratemann/Wottawa 1995, S.62).

Es ist offensichtlich, dass eine solche Grundhaltung in einer Sozialbehörde nicht angemessen ist. Obige Ausführungen verdeutlichen, dass eine direkte Übernahme betriebswirtschaftlicher Theorien und Modelle in den Bereich der öffentlichen Verwaltungen wenig sinnvoll wäre. Allerdings besteht in der Literatur weitgehende Übereinstimmung darüber, dass eine Reform der öffentlichen Verwaltungen im Sinne effizienterer, wirtschaftlicherer Strukturen notwendig ist (vgl. u.a. Beck/Schwarz 1997, S.14; Stratemann/Wottawa 1995, S.46). Hier sind Adaptationsleistungen zu erbringen und neben den aus den Aufgaben öffentlicher Institutionen resultierenden Besonderheiten sind auch die gegebenen Strukturen zu berücksichtigen.
Eine Begrenzung der Diskussion um neue Steuerungsmodelle auf die Veränderung von Organisationsstrukturen wäre unzulässig (vgl. Beck/Schwarz 1997,S.14). Ebenso zentral, da Voraussetzung für eine gelingende Strukturreform, sind neue Führungskonzepte (ebd.). Diese werden daher im Folgenden genauer betrachtet.

7.2.1 Organisationen und Management

Nach Girschner ist das Schicksal der Menschen weitgehend an das zuverlässige und kontinuierliche Funktionieren der Produktions- und Verteilungsorganisationen gebunden. Organisationen prägen das Leben in Staat und Gesellschaft, sichern die materiellen Grundlagen und regeln das Zusammenleben der Menschen. Organisationen sind somit in unserer Gesellschaft allgegenwärtig. Der Mensch hat das ganze Leben hindurch mit Organisationen zu tun oder wird mit ihren Auswirkungen konfrontiert. Sie liefern Lebensmittel und produzieren Konsumgüter. Organisationen produzieren Gesetze und definieren die Regeln des Zusammenlebens. Insbesondere der Staat wird von Organisationen, den staatlichen Behörden geprägt (Girschner 1990). Was aber ist eine Organisation?

Schwarz definiert Organisationen als „arbeitsteilige, offene oder geschlossene soziale Systeme zur Verwirklichung bestimmter Organisationsziele, mit einem angebbaren Kreis beteiligter Organisationsmitglieder, die nach bestimmten, festgelegten Regeln zur Erreichung dieser Ziele möglichst rational und effizient zusammenarbeiten" (Schwarz 1995, S.21). Das Handeln der Organisation ist bewusst auf die Erreichung der gesetzten Ziele hin geplant und in den Arbeitsabläufen und Steuerungsprozessen funktional durchdacht (ebd.). Dies bewirkt vor dem Hintergrund, dass menschliche Bedürfnisse nahezu unbegrenzt sind, eine Vermehrung der Güter und Dienstleistungen zu deren Befriedigung (vgl. Rosenstiel et al. 1995).
Organisation kann also zusammenfassend definiert werden als

- ein der Umwelt gegenüber offenes System,
- das zeitlich überdauernd existiert,
- spezifische Ziele verfolgt,
- sich aus Individuen bzw. aus Gruppen zusammensetzt und somit ein soziales Gebilde ist,
- eine bestimmte Struktur aufweist, die meist durch Arbeitsteilung und eine Hierarchie von Verantwortung gekennzeichnet ist.

(Rosenstiel et al. 1995)

Nachdem der Begriff Organisation diskutiert wurde, stellt sich die Frage, welche Rolle Managementkonzepten in diesem Zusammenhang zufällt.
Nach Schwarz ist die Kernaufgabe des Managements die Entwicklung einer grundsätzlichen Zielrichtung des Gesamtunternehmens und die Festlegung der für die Zielerreichung notwendigen Strategien für die einzelnen Geschäftseinheiten (Schwarz 1995). Es gibt in diesem Zusammenhang eine Reihe von Führungstechniken, die sogenannten „**Management-by-Techniken**":

□ **Management-by-delegation** (Management durch Delegation)
Entscheidungskompetenzen und Verantwortung werden weitgehend an nachgeordnete Instanzen delegiert. Die delegierten Kompetenzen und übertragenen Verantwortungen sind hierbei klar zu definieren.

□ **Management-by-objectives** (Management durch Zielvereinbarung)
Vorgesetzter und MitarbeiterInnen legen gemeinsam Ziele fest und klären gemeinsam Verantwortungsbereich und Bewertungsmaßstäbe ab. Die Zielvereinbarung ist hier aus den übergeordneten Zielen des Unternehmens abzuleiten, sie soll aber gleichzeitig auch die Ziele der MitarbeiterInnen berücksichtigen. Die Vorteile dieser Technik sind zum Einen der motivierende Faktor, bedingt durch die Berücksichtigung der MitarbeiterInnenziele und die Übertragung von Entscheidungskompetenz, desweiteren kann durch die Beteiligung der MitarbeiterInnen an der Zielvereinbarung auch die Akzeptanz der Ziele erhöht werden.
Stratemann/Wottawa fassen die Grundsätze des Management durch Zielvereinbarung folgendermaßen zusammen:

- Alle Betroffenen an der Zielfestlegung aktiv beteiligen,
- Idealerweise 3, maximal 5 Ziele vereinbaren,
- Ziele klar und spezifisch formulieren,
- Individuell schwierige, aber realistische Ziele aushandeln,
- Handlungsergebnisse rückmelden.

(Stratemann/Wottawa 1995, S.169)

□ **Management-by-exceptions** (Management durch Abweichungen)
Die Verantwortung für das Erreichen der vereinbarten Ziele liegt bei den mit der Ausführung beauftragten Organisationsteilen. Ein Eingreifen der übergeordneten Stellen erfolgt nur bei Abweichungen von den vereinbarten Vorgaben. Diese Technik setzt klare Vorgaben für Produktionsziele und Qualitätsstandards voraus, desweiteren bedarf es einer eindeutigen Festlegung von tolerierbaren Abweichungen von den Vorgaben.

□ **Management-by-motivation** (Management durch Motivation)
Auch als management-by-participation (Management durch Beteiligung) bezeichnet. Grundlage dieser Technik ist die Erfahrung, dass durch die Beteiligung der MitarbeiterInnen an den die betreffenden Entscheidungen ihre Qualifikation genutzt und weiterentwickelt wird. Gleichzeitig wirkt die Beteiligung an Entscheidungen leistungsfördernd und erhöht die Akzeptanz der Ziele der Organisation.

□ **Management-by-systems** (Management durch systematische Erfassung)

Bei dieser Führungstechnik werden alle Leitungs- und Kontrolltätigkeiten in detaillierten Plänen, Verfahrensvorschriften, Regeln und Anordnungen erfasst. Hier fällt die Nähe zu bürokratisch-administrativen Ansätzen auf (vgl. Kapitel 3.9.1).

- **Management-by-results** (Management durch Ergebnisse)
  Ebenso wie beim management-by-objectives steht die Zielerreichung durch eine systematische Zielplanung im Vordergrund, jedoch werden beim mangement-by-results die MitarbeiterInnen bei der Festlegung der Ziele nicht beteiligt. Die Kontrolle der Ergebnisse erfolgt über einen Vergleich zwischen den geplanten und realisierten Zielen.

- **Management-by-walking around** (Management durch Herumgehen)
  In diesem Konzept wird davon ausgegangen, dass die Probleme vieler Unternehmen dadurch bedingt sind, dass sich Manager vom Betriebsalltag abschotten und dadurch nur unzureichend über die alltäglichen Betriebsprobleme informiert sind. Management-by-walking around fordert den Kontakt der Manager zu den MitarbeiterInnen aller hierarchischen Ebenen um dadurch in Erfahrung zu bringen, was im Betrieb vor sich geht. Ein weiterer Aspekt ist die motivierende Wirkung auf die MitarbeiterInnen.
  (vgl. u.a. Althoff/Thielepape 1990; Schwarz 1995; Stratemann/Wottawa 1995)

Betrachtet man in den vorgestellten Managementkonzepten die Rolle der MitarbeiterInnen, so fällt auf, dass insbesondere die kooperativen oder partizipativen Konzepte bestimmte Fähigkeiten der MitarbeiterInnen hinsichtlich ihrer Motivation und Kompetenz voraussetzen.
Nach Stratemann/Wottawa ist das geänderte Führungsverhalten ein unverzichtbarer Bestandteil der Neuen Steuerung. Besonders wichtig ist dabei der „Umgang mit internalen und externalen Motivationsmitteln und die Zielvereinbarung als Führungsinstrument" (Stratemann/Wottawa 1995, S. 159).
Auf die sich hieraus ergebenden Folgerungen, insbesondere vor dem Hintergrund der Ergebnisse des ersten Teils dieser Arbeit in Bezug auf das Profil des Personals des Arbeitsamtes Lüneburg, wird an späterer Stelle eingegangen. In diesem Zusammenhang werden dann auch die Ansprüche, die sich für die Führungskräfte ergeben, zu thematisieren sein.

7.2.2 Von der Input- und Verhaltenssteuerung zur Outputsteuerung

In jeder Organisation muss es für die Führungskräfte eine Möglichkeit der Kontrolle geben, d.h. sie müssen Möglichkeiten haben, auf den ihnen unterstellten Bereich einwirken zu können. Stratemann/Wottawa unterscheiden hier vom prinzipiellen Vorgehen her, drei Varianten: Inputkontrolle, Verhaltenskontrolle und Output-(Ergebnis-)Kontrolle (Stratemann/Wottawa 1995; vgl. Abbildung 8).
Bei der Inputkontrolle konzentriert sich die Einflussnahme der Führungskraft auf die in die Organisation eintretenden Personen und Ressourcen. Es wird davon ausgegangen, dass bei entsprechend sorgfältiger Auswahl die erwarteten Leistungen und Ergebnisse erbracht werden. Die Inputkontrolle findet sich als dominierendes Prinzip in weiten Bereichen des öffentlichen Dienstes. Stratemann/Wottawa führen die Ernennung von Universitätsprofessoren bzw. den Neuansatz von Lehrern als typische Beispiele an:

„Nach der schwer zu erlangenden Ernennung erfolgt so gut wie keine relevante Kontrolle des Verhaltens bzw. der Leistung. In leicht eingeschränkter Weise gilt dies auch für das gesamte Schulwesen. Die neu in Schulen eintretenden Lehrer werden extrem lange ausgebildet und sorgfältig ausgewählt, und die verwendeten Lehrbücher und andere Unterrichtsmaterialien unterliegen einer Kontrolle durch das zuständige Kultusministerium. Was aber an Schulen wirklich im Unterricht geschieht und erst recht was konkret an Nutzen für die Schüler oder die Gesamtgesellschaft damit erreicht wird, wird in Deutschland (ganz im Gegensatz z.B. zu den Vereinigten Staaten) kaum systematisch kontrolliert und für die Systemsteuerung herangezogen" (Stratemann/Wottawa 1995, S.34).

Das Prinzip der Verhaltenskontrolle besteht darin, dass Vorschriften und Dienstanweisungen erlassen werden, wie sich die Organisationsmitglieder zu verhalten haben. Hierbei werden jedoch die tatsächlichen Folgen des Verhaltens (z.B. die für den *Kunden* erbrachten Leistungen) nicht systematisch erfasst. Dies ist die für die öffentlichen Verwaltungen typische Form der Steuerung. Umfangreiche Verordnungen, Erlasse und Dienstanweisungen sollen das Verhalten der Bediensteten bis ins Detail festlegen. Zwangsläufig ergibt sich im Laufe der Zeit eine Mehrung dieser Regelungen, denn wenn Fehler auftreten, haben die Führungsverantwortlichen nur die Möglichkeit, durch neue Vorschriften gleiche Fehler in der Zukunft zu vermeiden. Eine Streichung bzw. Reduzierung der vielen bestehenden Vorschriften wäre im Verständnis dieses Prinzips widersinnig, denn dies würde die angestrebte geringe Fehlerwahrscheinlichkeit verhindern. Die erheblichen psychologischen Auswirkungen auf die Mitarbeiter, die einem solchen System ausgesetzt sind, werden bei dieser

Argumentation jedoch völlig übersehen (vgl. Stratemann/Wottawa 1995). Die Führungstechnik *management-by-systems* (s. Kapitel 7.2.1) ist dem Prinzip der Verhaltenskontrolle zuzuordnen.

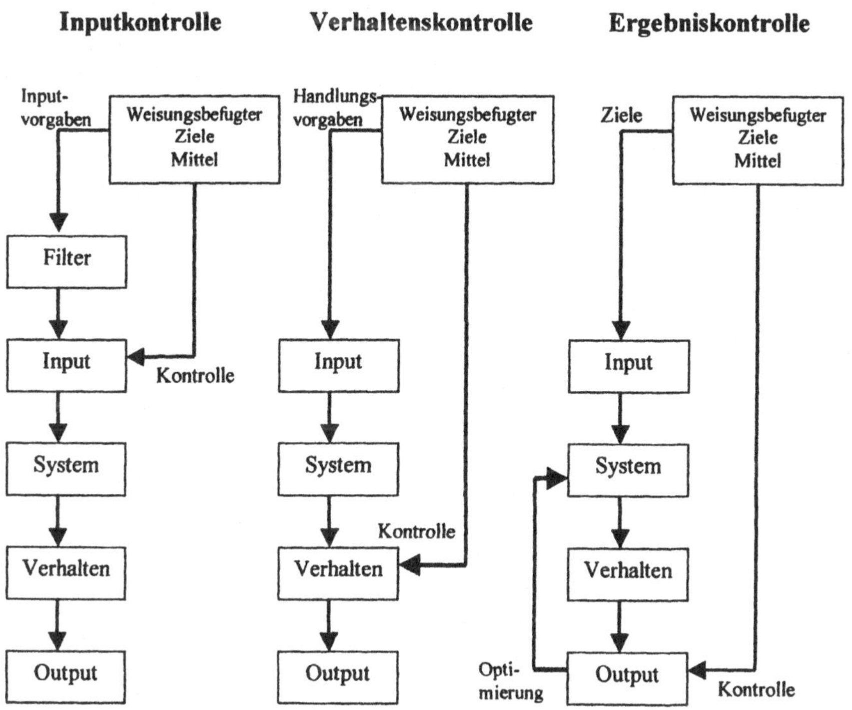

Abbildung 8: Von der Input- und Verhaltenskontrolle zur Ergebniskontrolle (Quelle: Stratemann/Wottawa 1995, S.33)

Beim Prinzip der Outputkontrolle (Ergebniskontrolle) wird das Ergebnis vorgegeben. Hierbei bleibt es den Organisationsmitgliedern überlassen, auf welchem Wege sie diese Vorgaben erfüllen wollen. Hier werden die Kenntnisse und die Kreativität der Mitarbeiter genutzt. Die Festlegung der Ziele kann auf unterschiedliche Weise geschehen. Beim *management-by-objectives* (Kapitel 7.2.1) werden die Ziele durch eine Zielvereinbarung mit den Mitarbeitern festgesetzt. Diese Art der Kontrolle/Führung gilt als die modernste und leistungsfähigste Art der Systemsteuerung (vgl. Althoff/Thielepape 1990,

Stratemann/Wottawa 1995). Bei der Führungstechnik *management-by-results* (Kapitel 7.2.1) handelt es sich um die direktiv-autoritäre Variante, die Ziele werden hier ohne Beteiligung der Mitarbeiter von der Führung festgelegt (vgl. Althoff/Thielepape 1990; Schwarz 1995).
Interessanterweise ist diese *moderne* Steuerungsform bereits im Jahre 1861 vom damaligen preußischen Generalstabschef von Moltke entwickelt worden. Mit den geänderten technischen Gegebenheiten, insbesondere aufgrund der Bedeutung der Eisenbahn für den Truppen- und Materialtransport, war die Lenkung von Armeen durch Verhaltenskontrolle von einer zentralen Stelle nicht mehr sinnvoll. Statt detaillierter Anweisungen wurde für die einzelnen Verbände nur noch vorgegeben, welches Ziel zu welchem Zeitpunkt erreicht werden sollte. Dieses Prinzip wurde (viel) später von der Wirtschaft übernommen und gelangte über den Umweg amerikanischer Managementtheorien wieder zurück nach Deutschland. (vgl. Stratemann/Wottawa 1995).
Das Prinzip der Outputsteuerung ist nicht nur für die „innere" Steuerung in der Verwaltung anwendbar, sondern ebenso für die Steuerung der Verwaltung durch die Politik, z.B. durch Rat/Kreistag für den Bereich der Kommunalverwaltung. Die herkömmliche Steuerung der Kommunalverwaltung erfolgt durch die Zuteilung von Ressourcen, also durch den Input. In den Haushaltsplänen wird festgelegt, wieviel Geld die Verwaltung für den jeweiligen Titel ausgeben darf, aber nirgends wird präzise ausgesagt, welche Leistungen (Produkte) mit dem Geld erzeugt werden sollen (KGSt-Bericht 5/93, S.20). Die KGSt fordert mit der Outputsteuerung eine durchgängige Verbindung zwischen Ressourceninput und Leistungsoutput ein (KGSt-Bericht 9/94; s. auch Merchel/Schrapper 1996). Voraussetzung für eine wirksame Outputsteuerung ist somit eine Produkt- bzw. Leistungsbeschreibung nach Kosten und Qualität und eine Überwachung der Einhaltung der zu entwickelnden Qualitätsstandards (ebd.; vgl. auch Heiner 1996).

7.2.3 Qualitätsmanagement

Nach Heiner soll Qualitätsmanagement zur Qualität von Dienstleistungen beitragen, „indem Qualitätsstandards definiert, ihre Umsetzung kontinuierlich kontrolliert, Qualitätskriterien überprüft und gegebenenfalls angepasst werden" (Heiner 1996, S.20). Qualitätsmanagement beinhaltet somit Qualitätsentwicklung und Qualitätssicherung. Folglich sind zunächst entsprechende Standards zu entwickeln. Für den Bereich der öffentlichen Verwaltungen ergibt sich hier das Problem, dass viele Leistungen in diesem Bereich nicht mit quantitativen oder monetären Maßstäben gemessen werden können. Hinzu kommt, dass die MitarbeiterInnen darin wenig geübt sind (vgl. u.a. KGSt-Bericht 5/1993).

Genügt vor diesem Hintergrund die Konzentration des Qualitätsproblems auf die reine Ergebnisebene? Heiner verweist in diesem Zusammenhang auf ein Konzept von Donabedian, welches Qualität neben der reinen Output-Ebene auch auf einer Struktur- und Prozess- und Verfahrensebene festmacht:

- **Strukturqualität** bezieht sich demnach auf die gegebenen Rahmenbedingungen: Personal, Ausbildung, sachliche Ausstattung, Aufbau- und Ablauforganisation.

- **Prozessqualität** bezieht sich auf Interventionshandlungen als die Gesamtheit aller Aktivitäten zwischen Leistungsempfänger und –erbringer. Diese Ebene wird, insbesondere im Zusammenhang mit Humandienstleistungen, vielfach als wichtigste Ebene angesehen. Voraussetzung sind professionell anerkannte Standards, an denen sich die Interventionen orientieren und beurteilen lassen.

- **Ergebnisqualität** bezieht sich schließlich auf die aus den Interventionshandlungen resultierenden Veränderungen des Zustandes des Leistungsempfängers.
  (vgl. Heiner 1996, S.29f)

Eine reine Orientierung an der Ergebnisqualität ist, wie oben bereits dargelegt, aus verschiedenen Gründen schwierig. Oft lassen sich die Merkmale angestrebter Ergebnisse nur schwer exakt definieren bzw. in eindeutig messbare Größen ausdrücken. Zum anderen ist der Zusammenhang zwischen den einzelnen Ebenen von Qualität wichtig, um z.B. in der Jugendhilfe gültige Aussagen über die zugrundeliegenden Interventionen und Maßnahmen machen zu können. Heiner stellt deshalb insbesondere im Zusammenhang mit Humandienstleistungen fest, dass sich Qualitätsstandards nur formulieren lassen, wenn Prozess- und Ergebnisziele gleichermaßen berücksichtigt werden (Heiner 1996, S.28).
Auf welchem Wege lässt sich Qualität nun sicherstellen?

Ein bekanntes Verfahren zur Qualitätssicherung ist die Zertifizierung nach den DIN-Normen ISO 9000 ff. Diese von internationalen Gremien entwickelten Normen (ISO = International Organization for Standardization) wurden im Mai 1987 vom Deutschen Institut für Normung auch für Dienstleistungsunternehmen übernommen (ISO 9004/2; vgl. Burmeister/ Lehnerer 1996).
Gegenstand der ISO-Normen ist nicht die Qualität von Produkten oder die Ergebnisse von Maßnahmen, sondern die Qualitätssicherung (Heiner 1996, S.26; s. hierzu auch Schwickert et al. 1995). D.h. es geht darum, wie man in der

Produktion bzw. bei der Bereitstellung einer Dienstleistung vorgeht, die Forderungen der ISO-Normen zu befolgen (vgl. Abbildung 10). Hierbei sind zwei verschiedene Arten von Normen zu unterscheiden. Zum einen gibt es Leitfäden für die Auswahl der Forderungen, die man an sein Qualitätsmanagementsystem stellen sollte. Zum anderen gibt es Normen, die die für eine Zertifizierung unabdingbaren Forderungen enthalten:

„ 1. Die Normen ISO 9000 und ISO 9004 als Leitfäden
ISO 9000 ist ein Leitfaden zur Auswahl und Anwendung der Normen ISO 9001, 9002 und 9003. Er gibt also eine Hilfestellung, wenn es um die Frage geht, welches der beschriebenen Modelle für die externe Darlegung eines Qualitätsmanagementsystems geeignet ist. Inzwischen gibt es vier Teile dieser ISO-Norm. So enthält sie inzwischen zusätzlich einen Leitfaden mit Interpretationshilfen (Teil2), einen Leitfaden für die Anwendung von ISO 9001 für die Software-Branche (Teil 3) und einen Leitfaden für die Anwendung auf das Zuverlässigkeitsmanagement (Teil 4). ISO 9004 enthält Hinweise zum Aufbau eines internen Qualitätsmanagementsystems, gibt also Hilfestellungen , wie es im eigenen Unternehmen aussehen kann, wenn man sich dazu entschließt, ein Qualitätsmanagementsystem zu etablieren. Auch hier erfolgte inzwischen eine weitere Aufteilung der Norm. So gibt es einen Leitfaden für Dienstleistungen (Teil 2), einen Leitfaden für verfahrenstechnische Produkte (Teil 3) und einen Leitfaden für Qualitätsverbesserung (Teil 4). Weitere Teile dieser Norm befinden sich derzeit im Vorbereitungsstadium.

2. Die Normen ISO 9001, ISO 9002 und ISO 9003
Ausschließlich die Forderungen, die diese Normen beinhalten, können zum Gegenstand einer Zertifizierung und damit einer externen Darlegung des Qualitätsmanagementsystems gemacht werden. ISO 9001 ist die umfassendste Norm und kann dann herangezogen werden, wenn sich das Qualitätsmanagement auf Design/(Angebots-)Entwicklung, Produktion, Montage und Kundendienst bezogen werden soll. ISO 9002 hat die Qualitätssicherung in Produktion und Montage zum Gegenstand, und ISO 9003 bezieht sich ausschließlich auf eine Qualitätssicherung in der Endprüfung. Die ISO Normen 9001 – 9003 enthalten keine weitere Untergliederung bzw. ergänzende Teile. Aus Gründen der Einheitlichkeit und Übersichtlichkeit will man den Bereich, der Basis für eine Zertifizierung ist, nicht weiter aufsplitten. Fragen der Übertragbarkeit auf die eigene Branche und Interpretationsprobleme bei diesen Normen sollen durch die oben genannten Leitfäden beantwortete bzw. geklärt werden."
(Burmeister/Lehnerer 1996, S.32f)

Im Folgenden soll die Norm ISO 9004 – Teil 2 näher betrachtet werden. Sie bezieht sich als Leitfaden explizit auf Dienstleistungsorganisationen. Dienstleistungen werden hier als Ergebnisse der Tätigkeiten an der Schnittstelle zwischen Lieferant und Kunde und die Ergebnisse die durch den Lieferanten intern erbracht werden, verstanden (vgl. Patrick 1994). Wie bereits dargestellt geht es hier also nicht um die Eigenschaften bestimmter Produkte bzw. Leistungen, sondern um die eigenen Tätigkeiten, die den Ansprüchen der Norm gerecht werden sollen. ISO 9004-Teil2 bezieht sich folglich insbesondere auf die Merkmale für die Erbringung der Dienstleistung. Daneben beschäftigt sich die Norm u.a. mit Personalmotivation, Schulung und Personalentwicklung, Kommunikation mit dem Kunden und Qualitätsanforderungen an die Dienstleistungserbringung (Burmeister/Lehnerer 1996, S.35f). Die beschriebenen Elemente eines Qualitätsmanagementsystems sollen auf alle Arten von Dienstleistungen anwendbar sein. Eine Zertifizierung nach ISO 9004-Teil2 ist, wie dargestellt, jedoch nicht möglich. Sie enthält lediglich Hinweise zur Anwendung der Normen ISO 9001 – 9003. Nach Burmeister/Lehnerer sollte die Norm ISO 9001 herangezogen werden, wenn es darum geht, neue Produkte zu entwickeln bzw. immer wieder neue Angebote als Dienstleister vorzuhalten (ebd.), sie wäre somit auch auf *moderne* öffentliche Verwaltungen anzuwenden. Die Norm ISO 9001 enthält u.a. folgende Forderungen:

- **Verantwortung der obersten Leitung**
  Die oberste Leitungsebene hat im Bereich der Qualitätspolitik eine Vorbildfunktion. Sie hat die Grundsätze ihres Qualitätsverständnisses schriftlich festzuhalten.

- **Qualitätsmanagementsystem**
  Bestehende Verfahren und Anweisungen der Qualitätssicherung sind einschließlich der Art und Weise ihrer Verwirklichung in Form eines Qualitätsmanagement-Handbuches festzuhalten.

- **Designlenkung**
  Im Bereich der Produktentwicklung muss durch entsprechende Verfahren gewährleistet sein, dass die zugrundeliegenden Qualitätsanforderungen erfüllt werden.

- **Beschaffung**
  Es muss sichergestellt werden, dass beschaffte Produkte festgelegten Qualitätsanforderungen entsprechen.

- **Prozesslenkung**
  Produktionsprozesse müssen festgelegt und geplant werden. Über Verfahrensanweisungen ist sicherzustellen, dass die Prozesse unter beherrschten Bedingungen ablaufen.

- **Prüfungen**
  Die verschiedenen Prüfungen im Produktionsprozess (Eingangs-, Zwischen- und Endprüfungen) müssen nach präzisen Verfahrensanweisungen erfolgen.

- **Prüfmittelüberwachung**
  Die eingesetzten Mittel zur Prüfung der festgelegten Qualitätsstandards müssen überwacht werden und messgenau sein.

- **Korrektur- und Vorbeugungsmaßnahmen**
  Es müssen sowohl Verfahren zur Untersuchung von Ursachen fehlerhafter Produkte wie zu deren vorbeugender Vermeidung eingeführt werden.

- **Lenkung von Qualitätsaufzeichnungen**
  Die Aufzeichnungen bezüglich der Erfüllung festgelegter Qualitätsanforderungen müssen systematisch angelegt sein, geordnet und gespeichert werden.

- **Interne Qualitätsaudits**
  Durch interne Prüfungen muss überwacht werden, ob die qualitätsrelevanten Tätigkeiten den geplanten Vorkehrungen entsprechen und ob die Wirksamkeit des Qualitätsmanagementsystems gegeben ist.

- **Schulung**
  Mitarbeiter, die mit qualitätsrelevanten Tätigkeiten betraut sind, müssen entsprechend geschult werden.

- **Statistische Methoden**
  Wenn möglich, sind statistische Methoden festzulegen mit denen die Eignung der Prozesse und Produktmerkmale belegt werden kann.
  (Burmeister/Lehnerer 1996, S. 33ff)

Einer der Hauptkritikpunkte an ISO-Normen ist im Vorrang formaler Aspekte zu sehen. Im Mittelpunkt stehen nicht die Ergebnisse und Wirkungen im Dienstleistungsbereich, sondern die Verfahren über die Qualität bei der Erbringung von Dienstleistungen erreicht werden sollen. Da die Normen, wie dargestellt, allgemeingültig sein sollen, kann es sich nur um formale Forderungen an ein Qualitätsmanagementsystem handeln. Es wird also

festgestellt, ob Verfahren etabliert sind, mit denen regelmäßig die Einhaltung bestimmter Qualitätsstandards überprüft werden. Heiner bemerkt in diesem Zusammenhang anhand eines Beispiels aus dem Bildungsbereich: „Eine Bildungsstätte erhält auch dann das ersehnte Zertifikat, wenn sie nur regelmäßig und zuverlässig kontrolliert, ob ihr schlechter Service noch immer so schlecht ist wie einmal festgelegt“ (Heiner 1996, S.26). Dies mag überspitzt klingen, zeigt jedoch sehr deutlich die Begrenztheit dieses Ansatzes der Qualitätssicherung. Die „wirkliche“ Qualität einer Leistung, insbesondere für den „Adressaten“ bleibt unberücksichtigt (vgl. Stratemann/Wottawa 1995, S.85f). Dies gilt auch für die Produktbeschreibungen der KGSt. Von den Kommunen werden lediglich Leistungskataloge gefordert, während auf detaillierte Zielklärungen für die Leistungsbilanzen und auf Qualitätsstandards bei den Produktbeschreibungen verzichtet wird (Heiner 1996; vgl. auch van Santen 1998). Nach Stratemann/ Wottawa stößt oft schon die Diskussion von Qualitätsaspekten bei der Produkt- bzw. Leistungsbeschreibung z.B. bei Amtsleitern auf erhebliche Schwierigkeiten oder gar auf offenen Widerstand, wenn man die Festlegung eines bestimmten Grenzwertes der Qualität erreichen möchte. Erst mit der Festlegung von Mindeststandards entsteht ja die Möglichkeit des Scheiterns. Die Angehörigen des öffentlichen Dienstes sind vom bisher praktizierten Prinzip der Verhaltenskontrolle (Kapitel 7.2.2) derart geprägt, dass das handlungsleitende Motiv „Furcht vor Misserfolg“ einsetzt. Stratemann/Wottawa vermuten hier eine Ursache dafür, dass viele Produktbeschreibungen in öffentlichen Verwaltungen (z.B. Produktbeschreibungen der KGSt) auf Qualitätsstandards und auf festgelegte Grenzwerte verzichten (Stratemann/Wottawa 1995, S.83f).
Murmeister/Lehnerer weisen darauf hin, dass der Kritik an den ISO-Normen oft damit begegnet wird, dass die ISO-Normen nur ein Schritt auf dem Weg zur „Totalen Qualität“ seien (Burmeister/Lehnerer 1996, S.41). ISO 9000 ff sind also als ein Baustein eines Qualitätsmanagements zu sehen und stellen eine Basis für weitergehende Maßnahmen im Sinne eines ganzheitlichen Qualitätsmanagements dar (Steinbeck 1996).

7.2.4 Total Quality Management (TQM)

Nach Bay hat kein anderes Managementmodell in den letzten Jahren die Ansichten über Arbeits- und Führungsprozesse so stark beeinflusst wie das Total Quality Management (TQM) (Bay 1998). Der Begriff lässt sich folgendermaßen definieren:

„TQM ist eine auf der Mitwirkung aller ihrer Mitglieder beruhende Führungsmethode einer Organisation, die Qualität in den Mittelpunkt stellt und durch Zufriedenstellung der Kunden auf langfristigen Geschäftserfolg sowie auf

Nutzen für die Mitglieder der Organisation und für die Gesellschaft zielt" (Dt. Institut für Normung e.V. (Hrsg.) 1992, S.25).

Bereits die Definition zeigt das erheblich weitere Blickfeld gegenüber der Zertifizierung nach ISO 9000 ff (vgl. Abbildung 9). TQM-Systeme sind vielschichtig und beziehen sich sowohl auf das technische als auch auf das soziale System einer Organisation: „Total Quality Management (TQM) ist ein Regelwerk zur Überwachung, Kontrolle, Steuerung und Verbesserung von Prozessen und Resultaten eines soziotechnischen Systems“ (Daumenlang/Palm 1997, S.356). Daumenlang/Palm nennen in diesem Zusammenhang folgende Prinzipien (ebd.; siehe auch Bay 1998; Kreuz 1994; Meffert/Bruhn 1995):

- Qualität ist das oberste Ziel einer Organisation.

- Qualität wird durch die Kunden bestimmt

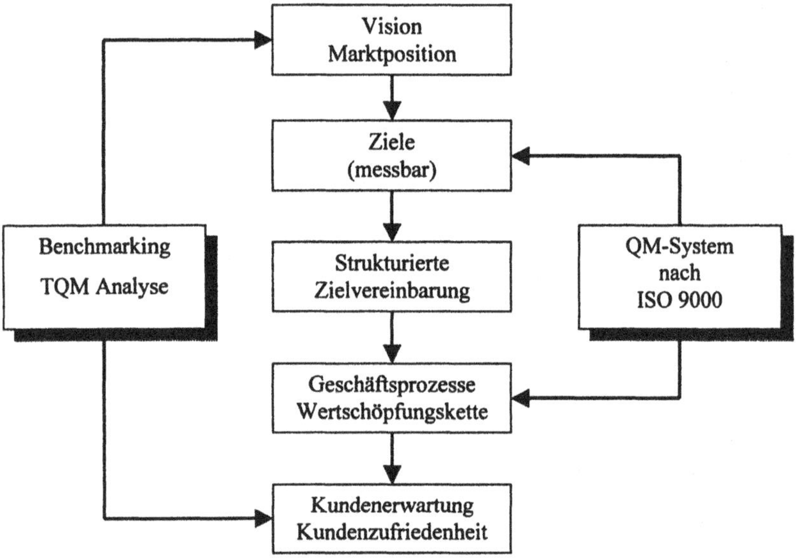

Abbildung 9: QM nach ISO 9000 und TQM-Analyse (Quelle: Steinbeck 1996, S.33)

- Qualitätsverbesserung beruht auf kontinuierlicher Teamarbeit.

- Das Top-Management verpflichtet sich zur Entwicklung einer langfristigen Qualitätskultur (Qualitätsprodukte und Qualitätsservice) unter Einbeziehung der Beschäftigten und der Vertragspartner.

Zink weist darauf hin, dass Qualität in diesem Zusammenhang neben der Produkt- und Dienstleistungsqualität auch die Qualität der Prozesse, die Qualität der Arbeit und die Qualität der Außenbeziehungen (Umwelt) umfasst (Zink 1995, S.47f).

Desweiteren ist das Verständnis von Qualität als unternehmensweite Aufgabe hervorzuheben. Nach Zink ist die aktive Einbeziehung aller Mitarbeiter eine Grundvoraussetzung für TQM (ebd.), alle Mitarbeiter sind dauerhaft für Qualität zuständig, also „Qualitätsmanager“ (Meffert/Bruhn 1995, S.236). Für die Führungskräfte bedeutet TQM, dass Qualität als Führungsaufgabe begriffen und eine Vorbildfunktion übernommen wird. Zur Einbeziehung der Mitarbeiter sind entsprechende Team- und Kleingruppenkonzepte zu entwickeln (vgl. Bay 1998). Die dargestellten Aspekte des TQM sind in Abbildung 10 zusammenfassend dargestellt.

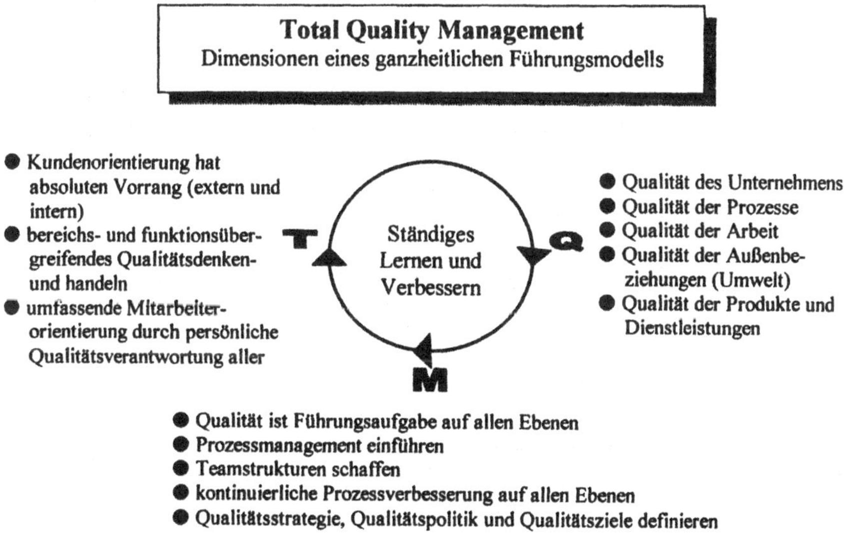

Abbildung 10: Total Quality Management (nach: Bay 1998, S.49)

Hier wird deutlich, dass TQM eine neue Sichtweise des Managements gegenüber den Mitarbeitern darstellt. Nach Oess zeigt sich dies insbesondere in folgenden Punkten (Oess 1989, S.89ff):

- Will man umfassende Qualität für den Kunden, dann muss man Qualität in die Mitarbeiter „einbauen", denn sie stellen ja die abzunehmende Leistung her.

- Der Führungsstil muss stärker mitarbeiterbezogen sein. Führungskräfte konzentrieren sich deshalb mehr auf das Management des Inputs, des Outputs und der äußeren Bedingungen der Arbeitsprozesse (vgl. Kapitel 7.2.2). Sie kommen viel stärker in die Rolle des Beraters, Helfers und Unterstützers.

- Einbeziehung der Betroffenen und Teamarbeit TQM setzt voraus, dass vielfältige Tätigkeiten nicht mehr durch individuelle Einzelarbeit, sondern in Teams geleistet werden.

- Ständiges Lernen und kontinuierliche Verbesserung aller Leistungen und Prozesse sichern die Überlebensfähigkeit des Unternehmens – vom Topmanagement bis zum letzten Mitarbeiter.

Bay weist in diesem Zusammenhang darauf hin, dass Führung im Rahmen von TQM-Konzepten als kundenorientierter Prozess zu verstehen ist (Bay 1998, S.50ff). Unternehmen sind im allgemeinen bemüht, ihren Kunden ein hohes Maß an Zufriedenheit zu verschaffen. Im Zeitalter von TQM stellt sich die Frage der Kundenorientierung jedoch in einem neuen Zusammenhang. Ein erheblicher Teil des Eindruckes den der Kunde vom Unternehmen bekommt, wird qualitativ innen - im Unternehmen selbst – bestimmt. Dies betrifft nicht nur den Bereich der Kunden-Lieferanten-Schnittstelle, sondern z.B. auch das Erleben des Kunden der internen Abläufe. Diese können durch Störungen des Betriebsklimas beeinflusst sein und zu einer fehlerhaften Auftragsabwicklung oder zu sonstigen Pannen und Ungereimtheiten beim Kunden führen. Hier ist nicht nur ein Prozessverständnis von Arbeit gefordert (vgl. Juran 1993), sondern auch die Entdeckung des „internen Kunden" (Bay 1998, S.51). Demnach ist jeder in einem Arbeitsablauf gleichzeitig Kunde und Lieferant und somit auch wie ein richtiger externer Kunde zu bedienen: mit höchster Qualität, pünktlich, kostengünstig und freundlich. Bay weist darauf hin, dass mit TQM eine Veränderung der Denkrichtung einher geht: weg vom ausschließlichen Ergebnisdenken – hin zur Prozessorientierung in einer Kunden-Lieferanten-Kette:

„Qualität ist jetzt nicht mehr ein finales Ereignis, das in einer Endkontrolle durch Qualitätsprüfer oder Führungskräfte stattfindet, sondern muss auf allen Stufen eines Herstellungsprozesses – ob Produkt oder Dienstleistung – immer wieder aufs Neue erzeugt werden, denn Qualität kann man nicht am Ende einer Prozesskette in ein Produkt *hineinprüfen*" (ebd.).

Folglich gilt es auf dem Wege zum zufriedenen internen und externen Kunden, ständig Verbesserungen durchzuführen und erreichte Ziele als Ausgangspunkt für die nächsten Verbesserungsmaßnahmen zu betrachten (Frehr 1989, S.126). Nach Imai widmen japanische Manager mindestens 50% ihrer Zeit Verbesserungen (Imai 1991).

Ein zentrales Element von TQM-Konzepten ist der sog. *kontinuierliche Verbesserungsprozess* (KVP) bzw. KAIZEN. Bay nennt hierfür drei Gründe (Bay 1998, S.60):

- Es gibt bei Qualität keinen definierten Endzustand.
- Konsequente Kundenorientierung bedeutet Eliminierung aller Verschwendung in sämtlichen Prozessen, so dass nur noch wertschöpfende Tätigkeiten vorzufinden sind.
- Die Sicherung der eigenen Existenzberechtigung im Unternehmen erfolgt durch permanente Weiterentwicklung.

KVP ist als dauerhaftes Verbesserungsmanagement zu verstehen und von den Führungskräften zu organisieren. Innerhalb der Teams sind konkrete Verbesserungsziele zu vereinbaren. Bay weist darauf hin, dass hier eine Eintellungsänderung zu Fehlern notwendig ist. Aus KVP-Sicht sind Fehler keine Beweise für Dummheit oder mangelnde Kompetenz, sondern ernstzunehmende Hinweiszeichen für vorhandene Verbesserungspotentiale (ebd.).

Hierfür ist allerdings ein Klima der Offenheit und des Vertrauens Voraussetzung, das ein Ansprechen von Fehlern und Problemen erst ermöglicht. Nach der Einschätzung von Imai ist das Fehlen einer „Philosophie der Verbesserung" das krasseste Versäumnis des westlichen Managements (Imai 1991, S.54).

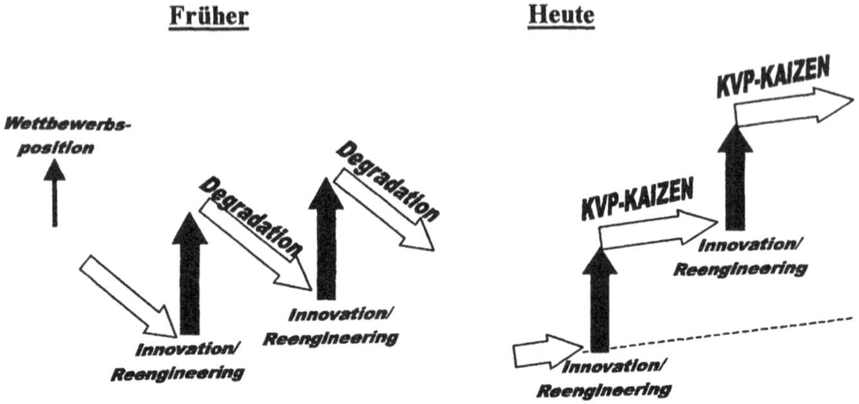

Abbildung 11: KVP und Reengineering (Quelle: Steinbeck 1996, S.31)

Abbildung 11 zeigt, dass in einem Unternehmen KVP und Reengineering (s. hierzu ausführlicher Hammer/Stanton 1995) zur Verbesserung der Wettbewerbsposition benötigt wird. Wie sieht jedoch die konkrete KVP-Arbeit für die Mitarbeiter aus? Bay nennt in diesem Zusammenhang 10 KVP-Gebote (Bay 1998, S.61):

1. Du darfst Dein gewohntes Denken aufgeben.

2. Denke in Lösungen (WIE machen wir`s?) und nicht in Schwierigkeiten. (Warum es nicht geht!)

3. Du sollst alles bisherige Tun in Frage stellen.

4. Es gibt keine 100%-Lösungen, deshalb tu das, was jetzt sofort zur Verbesserung führt.

5. Melde und korrigiere Fehler sofort, denn sie multiplizieren sich sonst.

6. Suche die Wurzel des Fehlers und frage mehrfach mit Warum.

7. Suche nach Verbesserungen auch dann, wenn keine Fehler sichtbar sind.

8. Finde einfache Lösungen.

9. Im Team lösen wir Probleme besser als allein.

10. KVP ist nie zu Ende.

Bei Betrachtung der 10 KVP-Gebote wird deutlich, dass hier eine glaubhafte Überzeugungs- bzw. Motivationsarbeit der Führungskräfte notwendig ist, denn die meisten Mitarbeiter, insbesondere die in öffentlichen Verwaltungen, sind beruflich völlig anders sozialisiert.

Ein weiteres Element von TQM ist Benchmarking. Benchmarking (benchmark = Maßstab festlegen) stammt aus den USA und ist ein kontinuierlicher Prozess, Produkte, Dienstleistungen und Methoden gegen den stärksten Mitbewerber bzw. den Marktführer zu messen und so Lösungen zu finden, die auf den besten Methoden und Verfahren beruhen (Camp 1994). Man vergleicht sich also mit den Besten der Branche mit vergleichbaren Prozessen, um diese in der Zukunft zu übertreffen. Dies geschieht dadurch, dass man zunächst die eigene Position ermittelt und daraus Aktivitäten entwickelt und Ziele ableitet (vgl. Abbildung 9). Dieser Prozess ist nach Steinbeck heute Bestandteil in jedem erfolgreichen Unternehmen und kann genau so gut im Dienstleistungsbereich angewendet werden (Steinbeck 1996, S.28).
Wie kann man nun ein Qualitätsmanagementsystem in ein Unternehmen einführen? Im Allgemeinen umfasst die Einführung von Qualitätsmanagement Qualitätsplanung, Qualitätsregelung und Qualitätsverbesserung (Daumenlang/ Palm 1997, S.357). Qualitätsplanung befasst sich mit der Entwicklung von SOLL-Forderungen, während Qualitätsregelung die Bestimmung von IST-Zuständen und Verfahren des IST-SOLL-Abgleichs beinhaltet. Die allgemeine Einführung und Umsetzung von Maßnahmen beschreibt schließlich die Qualitätsverbesserung.

Zusammenfassung:

Moderne Qualitätsmanagementkonzepte stellen erhebliche Anforderungen an die MitarbeiterInnen eines Unternehmens bzw. einer Organisation. Das bisherige Ergebnisdenken muss einer Prozessorientierung der Arbeit weichen. Für die nachgeordneten Kräfte/MitarbeiterInnen bedeutet dies eine Zunahme von Verantwortung und ein umfassendes Qualitätsdenken und –handeln. Den Führungskräften wird daneben ein neues Verständnis von Führung abverlangt, weg von der hierarchischen Führung, hin zur prozessorientierten, partizipativen Führung. Ein weiteres Erfordernis für TQM ist die Schaffung von Teamstrukturen: „TQM bedeutet, das gesamte Unternehmen komplett auf Teamorganisation umzubauen" (Schaar 1994, S.67). Bay weist darauf hin, dass es sich beim stetigen Ansteigen teamorientierter Arbeitsformen in vielen Unternehmen keineswegs um eine saisonale Zeiterscheinung handelt, sondern, dass wir es mit einem grundlegenden Paradigmawechsel zu tun haben (Bay 1998, S.11). Im Folgenden soll deshalb zunächst ein genauerer Blick auf diese Arbeitsform geworfen werden.

7.2.5 Teamarbeit

Was ist ein Team? Bay nennt fünf Merkmale. Demnach ist ein Team eine

- kleine, funktionsgegliederte Arbeitsgruppe
- mitgemeinsamer Zielsetzung,
- intensiven wechselseitigen Beziehungen,
- einem ausgeprägten Gemeinschaftsgeist und
- einem starken Gruppenzusammenhalt unter den Teammitgliedern (Bay 1998, S.16f).

In der amerikanischen Literatur wird der Teambegriff dahingehend erweitert, als dass besonderer Wert auf das Wir-Gefühl, den Gemeinschaftsgeist, gemeinsame Symbole und das interne Antreiben zu Höchstleistungen gelegt wird (ebd.). Schwierig wird es, wenn man Team und Gruppe unterscheiden will. Rosenstiel definiert Gruppe folgendermaßen:

„Eine Gruppe lässt sich kennzeichnen als eine Mehrzahl von Personen, die bei Bestehen unmittelbarer Interaktionen und Überwiegen der Binnenkontakte für eine längere Dauer beisammen sind, dabei Rollen ausdifferenzieren, gemeinsame Normen, Werte und Ziele entwickeln sowie Kohäsion in dem Sinne zeigen, dass die Zusammengehörigkeit für die Mitglieder attraktiv ist, woraus sich ein Wir-Gefühl ergibt“ (Rosenstiel 1995, S.350).

Bay findet hier als wichtigstes Differenzierungsmerkmal die Intensität des Verbundenseins und des davon abhängigen Grades an Wir-Gefühl, so dass man von Teams mit geringer und stark ausgeprägter sozialer Identität bzw. Attraktivität sprechen kann (Bay 1998). Was den Grad des Zusammenhaltes betrifft, haben Teams also ein Entwicklungsspektrum vor sich, d.h., dass es Teams mit unterschiedlichem Reifegrad gibt. Was bedeutet dies für die Abgrenzung zur Gruppe? „Ein Team ist per se immer eine Gruppe. Sie beginnt

bei einem Ausgangsniveau, und wo man dann in der Entwicklung letztlich ankommt, ist von der internen Dynamik und (...) ganz erheblich von dem durch die Organisationsform vorgegebenen Selbststeuerungsanteil abhängig“ (Bay 1998, S.18).
Zur Auseinandersetzung mit Aufgaben und Zielen von Teamarbeit, ist es sinnvoll zunächst Teamformen zu unterscheiden. Bay bietet hier zwei Strukturierungsdimendionen an:

- Die *Lebensdauer* eines Teams
  Sie kann zeitlich begrenzt oder unbegrenzt sein.

- Die *Organisationsidentität*
  (ebd.).

Weiterhin können Teams Bestandteil der formalen Organisation sein, d.h. das Organigramm bzw. die Aufbauorganisation sieht Teamarbeit vor oder sie können neben dieser existieren. Tabelle 2 fasst die sich daraus ergebenden möglichen Teamformen zusammen.

	Lebensdauer: unbegrenzt	Lebensdauer: Zeitlich befristet
identisch mit formaler Organisation: ja	● teilautonome Arbeitsgruppen ● organische Arbeitsteams	● Qualitätszirkel
identisch mit formaler Organisation: nein	● Projektteams mit Langzeitcharakter	● Projektteams ● Task-force-Teams ● alle sonstigen Sonderformen von Teams

Tabelle 2: Teamformen (Quelle: Bay 1998, S.19)

Im Folgenden sollen die einzelnen Teamformen im Hinblick auf ihre Aufgaben und Ziele betrachtet werden.

Zeitlich befristete Teams / Bestandteil der formalen Organisation

Hierunter fallen die sogenannten Qualitätszirkel (QZ). Obwohl es vielfältige QZ-Formen gibt, lassen sich die wichtigsten Merkmale aufführen (Bungard 1991, S.6ff):

□ Bei den QZ handelt es sich um Gesprächsrunden von etwa 5 bis 10 Mitarbeitern aus unteren Hierarchieebenen.

□ Sie stammen in der Regel aus einem Arbeitsbereich.

□ Sie versuchen, auf freiwilliger Basis regelmäßig (alle 2 – 4 Wochen) arbeitsbezogene Probleme im weiteren zu besprechen und möglichst eigenverantwortlich zu lösen.

□ Die Gruppe wählt sich ihre (im weitesten Sinne qualitätsbezogenen) Themen selbst aus.

□ Die Gesprächsrunden finden während der Arbeitszeit statt und betragen von der Dauer her jeweils 1 bis 2 Stunden.

□ Die Gesprächsleiter bzw. Moderatoren berichten regelmäßig (anhand eines Ergebnisprotokolls) einem Koordinator über die besprochenen Themen.

Die Zielsetzung des QZ-Konzeptes bezieht sich also auf 2 unterschiedliche Aspekte:

Zum einen soll mit diesen Gesprächskreisen durch den damit verbundenen möglichst großen Freiraum die Motivation der Mitarbeiter erhöht werden, die auf diesem Wege eine positive Einstellung zu ihrer Arbeit gewinnen und sich mit dem Unternehmen stärker identifizieren. Zum anderen erhofft man sich einen reibungsloseren Arbeitsablauf, eine Verbesserung der Produktivität und schließlich eine Erhöhung der Qualität (ebd.). QZ-Konzepte gelten als die Vorläufer der Total-Quality-Management-Konzepte (Bay 1998, S.20).

Zeitlich befristete Teams / nicht Bestandteil der formalen Organisation

Hierunter fallen die sogenannten Hot Groups. Sie haben folgende Merkmale (Bay 1998, S.20):

□ Sie sind oft interdisziplinär zusammengesetzt,

□ haben einen Spezialauftrag,

□ werden durch einen Teamleiter geführt,

□ sind überwiegend kleine Gruppen (5 – 10 Personen),

- können aus Mitgliedern gleicher oder unterschiedlicher Hierarchieebenen zusammengesetzt sein (horizontale und vertikale Teams),

- Teamarbeit ist für alle diese Teams kein ständiger Zustand.

In der Literatur werden die Bemühungen dieser Teams unterschiedlich gewertet. Während sich einige Autoren geradezu euphorisch äußern, sind andere eher pessimistisch hinsichtlich des Erfolgs von Hot Groups (ebd.). Bay sieht hier folgende Ursachen:

- Die Mitglieder kommen aus gewohnten Linienorganisationen. Im Team müssen sie sich erst zusammenfinden.

- Das Team hat eine Doppelfunktion zu erfüllen. Es soll eine Aufgabe perfekt lösen und sich gleichzeitig selbst steuern und organisieren. Damit sind unerfahrene Teams überfordert.
- Die Team-Mitglieder werden zur Teamarbeit „abgestellt". Anders ist es, wenn man sich zu Teams freiwillig meldet oder eine Anfrage zum Mitmachen erhält.

- Der Teamleiter kann Teams nicht richtig führen. Ein guter Linienmanager kann u.U. ein schlechter Projektleiter sein (Bay 1998, S.21).

Teams mit Langzeitcharakter / nicht organisationsidentisch

Hierunter fallen insbesondere Projektteams aus Forschung, Entwicklung oder Datenverarbeitung. Diese Teams haben folgende Merkmale (Bay 1998, S.22):

- Die Teammitglieder werden aus der formalen Organisation herausgelöst und in Aufgabengebundene Projektteams zusammengeführt.

- Die Lebensdauer eines solchen Teams beträgt oft 2 Jahre oder mehr.

- Nach Ablauf des Projektes werden die Teammitglieder häufig auf neue Projektaufgaben angesetzt.

Organisationsidentische Teams / unbefristete Lebensdauer

Die Orientierung bei diesem Teamkonzept geht in Richtung ökonomische Ziele, d.h. man will eine erhebliche Verbesserung der Wettbewerbsfähigkeit erreichen (vgl. Bay 1998, S.22ff). Hier sind folgende Aspekte relevant:

- Flexibilisierung des teamorientierten Personaleinsatzes (Rotation) (ebd.),

- konsequente Nutzung des erfahrungsbedingten Wissens und Könnens in einem kontinuierlichen Verbesserungsprozess (KVP; vgl. Kapitel 7.2.4),

- Ausrichtung der Teamarbeit an den Grundprinzipien des Total Quality Managements (TQM; ebd.),

- konsequentes prozessorientiertes Denken und Handeln sowie Förderung der Problemlösekapazität aller Teammitglieder (Bay 1998, S.23).

Basierend auf dem Grundsatz der Selbststeuerungsfähigkeit von Gruppen, soll auf diesem Wege die Reaktionsfähigkeit des Unternehmens verbessert und gleichzeitig der Umfang des alten Linienmanagementstruktur (vgl. Kapitel 3.9) reduziert werden. Die Teams können homogen sein, oder auch durch einen Prozess zusammengeführt werden, z.B. von der Bestellung bis zur Reklamationsbearbeitung (vgl. Bay 1998, S.23). Folgende Merkmale sind für diese Art von Teams kennzeichnend (ebd.):

- Die Teams bestehen aus bis zu 20 Personen.

- Die Teams repräsentieren organische Einheiten der Organisation.

- Sie steuern sich selbst und haben Ergebnisverantwortung.

- Sie haben den Auftrag zur permanenten Prozessverbesserung.

- Sie arbeiten nach dem Null-Fehler-Prinzip und haben die ausschließliche Qualitätsverantwortung.

- Sie führen dispositive Arbeiten (Planungs-, Organisations- und Kontrollaufgaben) zusätzlich zur Produktionsaufgabe aus.

Teams gelten als wesentlich leistungsfähiger als Arbeitsformen in der bisherigen hierarchisch geprägten Organisationsstruktur (vgl. Wahren 1994, S.20ff.). Damit Teamarbeit und TQM umgesetzt werden können, bedarf es neuer Strukturen, insbesondere neuer Führungsstrukturen. Bay weist darauf hin, dass die heute überwiegend noch vorherrschenden Führungsstrukturen das Ergebnis unseres gestrigen Denkens, also vergangenheitsbezogen sind (Bay 1998, S.39). Das Denkmuster für die Organisationsstruktur der Vergangenheit hieß: hierarchischer Aufbau mit straffer Linienorganisation (vgl. Kapitel 3.9).

7.2.6 Von der hierarchischen zur prozessorientierten Führung

Insbesondere in öffentlichen Verwaltungen finden wir heute noch Strukturen vor, die weitgehend dem Bürokratiemodell von Max Weber entsprechen (Schwarz 1995; vgl. auch Kapitel 3.9.1). Die Merkmale solcher Strukturen sind:

- Eine Arbeitsteilung, die auf zu weitgehender Spezialisierung beruht
- Ein System festgelegter Verfahrensweisen zur Bewältigung von Arbeitssituationen
- Eine nach Stellenplan und Aufstiegsregelung fixierte Autoritätshierarchie
- Beförderung und Auslese, die nicht auf fachlicher Kompetenz beruhen
- Nach der Position abgestufte Bezahlung
- Ein System von Regeln, das die Rechte und Pflichten der PositionsinhaberInnen festlegt
- Ein System von Regeln, das das Verhalten der PositionsinhaberInnen festlegt
- Sachlichkeit und Unpersönlichkeit in den zwischenmenschlichen Beziehungen
- Betonung der schriftlichen Kommunikation auf dem Dienstwege
- Rationale Disziplin als Organisationskonzept
  (Schwarz 1995, S.54)

Es wird heute allgemein davon ausgegangen, dass diese Merkmale einer qualifizierten Arbeit und angemessenen Problemlösung im Wege stehen, bzw. dass ein solches System nicht angemessen schnell und flexibel reagieren kann, wenn sich maßgebliche Änderungen in der Umwelt ergeben (ebd.). Hierbei darf jedoch nicht übersehen werden, dass bürokratischen Strukturen auch Vorteile aufweisen, sie galten lange Zeit als in höchstem Maße fortschrittlich und wurden sogar von der Privatwirtschaft übernommen (vgl. Kapitel 3.9). So sind klare Instruktionen und eine hochgradige Spezialisierung durchaus vorteilhaft, wenn es um die rasche Bearbeitung bekannter, sich oft wiederholender Vorgänge geht. Hier geben bürokratische Strukturen die für eine schnelle Erledigung solcher Vorgänge nötige Verhaltenssicherheit und haben somit eine Entlastungsfunktion. Nun ist es jedoch so, dass die Aufgabenstellungen in öffentlichen

Verwaltungen zunehmend vielschichtiger werden. Dies ist neben veränderten Anforderungen und Erwartungen seitens ihrer Kunden auch durch eine zunehmend komplizierter werdende Rechtsmaterie bedingt. Man kann sich daher nur bedingt auf die gewohnte Routine stützen (vgl. Schwarz 1995, S.66f). Wo dies allerdings der Fall ist, wie z.B. bei der Bearbeitung größerer Mengen einfacher Anträge mit wiederkehrenden Anliegen sind bürokratische Strukturen im Weberschen Sinne durchaus auch Vorteile aufweisen. Sie gelten jedoch heute allgemein als überholt (vgl. u.a. Bay 1998,S.39).
Im Laufe der Zeit ergeben sich insbesondere für das Führungsverhalten in einem solchen hierarchischen System verschiedene „Selbstverständlichkeiten“ (Bay 1998, S.41f):

- Nur zwischen Mitarbeiter und direktem Vorgesetzten besteht ein Unterstellungsverhältnis.
  (Der Dienstweg ist einzuhalten)

- Die direkte Zuweisung von Arbeit und Verantwortung sowie die Kontrolle erfolgen durch
  den Vorgesetzten, so dass dieser weiß, was „sein“ Mitarbeiter macht.

- Das Denken und Arbeiten erfolgt linear, so dass Komplexität nicht vorkommt.

- Informationsportionierung erfolgt durch den Vorgesetzten. Jeder bekommt nur soviel an Informationen, wie zur Aufgabenbewältigung benötigt wird.

- Entscheidungsmacht wird über den Hierarchierang geregelt und liegt ausschließlich beim Vorgesetzten.

- Abteilungs- und Bereichsdenken haben Vorrang. Abstimmung mit vor- oder nachgelagerten Stellen findet nicht/wenig statt.

Aufgrund dieser Mechanismen wird hierarchische Führung zunehmend kritisch hinterfragt:
„Die Hierarchie hat aufgehört, sich selbst zu legitimieren. Jede hierarchische Stufe gerät in Beweisnotstand. Sie muss, will sie überleben, ihre Existenz durch das begründen, was sie im Rahmen definierter Prozessketten an Mehrwert schafft“ (Doppler/Lauterburg 1994; zitiert nach Bay 1998, S.42). Natürlich wird keine Organisationsform ohne Hierarchie und Führungsstrukturen auskommen. Die neu zu schaffenden Organisationen werden jedoch einerseits „flacher“, d.h. mit deutlich weniger Hierarchieebenen. Zum anderen werden sie über zu steuernde Prozesse organisiert, d.h. Abteilungs- und Bereichsdenken wird dann

kaum noch eine Rolle spielen. „Wer in Prozessen denkt, der sieht das Einzelne und das Ganze, der kann analytisch und systemisch denken. Eine in Prozessen denkende Führungskraft begreift, welche Auswirkungen bestimmte Handlungen/Aktivitäten auf das Gesamtergebnis haben. Intelligente Prozesse sind heute ebenso wichtig wie intelligente Produkte und Mitarbeiter“ (Bay 1998, S. 43). Somit ist die Schaffung intelligenter Prozesse eine der wichtigsten anageraufgaben. Peters formuliert folgende Leitsätze zur Entwicklung einer neuen Organisationsstruktur der Unternehmen und Dienstleistungsbetriebe:

- Um die gewandelten Bedürfnisse der KundInnen/KlientInnen zu erkennen und sich auf ihre Wünsche rasch einstellen zu können, müssen die Unternehmen/Organisationen durchlässig (*porös*), flexibel, reaktionsschnell und kundenorientiert sein.

- Zur Anpassung an die sich immer rascher wandelnde Umwelt sind Innovation, Kreativität und Flexibilität gefordert. Innovativ denkende Menschen und *QuerdenkerInnen* sind gefragt, nicht angepasste Typen. Sie brauchen Motivation, Engagement, Ideen und Enthusiasmus.

- Gut ausgebildete, leistungsorientierte und qualitätsbewusste MitarbeiterInnen, die sich im Unternehmen engagieren sollen, müssen an das Unternehmen/ an die Organisation gebunden werden, d.h. sie müssen in ihrem Arbeitsplatz Vorteile für sich erkennen können.

- Aufgabe der Unternehmensführung ist, die MitarbeiterInnen zu den notwendigen Veränderungen zu motivieren, ihre Ängste abzubauen, ihre Unsicherheiten zu begrenzen und Widerstände zu überwinden. Traditionelle Hierarchien, Positionen und Aufgaben wie z.B. Kontrolle, Disziplinierung, Autorität etc. verlieren an Bedeutung.

- Die Führungskonzepte und Organisationsstrukturen müssen geeignet sein, mehr Differenzierung in den Produkten, Angeboten und Dienstleistungen zu erreichen, um besser auf die Bedürfnisse der KundInnen bzw. des Marktes zu reagieren.
  Mehr KundInnenorientierung und Dienstleistungsbewusstsein setzen Qualitäts-bewusstsein und Leistungsbewusstsein bei dem Personal voraus.

- Dieses wiederum ist langfristig nur zu erreichen und sicherzustellen, wenn die vor herrschende Hierarchie-, Behörden- und Ämterorientierung durch mehr Autonomie, fachliche Zuständigkeit und Verantwortung abgelöst wird. Qualifizierte, motivierte und flexible MitarbeiterInnen sind Voraussetzung und Hauptquelle für Qualität und Leistung in den Unternehmen und Organisationen (Peters 1988; zitiert nach Schwarz 1995, S.55).

Die nunmehr als veraltet geltenden bürokratischen bzw. hierarchischen Strukturen bieten einerseits eine Anzahl von Vorteilen für die Organisation und für die einzelne MitarbeiterIn. In erster Linie sind hier die aus eindeutigen Regelungen resultierende und Verhaltenssicherheit gebende Entlastungsfunktion und die Voraussetzung für die Erledigung von Routinearbeiten in hoher Qualität durch hochgradige Spezialisierung zu nennen. Aufgrund veränderter Umweltbedingungen wird nun jedoch die Abkehr von diesen Prinzipien gefordert. Hierarchische Strukturen gelten als zu rigide um angemessen schnell auf eine veränderte Umwelt reagieren zu können. Im Mittelpunkt stehen nicht mehr hochspezialisierte Teilbereiche, sondern Prozesse. Desweiteren gewinnen die MitarbeiterInnen an Autonomie. Sie werden nicht mehr als reine Weisungsempfänger, sondern als eigen-verantwortliche (und somit als für die Qualität verantwortliche) Personen betrachtet.

7.2.7 Widerstände gegen Organisationsreformen

Voraussetzung für eine gelingende Verwaltungsreform ist die Bereitschaft der MitarbeiterInnen aller Hierarchieebenen, diese mitzutragen (vgl. Beck/Schwarz 1997,S.15). Vor dem Hintergrund der in der Arbeitsverwaltung geplanten Reformvorhaben stellt sich hier die Frage nach Erfahrungen in anderen Bereichen der öffentlichen Verwaltungen bzw. nach Mechanismen, die sich hier möglicherweise als hemmend erwiesen haben. Diese Erkenntnisse könnten bei der Reform der Arbeitsverwaltung berücksichtigt werden.

Nach Stratemann/Wottawa besteht innerhalb des öffentlichen Dienstes ein breiter Konsens darüber, dass Reformen notwendig sind (Stratemann/Wottawa 1995, S.99). In der Vergangenheit beschränkten sich jedoch viele Reformversuche auf eher kosmetische Maßnahmen bzw. auf das Innere der Organisationseinheiten (Schwarz 1995, S.56). Die Wahlmöglichkeiten und Mitbestimmungschancen der MitarbeiterInnen und KundInnen spielen hingegen in vielen Organisationen eine untergeordnete Rolle. Etablierte Hierarchien und Leitungsebenen werden kaum in Frage gestellt, zu wenig qualifizierte MitarbeiterInnen gelangen in verantwortliche Positionen (ebd.). Was ist der Grund für diese Reformträgheit öffentlicher Verwaltungen? Mayntz weist darauf hin, dass die (dargestellte) Kombination von hochgradiger Regelbindung, hierarchischer Abhängigkeit und genau umrissenen Zuständigkeiten für die oft als zentrale Schwäche bürokratischer Organisationen herausgestellte unzureichende Anpassungsfähigkeit und Innovationsschwäche verantwortlich ist

(Mayntz 1985, S.118). Diese Kombination hemmt schon das Auftreten innovativer Impulse und wirkt als Hindernis für das Durchsetzen von Reformen. Die Folge ist ein bürokratischer Teufelskreis, der dazu führt, dass das starre und zu anpassendem Wandel unfähige System nur noch durch relativ radikale Eingriffe von der politischen Spitze her geändert werden kann (ebd.).
Welche Einstellungen haben die Mitarbeiter und Führungskräfte öffentlicher Verwaltungen gegenüber Reformen? Schwarz stellt für die Führungskräfte fest, dass, wenn der Wille zu Veränderungen einmal vorhanden ist, oft das know-how und die Erfahrung mit Reformprozessen fehlt: „Konservative Juristen, die in den Verwaltungsspitzen häufig vertreten sind, blockieren die notwendigen Veränderungen, weil sie von ihrer Ausbildung und professionellen Denkweise eine andere Problemwahrnehmung haben und mit Reformaufgaben schnell überfordert sind" (Schwarz 1995, S.56; vgl. auch Stratemann Wottawa 1995, S.112). Die Mitarbeiter lassen sich hinsichtlich ihrer Einstellungen gegenüber Reformprozessen in 7 Kategorien unterteilen (ebd.):

- Die *Gleichgültigen*
  Sie stellen die Mehrheit unter den MitarbeiterInnen, haben schon viele Reformversuche erlebt, wollen erst einmal abwarten, ob sich das ganze für sie „lohnt". Sie für die Mitarbeit zu motivieren ist sehr schwierig, für den Erfolg der Reorganisation aber wichtig.

- Die *Missionare*
  Sie sind von der Notwendigkeit und Richtigkeit der Veränderung überzeugt und werben aktiv bei ihren KollegInnen. Wie groß, qualifiziert und angesehen diese Gruppe in der Organisation ist, spielt bei dem Erfolg oder Misserfolg eine bedeutsame Rolle.

- Die *Gläubigen*
  Sie lassen sich von den Missionaren überzeugen und setzen sich aktiv für die Veränderungen ein.

- Die *Lippenbekenner*
  Sie geben sich nur in Worten von der Notwendigkeit der Veränderung überzeugt, handeln aber nicht entsprechend. Ihr Verhalten kann als eine Form hinhaltenden Widerstands gesehen werden.

- Die *Untergrundkämpfer*
  Sie begnügen sich nicht mit passivem Widerstand, sondern arbeiten verdeckt, aber aktiv gegen die Einführung der geplanten Veränderungen. In informellen Gesprächen, durch Gerüchte, Spekulationen etc. verstärken sie die bei Neuerungen immer vorhandenen Ängste bei den KollegInnen und

machen Stimmung für die Beibehaltung der alten Strukturen. Wieweit sie dabei für den Erhalt ihrer eigenen Privilegien kämpfen, ist nicht immer allen einsichtig.

- Die *aufrechten Gegner*
  Sie kämpfen aus Überzeugung und mit offenen Argumenten gegen die geplanten Veränderungen, die sie sachlich für falsch halten. Dieser Gruppe geht es weniger um eigene Privilegien, mehr „Um die Sache“ und den Erfolg der Organisation, den sie durch die Neuerungen gefährdet sehen.
- Die *Emigranten*
  Sie leisten eigentlich keinen Widerstand, sondern entziehen sich der Mitarbeit an den Veränderungen durch Kündigung bzw. vorzeitige Pensionierung und Weggang.

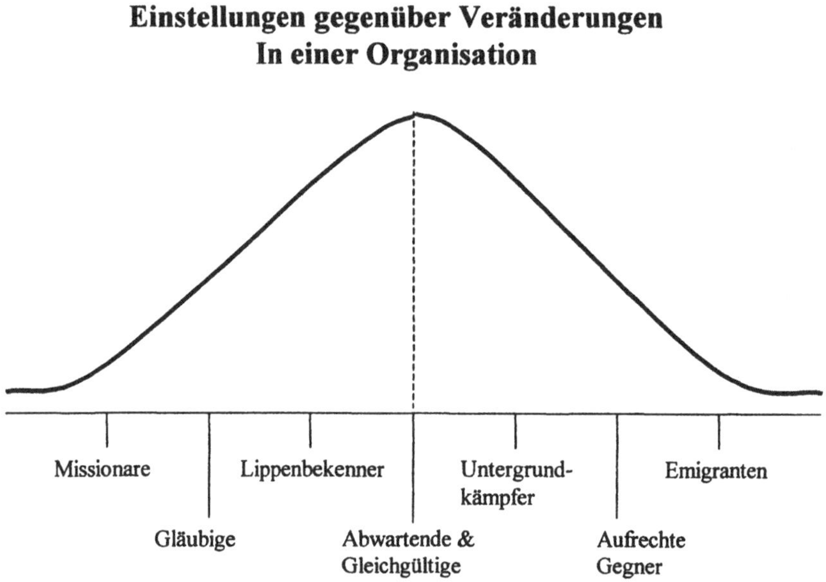

Abbildung 12: Einstellungen gegenüber Veränderungen in einer Organisation (Quelle: Schwarz 1995, S.57)

Die Einstellung zu Reformen spielt insbesondere bei den Führungskräften eine zentrale Rolle für den Erfolg oder Misserfolg der Bestrebungen. Wenn eine Führungskraft zur Kategorie der Lippenbekenner gehört, d.h. sich, weil es die

politische Führung gegenwärtig zu erwarten scheint, in Worten von der Notwendigkeit der Veränderung äußert, aber keine entsprechenden Ernstgemeinten Aktivitäten folgen lässt, kann man sich denken, wie es um den Erfolg der verkündeten Veränderungsbestrebungen gestellt sein wird. Das Verständnis von Führen ist bei vielen MitarbeiterInnen öffentlicher Verwaltungen auch heute noch eng verbunden mit obrigkeitsstaatlich geprägten Kulturelementen (vgl. Beck/Schwarz 1997, S.24ff). Führen wird hier als ein Ausüben von Macht, als Führen im Vorgesetzten-Untergebenenverhältnis verstanden. Ein solches Bild von Führung nährt Vorstellungen von hohem gesellschaftlichen Status, verbunden mit Rang und Macht. Außerdem fördert es Besitzstandswahrungs- und Machterhaltungsdenken der Führungskräfte. Deshalb verlaufen Veränderungen oft ohne die erhoffte Wirkung an der Oberfläche, Reformvorhaben werden in vielfältiger Weise blockiert.
Nach Beck/Schwarz sind in Verwaltungen Behörden- bzw. Abteilungsleiter, die ihren Aufstieg weniger ihrer fachlichen Kompetenz als vielmehr ihren parteipolitischen Verhältnissen verdanken immer noch eher die Regel als die Ausnahme (ebd.).

Auf der anderen Seite besteht die Gefahr des Missbrauchs. D.h. Reformkonzepte verkommen in den Äußerungen mancher Führungskraft zum „Gerede“ und wird zur eigenen Machterhaltung instrumentalisiert und soll dabei eigene Inkompetenz und Mängel in der Mitarbeiterführung überdecken. In der Folge werden Reformkonzepte, bevor sie auf Zweckdienlichkeit in der eigenen Organisation ausreichend geprüft wurden, zur Waffe gegen die eigenen MitarbeiterInnen, gleichzeitig erfolgt eine Profilierung „nach oben“ (ebd.). Der eigentliche Zweck von Reformen kann also unmöglich erreicht werden:

„*Führungspraktiken* dieser Art verschleißen beträchtliche Mengen mentaler, seelischer und motivationaler Ressourcen und *kosten* die Einrichtung, die Behörde – auch im betriebswirtschaftlichen Sinn des Wortes – jede menge Geld. Sie nähren eine Misstrauenskultur, pervertieren Reformvorhaben und verzögern eine zügige Implementierung von Neuerungen“ (Beck/Schwarz 1997, S.25).

Es bleibt also festzuhalten, dass Führungskräfte nicht ohne weiteres aus altgewohnten Führungsmustern aussteigen können. Gleichzeitig wirkt sich die dargestellte Auffassung von Führung dahingehend auf die MitarbeiterInnen in Verwaltungen aus, dass sie, wenn sie zu einer ernstgemeinten Mitwirkung aufgefordert werden, zunächst eher zögerlich und abwartend reagieren. Für das Gelingen einer Reform ist eine entschlossene und gemeinsam handelnde Verwaltungsspitze unbedingte Voraussetzung (Stratemann/Wottawa 1995, S.112ff). Koch verweist in diesem Zusammenhang auf die Bedeutung die der

Veränderungsprozess selbst für die Gesamteffektivität der Organisationsänderung hat (Koch 1982, S.169f). Demnach gehen Wirkungs-verluste nicht einseitig auf prozeßunabhängige Faktoren, wie etwa die dargestellte Anpassungsträgheit von öffentlichen Verwaltungen, zurück, sondern ebenso auf die jeweils angewandten Strategien des Organisationswandels.

Welche Konsequenzen ergeben sich aus dem Dargestellten für Reformvorhaben der Arbeitsverwaltung?
Es ist davon auszugehen, dass Veränderungen Widerstände erzeugen. In der Regel reagieren die Betroffenen mit defensiven Strategien. Hier ist die Art und Weise in der die Veränderungsprozesse gestaltet werden von Bedeutung. Insbesondere die Führungskräfte können sich bei der Umsetzung von Reformen als hemmend erweisen. Hier wäre zu prüfen, ob bereits Maßnahmen im Vorfeld der eigentlichen Reform zum Erfolg beitragen können.
Diese Zusammenhänge werden an anderer Stelle anhand der Reformkonzepte der Arbeitsverwaltung weiter konkretisiert.

7.2.8 Zusammenfassung

Es besteht ein Konsens darüber, dass Reformen im Bereich der öffentlichen Verwaltungen notwendig sind. Die bisherigen bürokratischen Strukturen weisen zwar auch Vorteile auf, gelten jedoch als den veränderten Rahmenbedingungen nicht mehr gewachsen. Ein Ausweg wird in der Neuen Steuerung gesehen.
Durch die Übernahme moderner Führungstechniken und Theorien aus der Betriebswirtschaft sollen kundenorientierte und flexibel reagierende Dienstleistungsunternehmen gestaltet werden. Dadurch, dass diese Modelle für die gewinnorientierte Privatwirtschaft entwickelt wurden, entstehen bei der Übertragung in den Bereich der öffentlichen Verwaltungen auch ernste Problemlagen. Es gibt jedoch kaum grundsätzliche Zweifel an der Richtigkeit der Ausrichtung an unternehmerischen Leitbildern.

Es ist deutlich geworden, dass die Übernahme einzelner Elemente der dargestellten Konzepte nicht sinnvoll ist, da sie weitestgehend miteinander verflochten sind bzw. z.T. einander bedingen. Die Schaffung neuer Organisationsstrukturen im Sinne flexibel reagierender Dienstleistungs-unternehmen setzt moderne Managementkonzepte voraus. Dies bedeutet wiederum eine Abkehr von der Verhaltens- zur Outputsteuerung. Diese benötigt wiederum ein funktionierendes Qualitätsmanagement, während Total Quality Management und die Arbeit in modernen Teamstrukturen nicht mit hierarchischen Strukturen vereinbar sind. Moderne Management- und Arbeitstechniken erfordern eine Hinwendung zu prozessorientierten Strukturen.

Vor dem Hintergrund der gewonnenen Erkenntnisse werden nun die Reformkonzepte der Arbeitsverwaltung betrachtet.

8. Entwicklungskonzepte der Arbeitsverwaltung

Die Entwicklungskonzepte der Bundesanstalt für Arbeit werden unter dem Begriff „Arbeitsamt 2000“ zusammengefasst. Hier ist auch das 1996 erlassene „Leitbild“ der BA einzuordnen. Während das „Leitbild“ auf eine Innovation der Unternehmens- und Führungskultur abzielt, beinhaltet das Konzept „Arbeitsamt 2000“ eine Veränderung der Organisationsstrukturen. Der enge Zusammenhang dieser Bereiche wurde oben dargestellt. Für eine gelingende Reform ist es somit von entscheidender Bedeutung, dass beide Elemente des Gesamtkonzeptes realisiert werden. Da eine Erneuerung der Führungskultur als Voraussetzung für eine wirkungsvolle Reform der Organisationsstrukturen betrachtet werden kann (vgl. Beck/Schwarz 1997,S.14f), ist die Umsetzung des „Leitbildes“ im Arbeitsamt Lüneburg vor diesem Hintergrund zu prüfen.
Nachdem die konkreten Inhalte des Organisationskonzeptes „Arbeitsamt 2000“ betrachtet wurden, erfolgt eine Auseinandersetzung mit der zentralen Frage dieser Arbeit. Inwieweit sind die geplanten Änderungen angesichts der derzeitigen Strukturen und der Kompetenzen und Einstellungen des Personals zu realisieren? In diesem Zusammenhang ist auf die Ergebnisse des ersten Teils diese Arbeit zurückzugreifen. Hier erfolgte eine Betrachtung der derzeitigen Strukturen und der Kompetenzen und Einstellungen des Personals des Arbeitsamtes Lüneburg. In diesem Kontext ist auch zu prüfen, inwieweit Fortbildungsmaßnahmen und Ausbildungsinhalte auf die neuen Konzepte abzustimmen sind bzw. bereits entsprechend geändert wurden.
Zunächst erfolgt zur besseren Einordnung der derzeitigen Bestrebungen eine Betrachtung der Ausgangslage.

8.1 Ausgangslage

Die Bundesanstalt für Arbeit (BA) sieht sich derzeit, wie andere öffentliche Verwaltungen auch, aufgrund nachhaltiger Veränderungen der gesellschaftlichen, wirtschaftlichen, fiskalischen und sozialen Rahmenbedingungen (vgl. Kapitel 7) zu Reformen gezwungen:

- Die Erwartungen der KundInnen haben sich verändert. In der Gesellschaft hat sich ein Werte- und Bedürfniswandel vollzogen, der auch das Dienstleistungsangebot der BA beeinflusst. Die KundInnen erwarten einen individuell gestalteten, bürgerfreundlichen und unbürokratischen Service.
- Die engen finanziellen Spielräume zwingen zu konsequentem Sparen. Von der BA wird daher erwartet, dass sie ihre Aufgaben effektiv und effizient erfüllt.

- Eng mit der finanziellen Situation verbunden ist die Frage der künftig zur Verfügung stehenden Personalkapazität . Sie wird in den kommenden Jahren im Vergleich zu heute tendenziell abnehmen. Dennoch wird eine größere Arbeitsmenge bei zumindest gleichbleibenden Qualitätsanforderungen zu bewältigen sein.
- Das Selbstverständnis und die Bedürfnisse der MitarbeiterInnen haben sich verändert. Freiheitliche Erziehung, höhere Schulabschlüsse, eine moderne Ausbildung stärken ihr Selbstwertgefühl und ihr Verlangen nach mehr Kompetenz und Verantwortung.
(Bundesanstalt für Arbeit 1997, S.1)

Die Bundesanstalt für Arbeit will den dargestellten Gegebenheiten mit entsprechenden Reformen begegnen, die im Folgenden betrachtet werden sollen. Bevor wir uns jedoch den Verwaltungsreformen im engeren Sinne zuwenden, soll zunächst ein Blick auf eine andere Strategie gerichtet werden, die Reduzierung des output staatlichen Handelns (vgl. Kapitel 2.3 bzw. Koch 1982, S.11f). Die Bundesanstalt für Arbeit hat zum 01.01.1998 eine Vereinbarung zur „Beteiligung Dritter an der Vermittlung von Arbeitslosenhilfebeziehern" geschlossen. Danach können an Dritte (gemeinnützige Einrichtungen, Bildungsträger, Beschäftigungsgesellschaften, private Vermittler oder sonstige Stellen) für die Vermittlung von Arbeitslosenhilfebeziehern sogenannte Kopfprämien zwischen 2000 und 4000 DM gezahlt werden. Voraussetzung ist, dass es sich um ein sozialversicherungspflichtiges Arbeitsverhältnis handelt, das mindestens 6 Monate dauert (ÖTV Nachrichten März 1998). Die Gewerkschaft Verdi (als ÖTV-Nachfolgeorganisation) sieht diese Outsourcingtendenzen sehr kritisch und verweist auf negative Erfahrungen unserer holländischen Nachbarn. Auch die Art und Weise in der die Bundesregierung mit der Selbstverwaltung der BA umgeht und damit Druck auf die Behörde ausübt, wird von der Gewerkschaft kritisiert:
„Nicht nur, dass schon mehrfach der Haushalt der BA gegen das Votum der Selbstverwaltung in Kraft gesetzt worden ist. Mit detaillierten Auflagen und Anweisungen werden die Rechte der Selbstverwaltung durch die Bundesregierung mehr und mehr ausgehöhlt" (ÖTV Nachrichten März 1998, S.11). Entsprechend sehen die Prognosen für die Zukunft aus:
„Es ist damit zu rechnen, dass die Tendenzen zur Schwächung – bis hin zur Demontage – der BA in Zukunft noch deutlich zunehmen werden. Outsourcing einzelner Funktionen, die weitere Reduzierung der aktiven Arbeitsmarktpolitik oder die Ausweitung der Beschäftigungspolitik durch die Kommunen sind nur einige der Zielvorstellungen Bonner Koalitionspolitiker" (ebd.). Auch der Verband der Beamten der Bundesanstalt für Arbeit (VBBA) hat eine kritische Einschätzung zur Einbeziehung Dritter in die Vermittlungsaktivitäten für Arbeitslosenhilfeempfänger. Stattdessen wird eine Personalaufstockung bei der

BA für sinnvoller und effektiver gehalten. Gleichzeitig wird eine Entlastung der öffentlichen Arbeitsvermittlung von vermittlungsfremden Aufgaben gefordert (VBBAaktuell 03/98). Der VBBA weist darauf hin, dass die Bemühungen der „Dritten“ weitaus weniger erfolgreich sind, als es zuweilen in der Öffentlichkeit dargestellt wird:

„Dass diese ohnehin *keine Bäume ausreißen*, zeigen die mittlerweile vorliegenden *Erfolgszahlen.* Ein echter Leistungsvergleich ist von politischer Seite allerdings (bewusst?) nicht erwünscht Die BA-Vermittler werden also weiterhin mit Zusatzaufgaben (s. SGB III) belastet, wobei derzeit jeder Arbeitsvermittler für bis zu 1000 Bewerber verantwortlich ist“ (ebd.). Der VBBA kommt schließlich zu einem ähnlichen Schluss wie Verdi: „Der VBBA wertet die Einschaltung Dritter bei der Vermittlung von Alhi-Beziehern (Alhi = Arbeitslosenhilfe; Anmerkung der Verfasser) sowie die Zahlung von Vermittlungsprämien daher als einen weiteren Versuch, die Leistungsfähigkeit der BA-Beschäftigten in Zweifel zu ziehen und damit die Demontage der BA fortzuführen“ (ebd.). Interessanterweise hat die BA zum 01.10.2001 zusätzlich 1000 zusätzliche Mitarbeiter als Arbeitsvermittler eingestellt. Im Kontext einer großangelegten „Vermittlungsoffensive“ wurden weitere 1000 Planstellen für Arbeitsvermittler durch interne Umschichtungen geschaffen.

Zum 01.04.2002 wurde der sog. Vermittlungsgutschein eingeführt. Diese ermöglichen die Auszahlung von Prämien für erfolgreiche Vermittlungen durch private Arbeitsvermittler.

Diese Hintergründe zeigen deutlich den erheblichen politischen Druck, der auf der Bundesanstalt lastet und ein entscheidender Faktor für die angestrebten Verwaltungsreformen im engeren Sinne ist.

Die diesbezüglichen Bestrebungen der BA sind in dem Konzept „Arbeitsamt 2000“ zusammengefasst:

„Die BA hat unter der Bezeichnung *Arbeitsamt 2000* ein Gesamtkonzept über die künftige Gestaltung ihrer Organisation entwickelt“ (Bundesanstalt für Arbeit 1997, S.1). Bereits 1996 hat der damalige BA–Präsident Jagoda das sogenannte „Leitbild“ erlassen. Es enthält „Leitlinien für Führung und Zusammenarbeit“ in der Behörde und bezieht sich unmittelbar auf das Konzept Arbeitsamt 2000:

„Das Leitbild muss (...) ein fester Bestandteil des *Arbeitsamts 2000* werden, an dem wir bauen“ (Bundesanstalt für Arbeit 1996, S.1).

Bevor die konkreten Konzepte und ihre Umsetzung im Arbeitsamt Lüneburg betrachtet werden, erfolgt zunächst eine Auseinandersetzung mit der gutachterlichen Stellungnahme der Bundesbeauftragten für Wirtschaftlichkeit in der Verwaltung (BWV) zu den bisherigen Organisationsstrukturen der BA vom 16.03.1995. Dieser vom Deutschen Bundestag in Auftrag gegebene Bericht enthält neben einer Beurteilung der vorhandenen Strukturen auch eine Reihe von Vorschlägen und Empfehlungen und stellt damit in dieser Betrachtung das Bindeglied zu den Reformkonzepten des Arbeitsamtes 2000 dar.

Der Haushaltsausschuss des Deutschen Bundestages hat in seiner Sitzung am 10.11.1993 den Beschluss gefasst, die Präsidentin des Bundesrechnungshofes (BRH) in ihrer Eigenschaft als Bundesbeauftragte für Wirtschaftlichkeit in der Verwaltung (BWV) mit einer Organisationsuntersuchung in der Bundesanstalt für Arbeit zu beauftragen (Kurzprotokoll der 81. Sitzung). Nachdem die MitarbeiterInnen des BRH in der ersten Jahreshälfte 1994 entsprechende Untersuchungen durchgeführt haben, wurde die endgültige Fassung der „Gutachtlichen Stellungnahme der Bundesbeauftragten für Wirtschaftlichkeit in der Verwaltung zu den Organisationsstrukturen der BA" am 16.03.1995 dem Haushaltsausschuss des Deutschen Bundestages zugeleitet.
Die Stellungnahme enthält neben einer ausführlichen Darstellung von Aufgaben und Organisation der Bundesanstalt eine Reihe von Vorschlägen und Empfehlungen zur Verbesserung der Aufgabenwahrnehmung und der Organisation der Behörde (BWV 1995).
Die Vorschläge der BWV „zielen im wesentlichen darauf ab, die Organisation zu straffen, Entscheidungswege zu verkürzen und die Aufgabenerledigung einfacher und flexibler zu gestalten" (BWV 1995, S.10):

- **Abkehr von detaillierten zentralen Weisungen; Delegation von Kompetenzen**
  Eine Abkehr von detaillierten Weisungen und die Delegation von Kompetenzen ermöglicht es den Ämtern, ihre Organisation flexibler zu gestalten und auf die jeweiligen örtlichen Erfordernisse abzustellen.
  Weiterhin sollten zukünftig soweit wie möglich Zielvereinbarungen geschlossen werden, da hierdurch die Geschäftspolitik der BA operational, transparent und für die betroffenen Mitarbeiter nachvollziehbar und umsetzbar wird. Damit kann die bisherige weisungsorientierte Steuerung und Führung im großem Umfang ersetzt werden.

- **Zurückführung der starken Arbeitsteilung**
  Die derzeitige Aufgabenwahrnehmung und Organisation ist im Vergleich zu anderen Behörden oder öffentlichen Unternehmen relativ weit aufgefächert und in starkem Maße arbeitsteilig. Diese Organisationsform zieht einen hohen Abstimmungs- und Koordinierungsaufwand nach sich und verlängert die Entscheidungswege. Sie erschwert die Steuerung durch die Leitung, ist weniger flexibel als straffere Organisationen und birgt die Gefahr in sich, dass notwendige Aufgabenverzahnungen unterbleiben. Bei den Anwendungen der Informationsverarbeitung sind „Insellösungen" sichtbar geworden. Sie erschweren die fachliche Integration von Teilaufgaben. Als Beispiele können die Bereiche Arbeitsvermittlung und Arbeitsberatung und Leistungsgewährung angesehen werden, bei denen unterschiedliche Ver-

fahren der Informationsverarbeitung die angestrebte Bildung von abteilungsübergreifenden Teams beeinträchtigen.

- **Wirkungsvolle Gestaltung der Fachaufsicht über die Arbeitsämter**
  Bisher nehmen die Landesarbeitsämter (LAÄ) die Fachaufsicht über die Arbeitsämter durch regelmäßige Besuche, Besprechungen, auf der Grundlage eines Berichtswesens sowie durch laufende Auswertung von Geschäftsstatistiken wahr. Grundsätzlich wäre es denkbar, diese Aufsichtsfunktionen zurückzuführen und verstärkt anlassbezogen wahrzunehmen, wenn es im Rahmen des von der BA begonnenen Projektes „Leistungsorientiertes Führen“ gelänge, möglichst eindeutige Leistungs- und Zielvereinbarungen für Arbeitsmengen, Arbeitsqualität, Bearbeitungszeiten usw. zu treffen.

- **Konzentration von Steuerungs- und Ausführungsaufgaben**
  Auf der Ebene der Landesarbeitsämter können durch Bündelung von fachlichen Steuerungsaufgaben Entlastungen erreicht werden. So müsste z.B. die Erstellung von Arbeitshilfen und Arbeitsmitteln sowie die Auswertung der Literatur und der Gesetzgebung nicht durch sämtliche LAÄ gesondert erfolgen.
  Bei den LAÄ sollten grundsätzlich nur solche Aufgaben verbleiben, deren Erledigung durch die Arbeitsämter (AÄ) wegen ihrer überörtlichen Bedeutung oder wegen ihrer geringen Fallzahlen nicht zweckmäßig oder wirtschaftlich wäre.

- **Stärkere Konzentration von Aufgaben bei den Arbeitsämtern**
  Die Struktur der 184 AÄ ist bei einer Bandbreite von rd. 120 bis 1500 Beschäftigten sehr unterschiedlich. Im Durchschnitt sind pro AA weniger als 400 MitarbeiterInnen tätig. Unabhängig von der Größe des Arbeitsamtsbezirkes und der Personalausstattung sind in allen AÄ eigenständige Verwaltungsabteilungen eingerichtet.
  Die BA sollte angesichts der unterschiedlichen Strukturen der Arbeitsamtsbezirke prüfen, ob kleinere AÄ (z.B. unter 200 Beschäftigte) unter fachlichen und wirtschaftlichen Gesichtspunkten beizubehalten sind. Unter Anlegung dieses Maßstabes könnten rd. 30 AÄ unter Wegfall der Verwaltungsabteilungen in Nebenstellen umgewandelt werden. Eine Einschränkung des Dienstleistungsangebotes in der Fläche wäre für die Bürger hiermit nicht verbunden.

- **Abflachung des Leitungsgefüges innerhalb der Abteilungen**
  Es besteht die Notwendigkeit, z.B. in der Arbeitsvermittlung und Arbeitsberatung und in der Leistungsabteilung die mehrstufigen Führungsebenen zu überprüfen.

Bei der Abteilung Arbeitsvermittlung und Arbeitsberatung sind die Führungsaufgaben auf 3 Ebenen (Abteilungsleiter, Abschnittsleiter und Arbeitsberater) verteilt und damit stark zergliedert. Die Funktion der Abschnittsleiter ist daraufhin zu untersuchen, ob die Leitungsspanne durch die Unterstellung einer größeren Anzahl von Berufsbereichen erhöht werden kann. Dies ist geboten, da bereits den Arbeitsberatern die fachliche Verantwortung für ihren jeweiligen Berufsbereich übertragen ist und den Abschnittsleitern damit im wesentlichen lediglich solche Koordinierungs- und Führungsaufgaben verbleiben, die einen Berufsbereich überschreiten. Bei kleineren AÄ stellt sich die Frage, ob die Ebene der Abschnittsleiter überhaupt erforderlich ist (vgl. Abbildung 15).

Noch weitergehende Zweifel bestehen an der Angemessenheit der Leitungsstruktur der Leistungsabteilung. Neben dem Abteilungsleiter sind Abschnitts- und Gruppenleiter- sowie Sachbearbeiter ganz oder teilweise mit Leitungsaufgaben befasst. Zusätzlich hat der Anordnungsbefugte Überwachungs- und Koordinierungsfunktionen In größeren AÄ ist mit dem ersten Abschnittsleiter eine weitere Leitungsstufe vorhanden. Damit gibt es bis zu 5 Leitungsstufen. Es ist erforderlich die Leitungsfunktionen zu bündeln und damit die Führungsebenen zu verringern.

- **Beseitigung der Schwachstellen beim Einsatz der Informationsverarbeitung (IV)**

  Die bisherigen IV-Verfahren stellen weitgehend „Insellösungen" dar, die eine abteilungsübergreifende und teamorientierte Aufgabenerledigung erschweren oder ausschließen. Unterschiedliche und jeweils anwendungsspezifische Datenbasen verursachen darüber hinaus unnötigen Erfassungs-, Prüf- und Aktualisierungsaufwand. Die BA hat es sich zum Ziel gesetzt, flexible und organisationsneutrale IV-Verfahren mit einheitlicher Benutzeroberfläche zu entwickeln und einzusetzen sowie alle Anwendungen auf eine gemeinsame Datenbasis auszurichten. Es erscheint allerdings bedenklich, dass diese Ziele erst über Zwischenschritte realisiert werden sollen, so dass kurz- oder mittelfristig Zusammenfassungen von Aufgaben, die Überwindung der bisherigen starken Arbeitsteilung sowie Änderungen der Organisation lediglich nur begrenzt möglich sein werden.

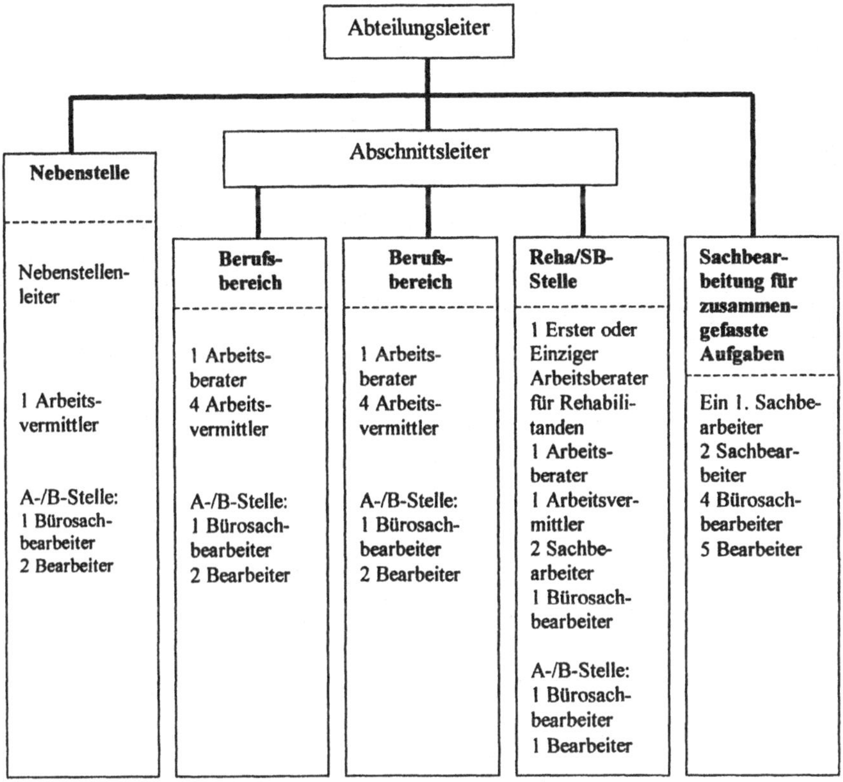

Abbildung 13: Organigramm der Abt. Arbeitsvermittlung und Arbeitsberatung (Quelle: Bundesanstalt für Arbeit)

Die Empfehlungen der BWV beziehen sich zum einen auf die Führungskonzepte der BA. Die bisherige weisungsorientierte Führung soll weitestgehend einem Führungsverständnis weichen, das durch Zielvereinbarungen und die Schaffung von Transparenz für die Mitarbeiter geprägt ist. Dies bedeutet eine Ablösung der bisherigen hierarchischen Führung durch „weichere" partizipative Führungskonzepte (vgl. Kapitel 7.2).

Desweiteren wird eine Abflachung der Hierarchien und Bündelung der Leitungsebenen gefordert (vgl. Kapitel 7.2.6) und auf die Wichtigkeit der Überwindung der stark arbeitsteiligen Strukturen hingewiesen. Zusammenfassend ist festzuhalten, dass die bisherigen Strukturen der BA stark hierarchisch geprägt sind (vgl. Kapitel 3). Dies betrifft sowohl den Aufbau der Ablauforganisation als auch das Verständnis von Führung. Die Vorschläge der BWV zielen hier auf eine Veränderung in Richtung eines prozessorientierten Verständnisses von Führung einschließlich einer damit verbundenen Abflachung der hierarchischen Ebenen hin mit dem Ziel der Erhöhung der Leistungsfähigkeit der Behörde als Reaktion auf die veränderten Rahmenbedingungen. Die BWV drängt somit auf eine Veränderung in Richtung auf die Ausrichtung an unternehmerischen Leitbildern. Dies entspricht weitestgehend dem Weg, den die Kommunalverwaltungen mit der Neuen Steuerung beschritten haben. Im Folgenden wird nachzuvollziehen sein, inwieweit die BA diesen Vorschlägen nachkommt.

Die BWV weist in der Schlussbemerkung der gutachtlichen Stellungnahme ausdrücklich auf die Bedeutung der Weiterentwicklung der Behörde hin:

„Der Weiterentwicklung der Aufbau- und Ablauforganisation kommt bei der BA eine besondere Bedeutung zu, da sie der schwierigen Lage auf dem Arbeitsmarkt und der angespannten Finanzsituation des Bundes sowie dem überwiegend kritischen Meinungsspektrum zu ihrer Leistungsfähigkeit Rechnung tragen muss“ (BWV 1995, S.63).

Hier wird deutlich, unter welchem Erfolgsdruck die Behörde hinsichtlich ihrer Weiterentwicklung steht.
Im Folgenden werden nun die konkreten Entwicklungskonzepte der BA betrachtet. Zunächst steht das bereits mehrfach genannte „Leitbild“ im Fokus des Interesses.

8.2 Das „Leitbild“ der Bundesanstalt für Arbeit

Im Januar 1996 wurde mit Runderlass 1/96 das sogenannte „Leitbild der BA“ eingeführt. Es kann als ein erstes deutliches Signal zu bevorstehenden Veränderungen an alle MitarbeiterInnen der Behörde betrachtet werden:

„Das Leitbild ruft alle Mitarbeiterinnen und Mitarbeiter der BA in jeglicher Funktion zum gemeinsamen Handeln auf; es will Anstöße zu einem sich verändernden Umgang miteinander geben. Der damit einhergehende Wandel von Aufgaben und Organisation kann beunruhigen und zugleich herausfordern“ (Runderlass 1/96, S.1).

Das Leitbild enthält neben einer „Standortbestimmung für die BA" auch „Leitlinien" für Führung und Zusammenarbeit. In der Standortbestimmung werden zunächst die Funktionen des Leitbildes erläutert:

- **Halt und Orientierung**
  Sinn, Stellenwert und Zielsetzung des Handelns sollen allen MitarbeiterInnen klar sein. Diese Transparenz soll zu einer Identifizierung mit der Organisation führen, die den MitarbeiterInnen auf diesem Wege Orientierung, Wertgefühl und ein ausgewogenes Selbstverständnis vermittelt. Somit können die MitarbeiterInnen vor Ort verantwortungsvoll agieren und zum Wohle des Ganzen auch persönliche Erfolge erzielen. Auf der anderen Seite müssen sie wissen, was von ihnen erwartet wird – sei es an Führungsleistung, sei es an fachlicher Leistung und Kooperation.

- **Geschlossenheit**
  Standortbestimmung und Zieldefinition bewirken Geschlossenheit nach innen und außen. Sie bündeln die auseinanderlaufenden Kräfte und erklären die Vielfalt der Aufgaben als Ausdruck einer gemeinsamen Sache, als Teile einer komplexen Gesamtheit. In Fragen der Führung und Zusammenarbeit ist ein einheitliches Verständnis notwendig.

- **Motivation und Stärkung des Wir-Gefühls**
  Es ist eine natürliche Sache, dass MitarbeiterInnen auch ihre Belange berücksichtigt sehen wollen. Gelingt es diese Interessen mit den Zielen der BA in Einklang zu bringen, ist dies die beste Grundlage für deren Motivation und für ein Zusammengehörigkeitsgefühl in der BA. Dies stärkt das Selbstvertrauen, das Selbstwertgefühl und die innere Verbundenheit.

- **Prägung des Ansehens nach außen**
  Beschäftigte mit klarer Zielorientierung, die geschlossen auftreten und sich kooperativ verhalten, die engagiert und motiviert ihre Aufgaben wahrnehmen, prägen auch das Erscheinungsbild in der Öffentlichkeit und fördern die Glaubwürdigkeit und Akzeptanz bei ihren Partnern.
  (Bundesanstalt für Arbeit 1996)

Diese Aufzählung macht bereits den Umfang der angestrebten Änderungen deutlich. Hier wird implizit die Wandlung von einem eher Taylorschen Verständnis von Management zu einer Führung durch Motivation (vgl. u.a. Beck/Schwarz 1995, S.34ff) angedeutet. Über die Gründe werden die MitarbeiterInnen nicht im Unklaren gelassen:
„Der tiefgreifende wirtschaftliche Strukturwandel, die daraus erwachsenen neuen Herausforderungen und die geänderten Wertvorstellungen in der

Gesellschaft wirken auch auf Staat und öffentliche Verwaltungen, die mehr und mehr an ihre finanziellen Grenzen stoßen. (...) Um fortlaufend ihre Leistungsfähigkeit unter Beweis zu stellen, muss sich auch eine erprobte Verwaltung wie die BA bei einer tiefgreifenden Änderung des gesellschaftlichen und wirtschaftlichen Umfeldes einem Erneuerungsprozess stellen" (Bundesanstalt für Arbeit 1996, S.6f).

Wie sollen die genannten Funktionen des Leitbildes verwirklicht werden?

□ **Die Beziehungen zwischen Vorgesetzten und MitarbeiterInnen**
Beziehungen zwischen Vorgesetzten und MitarbeiterInnen sind durch Gemeinsamkeiten gekennzeichnet:
- Beide werden gemeinsam am Erfolg und Misserfolg gemessen.
- Beide widmen sich derselben Aufgabe, wenn auch mit unterschiedlicher Verantwortung

Diese Gemeinsamkeiten erfordern eine kommunikative, dialogische Struktur der Beziehungen, ohne dass die Verantwortlichkeiten verwischt werden. Das gemeinsame Erreichen der Organisationsziele wird umso eher gelingen, je informierter, beteiligter, motivierter und selbstbestimmter die MitarbeiterInnen ihre Arbeit tun. Die Vorstellung einer ausschließlich nach hierarchischen Prinzipien geregelten Beziehung zwischen Vorgesetzten und MitarbeiterInnen wird weder der Aufgabe noch der Person gerecht.
Unabdingbare Voraussetzung ist hier die positive Einstellung gegenüber den MitarbeiterInnen. Hierzu gehören neben der Achtung vor der Persönlichkeit, das Vertrauen in ihre Leistungsfähigkeit und in den grundsätzlichen Leistungswillen.
Desweiteren muss Führungshandeln auf einem Menschenbild basieren, in dem MitarbeiterInnen nicht als bloße WeisungsempfängerInnen oder als Erfüllungsorgane geschäftspolitischer Vorgaben, sondern als mit ihren Anliegen und Vorstellungen ernstzunehmende Persönlichkeiten gesehen werden (Bundesanstalt für Arbeit 1996, S.11f).

Hier wird also eine Abkehr von der hierarchischen Führung zu einem dialogisch partizipativen Verständnis von Führung gefordert. Für die Führungskräfte erfolgt eine Vorteilsübersetzung indem darauf hingewiesen wird, dass dies zu einem besseren Erreichen der Organisationsziele führt und somit der Führungskraft zugute kommt. Auf die Schwierigkeiten, die insbesondere Führungskräfte mit der Aufgabe althergebrachter Führungsprinzipien haben, wurde bereits hingewiesen (vgl. Kapitel 8.2.7).
Grundlage für dieses „neue" Verständnis von Führung ist ein entsprechendes Menschenbild. Das bisherige Sichtweise entspricht weitgehend dem Modell von Taylor (vgl. Abbildung 14). Bestandteile dieses Modells sind eine bis ins

Extrem gesteigerte Arbeitsteilung, Dequalifizierung und Monotonisierung der Arbeitsabläufe und Trennung und hierarchische Zuordnung von ausführenden und planenden Tätigkeiten. Planung und Kontrolle, Disziplinierung und Überwachung der Arbeitsabläufe werden zur wichtigsten Führungsaufgabe (Endruweit 1985, S.33f; Schwarz 1995, S.34f).

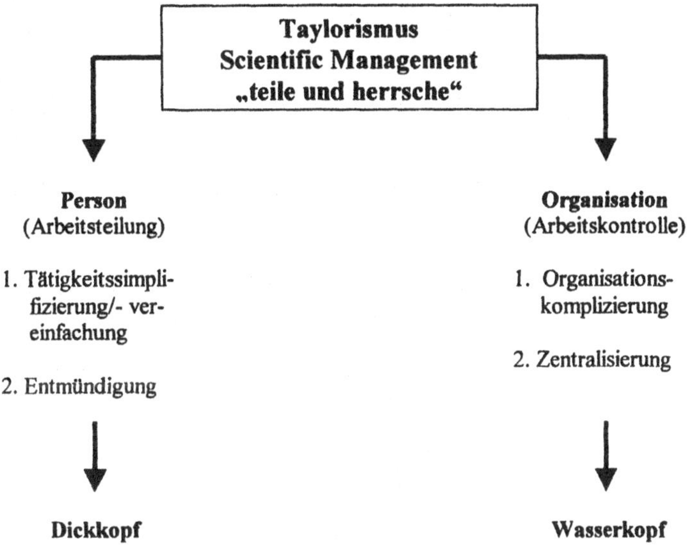

Abbildung 14: Scientific Management nach Taylor (Quelle: Schwarz 1995, S. 35)

In moderneren Theorien finden verstärkt die menschlichen Bedürfnisse und sozialen Prozesse in Organisationen Berücksichtigung. Die ArbeiterIn wird nicht mehr nur als Produktionsfaktor gesehen, sondern als soziales Wesen: „Das Menschenbild der sozial motivierten, sich selbst entfaltenden MitarbeiterIn wird zur neuen Grundlage in der Organisationstheorie“ (Schwarz 1995, S.37).
Seit den 60er Jahren gewinnen die aus der humanistischen Psychologie entwickelten Human-Ressources-Konzepte zunehmend an Bedeutung für die Organisationstheorie. Hier rückt die einzelne MitarbeiterIn mit ihrem Streben nach Verantwortung, Partizipation und Autonomie in den Mittelpunkt (Endruweit 1985, S.38ff; Schwarz 1995, S.38f). Organisationen werden hier als eine Kombination von Leistungsgemeinschaft und Personengemeinschaft gesehen:

In der betrieblichen Leistungsgemeinschaft geht es um wirtschaftlichen Erfolg, Effizienz und Effektivität, Kompetenz und Regeln. Der Erfolg der Personengemeinschaft beruht dahingegen auf einer Organisationskultur, die menschliche Beziehungen und Bedürfnisse, Motivation und Zufriedenheit der MitarbeiterInnen, sowie Partizipation und Kreativität entwickelt und unterstützt.Der gesellschaftliche Wandel bedingt, dass die Wünsche der MitarbeiterInnen nach Mitentscheidung und Verantwortung zunehmen (vgl. Kapitel 6). Damit entsteht zwangsläufig ein Konflikt mit den hierarchischen Organisations-strukturen der BA. Das in die Praxis einmündende Personal ist im Vergleich zur Vergangenheit immer höher qualifiziert und kompetenter (vgl. Teil A). Um so deutlicher werden die Nachteile hierarchischer Systeme empfunden.

Übernahme von Führungsverantwortung

Eine Führungskraft muss zu ihrer Führungsverantwortung stehen. Die MitarbeiterInnen erwarten, dass ihr Vorgesetzter den Rahmen der übertragenen Kompetenzen und des ihm zustehenden Ermessens tatsächlich und in eigener Verantwortung ausschöpft, sie erwarten Führungsleistungen. Führen ist mit permanenten Entscheidungen verbunden. Diese finden nicht immer den Gefallen aller. Führung hat jedoch nur Bestand, wenn sie nicht primär die eigene Anerkennung sucht oder ihre Popularität im Auge hat, sondern das Beste der Sache und das Wohl der anvertrauten MitarbeiterInnen.

Führungskräfte sollen deshalb einkalkulieren, dass

- Entscheidungen auf Widerstand stoßen können,
- Handeln immer ein Risiko einschließt, Fehler zu begehen und deswegen kritisiert zu werden,
- Entscheidungen auch einmal revidiert werden müssen,
- sie nicht auf alles eine Antwort haben und dies auch zugeben.

(Bundesanstalt für Arbeit 1996)

Auf die Wichtigkeit einer Einstellungsänderung zu Fehlern wurde bereits im Zusammenhang mit der Einführung von Instrumenten des Qualitätsmanagements hingewiesen (Kapitel 3.2.4). Die Aufforderung die übertragenen Führungskompetenzen voll auszuschöpfen bzw. zu gestalten und dabei auch Fehler einzukalkulieren widerspricht jedoch völlig den derzeitigen Strukturen des öffentlichen Dienstes. Wie in allen auf der Basis von Verhaltenssteuerung organisierten Systemen werden eher Regelüberschreitungen negativ sanktioniert, als dass die Bereitschaft zur besonderen Leistung oder zu innovativem Verhalten gefördert wird (Stratemann/Wottawa 1995).

- **Ziele setzen und vereinbaren**
  Die Ziele für die Aufgabenerledigung ergeben sich vor allem aus Gesetzen, Anordnungen, Erlassen und aus geschäftspolitischen Vorgaben (Zielorientierung – strategische Ebene). Der Führungskraft bleibt Spielraum für Ziel- und Akzentsetzung in eigener Verantwortung (Zieldefinition – operative Ebene). Es ist eine der wichtigsten Führungsaufgaben, klare, erreichbare Ziele zu setzen.
  Die Ermittlung und Festlegung der Ziele soll auf der Basis vertrauensvoller Zusammenarbeit zwischen Vorgesetzten und MitarbeiterInnen erfolgen. Vorgesetzte sollen Arbeitsziele und Prioritäten möglichst nicht autoritär setzen, sondern mit den MitarbeiterInnen im Gespräch erarbeiten. So tragen diese mit ihrem Sachverstand zu einer realistischen Zielsetzung bei.
  Die MitarbeiterInnen sollen auf diesem Wege in die Lage versetzt werden, ihr Tun als sinnvoll und notwendig zu erleben und an den Erfolg ihrer Tätigkeit zu glauben. Die eigene Arbeit kann so als Teil der Gesamtaufgabe begriffen werden. Die Zusammenhänge zwischen Einzelvorgabe und übergeordneten Zielen ist zu verdeutlichen.
  Zielkonflikte (Ziele der Organisation, Interesse der geführten Gruppe bzw. der Individuen) sollen nicht unterdrückt sondern offengelegt werden. Sie sind mit Überzeugungsarbeit in gemeinsamer Loyalität zur Organisation zu lösen.
  (Bundesanstalt für Arbeit 1996, S.14f)

Diese „Leitlinie" beinhaltet eine Abkehr von der hierarchischen Führung zu einer Führung durch Zielvereinbarung (vgl. Kapitel 3.2.1). Die Zielvereinbarung ist aus den übergeordneten Zielen der Organisation abzuleiten, sie soll aber auch die Ziele der MitarbeiterInnen berücksichtigen. Hierdurch ergibt sich eine motivierende Wirkung bzw. eine Erhöhung der Akzeptanz der Ziele.

- **Übertragung von Verantwortung**
  Ein hoher Leistungsstand kann nur durch selbstbewusste, selbständig denkende, verantwortungsbereite und entscheidungsfreudige MitarbeiterInnen erzielt werden. Dies setzt eine Übertragung von Aufgaben zur selbständigen, eigenverantwortlichen Bearbeitung und Entscheidung voraus.
  Von den MitarbeiterInnen verlangt dies die Übernahme von Verantwortung. Die Führungskraft muss jedoch in Selbstbescheidung neben der Verantwortung so weit wie möglich auch die Entscheidungsbefugnis delegieren.
  Delegation eröffnet den MitarbeiterInnen die Möglichkeit ihre Aufgaben gestaltend und nicht nur verwaltend zu erledigen. Delegiert wird die Handlungsverantwortung (Verantwortung für richtige, zweckmäßige und klientengerechte Entscheidungen) und nicht die Führungsverantwortung (Vereinbarung von Zielen, Arbeitsplanung, Einsatz der Mitarbeiter,

Koordination, Kontrolle). Beim **Wie** ist die Führungskraft in erster Linie gefordert, beim **Was** die MitarbeiterInnen. Delegation von Verantwortung setzt klare Ziele und eine wechselseitige Information voraus.
Durch ein Verständnis von Führen als Anleitung zum eigenständigen Handeln werden Initiative, Verantwortungsbereitschaft und Identifikation der MitarbeiterInnen mit ihren Aufgaben gefördert und ein hoher Leistungsstand ermöglicht.
(Bundesanstalt für Arbeit 1996, S.15f).

Hier wird eine weitere partizipative Führungstechnik propagiert, das Management-by-delegation (vgl. Kapitel 7.2.1). Hierbei werden Entscheidungskompetenzen und Verantwortung weitgehend an nachgeordnete Instanzen delegiert. Die delegierten Kompetenzen und übertragenen Verantwortungen sind klar zu definieren.
Im Leitbild wird darauf deutlich darauf hingewiesen, dass die Einführung dieser Führungstechnik von den Vorgesetzten eine „Selbstbeschneidung" in Form einer Abgabe an Verantwortung und Entscheidungsbefugnis verlangt. Von den MitarbeiterInnen hingegen wird die Bereitschaft zur Übernahme von mehr Verantwortung erwartet.

□ **Ergebnisorientiert kontrollieren**

Zur Zielerreichung und Delegation gehört die Wahrnehmung der Fachaufsicht (Zielerreichungskontrolle).
Erfolgskontrolle ermöglicht die sachgerechte Fortschreibung und Überprüfung der Zielsetzungen und der grundsätzlich zu fordernden Leistung.
Kontrolle soll die Initiative und Entscheidungsfreude der MitarbeiterInnen nicht hemmen, sondern fördern. Daher darf sie keine Totalkontrolle oder bloße Fehlersuche sein. Kontrolliert werden die Arbeitsergebnisse. Über die Wege, wie sie erzielt werden, sollen die Beschäftigten so weit wie möglich selbst entscheiden. Nicht nur Fremdkontrolle, sondern auch die Möglichkeit und Verpflichtung zur Selbstkontrolle soll geschaffen werden. Diese stärkt das Selbstbe-wusstsein und die Eigenverantwortung. Kontrolle darf nicht nur auf unpersönlicher Basis beruhen (Statistiken, Zahlenvergleiche, Berichtsauflagen). Die persönliche Auseinandersetzung im Gespräch ist wichtiger.
(Bundesanstalt für Arbeit 1996, S.16f)

Hier wird eine Abkehr von der im öffentlichen Dienst vorherrschenden Verhaltenssteuerung zur Ergebnis- oder Outputkontrolle (vgl. Kapitel 7.2.2) gefordert. Bei diesem Prinzip bleibt es den Organisationsmitgliedern überlassen, auf welchem Wege sie die Vorgaben erfüllen wollen. Die Festlegung der Ziele kann hierbei auf unterschiedliche Weise erfolgen. Wie wir gesehen haben, wird im „Leitbild" das management-by-objectives empfohlen, dass als die modernste und leistungsfähigste Form der Systemsteuerung gilt (Althoff/Thielepape 1990; Stratemann/Wottawa 1995).

Kooperation und Zusammenarbeit

Das Leitbild enthält Hinweise zur Umsetzung kooperativer Führungstechniken. Hier wird die Herstellung von Transparenz als zentrale Führungsaufgabe genannt:

„Erfolgreich arbeiten können nur die Mitarbeiterinnen und Mitarbeiter, die von ihren Vorgesetzten rechtzeitig, umfassend und zielgerichtet informiert werden. Auch sie haben eine Informationspflicht gegenüber den Vorgesetzten. In einem Klima offener und vertrauensschaffender Kommunikation wird dies zur Selbstverständlichkeit. Beide sind Teile eines auf Wechselseitigkeit angewiesenen Organismus" (Bundesanstalt für Arbeit 1996, S.18).

Es wird ebenso auf die Bedeutung von Zusammenarbeit hingewiesen:

„Zusammenarbeit – in der eigenen Organisationseinheit und über Abteilungsgrenzen hinweg – ist die wichtigste Voraussetzung für das Erreichen der Organisationsziele" (Bundesanstalt für Arbeit 1996, S. 19).

In diesem Zusammenhang werden auch Hinweise zur Rolle der Führungskraft gegeben:

„ Eine auf Kooperation ausgerichtete Führungskraft

- greift Meinungen/Ideen/Kritik der Mitarbeiterinnen und Mitarbeiter auf;
- teilt Erfolgserlebnisse mit ihnen;
- steht beratend zur Verfügung und gibt Sicherheit;
- ist solidarisch in schwierigen Situationen und hilft, aus Schwierigkeiten herauszukommen;
- ist fähig, kooperative Organisationsformen zu initiieren, Teams anzuleiten und zu entwickeln;
- versteht, neue Mitarbeiterinnen und Mitarbeiter zu integrieren" (ebd.).

Das Leitbild stellt auch an dieser Stelle erhebliche Anforderungen an die Führungskräfte der BA. Dies wird insbesondere augenscheinlich, wenn man das in den öffentlichen Verwaltungen vorherrschende Führungsverständnis berücksichtigt (vgl. Kapitel 7.2.7).

Führung durch Motivation

Weiterhin wird die Bedeutung einer Führung durch Motivation (vgl. Kapitel 7.2.1) hervorgehoben:

„Motivation und Arbeitszufriedenheit der Mitarbeiterinnen und Mitarbeiter sind entscheidende Erfolgsfaktoren. Sie zu stärken durch Übertragung von Verantwortung, durch Entwicklung und Förderung ist eine vorrangige Führungsaufgabe“ (Bundesanstalt für Arbeit 1996, S.21).

Das Leitbild enthält auch Aussagen über den Umgang mit Motivationsmitteln:
„Materiellen Anreizen zur Stärkung der Leistungsmotivation und Arbeitszufriedenheit der Mitarbeiterinnen und Mitarbeiter sind in der öffentlichen Verwaltung enge Grenzen gesetzt.
Um so mehr müssen Phantasie und Bemühungen darauf konzentriert werden, immateriellen Bedürfnissen Rechnung zu tragen wie

- dem Verlangen nach Achtung und Anerkennung, nach persönlicher Leistung, Entfaltung und Selbstverantwortung;
- den Wünschen nach persönlicher und beruflicher Weiterentwicklung;
- dem Streben nach einem interessanten und abwechslungsreichen Arbeitsplatz;
- der Erwartung, in Entscheidungsprozesse einbezogen zu werden;
- der Überzeugung, dass die Interessen der Mitarbeiterinnen und Mitarbeiter gut vertreten werden;
- dem Bedürfnis nach einem guten Betriebsklima.“

(Bundesanstalt für Arbeit 1996, S.21)

Hier zeigt sich wiederum sehr deutlich die angestrebte Abkehr vom Taylorschen *scientific management* (vgl. u.a. Endruweit 1985, S.33ff; Schwarz 1995, S.34ff). Stattdessen rückt die einzelne MitarbeiterIn im Sinne motivations- und partizipationsorientierter Ansätze mit ihrem Streben nach Autonomie, Verantwortung, Beteiligung und ihren sonstigen Bedürfnissen in das Zentrum der Betrachtung.

Der Begriff Motivation wird in modernen Organisations- und Führungskonzepten häufig genannt. Der Motivation des Personals scheint auch im „Leitbild“ der BA ein zentraler Stellenwert zuzukommen. An dieser Stelle soll geprüft werden, welche konkrete Bedeutung die Motivation des Personals für die Organisation eigentlich hat.

8.2.1 Exkurs: Arbeitsmotivation und Arbeitszufriedenheit

Zunächst bedarf es hier einer Klärung des Begriffes „Motivation". Das Wort hat sich in der Umgangssprache eingebürgert und wird synonym für Antrieb, Drang, Bedürfnis, Lust, Trieb, Wille oder Wunsch gebraucht (Rosenstiel et al. 1995, S.212). Motivation leitet sich vom lateinischen Motivus ab und bedeutet ursprünglich „Bewegung auslösend" (Nerdinger 1995, S.9). Die Motivationspsychologie erklärt Richtung, Intensität und Ausdauer menschlichen Verhaltens. Mit dem Begriff „Motivation" wird das Streben nach Zielen umschrieben, während die Beweggründe des Handelns als „Motive" bezeichnet werden (ebd.). Motiviertes Verhalten ist also zielgerichtet. Welche Motive kennzeichnen menschliches Handeln?
Maslow geht davon aus, dass es unabhängig von der Lerngeschichte des Individuums beim Menschen 5 Motivgruppen gibt:

1. Grundbedürfnisse (z.B. Nahrung, Wärme)
2. Sicherheitsbedürfnisse
3. Bedürfnisse nach Kontakt und Zuwendung
4. Bedürfnisse nach Anerkennung und Selbstachtung
5. Bedürfnisse nach Selbstverwirklichung.

(Gebert/Rosenstiel 1996, S.41f)

Da sich diese Motive hierarchisch ordnen lassen, werden sie oft als eine Pyramide dargestellt (vgl. Abbildung 15). Die „unteren" Bedürfnisse werden als Defizitmotive bezeichnet. Hier beendet das Erreichen des Ziels den Drang. „Wachstumsmotive" sind hingegen dadurch gekennzeichnet, dass ihr Ziel niemals erreicht wird (Rosenstiel et al. 1995, S.217f).
Das Maslowsche Hierarchieprinzip bedeutet, dass das nächsthöhere Motiv nur dann aktiviert und damit verhaltenswirksam werden kann, wenn das darunterstehende weitgehend befriedigt wurde. Damit wäre das jeweils hierarchisch niedrigste noch unbefriedigte Motiv das stärkste und verhaltenswirksamste.
Rosenstiel weist darauf hin, dass empirische Untersuchungen zur Theorie Maslows in Organisationen die daraus ableitbaren Hypothesen kaum unterstützen bzw. andersartige Erklärungen zulassen (Rosenstiel et al. 1995, S.218). Die Kritik an Maslows Hierarchisierung menschlicher Bedürfnisse wird von Schwarz folgendermaßen zusammengefasst:

- Die verwendeten Begriffe sind unscharf.

- Die zugrundegelegten Konzepte sind mehrdeutig und nicht abgrenzbar.

- Aus der Bedürfnispyramide sind keine Verhaltensweisen der Individuen ableitbar.

- Die Rangfolge der Bedürfnisebenen ist kulturgebunden.

- Dem Ansatz fehlt empirische Beweiskraft.
(Schwarz 1995, S.40; vgl. auch Nerdinger 1995, S.40f)

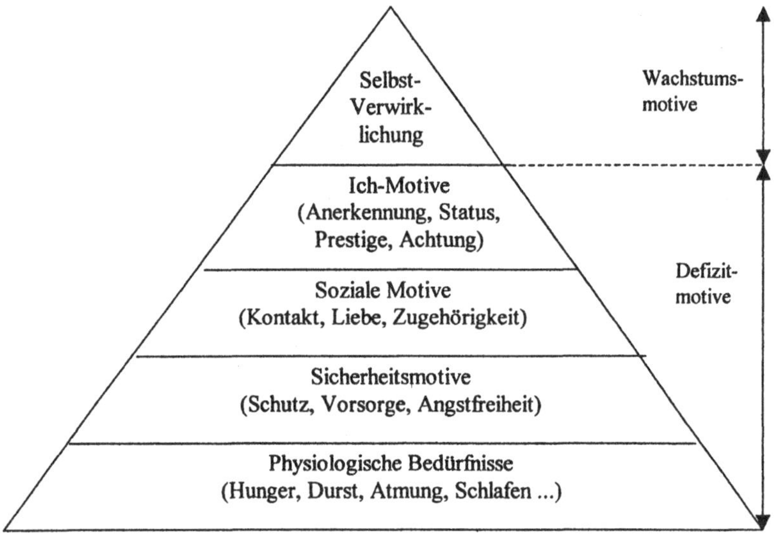

Abbildung 15: „Bedürfnispyramide" nach Maslow (nach: Gebert/Rosenstiel 1996, S.41)

Das ERG-Modell von Alderfer geht in seinen theoretischen Überlegungen und empirischen Untersuchungen vom hierarchischen Motivationsmodell Maslow aus, vereinfacht es hinsichtlich der Stufen und erweitert es im Hinblick auf die angenommenen infrapsychischen Prozesse (Rosenstiel et al. 1995, S.219f).
Alderfer geht von 3 inhaltlich voneinander abgehobenen Motiven aus, deren Anfangsbuchstaben der Theorie ihren Namen geben:

1. E = „existence" – Bedürfnisse (Grundbedürfnisse); hierunter fallen Bedürfnisse, deren Befriedigung das Überleben des einzelnen sichert;

2. R = „relatedness" – Bedürfnisse (Kontaktbedürfnisse); Bedürfnisse, die Kontakt, menschliche Nähe und Zuwendung zum Ziel haben;

3. G = „growth" – Bedürfnisse (Wunsch nach Selbstentfaltung); Bedürfnisse/Wünsche des einzelnen, gestaltend auf die ihn umgebende Situation einzuwirken (ebd.).

Innerhalb dieser Theorie werden 7 Grundaussagen gemacht:

1. Je weniger die Grundbedürfnisse befriedigt werden, desto stärker werden ihre Ziele
angestrebt.
2. Je weniger das Kontaktbedürfnis befriedigt wird, desto stärker werden die Grund-
bedürfnisse.
3. Je stärker die Grundbedürfnisse befriedigt sind, desto stärker wird das Kontaktbe-
dürfnis.
4. Je weniger das Kontaktbedürfnis befriedigt ist, desto stärker werden seine Ziele
angestrebt.
5. Je weniger der Wunsch nach Selbstentfaltung befriedigt ist, desto stärker wird das
Kontaktbedürfnis.
6. Je stärker das Kontaktbedürfnis befriedigt ist, desto stärker wird der Wunsch nach
Selbstentfaltung.
7. Je stärker der Wunsch nach Selbstentfaltung befriedigt ist, desto stärker werden
seine Ziele angestrebt (Rosenstiel et al. 1995, S.219f).

Herzberg, Mausner und Snyderman führten eine empirische Untersuchung über die erlebten Ursachen der Arbeitsunzufriedenheit durch und entwickelten auf der Basis der Befunde eine Theorie (Nerdinger 1995, S.41ff). Im Rahmen der sogenannten Pittsburgh-Studie zeigten Befragungen an verschiedenen Gruppen berufstätiger Personen, dass insbesondere Erlebnisse, die mit dem Arbeitsumfeld verbunden sind, d.h. der Arbeit extrinsisch sind, überwiegend in negativen, mit Unzufriedenheit verbundenen Situationen genannt wurden („Dissatisfiers"). Hierzu gehören z.B. der Führungsstil des Vorgesetzten, die interpersonellen Kontakte, der Status und das Gehalt. Herzberg et al. bezeichnen diese Faktoren auch als „Hygienefaktoren":

Analog zur medizinischen Hygiene, die Gesundheitsrisiken aus der Umwelt der Menschen entfernt und damit Krankheiten verhindert, sollen diese Faktoren Unzufriedenheit verhindern. D.h. wenn die genannten Aspekte der Arbeitsumgebung hinlänglich erfüllt sind, dann entsteht daraus nicht Zufriedenheit, sondern das Resultat ist das Fehlen von Unzufriedenheit (vgl. u.a.
Nerdinger 1995, S.41ff; Rosenstiel et al. 1995, S.220f; Schwarz 1995, S.40f).

Zufriedenheit erzeugen dagegen sogenannte Contentfaktoren („Satisfiers"). Sie beziehen sich überwiegend auf intrinsische Aspekte der Tätigkeit, d.h. mit der Arbeit unmittelbar verknüpfte Faktoren wie

- Leistungserlebnisse,
- Anerkennung für die Leistung,
- Arbeitsinhalte,
- Übertragung von Verantwortung,
- Aufstiegsperspektiven,
- geistiges Wachstum und Entwicklungschance.

(ebd.)

Diese „Zwei-Faktoren-Theorie" benennt somit die situativen Bedingungen und Anreize, die Unzufriedenheit verhindern bzw. Zufriedenheit auslösen. Arbeitszufriedenheit wird hier als Folge der Befriedigung von Bedürfnissen gesehen:

„Die Faktoren, die zu positiven Arbeitseinstellungen führen, haben diese Wirkung, weil sie das Bedürfnis des Individuums nach Selbstverwirklichung in der Arbeit befriedigen (...) Der Mensch versucht sich in jedem Lebensbereich zu verwirklichen, und seine Arbeit ist einer der
wichtigsten Bereiche" (Herzberg et al. 1959; zitiert nach Nerdinger 1995, S.43).

Welche Konsequenzen hat die Motivation für das organisationsrelevante Verhalten? Nach Rosenstiel et al. ist die Motivation vornehmlich relevant für

- die Leistung,
- die Berufswahl,
- die Bindung an die Organisation,
- die Häufigkeit von Fehlzeiten.

(Rosenstiel et al. 1995, S.232)

Nerdinger weist darauf hin, dass bei der Erklärung dieser Aspekte des Verhaltens auch Ursachen zu berücksichtigen sind, die nicht *in* der Person liegen:
„Menschliches Verhalten ist (...) höchst komplex determiniert. Eine wesentliche Determinante ist das *Können*, d.h. die Fähigkeiten und Fertigkeiten als Grundlage des Verhaltens" (Nerdinger 1995, S.9).

Da die genannten Verhaltensfelder für Organisationen von erheblicher Bedeutung sind, stellt sich die Frage, wie sich die Motivation der Organisationsmitglieder beeinflussen lässt.
Betriebliche Anreizgestaltung muss darauf abzielen, in der Person angenommene, für das Arbeitsverhalten relevante Motive durch entsprechende Situationsgestaltungen zu aktivieren. Derartige Anreize können

- in der Arbeitsumgebung,
- im Arbeitsinhalt,
- im Sozialverhalten anderer Organisationsmitglieder (insbesondere der Vorgesetzten und KollegInnen) oder
- im organisatorischen Rahmen liegen (Rosenstiel et al. 1995, S.233).

Welche Bedeutung kommt der Arbeitszufriedenheit zu?
Rosenstiel et al. definieren Arbeitszufriedenheit als Einstellungen zu verschiedenen Facetten der Arbeitssituation. Diese Facetten sind u.a.

- Arbeitsinhalte
- Arbeitsbedingungen
- Führung
- Kollegen
- Entlohnung
- Sozialleistungen
- Fort- und Weiterbildungsmöglichkeiten
- Beförderung
- Anerkennung und Status
- Sicherheit
- Leistungserfolg
- Verantwortung
- Entfaltungsmöglichkeiten
- Arbeitszeitregelungen
- Urlaubsregelungen
- Interessenvertretung
- Bild der Organisation insgesamt (Image). (Rosenstiel et al. 1995, S.239)

Wie entstehen diese Einstellungen? Offensichtlich ist hier ein Bezug zur Motivation gegeben. Einstellungen werden in der Regel im Zusammenhang mit der Befriedigung oder der Frustration aktivierter Motive erworben:

„Wer z.B. den Wunsch hat, bei schönem Wetter mit seiner Familie in ein *verlängertes Wochenende* zu fahren, den Vorgesetzten um Urlaub an einem Freitag oder Montag bittet, von diesem aber jeweils einen abschlägigen Bescheid erhält, der wird nach einiger Zeit eine negative Einstellung zu diesem

Chef entwickeln. Wer dagegen das Gefühl hat, dass sein Vorgesetzter ihn bei der Karriereentwicklung auf vielerlei Art und Weise fördert, der wird diesem gegenüber bald eine positive Einstellung zeigen" (Rosenstiel et al. 1995, S.238f).
Im Allgemeinen wird davon ausgegangen, dass eine hohe Arbeitszufriedenheit dazu führt, dass die Arbeitsleistung steigt, Fehlzeiten und Fluktuation zurückgehen und eventuell auch die Unfallrate reduziert wird, wobei hier natürlich noch andere Faktoren relevant sind (Gebert/Rosenstiel 1996, S.84f).

Ergebnisse:

- Der Mensch hat eine Reihe von Bedürfnissen, deren Befriedigung er anstrebt.
- Das Erreichen bzw. Nichterreichen der angestrebten Bedürfnisbefriedigung hat unmittelbare Auswirkungen auf andere Bedürfnisse.
- Insbesondere intrinsische Aspekte der Arbeit sind geeignet Zufriedenheit zu erzeugen, während durch die Erfüllung extrinsischer Faktoren Unzufriedenheit verhindert werden kann.
- Motivation hat Auswirkungen auf organisationsrelevantes Verhalten (u.a. für Leistung, Berufswahl, die Bindung an die Organisation, Häufigkeit von Fehlzeiten).
- Die Motivation von Organisationsmitgliedern kann beeinflusst werden.
- Arbeitszufriedenheit wirkt sich auf Arbeitsleistung, Fehlzeiten und Fluktuation in der Organisation aus.
- Hinsichtlich der die Arbeitszufriedenheit prägenden Einstellungen besteht ein Bezug zur Motivation. Sie werden in der Regel im Zusammenhang mit der Befriedigung oder der Frustration aktivierter Motive erworben.

Aspekte der Motivation und Arbeitszufriedenheit sind also für die Organisation von höchster Relevanz, sie wirken sich direkt und indirekt auf Effektivität und Effizienz der Organisation und somit auf ihre Leistungsfähigkeit insgesamt aus. Dies unterstreicht nicht nur die Bedeutung des Umgangs mit Motivationsmitteln, sondern auch des Wissens um die dargestellten Zusammenhänge insbesondere seitens der Führungskräfte. Somit ist die ausdrückliche Berücksichtigung dieser Aspekte in den Konzepten der Neuen Steuerung bzw. im „Leitbild" der BA folgerichtig.

Zusammenfassung:

Das „Leitbild“ der BA beinhaltet zwei hauptsächliche Bestandteile. Zum einen soll den MitarbeiterInnen der Behörde ein neues Verständnis von Führung und Zusammenarbeit vermittelt werden. Dies bedeutet eine Abkehr vom bisherigen hierarchischen Führungsverständnis hin zu einem dialogisch partizipatvem Verständnis. Dieser Gedanke umschließt auch eine Hinwendung zu ergebnisorientierter Steuerung, anstatt der in öffentlichen Verwaltungen üblichen Verhaltenssteuerung (vgl. Kapitel 8.2.2).
Die Inhalte und Intentionen des Leitbildes entsprechen denen der Neuen Steuerung. Die angedachten Innovationen der Führungskultur sind umfassend. Man ist sich offenbar der Bedeutung dieses Aspektes für eine Reform der Organisationsstrukturen bewusst. Es ist zu klären, inwieweit die Inhalte des „Leitbildes“ tatsächlich im Arbeitsamt Lüneburg angesichts der gegebenen Strukturen realisiert werden können.
Die Einführung zeitgemäßer, moderner Methoden von Führung und Steuerung in der Bundesanstalt für Arbeit klingt zunächst unspektakulär und folgerichtig, gewinnt jedoch bei genauerer Betrachtung eine gewisse „radikale“ Tragweite. Wie in Kapitel 3 dargelegt, haben wir es mit eher rigiden, wenig flexiblen Strukturen zu tun, die auf Hierarchie und Verhaltenskontrolle beruhen. Tatsächlich bedeutet das im „Leitbild“ skizzierte Verständnis eine radikale Abkehr von den bisherigen Prinzipien. Inwieweit Veränderungen angesichts der gegebenen Strukturen Widerstand erzeugen, wurde in Kapitel 8.2.7 dargelegt. Im Folgenden wird genau zu prüfen sein, inwieweit diesen Zusammenhängen insbesondere im Hinblick auf die Umsetzung weiterer Reformvorhaben, Rechnung getragen wird.

Zunächst soll jedoch ein weiterer Bestandteil des „Leitbildes“ betrachtet werden: Das „Leitbild“ der BA beinhaltet neben „Leitlinien zur Führung und Zusammenarbeit“ auch eine „Standortbestimmung der BA“, sie soll zu einer gemeinschaftlichen Identität, zur *Corporate Identity* (vgl. u.a. Herbst 1998) führen. Im „Leitbild“ der BA wird die Bedeutung des Selbstverständnisses der Organisationsmitglieder ausdrücklich betont (*Halt und Orientierung, Geschlossenheit, Motivation und Stärkung des Wir-Gefühls, Prägung des Ansehens nach außen*). Im Folgenden soll daher der Zusammenhang zwischen Management und Selbstverständnis der Organisation verdeutlicht werden. Hier ist auch der den Betriebswissenschaften entstammende Begriff „Leitbild“ zu verorten (ebd.).

8.2.2 Ein Leitbild als Ausdruck der Corporate Identity

Ein Leitbild formuliert die angestrebte Identität der Organisation. Basis ist „die gelebte Unternehmenskultur sowie Wünsche und Erwartungen der Belegschaft und externer Bezugsgruppen" (Herbst 1998, S.29). Abbildung 16 zeigt den Zusammenhang zwischen Unternehmenskultur und Leitbild. Das Leitbild entspringt der Unternehmenskultur und wirkt auf diese zurück.

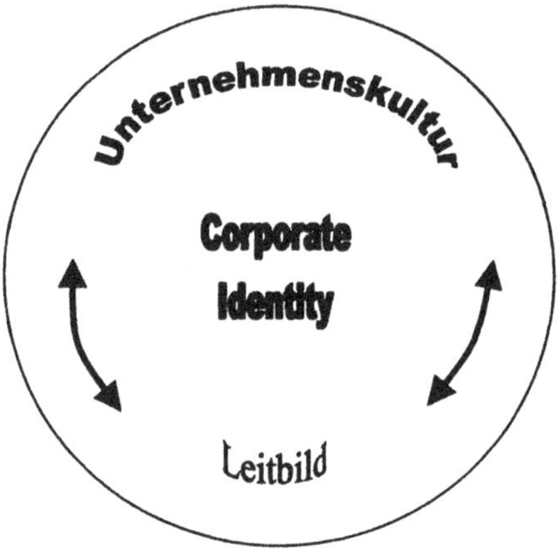

Abbildung 16: Unternehmenskultur und Leitbild als Ausdruck der *Corporate Identity* (Quelle: Herbst 1998, S.29)

Werte und Normen und Grundannahmen bilden die Unternehmenskultur. Sie ist damit prägend für die Entscheidungen, Handlungen und Aktivitäten der Organisationsmitglieder. Werte und Normen der Unternehmenskultur werden im Lauf der Zeit zum Allgemeingut und stabilisieren die Organisation.

„Eine Unternehmenskultur ist immer vorhanden. Es ist nicht möglich, dass es **keine** Unternehmenskultur gibt" (ebd., S.24).

Unternehmenskultur wirkt sich auf alle Bereiche aus. Herbst nennt beispielhafte Fragen, die Hinweise auf die Art der Unternehmenskultur geben (ebd., S.24f):

- Ist die Organisation marketingorientiert oder von Bürokratie gesteuert?
- Nach welchen Kriterien werden Mitarbeiter befördert?
- Gilt Teamarbeit oder Einzelkämpfertum?

- Was bedeuten Titel und Hierarchien?
- Wie funktioniert die Gerüchteküche?
- Wie spricht man vom Kunden?
- Sind die Mitarbeiter zu Überstunden bereit?
- Wie lange muss ein Kunde auf die Beantwortung einer Anfrage warten?
- Holt man Mitarbeiter lieber von außen oder „zieht" man sie im eigenen Unternehmen?
- Wie gehen Führungskräfte mit ihren Mitarbeitern um?

Jedes Unternehmen hat seine eigenen Antworten auf diese Fragen. So ließe die Beantwortung dieser Fragen für das Arbeitsamt Lüneburg Rückschlüsse auf die Unternehmenskultur dieser spezifischen Organisation zu. Jedes Unternehmen hat seine eigene unverwechselbare Geschichte und Entwicklung, entsprechend entwickeln sich andere Werte und Normen:
„Die Unternehmenskultur ist die Basis der Firmenidentität. Eine Identität kann also nicht beliebig konstruiert werden, sondern muss auf den vorhandenen Werten und Normen aufbauen" (ebd., S.25).
Wenn unter den MitarbeiterInnen sehr unterschiedliche Vorstellungen über das Selbstverständnis der Organisation vorliegen, kann das Unternehmen keine klare, eindeutige Identität vermitteln, es gilt somit als unklar und diffus. Corporate Identity kann dazu beitragen das Selbstverständnis zu erkennen, zu gestalten, zu vermitteln und zu prüfen:
„Corporate Identity ist das Management von Identitätsprozessen einer Organisation" (ebd., S.14).

Nach Herbst ist Corporate Identity:

- **Ganzheitlich**
  Corporate Identity (CI) ist ein Mosaik, in dem alle Steine vorhanden sein müssen, damit ein komplettes Bild entsteht. CI berücksichtigt alle Bereiche und Funktionen einer Organisation. Sie wird nicht nur durch das Erscheinungsbild vermittelt, sondern auch durch Kommunikation und Ver-

halten. Diese ganzheitliche Sicht macht Corporate Identity zum wichtigen Bestandteil der strategischen Unternehmensführung.

- **Systematisch geplant**
  Corporate Identity bedeutet nicht planlosen Aktionismus. Identitätsprobleme müssen sorgfältig und zuverlässig aufgedeckt, wirkungsvoll gelöst und das Ergebnis bewertet werden. Ein solches Konzept gewährleistet, dass ein Unternehmen vorausschauend seine Chancen erkennt und seine Zukunft erfolgreich gestaltet.

- **Aktiv**
  Jedes Unternehmen hat eine Identität. Es ist nicht möglich, keine Identität zu besitzen. Corporate Identity bedeutet diese Identität zu erkennen und im Spannungsfeld eigener Stärken und Schwächen, den internen und externen Erwartungen und Wünschen aktiv zu entwickeln.

- **Kontinuierlich**
  Da sich das Unternehmen und sein Umfeld ständig ändern, ist CI ein lebendiger und kontinuierlicher Prozess, der Entwicklungen des Marktes und des gesellschaftlichen Umfeldes vorwegnehmen und ihnen wirksam begegnen sollte.

- **Langfristig**
  Corporate Identity ist weder „Schnellschuss" noch „Feuerwehr" in der Krise. Durch spektakuläre, aber vordergründige Maßnahmen leidet die Glaubwürdigkeit und Vertrauen kann verloren gehen. Wer also Erfolge quasi über Nacht erwartet, sollte sein Geld und seine Energie sparen. Ein gemeinsames Selbstverständnis entwickelt sich langsam – ebenso ein gewünschtes Image in der Öffentlichkeit (vgl. Herbst 1998, S. 16f).

Corporate Identity ist also ein langfristiger, planvoller, ganzheitlicher Prozess. Mit der einmaligen Veröffentlichung eines Leitbildes in der Hoffnung damit hinreichend Identitätsstiftend gewirkt zu haben, ist sicherlich nicht viel gewonnen. Auch in diesem Zusammenhang gilt, dass Veränderungen Widerstände bzw. Konflikte erzeugen können. Diese Aspekte sollen jedoch zunächst zugunsten der Frage nach den Zielen von CI zurückgestellt werden. Einen wesentlichen Grund für die derzeitige Bedeutung der Corporate Identity sieht Herbst darin, dass sie Produktivität und Leistung steigern kann (ebd., S.17f):

- Durch gemeinsame Vereinbarungen werden Prozesse und Strukturen transparent und begreifbar. Mitarbeiter wissen, was von ihnen erwartet wird und können ihr Verhalten den Wünschen des Managements anpassen.

- Alle Mitarbeiter arbeiten auf ein gemeinsames (Unternehmens-) Ziel hin. Dies verbessert die Unternehmensführung.

- Synergien werden möglich. Dies funktioniert nach dem Prinzip: 1 + 1 = 3. Zum Beispiel kann im Rahmen der Kommunikation die Werbung glaubwürdiger werden, wenn bereits durch Öffentlichkeitsarbeit Vertrauen und Akzeptanz aufgebaut sind. Durch einheitliche Gestaltungsrichtlinien werden individuelle Neuentwürfe unnötig.

Zusammenfassend lässt sich festhalten, dass Corporate Identity ein geschlossenes Bild des Unternehmens erzeugen soll. Das hierdurch entstehende „Wir-Gefühl" steigert die Arbeitszufriedenheit und damit Motivation und Leistung. Hierbei ist insbesondere das Streben nach Zustimmung der MitarbeiterInnen zu einem gemeinsamen Handeln mit vereinbarten Werten und Regeln zu berücksichtigen. Grundlage ist ein Führungsverständnis, das die Einstellungen, Wünsche und Erwartungen der MitarbeiterInnen berücksichtigt.
Die Bedeutung der Berücksichtigung der Wünsche und Erwartungen der MitarbeiterInnen wurde in Kapitel 2.3 dargestellt: MitarbeiterInnen gelten heute allgemein als emanzipierter, sie wollen stärker einbezogen werden und größere Handlungsspielräume nutzen. Bietet die berufliche Tätigkeit keine persönliche Entfaltung, wird von einem Rückzug in den privaten Bereich ausgegangen („innere Kündigung"). Dies gilt allerdings nicht in jedem Fall. Enge Handlungsspielräume im Sinne geschlossener Aufträge können vom Individuum im Einzelfall auch als positiv empfunden werden. Klare Instruktionen haben auch entlastende Funktion, dem Individuum wird Verantwortung abgenommen. Dies kann theoretisch auch zu einem hohen Maß an Arbeitszufriedenheit führen. Zudem führt die Partizipation von MitarbeiterInnen u.U. zu verwirrenden Ausgangslagen und erfordert einen hohen Abstimmungs- und Klärungsaufwand, der vom Individuum auch als belastend empfunden werden kann und einer geschmeidigen Ablauforganisation zunächst im Wege steht (vgl. Schwarz 1995, S.66ff).
Im allgemeinen wird heute jedoch davon ausgegangen, dass eine stärkere Einbeziehung der MitarbeiterInnen zu höherer Zufriedenheit, höherer Motivation und zur Steigerung von Produktivität und Leistung führt (vgl. Herbst 1998, S.19).

Welche Bedeutung kommt in diesem Zusammenhang einem Leitbild zu?

Das Leitbild bestimmt den Kurs des Unternehmens: „Es steckt den Rahmen für künftiges Handeln durch einen Katalog von Kriterien ab, der Werte und Bekenntnisse der Unternehmensführung zum unternehmerischen Handeln enthält und Normen für Normen für das Verhalten setzt“ (ebd., S.29).

Die gewachsene und gelebte Unternehmenskultur ist auf Vergangenheit und Gegenwart gerichtet, während sich das Leitbild auf die Zukunft bezieht. Die Vorgaben des Leitbildes wirken jedoch auf die Unternehmenskultur zurück und beeinflussen damit Werte und Normen im Unternehmen (vgl. Abbildung 18).
Ein verbindlich formuliertes Leitbild hat folgende Vorteile (Herbst 1998, S.29f):

- Es informiert die Führungskräfte und MitarbeiterInnen über die gewünschten Werte, Normen und Grundprinzipien des Unternehmens. Dies schafft eine Grundlage für einheitliches Verhalten auf allen betrieblichen Ebenen.

- Das Leitbild unterstützt Geschäftsleitung und Führungskräfte bei zeitgemäßer und der Situation angepasster Führung. Fehler werden erkennbar und können korrigiert werden. Unsicherheiten werden ausgeräumt, die das optimale Erfüllen von Aufgaben verhindern.

- Ein Leitbild zeigt jeder MitarbeiterIn eines Unternehmens, wie sie durch ihr persönliches Verhalten zum Erreichen der Unternehmensziele und damit zum Erfolg des Unternehmens beitragen kann.

- Es ermöglicht den Bereichen detaillierte Vorgaben für alle MitarbeitInnen abzuleiten, die nicht beliebig sind, sondern die aus einem übergeordneten gemeinsamen Selbstverständnis stammen.

- Das Leitbild wirkt nach außen, indem es wichtige Bezugsgruppen über die Werte und Normen des Unternehmens informiert sowie Aussagen über Wünsche und Erwartungen an eine Zusammenarbeit trifft.

Welche Intention verfolgt die Bundesanstalt für Arbeit mit ihrem Leitbild? Im Leitbild werden 5 Funktionen genannt (vgl. Kapitel 9.2):

□ Ein Leitbild gibt Halt und Orientierung

□ Ein Leitbild trägt zur Geschlossenheit bei

□ Ein Leitbild motiviert und stärkt das Wir-Gefühl

□ Ein Leitbild prägt auch das Ansehen nach außen

Das Leitbild der BA wird also deutlich im Zusammenhang mit der Identität der Organisation gesehen und soll auf diese einwirken, es ist somit eine Komponente der Corporate Identity.

Auf welchem Wege kann ein Leitbild umgesetzt werden? Herbst nennt in diesem Zusammenhang 3 maßgebliche Komponenten (Herbst 1998, S.31):

- **Die Leitidee**
  nennt den Sinn des Unternehmens und vermittelt eine Vision, wie es aktuelle und künftige Probleme lösen oder zur Lösung beitragen will.

- **Die Leitsätze**
  sind Kernaussagen, die grundlegende Werte, Ziele und Erfolgskriterien festlegen. Sie bestimmen das Verhältnis des Unternehmens zu zentralen Bezugsgruppen wie Mitarbeitern, Kunden, Aktionären, Medien. Die Leitsätze formulieren die spezifische Kompetenz des Unternehmens, seine Leistungsfähigkeit und die Wettbewerbsvorteile.

- **Das Motto**
  fasst alles in einem kurzen, prägnanten Slogan zusammen.

„Die Leitidee drückt den Sinn des Unternehmens aus, also den Nutzen für Kunden, Markt und Gesellschaft" (Herbst 1998, S.32). Damit begründet sie, warum ein Unternehmen überhaupt besteht und wirkt somit auch sinnstiftend für die MitarbeiterInnen.
Wie wird die Leitidee der Bundesanstalt für Arbeit in ihrem Leitbild ausgedrückt?
Im Leitbild der BA werden Sinn und Zweck der Behörde sehr nüchtern aus dem gesetzlichen Auftrag entwickelt:

„Der Aufgabenkatalog der BA ergibt sich aus den in §1 bis 3 AFG beschriebenen Zielen sowie den Vorstellungen zur sozialen Sicherheit und Gerechtigkeit, wie sie im SGB I formuliert sind" (Bundesanstalt für Arbeit 1996, S.6).

Gleichwohl wird die Notwendigkeit einer identitätsstiftenden Leitidee erkannt:

„Die Bewahrung des Zusammenhalts ihrer Aufgaben enthält nicht nur spannungsreiche Herausforderungen für die BA, sondern macht auch ihre Stärke und Identität aus. Deshalb ist es notwendig, auch bei scheinbar heterogenen

Funktionen **ein Gesamtaufgabenverständnis** in der BA wachzuhalten und zu stärken" (ebd.).

Hier erfolgt also ein Hinweis auf den umfangreichen Aufgabenkomplex der Behörde (vgl. Teil A), dieser unterstreicht die Notwendigkeit eines gemeinsamen Verständnisses von Sinn und Zweck der Organisation. Die Formulierung dieses „Gesamtaufgabenverständnisses" erfolgt wenig prägnant:

„Alle ihre Aufgaben erfüllt die BA auf der Basis eines sozialen Grundauftrages, der über Markt und Wettbewerb hinausgeht. Gleichermaßen geben das **arbeitsmarktliche Gemeinwohl und die arbeitsmarktlichen Gesamtinteressen** den einzelnen Funktionen Gepräge, Ziel und Richtung. (...) Die BA widmet sich zuallererst dem Abbau der Arbeitslosigkeit und damit den Personen, die der Markt nicht ohne weiteres aufnimmt" (ebd.).

Neben allgemeinverbindlichen Formulierungen wird hier der Abbau der Arbeitslosigkeit als Aufgabe genannt. Das Leitbild soll nicht nur zur Stärkung des Wir-Gefühls dienen, sondern auch das Ansehen nach außen prägen. Die Öffentlichkeit will wissen, „mit wem sie es zu tun hat und welchen Beitrag das Unternehmen für die Gesellschaft (...) leistet" (Herbst 1998, S.32). Ein Leitbild kann dazu nur beitragen, wenn die Leitidee von den MitarbeiterInnen ohne weiteres geteilt und nachvollzogen werden kann und auch für die Öffentlichkeit plausibel und nachvollziehbar ist. Hierzu bedarf es einer eindeutigen und prägnanten Formulierung:

Wir sehen unsere Hauptaufgabe in der Bekämpfung der Arbeitslosigkeit. Wir wollen insbesondere den Personen helfen, die besondere Probleme bei der Erlangung eines Arbeitsplatzes aufweisen.

Diese Formulierung ist in ihrer Klarheit sicher leichter zu verinnerlichen und beinhaltet auch eine konkrete Ausgestaltung des angestrebten Wir-Gefühls.

LEITSÄTZE sind Kernaussagen, die grundlegende Werte, Ziele und Erfolgskriterien festlegen. Nach Herbst beziehen sich diese Aussagen häufig auf das Verhältnis zu MitarbeiterInnen und Managern und zu KundInnen (ebd., S.34). Sie sind so allgemein zu formulieren, dass sie für alle Bereiche der Organisation gelten, aber nicht so allgemein, dass sie zu hohlen Phrasen verkommen.

Das „Leitbild der BA" enthält ausschließlich Leitsätze bzw. Leitlinien, die sich auf Führung und Zusammenarbeit beziehen bzw. auf die Veränderung des Verständnisses von Führung und Zusammenarbeit. Sie lassen sich stichpunktartig folgendermaßen zusammenfassen (Bundesanstalt für Arbeit 1996):

- Wir-Gefühl entwickeln

- Zielorientiert führen
- Verantwortung übertragen
- Ergebnisorientiert kontrollieren
- Kooperativ führen
- Motivation und Arbeitszufriedenheit stärken
- Fachlich kompetent sein

Hier fällt zunächst auf, dass das Verhältnis zu den KundInnen hier keinen Eingang findet. Dies kann auch als Indiz dafür gewertet werden, welche Bedeutung man gegenwärtig der Reform des Führungsverständnisses beimisst. Das „Leitbild" der BA trägt den Untertitel „Standortbestimmung und Leitlinien für Führung und Zusammenarbeit", es hat also (zumindest gegenwärtig) gar nicht den Anspruch mehr anzusprechen, als das (angestrebte) Führungsverständnis und modernere Arbeitsformen (vgl. Kapitel 8.2).
Da Leitidee und Leitsätze meist zu lang sind um sie sich merken zu können, wird häufig ein MOTTO verwendet. Das Motto bringt das Leitbild auf den Punkt. Es ist kurz und prägnant und damit leicht zu merken. Herbst nennt einige bekannte Beispiele (Herbst 1998, S.36f):

AEG:	*Aus Erfahrung gut*
Audi:	*Vorsprung durch Technik*
Grundig:	*Made for you*
Opel:	*Wir haben verstanden*

Das „Leitbild der BA" beinhaltet kein Motto. Ein plakatives Motto hat den Zweck, dass wiederzugeben, was die Bezugsgruppen vom Unternehmen wissen und sich bei den Empfängern aus Sicht des Unternehmens einprägen soll (ebd.). Es hat somit eine durchaus sinnhafte und anspruchsvolle Aufgabe.

Nachdem nun die Komponenten des Leitbildes betrachtet wurden, stellt sich die Frage, wie wird ein Leitbild (nach innen und außen) vermittelt?
Herbst nennt in diesem Zusammenhang folgende Instrumente (ebd., S.37):
- das Erscheinungsbild (*Corporate Design*)
- die Kommunikation (*Corporate Communications*)

- das Verhalten (*Corporate Behaviour*)

Diese Instrumente schaffen zusammen einen spezifisches, unverwechselbares *Corporate Image* (vgl. Abbildung 17).

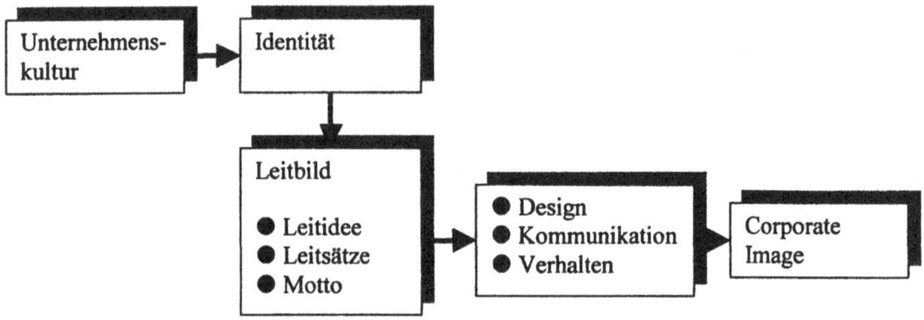

Abbildung 17 : Entstehung eines *Corporate Image* (Quelle: Herbst 1998, S.37)

Eine einheitliche und widerspruchsfreie Unternehmensidentität kann nur über den abgestimmten Einsatz aller Aktivitäten erreicht werden. Zusammengefasst ergibt sich folgender Zusammenhang:

- Die Unternehmenskultur ist Basis für die Unternehmensidentität,
- die im Unternehmensleitbild formuliert wird,
- das aus der Leitidee, den Leitsätzen und dem Motto besteht,
- die Basis sind für Design, Kommunikation und Verhalten,
- die als Instrumente der Vermittlung der Firmenidentität zum Angleichen von Unternehmenskultur, Leitbild und Corporate Image führen sollen (ebd., S.38).

CORPORATE DESIGN vermittelt die Firmenidentität durch ein einheitliches visuelles Erscheinungsbild. Es wird geprägt von konstanten Gestaltungselementen wie dem Logo, den Hausfarben, der Hausschrift, den Gestaltungsrastern usw.

Das Logo weckt Aufmerksamkeit und hat Signalwirkung. Gleichzeitig informiert es und hat Erinnerungswert. Das Logo der Bundesanstalt für Arbeit (Abbildung 18) wird in der Öffentlichkeit wahrscheinlich eher mit negativen Assoziationen verbunden sein, z.B. mit der hiobsbotschaftsähnlichen Veröffentlichung der monatlichen Arbeitslosenzahlen im TV. Im Rahmen eines umfassenden CI-Prozesses wäre auch eine Änderung des Logos denkbar, das dann eher der neuen Identität entsprechen würde und diese visuell vermittelt.

Abbildung 18: Logo der Bundesanstalt für Arbeit

Die Hausfarbe ist ein weiteres Erkennungs- und Unterscheidungsmerkmal für Unternehmen. Die Post hat die Farbe gelb gewählt. Diese Farbe ziert Postfahrzeuge, Telefonbücher und ehemals auch Telefonzellen.
Auf den Informationsbroschüren und Informationstafeln der Bundesanstalt für Arbeit dominiert die auch vom Logo her bekannte rote Farbe.
Eine weitere Möglichkeit, Selbstverständnis auszudrücken ist die Wahl einer Hausschrift:
„Innovative Firmen zeigen auch hier Fortschritt und verwenden keine klassisch konservativen Schriften wie Helvetica oder Times, sondern beispielsweise Meta oder Thesis" (ebd., S.46).
Die Bundesanstalt für Arbeit hat sich in diesem Zusammenhang für Meta entschieden. Die Vorgaben für Hausschrift und Hausfarbe wurden kürzlich in Erlassform zusammengefasst und damit allgemeinverbindlich für die gesamte Behörde.

Die CORPORATE COMMUNICATIONS vermitteln die Unternehmensidentität durch widerspruchsfreie Kommunikation nach innen und außen in Werbung und Öffentlichkeitsarbeit. Hierbei ist wiederum zu berücksichtigen, dass alle Komponenten der Corporate Identity aufeinander abgestimmt sind:
„Entscheidend für Corporate Communications ist vielmehr, dass Ziele, Maßnahmen und Botschaften aus dem Leitbild hergeleitet, aufeinander abgestimmt sowie konsequent und einheitlich eingesetzt werden" (ebd., S.54). Einzelne Maßnahmen bei denen dies nicht zutrifft, stiften wenig Nutzen oder schaden gar (indem Vertrauen verloren geht) und sind u.U. sehr teuer (z.B. indem in TV-Spots falsche Erwartungen geweckt werden).

Zentraler Bestandteil der Corporate Identity ist das CORPORATE BEHAVIOUR.
Das Selbstverständnis darf nicht nur gezeigt und kommuniziert werden, es muss auch gelebt werden. Das Organisationsverhalten zeigt sich u.a. darin, wie MitarbeiterInnen miteinander und mit Externen wie Kunden und Lieferanten umgehen und wie Konflikte gelöst werden. Nach Herbst geht es vor allem um

- Das Handeln gegenüber den Mitarbeitern
- Das Verhalten gegenüber den Marktpartnern
- Das Verhalten gegenüber Öffentlichkeit und Umwelt (ebd., S.60).

Das Corporate Behaviour stellt die größte Herausforderung für die CI dar: „Sollen Führungskräfte die Mitarbeiter plötzlich in Entscheidungen einbeziehen, sollen die Verkäufer plötzlich den Kunden zuvorkommend und freundlich bedienen, ist dies meist nicht von heute auf morgen zu erreichen. Verhalten ändert sich – wenn überhaupt – nur langsam“ (ebd., S.62).
Das Leitbild der BA hat, wie dargestellt, die Intention auf das Verhalten der Organisationsmitglieder hinsichtlich des praktizierten Führungsstils einzuwirken. Die besonderen Schwierigkeiten von Änderungsprozessen in diesem Bereich unterstreicht die Bedeutung des Prozesses der Einführung bzw. Umsetzung des Leitbildes. Dieser wird im folgenden Kapitel betrachtet.

Zusammenfassung:

Das Leitbild der BA hat den Anspruch zu einer Corporate Identity beizutragen, es soll ein Wir-Gefühl vermitteln und Halt und Orientierung geben. Die "neuen Unübersichtlichkeiten“, die Habermas formuliert hat (Habermas 1985) finden ihren Niederschlag auch in den gesellschaftlichen Institutionen. Dies gilt um so mehr, als dass vermehrt Zweifel an Effektivität und sogar an der Existenzberechtigung öffentlicher Verwaltungen wie der Arbeitsverwaltung geäußert werden. In dieser Situation ist die Auseinandersetzung mit Corporate Identity bzw. die Entwicklung eines Leitbildes unbedingt folgerichtig. Corporate Identity darf jedoch nicht als Krisenmanagement missverstanden werden. Es handelt sich hierbei um einen langfristigen, kontinuierlichen und umfassenden Prozess. Dies gilt insbesondere wenn verändertes Verhalten im Vordergrund steht: Veränderungen können Widerstände erzeugen, die die Umsetzung des Leitbildes erschweren.

Das „Leitbild“ der BA enthält den Hinweis, dass es zu einem festen Bestandteil des „Arbeitsamtes 2000“ werden müsse (Bundesanstalt für Arbeit 1996, S.1). Dies lässt den Schluss zu, dass es als ein erster, vorbereitender Schritt für weitergehende Reformkonzepte gedacht ist. Das „Leitbild“ hat die Aufgabe, zu Strukturen zu führen auf deren Grundlage das „Arbeitsamt 2000“ gebaut werden kann. Offensichtlich setzt das Konzept eine moderne Führungs- und Unternehmenskultur voraus, wie sie im Leitbild eingefordert werden. Hieraus ergibt sich eine weitere Konsequenz: Wenn das Leitbild Voraussetzung für das Konzept „Arbeitsamt 2000“ ist, kommt seiner Umsetzung auch entscheidende Bedeutung für das Gelingen dieses Konzeptes zu.

Im Folgenden soll daher die Umsetzung des Leitbildes im Arbeitsamt Lüneburg betrachtet werden.

8.2.3 Die Umsetzung des Leitbildes

Für das Gelingen des Prozesses ist die Information der MitarbeiterInnen über die geplanten Veränderungen von zentraler Bedeutung:
„Die Mitarbeiter sind Betroffene, die das Leitbild leben müssen. Sie sind daher zu jedem Zeitpunkt einzubinden, um die Gefahr zu verringern, dass Veränderungen über die Köpfe der Betroffenen hinweg angeordnet werden“ (Herbst 1998, S.69).
Der Vorbereitung von CI-Prozessen können entsprechende Informationsmaßnahmen dienen. Möglich wären z.B. Informationsveranstaltungen, Sonderausgaben von Mitarbeiterzeitungen und Informationstafeln. Herbst nennt in diesem Zusammenhang folgende Medien der internen Kommunikation, die die MitarbeiterInnen über den Prozess informieren könnten (die technischen Voraussetzungen hierfür wären auch in der Bundesanstalt für Arbeit bzw. im Arbeitsamt Lüneburg gegeben):

- Informationsveranstaltung
- Info-Stände/Info-Messen
- Telefon-Hotline
- Mitarbeiterzeitung/Wandzeitung
- Informationsblatt
- Betriebsversammlung
- Intranet/E-Mail (ebd., S.70)

Diese Maßnahmen dienen nicht nur der Information, sie sind gleichzeitig geeignet Interesse an bevorstehenden Maßnahmen zu erzeugen und für Akzeptanz zu werben. Zudem können angestrebte Ziele „vorgelebt“ werden.

Wenn es erklärtes Ziel ist partizipativ zu führen, umfasst dies auch die Schaffung von Transparenz und die Information der MitarbeiterInnen über geplante Neuerungen (vgl. Kapitel 8.2). Wie verhält sich dies nun im Zusammenhang mit Planung bzw. Vorbereitung des Leitbildes der Bundesanstalt für Arbeit?
Die MitarbeiterInnen wurden unvorbereitet mit dem Leitbild konfrontiert. Es wurde per Erlass „angeordnet" und in den Dienststellen verteilt. Aufgrund dieses dem eigentlichen Anliegen des „Leitbildes" widersprechenden Vorgehens ist zunächst eher von einer skeptischen Haltung des Personals auszugehen.

Aus diesem Grunde und aufgrund der besonderen Bedeutung des „Leitbildes" der BA kommt der Umsetzung eine besondere Tragweite zu (vgl. Kapitel 9.2.2). Die Anwendung von besonderem Druck ist hier nicht vielversprechend:
„In der Praxis sind (...) viele Konzepte gescheitert, weil sie den Mitarbeitern übergestülpt oder mit Zwang durchgesetzt wurden. Diese können sich dann nicht mit dem Leitbild identifizieren und ignorieren es" (Herbst 1998, S.95).
Herbst rät aus Gründen der Akzeptanz und der Praktikabilität zu folgendem Vorgehen:
„Das Leitbild wird vom Top-Management entwickelt und dann im Unternehmen veröffentlicht, diskutiert und umgesetzt"(ebd.).
Häufig blieb es jedoch bei der bloßen Verteilung des Leitbildes.
Entsprechend waren die Auswirkungen: Nach einer kurzfristigen Phase der Auseinandersetzung in informellen Gruppen waren die Wellen, die das Leitbild erzeugt hat, auch schon wieder verebbt.

CI-Prozesse werden nicht durch das bloße formulieren neuer Werte und Grundprinzipien in Gang gesetzt. Ein maßgeblicher Bestandteil von Corporate Identity – Prozessen ist die Kontrolle und Prüfung, ob die angestrebten Ziele in dem vorgesehenen Ausmaß erreicht werden (vgl. Herbst 1998, S.121). Es ist wenig nutzbringend, sich ein Leitbild zu geben und hinterher nicht zu prüfen, inwieweit es verinnerlicht wurde bzw. danach gehandelt wird.

Zusammenfassung:

Das Leitbild der BA hat dahingehend eine besondere Bedeutung, als das es den MitarbeiterInnen bei schwierigen Arbeitsbedingungen und einer allgemeinen Legitimationskrise der öffentlichen Arbeitsverwaltung „Halt und Orientierung" geben soll und gleichzeitig der Vorbereitung des „Arbeitsamtes 2000" dient, indem es hierfür notwendige Strukturen schafft.
Hinsichtlich der Einführung des Leitbildes ist anzumerken, dass Überprüfungen der tatsächlichen Umsetzung durch den Arbeitsämtern übergeordneten Instanzen

nicht durchgeführt wurden. Diese Handhabung ist aus folgenden Gründen verwunderlich:

- Die BA steht hinsichtlich der Reform ihrer Strukturen unter massivem Druck. Die öffentliche Arbeitsverwaltung ist in eine Legitimationskrise geraten, allerorten ist der Ruf nach mehr Effektivität und Effizienz zu hören, teilweise wird die Berechtigung einer öffentlichen Arbeitsverwaltung gänzlich in Frage gestellt (vgl. Kapitel 7.1).

- Das Leitbild der BA ist offensichtlich eine grundlegende Vorstufe für das Konzept „Arbeitsamt 2000“, somit besteht eine direkte Dependenz zwischen beiden Vorhaben und damit für das Gelingen der Reformkonzepte der BA überhaupt.

- Es dürfte als allgemein bekannt erachtet werden, dass die Strukturen des öffentlichen Dienstes eher innovationshemmend sind bzw. dass weitestgehend Strukturkonservatismus vorherrscht (vgl. Kapitel 8.2.7).

- Das Leitbild beinhaltet mehr als nur einige kleine kosmetische Korrekturen. Die bisherigen Formen der Führung und Zusammenarbeit werden völlig in Frage gestellt. Das Ausmaß der angestrebten Verhaltensveränderungen ist daher nicht zu unterschätzten.

Vor diesem Hintergrund wird deutlich, dass der Art der Umsetzung bzw. Einführung eines Leitbildes und der Nachhaltigkeit mit der dies geschieht hohe Bedeutung zukommt.

Im Folgenden soll nun das Konzept „Arbeitsamt 2000“ genauer betrachtet werden. Hierbei wird auch zu fragen sein, inwieweit auf „Vorarbeiten“ des Leitbildes zurückzugreifen ist bzw. welche Bedeutung dem Leitbild als Grundlage weiterer Reformbestrebungen zukommt.

8.3 Das „Arbeitsamt 2000“

Aufgrund der veränderten gesellschaftlichen, wirtschaftlichen, sozialen und fiskalischen Rahmenbedingungen sieht sich die Bundesanstalt für Arbeit zu einer Verbesserung ihrer Aufbau- und Ablauforganisation veranlasst (vgl. Kapitel 9.1). Die Vorstellungen über die künftige Gestaltung der Organisation werden unter der Bezeichnung „Arbeitsamt 2000“ als Gesamtkonzept zusammengefasst.

8.3.1 Das Organisationskonzept

Das Organisationskonzept „Arbeitsamt 2000" wird von 4 grundsätzlichen **Organisationszielen** getragen. Hierbei handelt es sich nicht um abstrakte Formulierungen aus Gesetzestexten, sondern um allgemeine, aber prägnante Aussagen. Die Organisationsziele sind:

- Die Dienstleistungen am Kunden orientieren,
- die Dienstleistungen wirksam erbringen,
- die Dienstleistungen wirtschaftlich erbringen,
- Zufriedenheit und Arbeitserfolg der Mitarbeiter fördern (Bundesanstalt für Arbeit 1997, S.1).

Hier finden wir die allgemeinen Ziele gegenwärtiger Reformbestrebungen in den öffentlichen Verwaltungen bzw. der „Neuen Steuerung" wieder (vgl. Kapitel 8.1): Den Forderungen nach Kundenorientierung, Effektivität und Effizienz und nach partizipativem, motivationsgeleitetem Führungsverhalten wird in dieser Aufzählung Rechnung getragen. Ebenso wird die Relevanz der Arbeitszufriedenheit für die Organisation berücksichtigt.
Einen konkreteren Ausgestaltungsgehalt haben die den Organisationszielen entsprechenden **Organisationsgrundsätze** (Bundesanstalt für Arbeit 1997, S.1):

- Auf die Erwartungen der Kunden eingehen
- Aufbau- und Ablauforganisation optimieren
- Dezentrale Handlungsmöglichkeiten erweitern
- Besser planen, steuern und kontrollieren
- Kompetenzen der Mitarbeiter stärken und Mitarbeiter kooperativ führen

Aus diesen Aussagen lassen sich durchaus auch Leitsätze im Sinne von Corporate Identity ableiten (vgl. Herbst 1998, S.37ff), sie bleiben jedoch (ebenso wie das Leitbild) reine Absichtserklärungen, wenn sie nicht in Verhalten umgesetzt werden, d.h. wenn entsprechende Handlungen unterbleiben.

Aus den Organisationszielen und Organisationsgrundsätzen werden u.a. folgende unmittelbare Handlungsfelder abgeleitet:

- Die Einrichtung kundenorientierter Mitarbeiter-Teams,
- die Anpassung der Organisationsstrukturen in den Arbeitsämtern,
- die räumliche Dezentralisierung des Dienstleistungsangebots,
- die Delegation von Organisations- und Budgetkompetenzen (Bundesanstalt für Arbeit 1997, S.1).

Im nächsten Schritt sollen zunächst die Organisations- und Führungsstrukturen des „Arbeitsamtes 2000“ genauer betrachtet werden. Im Konzept werden hier folgende Grundsätze genannt (ebd., S.2):

- Die Überführung der nach Sparten gegliederten Organisationsform der BA in eine ganzheitliche, an den Anliegen der Kunden orientierte Teamorganisation.
- Eine weitestgehende Delegation von Aufgaben, Kompetenzen und Verantwortung.

Hier wird zum einen dem erklärten Anspruch der Kundenorientierung Rechnung getragen. In ihrer bisherigen Gliederung orientiert sich die Organisationsstruktur an der fachlich-funktionalen Gliederung der übertragenen Aufgabenkomplexe. Dies entspricht nicht mehr den aktuellen gesellschaftlichen Rahmenbedingungen:

„Bei der Suche nach verbesserten Organisationsformen ist heute verstärkt zu berücksichtigen, dass die Bürger eine möglichst ganzheitliche Erledigung ihrer Anliegen erwarten, die von der bisherigen Organisationsform so nicht geleistet werden kann“ (Bundesanstalt für Arbeit 1997, S.2).

Zum anderen soll dem Streben der MitarbeiterInnen nach verantwortungsvoller, zufriedenstellender Arbeit im Rahmen partizipativer Führung Rechnung getragen werden (vgl. Nerdinger 1995, S.47f).

Inwieweit die MitarbeiterInnen eines Arbeitsamtes tatsächlich nach partizipativer Führung streben bzw. ob hier eine Verallgemeinerung zulässig ist, wird an anderer Stelle geprüft.
Die bisherige Spartenorganisation soll also neuen, kundenorientierten Strukturen weichen.

Wie hat man sich diese Strukturen nun konkret vorzustellen?

„Grundgedanke ist, die verschiedenen Anliegen der Kunden, soweit sie sich aus den gesetzlichen Aufgaben ableiten lassen, in

- überschaubaren Mitarbeiter-Teams
- möglichst vollständig, d.h. ganzheitlich zu erledigen“
  (Bundesanstalt für Arbeit 1997, S.2).

Da die Bandbreite der Dienstleistungen eines Arbeitsamtes einen erheblichen Umfang aufweist (vgl. Kapitel 3), kann sie nicht von nur einem Teamtyp erbracht werden. Man will daher den unterschiedlichen Kundenanliegen schwerpunkt-mäßig Rechnung tragen, d.h. bestimmte Aufgaben werden gebündelt und ***Kundengruppen*** und hierzu ***Mitarbeiter-Teams*** gebildet. Somit sind Mit-arbeiter-Teams für die Kundengruppen

- **Ausbildungsmarktpartner**

- **Arbeitsmarktpartner**

- **Behinderte**

- **Kindergeldberechtigte** und

- Mitarbeiter-Teams für **ordnungspolitische Aufgaben zur Bekämpfung des Leistungsmissbrauchs und der illegalen Beschäftigung** zu bilden (Bundesanstalt für Arbeit 1997, S.2).

Im Mittelpunkt steht hier die möglichst ganzheitliche Behandlung der Kundenanliegen:

„So sollen dem Kunden die Leistungen der BA von der Information und Beratung über die Vermittlung und arbeitsmarktpolitische Förderung bis hin zu Gewährung von Arbeitslosengeld bzw. Arbeitslosenhilfe von einem Team angeboten werden. (...) Angestrebt wird (...) eine Teamorganisation, bei der soviel ganzheitliche Aufgabenwahrnehmung wie möglich und soviel Fachlichkeit wie nötig erreicht werden soll“ (ebd.).

Abbildung 19 veranschaulicht die so entstehenden Kundenbereiche des Arbeitsamtes in Relation zu den derzeitigen Strukturen. Hierbei wird die Verschmelzung von bisher zersplitterten Aufgabenbereichen deutlich.
Wie sollen nun die zukünftigen Leitungsstrukturen aussehen?

In ihrer bisherigen Form sind die Arbeitsämter in 4 Abteilungen gegliedert (vgl. Kapitel 3):

- Arbeitsvermittlung und Arbeitsberatung (Abteilung I)
- Berufsberatung (Abteilung II)
- Leistungsabteilung (Abteilung III)
- Verwaltung (Abteilung IV)

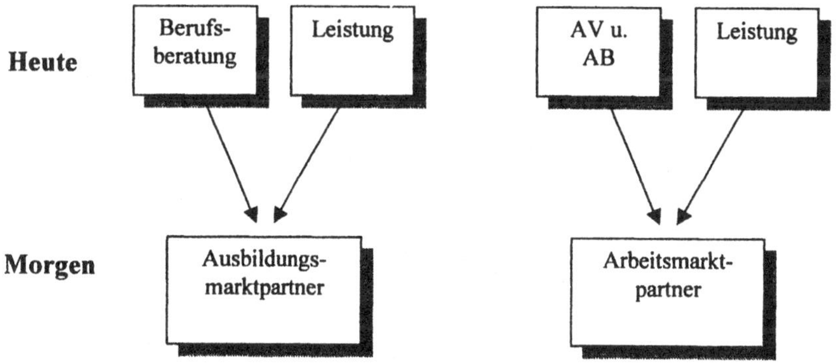

Abbildung 19: Zusammenfassung bisher zersplitterter Arbeitsbereiche (Quelle: Bundesanstalt für Arbeit)

Künftig sollen alle Arbeitsämter aus einem **Kundenbereich** und einem **Verwaltungsbereich** bestehen. Im Kundenbereich sind alle Fachaufgaben zusammengefasst, die sich auf Kunden beziehen, während der Verwaltungsbereich die personellen und infrastrukturellen Ressourcen zur Erledigung der Fachaufgaben bereit stellt (Bundesanstalt für Arbeit 1997, S.3).

Hinsichtlich der Leitungsebenen ist eine Straffung vorgesehen:

„Zwischen Direktor und Mitarbeiter-Teams werden im Kundenbereich nur noch **zwei Führungsebenen**, nämlich Kundenbereichsleiter und Teamleiter gebildet. Gleichzeitig wird eine **Einlinienorganisation** eingerichtet.
Angestrebt wird insgesamt eine Reduzierung der Führungsebenen und damit eine Straffung des Leitungsgefüges in den Arbeitsämtern" (ebd.).

Zur besseren Veranschaulichung sind diese Strukturen in Abbildung 20 dargestellt.

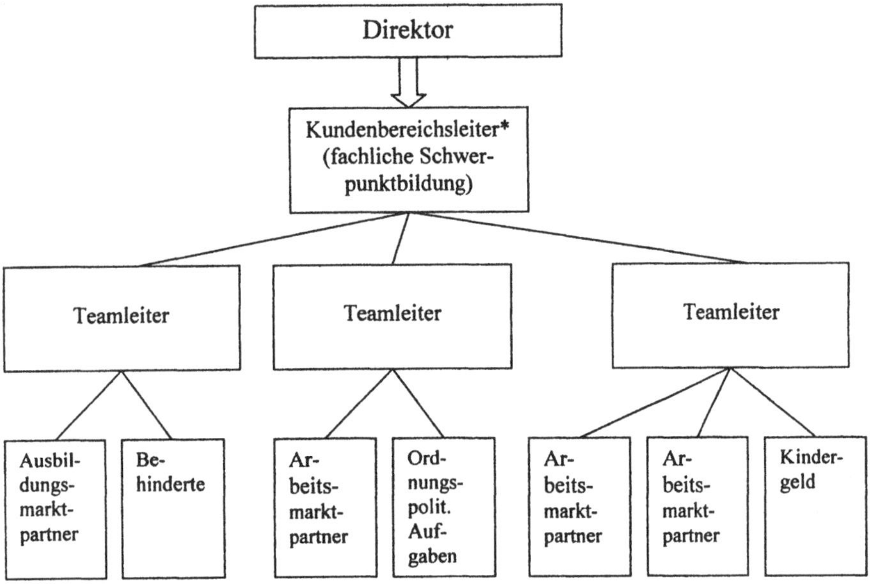

* Bei einem Amt in der Größe des Arbeitsamtes Lüneburg werden 2 Kundenbereichsleiter eingesetzt werden.

Abbildung 20: Ein Arbeitsamt in der neuen Organisationsform (Quelle: Bundesanstalt für Arbeit)

Die neue Organisationsform soll im Vergleich zu den bisherigen Gegebenheiten eine Straffung der Führungsstrukturen darstellen. Augenscheinlich sieht die neue Organisationsform eine Reduzierung der Hierarchieebenen vor, dies gilt insbesondere im Hinblick auf die Leistungsabteilung. Inwieweit dies tatsächlich zutrifft, zeigt jedoch erst die genauere Analyse dieser Strukturen. Auffällig ist die Tatsache, dass ein Teamleiter offenbar für mehrere Teams zuständig ist. Dies ist insofern verwunderlich, als dass der Leiter eines Teams üblicherweise auch Mitglied dieses Teams (Team 1.Ordnung) ist. Bei konsequenter Teamorientierung wäre eine weitere Mitgliedschaft in einem Team 2.Ordnung (Bereichsteam) gegeben, wie Abbildung 21 anhand einer konsequenten Teamorganisation zeigt (vgl. Bay 1998, S.55ff).

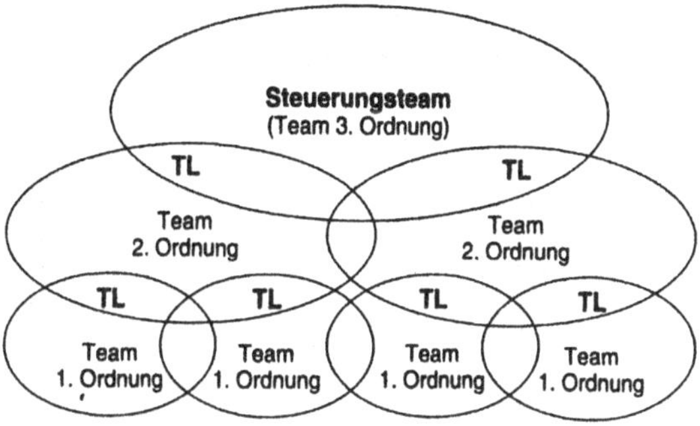

Abbildung 21: Team-Führungsorganisation (Quelle: Bay 1998, S.55)

Eine Ausgliederung des Teamleiters aus dem Team birgt - gerade angesichts der Struktur der Mitarbeiter-Teams - u.a. die Gefahr, dass der Ranghöchste in gewohnter Manier das Zepter in die Hand nimmt. Man befände sich dann weitgehend wieder in den bisherigen Strukturen. Zudem drängt sich - insbesondere bei kleineren Ämtern - die Frage nach der Sinnhaftigkeit einer weiteren reinen Führungsebene zwischen den sog. Teamleitern und dem Direktor auf.

Wie sieht nun die Struktur innerhalb der „Mitarbeiter-Teams“ aus?
An der Spitze des Organigramms eines Teams für die „Kundengruppe Arbeitsmarktpartner“ findet man eine(n) ArbeitsberaterIn und eine(n) LeistungsberaterIn. Arbeitsberater sind in der bisherigen Organisation die Fachvorgesetzten im sog. Berufsbereich, während es sich bei den Leistungsberatern um die bisherigen Gruppenleiter der Leistungsabteilung handelt. Innerhalb der neuen „Team-Strukturen“ geben sie ihre Vorgesetztenfunktion auf. Daneben gibt es verschiedene weitere Kategorien von MitarbeiterInnen. Bezogen auf ein

Mitarbeiter-Team für die Kundengruppe Arbeitsmarktpartner, dass für arbeitnehmerbezogene Aufgaben zuständig ist, wird zwischen „Mitarbeitern für beraterische/vermittlerische Aufgaben", „Mitarbeitern für leistungsrechtliche/ sachbearbeitende Aufgaben" und „Mitarbeitern im Kundenbüro" unterschieden. Auf die Inhalte der Aufgaben soll an dieser Stelle noch nicht eingegangen werden, vielmehr soll zunächst die Aufmerksamkeit auf die Struktur der Bewertung der Dienstposten innerhalb der Teams gerichtet. Die Arbeitsberater, Leistungsberater und die „Mitarbeiter für beraterische/vermittlerische Aufgaben" bzw. „Mitarbeiter für leistungsrechtliche/sachbearbeitende Aufgaben" sind der Laufbahn des gehobenen Dienstes zuzuordnen (vgl. Kapitel 3). Während Arbeitsberater und Leistungsberater nach Besoldungsgruppe A11 (Amtmann/ Amtfrau) besoldet werden, gilt für die direkt nachgeordneten Kräfte die Besoldungsgruppe A9 / A10 (InspektorIn/OberinspektorIn). Die „Mitarbeiter im Kundenbüro" gehören der Laufbahn des mittleren Dienstes und können ebenfalls wiederum nach verschiedenen Vergütungsgruppen unterschieden werden. Dies ist insofern besonders interessant, als dass hier wiederum latent hierarchische Strukturen angelegt sind. Hier wird einmal mehr die Wichtigkeit des Führungsverständnisses deutlich, denn dieses ist maßgeblich dafür, ob tatsächlich Teamarbeit geleistet werden kann, oder ob „nur" eine (räumliche) Zusammenführung von MitarbeiterInnen der ehemaligen Abteilung Arbeitsvermittlung und Arbeitsberatung mit denen der Leistungsabteilung stattgefunden hat. Dies bestätigt die These, dass mit dem „Leitbild" maßgebliche Strukturen für das „Arbeitsamt 2000" vermittelt werden sollte.
Zusammenfassend betrachtet wird die angestrebte Reduzierung der Hierarchieebenen durch eine Minimallösung erreicht: Die unterste Vorgesetztenebene büßt ihre bisherige Vorgesetztenrolle ein, die ohnehin nur eine Nebenrolle war. Denn diese MitarbeiterInnen waren in der bisherigen Organisationsform überwiegend mit Fachaufgaben betreut und hatten darüber hinaus zusätzlich Führungsfunktionen. Die ehemaligen Abschnittsleiter müssen sich in neuen Strukturen zurechtfinden. Sie stehen jetzt direkt (mehreren) Teams vor, die sich in ihren Zusammensetzungen deutlich von den bisherigen Organisationseinheiten unterscheiden. Zudem wird nun ein anderes Führungsverhalten erwartet. Wenn die MitarbeiterInnen das neue Führungsverständnis einfordern, dann wird dies vornehmlich gegenüber der ihnen unmittelbar übergeordneten Ebene erfolgen (vgl. Abb. 20). Oberhalb dieser Ebene finden wir die bekannten Strukturen: Abteilungsleiter (jetzt Kundenbereichsleiter) und Direktor. Dies bestätigt die These, dass etablierte Hierarchien bzw. Leitungsebenen bei der Umsetzung von Reformen im öffentlichen Dienst i. d. R. nicht in Frage gestellt werden (Schwarz 1995, S.56).

Auf die Relevanz eines entsprechen Führungsverständnisses bei Teamorientierung wird im Folgenden eingegangen.

Als Zwischenergebnis ist festzuhalten:

- Die zukünftige Organisationsstruktur wird weitestgehend an den Bedürfnissen der Kunden orientiert. Dies erfordert die Verschmelzung bisher zersplitterter Arbeitsbereiche.

- Die Anliegen der Kunden werden (weitestgehend) ganzheitlich in „Mitarbeiter-Teams" bearbeitet.

- Das Leitungsgefüge soll durch Reduzierung der Hierarchieebenen gestrafft werden. Dies wird dadurch erreicht, dass die unterste Führungsebene ihre (zusätzliche) Führungsfunktion aufgibt. Die „reinen" Führungsebenen bleiben erhalten.

- Die MitarbeiterInnen sollen künftig kooperativ geführt werden. Dies ist eine Voraussetzung für Teamarbeit, insbesondere da die Teams latent hierarchisch strukturiert sind. Anders ausgedrückt: die Teams werden erst durch eine spezifische Art der Zusammenarbeit und Führung zu Teams.

8.3.2 Teamarbeit bei neuen Führungsstrukturen?

Teamorientierung hat verschiedene Konsequenzen für den Führungsstil in einer Organisation bzw. für dessen Änderung. Für die Führung von Mitarbeitern in hierarchischen Organisationen ergeben sich im Laufe der Zeit eine Reihe von „Selbstverständlichkeiten":

□ Nur zwischen Mitarbeiter und direktem Vorgesetzten besteht ein Unterstellungsverhältnis (Der Dienstweg ist einzuhalten!)

□ Die direkte Zuweisung von Arbeit und Verantwortung sowie die Kontrolle erfolgen durch den Vorgesetzten, so dass dieser weiß, was „sein" Mitarbeiter macht.

□ Das Denken und Arbeiten erfolgen linear, so dass Komplexität nicht vorkommt.

□ Informationsportionierung erfolgt durch den Vorgesetzten. Jeder bekommt nur soviel an Informationen, wie zur Aufgabenbewältigung benötigt wird.

- Entscheidungsmacht wird über den Hierarchie-Rang geregelt und liegt ausschließlich beim Vorgesetzten.

- Abteilungs- und Bereichsdenken haben Vorrang! Abstimmung mit vor- oder nachgelagerten Stellen findet nicht/wenig statt (Kästchen-Denken laut Organigramm; Abteilung = abteilen, isolieren).
  (Bay 1998, S.41f)

Es ist evident, dass diese Strukturen mit Teamarbeit kaum zu vereinbaren sind. Es sind also andere Rahmenbedingungen zu schaffen. Man wird sicher in keiner – wie auch immer gearteten – Organisationsform ohne Hierarchie und Führungsstrukturen auskommen. Allerdings sind die neu zu schaffenden Strukturen „flacher", mit deutlich weniger Hierarchieebenen. Inwieweit dies mit dem Konzept „Arbeitsamt 2000" gelungen ist, wurde im vorangegangenen Kapitel analysiert.

Teams gelten – wenn sie funktionieren – als leistungsfähiger als Arbeitsformen in der klassisch hierarchisch geprägten Organisationsstruktur. Auf die Vorteile hierarchischer bzw. bürokratischer Strukturen wurde bereits an anderer Stelle eingegangen. Damit Teams ihre Leistungspotentiale tatsächlich aktivieren und realisieren können, bedarf es einer Reihe externer und interner Faktoren (vgl. Bay 1998, S.31). Zunächst einmal sind für Teamarbeit geeignete Rahmenbedingungen zu schaffen. Hierzu zählen u.a. (ebd.):

- eine eindeutige Erklärung zur Teamarbeit als neue Form des Arbeitens,

- die Übertragung von Verantwortung und Kompetenz, denn Teams brauchen einen legitimierten Autonomierahmen.

- Bei organisationsidentischen Teamformen ist die Leitungsstruktur geklärt (Teamleiter oder Teamsprecher mit dem dazugehörigen Aufgabenbild).

Teams sind dann u.a. durch folgende Merkmale gekennzeichnet (ebd., S.23):

- Die Teams repräsentieren organische Einheiten der Organisation.

- Sie steuern sich selbst und haben Ergebnisverantwortung.

- Sie haben den Auftrag zur permanenten Prozessverbesserung.

- Sie haben die ausschließliche Qualitätsverantwortung.

- Sie führen zusätzlich dispositive Arbeiten aus (Planungs-, Organisations- und Kontrollaufgaben).

Teamarbeit verlangt also neue Führungsstrukturen. Obige Betrachtung macht deutlich, dass Teamarbeit bei Beibehaltung der bisherigen rigiden hierarchischen Strukturen nicht funktioniert. Bevor dieser Gedanke weiter verfolgt wird, stellt sich jedoch die Frage nach dem Verständnis von Teamarbeit in der Bundesanstalt für Arbeit. Im Konzept „Arbeitsamt 2000" werden folgende Merkmale von Teamarbeit genannt:

- Einheit von Aufgaben, Kompetenzen und Verantwortung.
- Ganzheitliche und gemeinsame Aufgabenwahrnehmung.
- Eigenständige und eigenverantwortliche Steuerung der Aufgabenerledigung durch Selbstkoordinierung der Mitarbeiter im Team.
- Gemeinsame Verantwortung der Teammitglieder für das Erreichen der Arbeitsziele.
- Weitgehend autonome und selbstregulierte Erledigung der Fachaufgaben innerhalb eines bestimmten Rahmens aufgrund von Zielvereinbarungen/-vorgaben.
- Gegenseitige Vertretung innerhalb des Teams (Bundesanstalt für Arbeit 1997).

Hier wird deutlich, dass sich Teamarbeit auch im Verständnis der Bundesanstalt für Arbeit durch eine eigenverantwortliche, teilautonome Aufgabenerledigung auszeichnet. Hierfür ist freilich die Übertragung von Verantwortung Voraussetzung. Das heißt für die Führungskräfte der BA, Abgabe von Entscheidungskompetenz. Sie sollen jetzt anders führen und die unteren Hierarchieebenen zur Teamarbeit anhalten, ohne jedoch selbst von der neuen Arbeitsform Team betroffen zu sein. Wie hat man sich die Führungsstrukturen im „Arbeitsamt 2000" dann vorzustellen? Im untersten Bereich der Hierarchie finden wir teilautonome Teams wieder, die eigenverantwortlich Aufgaben wahrnehmen. Die Teams werden somit partizipativ geführt. Die Arbeitsform des Teams gilt jedoch nur für die unterste Ebene („Mitarbeiter-Teams"). Im „neuen" Organigramm finden sich darüber die bisherigen hierarchischen Strukturen wieder. Wenn man die Reformresistenz der bisherigen Strukturen berücksichtigt, wird die Gefahr deutlich, dass alles mehr oder weniger beim alten bleibt. Man hätte dann lediglich ein verändertes Organigramm, dass die (räumliche) Zusammenführung der MitarbeiterInnen der ehemaligen Abteilung Arbeitsvermittlung und Arbeitsberatung mit der Leistungsabteilung ausweist.

Das Reformkonzept „Arbeitsamt 2000“ sieht die Umsetzung von Kundenorientierung durch „kundenorientierte Mitarbeiter-Teams“ vor. Im Folgenden sollen die Zusammenhänge von Kundenorientierung und Teamarbeit differenziert betrachtet werden.

8.3.3 Kundenorientierung und Teamarbeit

Kundenorientierung heißt zum einen, dass Arbeit als Prozess verstanden wird. Prozesse orientieren sich nicht an Hierarchien und Abteilungsgrenzen, sie laufen „quer“ zu ihnen. So kann man sich den Prozessverlauf beim Stellen eines Antrags auf Arbeitslosengeld in der bisherigen Organisationsstruktur folgendermaßen vorstellen :

- **Antragstellung** in der Abteilung Arbeitsvermittlung und Arbeitsberatung in einer Anmelde- und Bearbeitungsstelle (mittlerer Dienst)

- **Erhalt des Antrags** mit Prüfung der Verfügbarkeit in der gleichen Abteilung durch einen Arbeitsvermittler (gehobener Dienst)

- **Antragsabgabe** (sofern diese persönlich vorgenommen wird) bei einem Antragannehmer der Leistungsabteilung (mittlerer Dienst)

- **Antragbearbeitung** durch einen Bearbeiter der Leistungsabteilung (mittlerer Dienst)

- **Entscheidung** über den Antrag durch einen Sachbearbeiter der Leistungsabteilung (gehobener Dienst)

Ein Arbeitsprozess durchläuft also verschiedene Hierarchieebenen und Abteilungen. Prozessorganisation heißt, dass die Organisation den Prozessen angepasst wird und nicht umgekehrt, wie im obigen Beispiel. Prozessorientiertes Arbeiten heißt damit **immer** auch Teamarbeit. Dabei können prozessorientierte Teams auf allen Ebenen der Organisation existieren (vgl. Bay 1998, S.45f). Auf Arbeitsplatzebene wird Prozessorientierung dadurch realisiert, dass in organischen Arbeitsteams alle Prozess-Schritte für einen Auftrag komplett bearbeitet werden (ebd.). Das Konzept „Arbeitsamt 2000“ trägt diesem

Verständnis Rechnung, indem es die im Beispiel genannten Personen, die sich der Bearbeitung eines Antrags auf Arbeitslosengeld widmen, zu einem „Mitarbeiter-Team" zusammenführt. Damit endet Kunden- bzw. Prozessorientierung jedoch nicht.

Kundenorientierung bedeutet, dass man bemüht ist, den (externen) Kunden ein möglichst hohes Maß an Zufriedenheit zu verschaffen. Dies erfolgt (nach außen) im „Arbeitsamt 2000" über die „Mitarbeiter-Teams". Nun ist es jedoch so, dass ein erheblicher Teil des Außenauftritts eines (Dienstleistungs-)Unternehmens qualitativ innen bestimmt wird.

Inwieweit „Mitarbeiter-Teams" (nach außen) qualitativ gute Arbeit leisten und somit zur Zufriedenstellung der Kunden beitragen, hängt auch entscheidend von internen Faktoren ab. Man kann insofern interne und externe Kundenorientierung unterscheiden (ebd., S.50). Die Entdeckung des „internen Kunden" hat zufolge, dass sich jeder in einer „Kunden-Lieferanten-Beziehung" wiederfindet, auch und gerade die Führungskräfte.

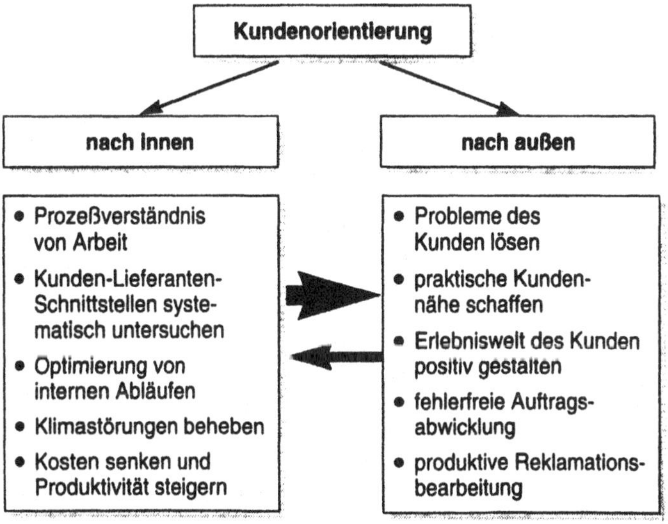

Abbildung 22: Kundenorientierung nach innen und außen (Quelle: Bay 1998)

Der Teamleiter ist Kunde, indem er Leistungen vom Team einfordert. Gleichzeitig ist er aber auch Lieferant, indem er Anforderungen des Teams erfüllen muss.
In den Teams 2.Ordnung ist der Teamleiter in der Rolle des Team-Mitglieds und insofern gegenüber dem Teamleiter 2.Ordnung (Bereichsteam) in einer Kunden-Lieferanten-Beziehung. Somit ist alles, was in der Organisation geschieht in Kunden-Lieferanten-Beziehungen aufschlüsselbar (ebd., S.55). Diese Zusammenhänge werden bei einer genaueren Betrachtung der wechselseitigen Erwartungen im Kunden-Lieferanten-Modell noch deutlicher (Tabelle 3).

	Was soll „geliefert" werden?
Teamleiter als Lieferant	Unternehmensziele 2. Strukturen mit Zielabstimmung 3. Feedback (Lob und Kritik) 4. Motivation 5. positive Einstellung vermitteln 6. Offenheit 7. Rücken freihalten 8. Darstellung der Teamergebnisse nach Außen 9. Verbindung zu anderen Teams schaffen 10. Mitarbeiterförderung nach Fähigkeiten
Team als Lieferant	1. Zielerreichung 2. frühzeitig Abweichungen melden mit Lösungsvorschlag 3. konstruktive Kritik üben 4. Bereitschaft zeigen, Verantwortung zu übernehmen 5. regelmäßiger Statusbericht

Tabelle 3: Funktionen des Teamleiters (Quelle: Bay 1998, S.56)

Die Kunden-Lieferanten-Kette findet sich also keineswegs nur zwischen Kunden und „Mitarbeiter-Teams". Kundenorientierung heißt Prozessorientierung. Das Denken und Handeln in Prozessen erfordert wiederum die Optimierung **aller** Abläufe zum Kunden hin. Hierbei spielt Kommunikation eine große Rolle, auch horizontal und nicht nur (wie bisher) vertikal. Es ist für den Reformprozess von Bedeutung, dass diese auch horizontalen und damit prozesshaften Kommunikationsstrukturen nicht nur auf die „Mitarbeiter-Teams" begrenzt werden. Oberhalb dieser Ebene finden wir im Organigramm des „Arbeitsamtes 2000" die alten hierarchischen Organisationsstrukturen wieder, dies birgt die Gefahr, dass alles im alten Fahrwasser weitergeht. Führung findet im bisherigen Verständnis durch einzelne Personen statt, deren Entscheidungsmacht über den Hierarchie-Rang geregelt ist und bezieht sich auf ihre „Kästchen" im Organigramm. Prozesse scheren sich jedoch nicht um solche Strukturen:

„Führung ist nicht mehr auf die Fähigkeit einzelner Personen reduziert. Sie ist ein Qualitätsmerkmal des Systems, eine Frage des Zusammenspiels von Führungsteams in horizontaler und vertikaler Hinsicht in der gemeinsamen Sorge um die Funktionstüchtigkeit der jeweiligen Einheiten und um die Überlebensfähigkeit des Ganzen" (Wimmer 1996, S. 55).

Hier stellt sich unmittelbar die Frage nach der zukünftigen Ablauforganisation. Wird es tatsächlich eine Abkehr von „Einzelkämpfertum", überwiegend schriftlicher Kommunikation auf dem „Dienstweg" und Abteilungs- bzw. Bereichsdenken (vgl. Kapitel 3.9) zugunsten von Denken in Prozessen geben? Vor dem Hintergrund dieser Fragestellung (und damit der Frage nach dem Gelingen der geplanten Reform) werden im folgenden Kapitel die Anforderungen an das Personal, die sich mit den geplanten Änderungen ergeben, genauer betrachtet. Im Anschluss daran wird auch, indem ein Abgleich mit der gegebenen Struktur des Personals vorgenommen wird, nach Konsequenzen für den Bereich der Personalqualifizierung gefragt.

Zusammenfassung:

- Das Konzept „Arbeitsamt 2000" sieht die Verwirklichung von Kundenorientierung durch „kundenorientierte Mitarbeiterteams" vor. Diesen Teams wird eigenverantwortliche Aufgabenerledigung durch partizipative Führung zugesichert.

- Hierbei ist jedoch auch die Bedeutung der internen Kundenorientierung zu berücksichtigen. Die Reduzierung eines Verständnisses von Prozessorientierung im Sinne von Kunden-Lieferanten-Beziehungen auf die Ebene der „Mitarbeiter-Teams" ist nicht sinnvoll.

- Innerhalb der Teams sind latent hierarchische Strukturen angelegt. Oberhalb der Teamebene sind die Organisationsstrukturen manifest hierarchisch. Das Team ist auf interne „Lieferungen" (übergeordneter

Instanzen) angewiesen. Das Verständnis von prozesshaften Kunden-Lieferanten-Beziehungen endet jedoch spätestens an dieser Schnittstelle, indem es hier auf Strukturen trifft, die eigentlich mit einem Prozessverständnis von Arbeit (und damit Teamorientierung) nicht in Einklang zu bringen sind.

- Dies zeigt zum einen die Gefahr auf, dass die Reformbemühungen zu kosmetischen Maßnahmen verkommt, d.h. dass daraus lediglich ein leicht verändertes Organigramm bei weitgehend gleichen Führungsstrukturen resultiert. Teams wären dann nur eine (fälschliche) Umschreibung für eine bestimmte Organisationseinheit im hierarchischen Organisationsaufbau, die ihrerseits wiederum weitere hierarchische Strukturen enthält.

- Zum anderen wird deutlich, dass die Änderung der Ablauforganisation und damit des Führungsverständnisses als unbedingte Voraussetzung für funktionierende Teamarbeit zu begreifen ist.

Im Folgenden soll analysiert werden, inwieweit die neuen Konzepte realisierbar sind. Hier ist zunächst zu ermitteln, welche Anforderungen diese in den Bereichen der Kompetenz- und Einstellungsänderungen an das vorhandene Personal stellen.

9. Zur Umsetzbarkeit des Konzeptes „Arbeitsamt 2000"

9.1 Anforderungen an das Personal

Welche Konsequenzen ergeben sich aus den geplanten Reformen für das Personal?
Da die Anforderungen an die einzelnen Elemente der Personalstruktur höchst unterschiedlich sind, soll zunächst eine Kategorisierung des Personals erfolgen. Die Organisationsstruktur des „Arbeitsamtes 2000" legt dabei folgende Einteilung nahe:

- **Teamangehörige**
  Das Team ist der „Kernpunkt des Arbeitsamtes 2000" (Bundesanstalt für Arbeit 1997). Hier finden sich MitarbeiterInnen bisher strikt getrennter Abteilungen mit dem Auftrag der Umsetzung von Kundenorientierung wieder.

- **Führungskräfte**
  Die Führungskräfte des „Arbeitsamtes 2000" müssen zwar nicht selbst im Team arbeiten, ihnen wird jedoch die Aufgabe zuteil, Teamarbeit der unteren Ränge durch kooperative Führung zu ermöglichen.

Im Folgenden wird zunächst die Ebene der Teams genauer betrachtet.

9.1.1 Die „Mitarbeiter-Teams"

In der folgenden Betrachtung wird die bisherige Abteilung Berufsberatung (zukünftige „Kundengruppe Ausbildungsmarktpartner") vernachlässigt. Den Kern des Konzeptes „Arbeitsamt 2000" macht die „kundenorientierte" Zusammenlegung der Abteilungen Arbeitsvermittlung und Arbeitsberatung mit der Leistungsabteilung aus, die in den „Kundengruppen Arbeitsmarktpartner" manifestiert wird und in den kundenorientierten „Mitarbeiter-Teams" ihre konkrete Ausgestaltung findet. Der beraterische/vermittlerische Aspekt wird also mit dem leistungsrechtlichen Aspekt verknüpft. In der Tätigkeit eines Berufsberaters spielen leistungsrechtliche Aspekte jedoch keine oder eine nur sehr periphere Rolle (vgl. Kapitel 3), die anstehende Organisationsreform hat in diesem Bereich daher auch eine andere Tragweite.

Wie sehen die „Mitarbeiter-Teams" nun hinsichtlich ihrer Personalstruktur aus und welche Aufgaben haben sie, kommen eventuell neue Fachaufgaben hinzu?

Die Aufgaben der Teamangehörigen in der neuen Organisation entsprechen weitgehend den bisherigen. Den ArbeitsvermittlerInnen obliegen auch zukünftig beraterische und vermittlerische Aufgaben, entsprechend lautet ihre Bezeichnung in der Teamorganisation „Mitarbeiter für beraterische/vermittlerische Aufgaben". Diese Aufgaben werden im Konzept „Arbeitsamt 2000" folgendermaßen zusammengefasst:

- Arbeitsmarktbeobachtung
- Information, Auskunft und Beratung
- bewerberorientierte Arbeitsvermittlung
- Einleitung und Planung arbeitsmarktpolitischer Maßnahmen (Bundesanstalt für Arbeit 1997)

Letztgenannter Punkt beinhaltet u.a. die Einleitung bzw. Vorbereitung von Arbeitsbeschaffungsmaßnahmen (ABM), Leistungen zur Förderung der Arbeitsaufnahme (Erstattung von Bewerbungskosten, Fahrkostenbeihilfe für Vorstellungsgespräche oder zur Arbeitsaufnahme, Förderungeleistungen zur Aufnahme einer selbständigen Tätigkeit u.a.) und die Einleitung berufsbildender Maßnahmen. Die *Mitarbeiter für beraterische/vermittlerische Aufgaben* haben o.g. Aufgaben bisher von der Antragstellung bis zur Entscheidung bearbeitet. In der neuen Organisationsform sind sie auch für die Folgearbeiten (Berechnungen, Bindung der Haushaltsmittel, Bescheiderstellung, Aktenführung) verantwortlich. Dies entspricht zwar dem Verständnis einer möglichst ganzheitlichen Aufgabenerledigung, führt aber zu einer weiteren Belastung mit administrativen Arbeiten. Dies ist zumindest vor dem Hintergrund der derzeit verkündeten „Vermittlungsoffensive" verwunderlich.
Die bisherigen Sachbearbeiter der Leistungsabteilung finden sich in der neuen Organisation unter den *Mitarbeitern für leistungsrechtliche/sachbearbeitende Aufgaben* wieder. Sie sind wie bisher vornehmlich zuständig für Lohnersatzleistungen (Arbeitslosengeld, Arbeitslosenhilfe) und für die Zahlung von Unterhaltsgeld während vom Arbeitsamt finanzierter Fortbildungs- oder Umschulungsmaßnahmen.

Wir haben es auf dieser Ebene eines Teams also mit zwei unterschiedlichen „Mitarbeitertypen" zu tun:

□ ***Mitarbeiter für beraterische/vermittlerische Aufgaben***
Hierunter fallen die bisherigen Arbeitsvermittler mit weitgehend gleichgebliebenem Aufgabenkatalog.

□ ***Mitarbeiter für leistungsrechtliche/sachbearbeitende Aufgaben***

Hierunter fallen zum einen die bisherigen MitarbeiterInnen der Leistungsabteilung. Deren Aufgabenkatalog ist ebenfalls weitgehend identisch mit dem in der bisherigen Organisation.

Die letztgenannten Kategorie zeichnet eine weitere Besonderheit aus. Während sich die erste Kategorie ausschließlich aus den bisherigen ArbeitsvermittlerInnen zusammensetzt und somit aus Angehörigen des gehobenen Dienstes besteht, finden sich unter den Mitarbeitern für leistungsrechtliche/ sachbearbeitende Aufgaben auch MitarbeiterInnen des mittleren Dienstes, die ihren SachbearbeiterInnen in der bisherigen Organisation dienstlich unterstellt waren (vgl. Kapitel 3).
Bezogen auf die Leistungsabteilung gehen die bisherigen „Leistungsstellen" in den *Mitarbeiter-Teams* auf. Diese bestehen aus einer SachbearbeiterIn, die auch Vorgesetzte der Organisationseinheit ist und aus sog. BürosachbearbeiterInnen und BearbeiterInnen. Die (hoheitlich handelnde) SachbearbeiterIn, die i.d.R. BeamtIn ist, zeichnet alle Verwaltungsakte gegen und ist damit für die Entscheidungen der Leistungsstelle verantwortlich.
Schließlich beinhaltet ein *Mitarbeiter-Team* auch ein „Kundenbüro". Die „Mitarbeiter im Kundenbüro" entstammen zunächst den Anmelde- und Bearbeitungsstellen der Abteilung Arbeitsvermittlung und Arbeitsberatung, sowie den Antragsannahmestellen der Leistungsabteilung. Hinsichtlich des Aufgabenkatalogs dieser Komponente des *Mitarbeiterteams* handelt es sich dann auch um eine Vermischung der bisherigen Aufgaben dieser Organisationseinheiten:

- Anliegen klären, gegebenenfalls Kunden an zuständigen Mitarbeiter weiterleiten.
- Kurzanliegen einfacher Art, z.B. Veränderungsmitteilungen, abschließend bearbeiten.
- Bewerberangebot/Arbeitslosmeldung entgegennehmen.
- gegebenenfalls Anträge auf Arbeitslosengeld, Arbeitslosenhilfe, Fortbildung-/ Umschulung entgegennehmen.
- Bestimmte leistungsrechtliche Angelegenheiten bearbeiten.
- Arbeiten im Zusammenhang mit der Arbeitsvermittlung erledigen.

Diese Aufgaben gehen zwar fachlich nicht so in die Tiefe, wie es bei den Tätigkeiten der mittleren Ebene des *Mitarbeiterteams* der Fall ist, aufgrund des allgemein hohen Spezialisierungsgrades sind jedoch auch hier fundierte Spezialkenntnisse erforderlich. Somit würde sich zunächst folgende Zweiteilung des *Kundenbüros ergeben:*

a) MitarbeiterInnen der bisherigen Leistungsabteilung:
- Anträge auf Arbeitslosengeld, Arbeitslosenhilfe entgegennehmen.
- Auskünfte leistungsrechtlicher Art erteilen.
- Bestimmte leistungsrechtliche Angelegenheiten bearbeiten.

b) MitarbeiterInnen der bisherigen Abteilung Arbeitsvermittlung und Arbeitsberatung:
- Bewerberangebot/Arbeitslosmeldung entgegennehmen.
- Auskünfte im Zusammenhang mit der Arbeitsvermittlung erteilen.
- Arbeiten im Zusammenhang mit der Arbeitsvermittlung erledigen.

Diese Betrachtung zeigt, dass die *Mitarbeiterteams* in höchstem Maße heterogen zusammengesetzt sind. Es liegt eine Anzahl verschiedener Mitarbeiterkategorien vor. Aufgrund des hohen Spezialisierungsgrades und besoldungsrechtlicher Gegebenheiten ist eine Aufhebung bzw. Angleichung der festgestellten Strukturen nicht ohne weiteres möglich bzw. auch gar nicht vorgesehen. Hieraus resultiert dann auch der latent hierarchische Charakter innerhalb der Teams. Zunächst sind einmal sind die *Mitarbeiterteams* nur Ausdruck der räumlichen Zusammenführung von MitarbeiterInnen aus bisher zersplitterten Arbeitsbereichen. Zu Teams werden sie erst, wenn sie bestimmte spezifische Merkmale erfüllen (vgl. Kapitel 8.3.2). An dieser Stelle stellt sich die Frage, inwieweit es hier überhaupt für die Aufgabe relevant ist, als Team zu funktionieren. Anders gefragt: Welche Form der Zusammenarbeit liegt hier vor?

Nach Rosenstiel et al. (1995, S.114) lassen sich drei Formen der Zusammenarbeit unterscheiden:
- koagierende,
- interagierende und
- kontraagierende Zusammenarbeit.

Kontraagierende Zusammenarbeit liegt vor, wenn die Aufgabe darin besteht, bei widersprüchlichen Meinungen eine Einigkeit zu erzielen. Hier wird das Konflikthafte des Handelns in Organisationen thematisiert (ebd.). Diese Form des Zusammenarbeitens lässt sich hier offensichtlich verneinen.

Koagierend ist die Zusammenarbeit dann, wenn jeder unabhängig von den anderen einen Teil der Aufgabe erledigt. Das Leistungsergebnis ist somit weitgehend von der Motivation und den Fähigkeiten des Einzelnen abhängig (ebd.). Die in den *Mitarbeiterteams* vereinten Aufgaben werden in der bisherigen Organisation von verschiedenen Abteilungen geleistet. Die hiermit betreuten Organisationseinheiten funktionieren jedoch keinesfalls unabhängig voneinander. Insbesondere die Leistungsabteilung ist unbedingt auf Zuarbeiten der Arbeitsvermittlung angewiesen. Dies ergibt sich z.T. aus dem gesetzlichen Kontext (Stellungnahmen zur Verfügbarkeit von Leistungsempfängern bzw. Antragstellern auf Leistungen des Arbeitsförderungsrechts, tarifliche Einstufungen zur Festlegung der Leistungshöhe, Einleiten von ärztlichen Gutachten, abschließende Stellungnahmen zu ärztlichen Gutachten, Stellungnahmen zu potentiellen Sperrzeittatbeständen etc.; vgl. Kapitel 3).

Interagierende Zusammenarbeit ist gegeben, wenn enge Kooperation zwischen den einzelnen für das Erbringen der Leistung erforderlich ist. Offenkundig kann diese Form der Zusammenarbeit für die zukünftigen *Mitarbeiter-Teams* unterstellt werden. Die Art und Weise des Zusammenarbeitens wirkt sich direkt auf das Leistungsergebnis aus. Enge, kooperative, die Kommunikation fördernde Strukturen, wie sie in einem funktionierenden Team angelegt sind, sind hier somit förderlich für das Leistungsergebnis.
Wie gezeigt, kommt dem Teamleiter eine besondere Bedeutung in der Teamorganisation zu. Die in diesem Zusammenhang festgestellten Besonderheiten sind entsprechend auf das Team zu übertragen. Auch wenn der Teamleiter „steuert", bedarf es in der Relation zur bisherigen Organisation doch auch eines Kompetenzzuwachses seitens des Teams. Dies ist u.a. an folgenden Punkten abzulesen:

- Aufgabe von Abteilungs- und Bereichsdenken, Prozessorientierung;
- Mitwirkung bei der Zielfestlegung im Team;
- Mitwirkung am Aufbau eines Controlling-Systems im Team;
- Bereitschaft zur Selbststeuerung und damit zur Verantwortungsübernahme;
- Teilnahme an Feedback-Prozessen;
- Teilnahme, gegebenenfalls Durchführung von Moderationen;
- Konstruktiver Umgang mit Konflikten im Team;
- „Sich-einlassen" auf Coaching;
- Beitrag zu einer positiven Gesprächskultur;
- Beitrag zur (messbaren) permanenten Prozessverbesserung;
- gegebenenfalls Erwerb weiterer fachlicher Qualifikationen;
- Frühzeitiges Melden von Abweichungen von Standards bzw. Zielen.

Zusammenfassung:

- Die *Mitarbeiterteams* werden aus Angehörigen verschiedener Organisationseinheiten der bisherigen Organisation gebildet. Sie behalten dabei ihren jeweiligen Aufgabenkatalog weitgehend bei.

- Für die mittlere Ebene der *Mitarbeiterteams* kommt es daher zu verschiedenen Kategorien von Teamangehörigen mit jeweils spezifischen Aufgaben:
  - *Mitarbeiter für beraterisch/vermittlerische Aufgaben,*
  - *Mitarbeiter für leistungsrechtlich/sachbearbeitende Tätigkeiten.*

- Eine Aufhebung obiger Strukturierung ist aufgrund des hohen Spezialisierungsgrades problematisch bzw. nicht vorgesehen.

- Auch die Angehörigen der zukünftigen *Kundenbüros* behalten ihre bisherigen Aufgaben bei. Auf dieser Ebene wird mittelfristig eine völlige Verschmelzung der Fachaufgaben der ehemaligen Leistungsabteilung mit denen der bisherigen Arbeitsvermittlung angestrebt.

- Die *Mitarbeiterteams* sind auch hinsichtlich der Laufbahnzugehörigkeit heterogen. Wir finden auf der mittleren Teamebene neben Angehörigen des gehobenen Dienstes auch Angehörige des mittleren Dienstes wieder, die sich z.T. in der bisherigen Organisation in einem direkten Vorgesetzten-Untergebenen-Verhältnis befanden. Die Strukturen der zukünftigen *Mitarbeiterteams* sind somit
  - in hohem Maße heterogen und
  - latent hierarchisch.

- Die Arbeit im Team erfordert es, dass neben dem Teamleiter auch die sonstigen Teamangehörigen zu Verhaltensänderung bzw. zum Erlernen weiterer organisatorischer, methodischer und sozialer Kompetenz bereit sind.

- Da die einzelnen Elemente der zukünftigen *Mitarbeiter-Teams* auf kooperative Zusammenarbeit angewiesen sind, ist Teamarbeit geeignet, um förderlich auf das Arbeitsergebnis hinzuwirken. Sie ist jedoch nicht zwingend erforderlich. Die Teams könnten ihre Aufgaben auch (wie bisher) hierarchisch geführt wahrnehmen. Dies hätte dann zwar u.a. den Verlust der effizienzsteigernden Komponente von Teamarbeit zur Folge (vgl. Kapitel 7.2.5), es ließe sich jedoch immer noch von einem Beitrag zu mehr Kundenorientierung sprechen, da verschiedene Arbeitsbereiche räumlich zusammengeführt werden.

9.1.2 Die Führungskräfte

Den Führungskräften kommt bei der Gestaltung des „Arbeitsamtes 2000" eine besondere Bedeutung zu. Ihnen kommt mit dem „Leitbild" die Rolle zu, die für die Teamorganisation des „Arbeitsamtes 2000" unbedingt notwendigen Führungsstrukturen zu schaffen (vgl. Kapitel 8.2). Die bisherigen hierarchischen Strukturen stehen der geplanten Teamorganisation im Wege:
„Hierarchische Gestaltung und Gruppenorganisation stehen nicht friedlich nebeneinander, sie sind vielmehr sich gegenseitig weitgehend ausschließende Strukturierungsprinzipien" (Wahren 1994, S.70).
Somit liefert die herausragende Bedeutung der Anpassung des Führungsverständnisses für die Zukunft der Arbeitsverwaltung auch die Erklärung dafür, dass ihr „Leitbild" fast ausschließlich auf das gewünschten Führungsverhalten abhebt.

Die Führungskräfte des Arbeitsamtes Lüneburg sind sowohl in der Konzeption des „Arbeitsamtes 2000" als auch in der bisherigen Organisation nach drei Ebenen zu unterscheiden:

- Der Direktor
- Die Abteilungsleiter (jetzt: „Kundenbereichsleiter")
- Die Abschnittsleiter („Teamleiter")

Die Teamleiter sind (jeweils) mehren Teams unmittelbar vorgesetzt. Was aber unterscheidet nun einen Teamleiter von einem „klassischen" Vorgesetzten?

Nach Bay muss der Teamleiter das Team zum Erfolg führen und dabei Bedingungen dafür schaffen, dass sich das Team selbst steuern kann (Bay 1998, S.72). Die einzelnen Komponenten der Teamsteuerung werden dabei in den „3 F`s" (*Führen, Fordern, Fördern*) zusammengefasst (ebd.):

Führen
- Rahmenbedingungen für erfolgreiche Teamarbeit schaffen
- leistungsorientierte Kultur aufbauen
- Ziel- und Controllingsysteme entwickeln und anwenden
- Feedback-Prozesse aufbauen
- Selbststeuerungs- und Selbstorganisationsgrad gemäß Reifegrad des Teams entwickeln

Fordern

- prozess- und kundenorientiertes Arbeiten einfordern
- ständige Verbesserung aller Input-Output-Beziehungen des Teams nach innen und außen (KVP)
- Mitgestaltungsbeiträge kommen von allen
- Anwendung standardisierter Arbeitsmethoden
- Lernbereitschaft aktivieren
- teamunterstützendes Sozial- und Arbeitsverhalten

Fördern

- Entwicklung der Einzel- und Teamkompetenz in den benötigten Bereichen
- Selbständigkeit und Reife des Teams entwickeln helfen
- Coaching (Beratung) des Teams in Engpasssituationen (Hilfe zur Selbsthilfe leisten)

Teamsteuerung heißt also zunächst einmal Schaffung entsprechender Rahmenbedingungen für die Selbststeuerung des Teams. Hier liegt bereits ein deutlicher Bruch zum bisherigen Vorgesetzten-Untergebenen-Verhältnis vor. In diesem Zusammenhang ändert sich die Funktion des Teamleiters auch dahingehend, dass er nicht mehr nur Weisungen empfängt und weitergibt. Zukünftig sind, im Sinne von Selbststeuerung und Eigenverantwortlichkeit, auch eigenständig Ziele zu entwickeln. Auf die Unterscheidung verschiedener Zielarten soll hier nicht eingegangen werden (vgl. hierzu ausführlicher Bay 1994, S.99ff), jedoch ist für die weitere Betrachtung die Auseinandersetzung mit der Frage nach den Kriterien eines Zieles interessant. Wann verdient ein Ziel die Bezeichnung „Ziel“? Bay nennt hier u.a. folgende Kriterien (Bay 1998, S.114):

□ Das Ziel ist anhand beobachtbarer Größen und/oder Verhaltensweisen beschrieben.

□ Für das Ziel sind Ober- und Untergrenzen definiert, damit der Leistungskorridor klar ist.

□ Das Ziel ist realistisch gesetzt. Es ist herausfordernd, aber nicht überfordernd.

□ Jeder kann selbst beurteilen und kontrollieren, ob wir am Ziel angekommen sind.

□ Das Ziel ist in eine Rangreihe zu anderen Zielen gebracht, damit die Zielpriorität klar ist.

Der Unterschied zum bisherigen Prinzip der Verhaltenskontrolle (vgl. Kapitel 7.2.2) und seinem Befehls- bzw. Weisungsempfänger-Modell ist deutlich. Teamorganisation heißt also auch zielorientiert führen. Hierbei besteht wiederum ein direkter Zusammenhang zu Qualitätsmanagement und Controlling. Um Ziele überhaupt angemessen formulieren zu können, bedarf es entsprechender "messbarer“ Größen. Vor dem Hintergrund des Anspruchs der Kundenorientierung durch Teamorganisation können hier kaum nur hierarchiedefinierte Gütekriterien zugrunde gelegt werden. Die Ermittlung kundengerechter Qualitätsanforderungen ist auch vom Team zu leisten. Hierbei sollte Qualität ganzheitlich im Sinne von Total Quality Management begriffen werden (vgl. Kapitel 8.2.4):

Qualität entsteht nicht nur am Ende eines Arbeitsprozesses an der Schnittstelle zum Kunden. Deshalb ist eine Reduzierung von Qualitätsprüfung auf diesen Bereich nicht zulässig. Qualität muss auf allen Stufen geleistet werden, damit setzt Total Quality Management auch eine Prozessorientierung von Arbeit im Sinne von Kunden-Lieferanten-Beziehungen (also einschließlich des „internen Kunden“) voraus, ansonsten ist TQM nicht denkbar.

Ziele sind weiterhin Voraussetzung dafür, dass jeder im Team nachvollziehen kann, inwieweit diese erreicht sind bzw. zur Entwicklung und Anwendung von Controlling-Systemen im Team. Controlling besteht aus folgenden Elementen (Bay 1998, S.117):

- Schriftlich vorhandenen Ziele und Planungen,
- einem Berichtswesen, das Soll-Ist-Werte und Trend-Werte in definierten Zeitabständen liefert,
- einer Abweichungsanalyse mit Ursachenforschung,
- einem Gegensteuerungskonzept in Form konkreter Ziel-Wege-Pläne, um Abweichungen zu korrigieren.

Im Gegensatz zum deutschen Wort „Kontrolle“, das eher einer zurückschauenden Denkhaltung entspricht, ist Controlling also eine vorausschauende Denkhaltung. Controlling ermöglicht eine Reaktion auf Abweichungen von vorhandenen Zielplanungen durch Gegensteuerung und stellt somit Zielerreichung sicher. Zielorientierte Teamarbeit ist somit ohne Controlling überhaupt nicht möglich.

Teamarbeit erfordert weiterhin ein spezifisches Arbeits- und Sozialverhalten. Hierbei steht auch die Förderung der Teamkohäsion im Vordergrund. An dieser Stelle soll keine umfassende Darstellung von Bedingungsfaktoren für Gruppenkohäsion geleistet werden (s. hierzu ausführlicher Gebert/Rosenstiel 1996, S.127ff; Sader 1994, S.100ff), vor dem Hintergrund der Bedeutung geänderten Verhaltens in der neuen Arbeitsform soll jedoch auf die Relevanz von Feedback-Prozessen eingegangen werden. Diese beziehen sich hier auf eine Prozess-Reflexion und spiegeln sich in der Beantwortung folgender Fragen wieder (Bay 1998, S.120):

- Wie zufrieden bin ich mit dem Ergebnis?
- Wie sind wir vorgegangen?
- Was hat uns/mir geholfen?
- Was hat mich/uns behindert?
- Wie fühle ich mich im Team?
- Wie bewerte ich die Stimmung im Team?
- Was hat sich als Vorgehensweise bewährt?
- Was würden wir zukünftig anders machen?
- Wie setzen wir das dann konkret um?

Obige Aufzählung verdeutlicht, dass diese Feedback-Prozesse geeignet sind, ein größeres Maß an Offenheit zu fördern und gleichzeitig gewissermaßen am eigenen Modell für die nächsten Herausforderungen im Teamalltag zu lernen. Es ist evident, dass ein solches Vorgehen für die zukünftigen Teammitglieder völlig ungewohnt ist und somit bereits an dieser Stelle ein erheblicher Lernbedarf hinsichtlich teamspezifischer Verhaltensweisen unterstellt werden darf.

Eine weitere wichtige Komponente von Teamarbeit, die sich deutlich vom bisherigen Führungsverständnis abgrenzt, ist das „coaching" (Bay 1998, S.72ff). Dieser Ansatz fällt in den Bereich des „on the job"-Trainings zur Förderung von MitarbeiterInnen (Sonntag/Schaper 1992, S.202f). Ziel ist neben der Förderung interpersoneller Fähigkeiten, Hilfestellung zur Identitätsentwicklung der MitarbeiterIn zu geben. Coaching hat somit unterstützenden und beratenden Charakter. Voraussetzung für effektives coaching ist bei beiden Partnern ein hohes Niveau gegenseitigen Vertrauens, Informationsoffenheit und Interaktionsbereitschaft (ebd.). Ob dies bei einem Verständnis, das eher als Vorgesetzten-Untergebenen-Verhältnis zu charakterisieren ist, in ausreichendem Maße vorausgesetzt werden darf, ist fragwürdig. Coaching ist somit bei den bisherigen Führungsstrukturen nicht wirklich effektiv nutzbar.

Ein weiterer Aspekt methodischer Kompetenz in der Teamarbeit ist die Moderation:

„In welcher Form auch immer Teams (...) anzutreffen sind (...), sie alle brauchen einen Moderator. Das wird zunächst einmal der Teamleiter sein, später kann auch ein Team-Mitglied Moderationssequenzen übernehmen“ (Bay 1998, S.77). Moderierte Gruppenarbeit beruht aus Basisannahmen aus der Gruppenpsychologie über das Verhalten von Menschen in Arbeitsgruppen(vgl. Rosenstiel et al. 1995, S.111ff). Moderation fördert durch eine aktivierende Gestaltung der Kommunikationsprozesse die Eigenverantwortung, Offenheit und aktive Mitarbeit der Gruppenmitglieder. Moderation einer Gruppe bedeutet folglich (Bay 1998, S.78):

- begleitendes Steuern;
- anregen und fördern;
- ermutigen, unkonventionelle Ideen und Meinungen zu äußern;
- mehr fragen als sagen;
- mehr zuhören als reden.

Bezogen auf die zukünftigen Teamleiter bzw. *Erste Fachkräfte* ist festzustellen, dass sich der Umgangsstil eines Moderators erheblich von dem des klassischen Vorgesetzten unterscheidet. Die Rolle des Moderators erfordert zudem zusätzliche soziale Kompetenz. Der Moderator ist schließlich in erheblichem Maße für die Schaffung einer entsprechend offenen, konstruktiven Atmosphäre verantwortlich, fördert zudem die Eigeninitiative der Gruppenmitglieder, bleibt dabei selbst sachlich und neutral und vermeidet es, mit den (möglicherweise „rangniedrigeren“) Teilnehmern um Fachkompetenz zu konkurrieren (ebd S.79). Teamsteuerung nach dem 3-F-Konzept heißt immer auch Förderung und Weiterentwicklung der Selbststeuerungsfähigkeit des Teams. Hier liegt scheinbar eine Paradoxie von Führung und Selbststeuerung vor, diese hebt sich jedoch auf:
„Ein Team braucht immer Führung, nur ist der benötigte leiterbedingte Steuerungsanteil situationsabhängig. Er kann in gewohnten, bekannten, gut beherrschten Leistungssituationen niedrig sein und bei neuen, risikobehafteten Anforderungen wieder zunehmen“ (Bay 1998, S.73). Grundsätzlich ist aber davon auszugehen, dass sich der Selbststeuerungsanteil im Sinne eines „lernenden Teams“ stetig erhöht. Dieser ist wiederum vom Reifegrad des Teams abhängig (ebd.; Wahren 1994, S.165ff)).

Zusammenfassung:

- Die zukünftigen Teamleiter fungieren in der bisherigen Organisation als Vorgesetzte. Die Anforderungen an Teamleiter unterscheiden sich jedoch deutlich von der klassischen Vorgesetztenrolle und setzen ein verändertes Selbstverständnis voraus.

- Die zukünftigen Teamleiter entstammen einzelnen Abteilungen die im Team miteinander „verschmolzen" werden. Hieraus ergibt sich für die Teamleiter die Notwendigkeit erweiterter **fachlicher Kompetenzen**, denn die Teams erledigen „ganzheitlich" die Arbeit zweier zuvor organisatorisch getrennter Abteilungen.

- Teamleitung verlangt neue **organisatorische Kompetenzen**. Hierunter fällt die Fähigkeit, funktionierende Prozessabläufe zu entwickeln, Rahmenbedingungen für produktive Teamarbeit zu schaffen, sowie der Aufbau eines Ziel- und Controllingsystems.

- Teamarbeit erfordert **methodische Kompetenz**. Dies meint die Fähigkeit, alle erforderlichen Teamprozesse mit wirksamen Methoden steuern zu können. Zu den zu beherrschenden Methoden zählen u.a. TQM-Methoden, die Analyse von Prozeßketten, Ursachenanalyse, Gruppengesprächstechniken, Moderationstechnik.

- Teamleitung setzt besondere **soziale Kompetenzen** voraus. Hierunter ist die Fähigkeit, offene, konstruktive und produktive zwischenmenschliche Umgangsformen herzustellen und halten zu können zu verstehen. Dazu zählt u.a. Teamarbeitsfähigkeit herzustellen, Coaching von MitarbeiterInnen, angemessene Delegation von Verantwortung, Aufbau einer Vertrauenskultur, ermuntern und motivieren, Konfliktmanagement im Team, Coaching des Teams bei Schwierigkeiten.

Oberhalb der Ebene der Teamleiter agieren die sog. Leitungskräfte, also Kundenbereichsleiter und Direktor. Die konsequente Unterstützung durch die Leitungsebene ist für das Gelingen des Modernisierungsprozesses von erheblicher Bedeutung.
Das eng mit obrigkeitsstaatlich geprägten Kulturelementen verbundene traditionelle Verständnis von Führen, ist eine Auffassung von Führen als Machtausübung im Vorgesetzten-Untergebenen-Verhältnis (vgl. Beck/Schwarz 1997, S.24). Dies steht nun im Gegensatz zum partizipativ-kooperativen Verständnis von Führung, dass im „Leitbild" eingefordert wird. Es ist naheliegend zu vermuten, dass dieses neue Führungsverständnis als Machtverlust interpretiert werden könnte. Hier stellt sich die Frage nach der Bedeutung von Macht für die Verwaltungsspitze bzw. nach der Relevanz von Bedeutung und Umgang mit Macht für Reformprozesse in der Verwaltung.

Nach Beck/Schwarz fördert das oben umrissene traditionelle Leitbild von Führung als vorherrschendes Element in behördlichen Organisationen, Besitzstandswahrungs- und Machterhaltungsdenken auf Seiten der Führungskräfte (ebd.). Dies hat demnach zur Folge, dass Veränderungsprozesse häufig ohne die erhoffte Wirkung verlaufen bzw. ins Leere laufen und das Neuorganisationsvorhaben blockiert wird.
Dieser Zusammenhang soll im Folgenden differenzierter betrachtet werden.

Stratemann/Wottawa gehen davon aus, dass insbesondere Führungskräfte in der Spitze öffentlicher Verwaltungen durch Machtstreben motiviert werden (Stratemann/Wottawa 1995, S.184f). Zur Erklärung ist hier das ERG-Modell von Alderfer hilfreich (s. Kapitel 9.2.1; vgl. auch Rosenstiel et al. 1995, 219f; Stratemann/Wottawa 1995, S.105ff). Demnach wäre eine hohe Machtmotivation dann zu erwarten, wenn die existentiellen Grundbedürfnisse sowie das soziale Ansehen subjektiv annähernd ausreichend abgedeckt sind. Gleichzeitig führt eine zunehmende Befriedigung der Machtmotivation zu einem Ansteigen der subjektiven Bedeutung dieses Motivs. Als Konsequenz ist zu erwarten, dass insbesondere Führungskräfte in der Verwaltungsspitze (diese erhalten im internen Vergleich des öffentlichen Dienstes ein hohes Einkommen und genießen innerhalb der Verwaltung ein hohes soziales Ansehen) überwiegend durch Machtstreben motiviert werden (vgl. Stratemann/Wottawa 1995, S.184).
Es stellt sich daher weniger die Frage, ob Machtmotivation vorliegt, sondern vielmehr um welche spezifische Form der Machtmotivation es sich handelt und wie sich diese auf Modernisierungsprozesse auswirkt. Tabelle 4 zeigt typische Entwicklungsformen von Machtmotivation.

Verhalten	Entwicklungs-stand	Zielsetzung gemäß Bedürfnis der...	Selbstkontrolle bei Machtausübung	Beispiel
"In-sich-Aufnehmen der Macht"	Nachahmer	Organisation	entfällt nicht erforderlich, da noch keine persönliche Macht	Nachwuchs
"Unabhängig sein"	Eroberer	eigenen Person	niedrig	Aufstiegs-beginn
"Sich-Durchsetzen"	Herrscher	eigenen Person	hoch	Oberes Management
"Hervor-bringen"	Gestalter, Schöpfer	Organisation	hoch	Management-Glücksfälle

Tabelle 4: Reifestadien von Macht (Quelle: Stratemann/Wottawa 1995, S.185)

Den oberen Hierarchieebenen sind hier die beiden letztgenannten Entwicklungsstadien von Macht zuzuordnen.

Das Reifestadium des „Schöpfers“ wird in der Literatur als Managementglücksfall bezeichnet und ist entsprechend selten (ebd., S.186ff). Aufgrund der besonderen Bedingungen des öffentlichen Dienstes sind hier strukturell mehr Personen dieses Entwicklungsstadiums zu finden als in der Privatwirtschaft. Diese Motivationslage lässt sich nämlich dann am Besten erreichen, wenn es aufgrund objektiver Gegebenheiten keine Möglichkeiten mehr gibt, durch eigenes Handeln persönliche Vorteile zu erzielen, z.B. beim Einkommen. Somit fehlt in diesem Fall der wichtigste Anreiz, die eigenen Interessen über die der Organisation zu stellen; es gibt keine weitere erreichbare Steigerung der persönlichen Bedürfnisbefriedigung. Personen auf dieser Entwicklungsstufe handeln weniger zum Erzielen persönlicher Vorteile oder zum Durchsetzen persönlicher Gestaltungsinteressen, sondern finden ihre berufliche Motivation in ihrem Beitrag zur optimalen Erfüllung der Zielsetzungen der Organisation (ebd.). Der öffentliche Dienst mit seinen gesicherten, aber häufig durch eigene Anstrengungen nicht mehr steigerbaren Einkommen, schafft diese Bedingungen, so dass sich relativ viele ältere Personen in den unteren und mittleren Führungsrängen in diesem Stadium befinden. Dies bedeutet jedoch nicht, dass alle oder auch nur die Mehrheit dieses Personenkreises tatsächlich die Interessen der Organisation über die eigenen stellt, aber die Bedingungen sind günstiger als in der Privatwirtschaft, wo sich auch ranghohe Führungskräfte nicht sicher sein

können, unabhängig von „taktischen Fehlern" ihre Position bis zum Erreichen der Altersgrenze zu halten (ebd.).
Führungskräfte dieser Reifestufe bilden folglich eine sehr gute Basis für die Durchsetzung von Modernisierungsprozessen, vorausgesetzt sie wollen diesen tatsächlich. Es ist leicht nachvollziehbar, wenn gerade die ältere, erfolgreiche Führungskraft die Systemstruktur bevorzugt, in der sie ihr jetziges hierarchisches Niveau erreicht hat und deren Spielregeln sie perfekt beherrscht. Stellt sich eine solche Person jedoch gegen den Reformprozess, ist sie ein mächtiges Hindernis. Hier dürfte gegen eine externe Druck- oder Anreizausübung weitgehende Immunität bestehen.

Der „Herrscher" stellt die häufigste Form der Machtmotivation in der Verwaltungsspitze dar (ebd.). Diese Personen wollen ihren Zuständigkeitsbereich mit starken Gestaltungsmöglichkeiten. Sie haben es aber gelernt, bei der Ausübung ihrer Macht vorsichtig, an den langfristigen Folgen ihres Handelns orientiert, vorzugehen. Ein starkes Streben nach Gestaltung des eigenen Zuständigkeitsbereich ist jedoch geeignet, die Optimierung der Gesamtorganisation im Sinne von Modernisierungsprozessen zu behindern.

Im Rahmen von Verwaltungsreformen neigen diese Personen dann auch dazu, dass sog. „Dezernentenmodell" zu befürworten. Dieses Modell ist in den Bereich der Diskussionen um die Neue Steuerung der Kommunalverwaltungen einzuordnen (vgl. Kapitel 7). Es bezieht sich auf die in Stadtverwaltungen gegebene Trennung zwischen Querschnitts- und Fachbereichen. Die Querschnittsämter bzw. Querschnittsdezernate sind für alle Personal-, Organisations-, und Finanzfragen zuständig. Von den Ämtern, die die „eigentlichen", nach außen gerichteten Aufgaben wahrnehmen, wird diese Zuständigkeit oft als belastend und störend empfunden. Im Dezernentenmodell werden überschaubare Einheiten (Dezernate) geschaffen, in die die Aufgaben und Teile des Personals der Querschnittsämter im Sinne einer effektiveren Aufgabenerledigung hinüberwandern.
Stratemann/Wottawa (1995, S.52) führen aus, dass die Einführung des Dezernentenmodells als ein erster Schritt eines Reformprozesses dazu führen kann, dass auch für skeptische Mitarbeiter eine grundlegende, positive Veränderung deutlich wird, weisen aber auch ausdrücklich darauf hin, dass es ein Irrtum wäre, bereits diese Umorganisation allein bereits für einen fundamentalen Reformprozess zu halten:

„Das Dezernentenmodell kann einen sinnvollen Einstieg darstellen, es müssen aber zusätzlich innerhalb der einzelnen Teilbereiche die Grundsätze der neuen Steuerungsmodelle (...), zum Leben erweckt werden" (ebd.).

Die Parallele zur Arbeitsverwaltung wird an dieser Stelle sehr deutlich. Auch das Organigramm des „Arbeitsamtes 2000“ ist zunächst „nur“ eine Art Dezernentenmodell: Bisher getrennte Arbeitsbereiche werden zu überschaubaren Einheiten zusammengeführt. Inwieweit es sich tatsächlich dem „Ideal“ des „Arbeitsamtes 2000“ mit seiner Teamorganisation nähert, hängt auch hier von der Umsetzung von Grundsätzen der „Neuen Steuerung“ (vgl. Kapitel 7), vornehmlich also von einem neuen Führungsverständnis und modernen Managementtechniken, ab.

Zusammenfassung:

- Die Führungskräfte oberhalb der Teamleiterebene finden sich im Organigramm des „Arbeitsamtes 2000“ in den bisherigen Hierarchieebenen wieder. Da diese Ebene von den -teamorientiert arbeitetenden- Mitarbeiter-Teams durch die Teamleiterebene getrennt ist, ist sie auch keinem vergleichbarem Veränderungsdruck ausgesetzt.

- Insbesondere Führungskräfte an der Spitze von Verwaltungen sind in hohem Maße durch Machtstreben motiviert.
  Die hier am häufigsten vertretene Form der Machtmotivation ist durch ein starkes Streben nach Gestaltung des eigenen Zuständigkeitsbereiches (auch zuungunsten der Gesamtorganisation) geprägt, dieses wiederum kann Modernisierungsprozesse behindern.

- Obiger Personenkreis bevorzugt im Zusammenhang mit Organisationsreformen dann auch das sog. Dezernentenmodell, d.h. die Zusammenführung von zuvor getrennten Arbeitsbereichen zu überschaubaren Organisationseinheiten, ohne Würdigung der sonstigen Grundsätze der „Neuen Steuerung“.

- Dies betont wiederum die Gefahr, dass das „Arbeitsamt 2000“ gewissermaßen als „Dezernentenmodell“ missgedeutet wird, d.h. ohne ernsthafte Berücksichtigung der im „Leitbild“ formulierten Grundsätze und damit ohne wirkliche Teamorganisation.

Die konsequente Umsetzung des Konzeptes „Arbeitsamt 2000“ stellt also alle Beteiligten vor erhebliche Anforderungen. Im Folgenden soll daher analysiert werden, inwieweit die Umsetzung des Konzeptes überhaupt möglich ist bzw. welche Art von Maßnahmen der Personalentwicklung angezeigt sind.

9.2 Konsequenzen für Maßnahmen der Personalentwicklung

Unter dem Begriff Personalentwicklung (PE) sind Lehr- und Lernprozesse zu verstehen, „die von Organisationen systematisch geplant und durchgeführt werden, um die berufliche Qualifikation ihrer Mitglieder zu erhalten, zu erweitern und zu verbessern. Die berufliche Qualifikation ist das Handlungspotential, welches die erfolgreiche Bewältigung der Anforderungen an eine Arbeitsrolle ermöglicht" (Rosenstiel et al. 1995, S.331).
Unter beruflicher Qualifikation sind dabei neben Kenntnissen und Fähigkeiten in einem weiteren Sinne auch Einstellungen, Werte und motivationale Orientierungen zu verstehen (ebd.).

9.2.1 Personalentwicklung als Teilaspekt von Modernisierungsprozessen

PE dient einerseits der laufenden Anpassung an die spezifischen Anforderungen des aktuellen oder zukünftigen Arbeitsplatzes. Andererseits ist Personalentwicklung auch als Teilaspekt von organisationsumfassenden Veränderungs-/ Modernisierungsprozessen zu verstehen. PE umfasst dabei diejenigen Maßnahmen, die beim Individuum ansetzen. Damit ist sie ein Aspekt geplanten organisatorischen Wandels (ebd.; vgl. auch Beck/Schwarz 1997, S.67f; Gehrmann 1996, S.76; Sonntag 1992, S.6f).

Die Maßnahmen der PE lassen sich nach den Kriterien Nähe zum Arbeitsplatz und Zeitpunkt in der organisatorischen Laufbahn folgendermaßen einteilen:

- ***PE-into-the-job***
  Hierunter fallen Qualifizierungsmaßnahmen, die auf die berufliche Tätigkeit vorbereiten. Die wichtigsten Formen sind hier die Berufsausbildung, Traineeprogramme und die Einführung in den Betrieb (vgl. Rosenstiel et al. 1995, S.332).

- ***PE-on-the-job***
  PE-on-the-job umfasst Maßnahmen, die eine Qualifizierung direkt im Prozess der Arbeitstätigkeit ermöglichen sollen. Diese kann durch einen Vorgesetzten, Beauftragten oder *Coach* durchgeführt werden. Hier wird das Lernen in der realen Arbeitssituation, das „learning by doing", als Vorteil gesehen.

  Diese Art der Qualifikation wird als Strategie verstanden, die kognitiven und sozialen Qualifikationen der Beschäftigten so zu fordern und zu fördern, dass eine stetige Kompetenz- und Persönlichkeitsentwicklung ermöglicht wird.

PE-on-the-job ist aus diesem Grunde besonders bei der Umsetzung von organisationalen Änderungsprozessen geeignet. Dies gilt insbesondere, wenn diese Maßnahmen auf Erweiterung des Tätigkeitsspielraums zielen. Folgende Aufzählung nach Duell/Frei (1986; zitiert nach Rosenstiel et al. 1995, S.333) verdeutlicht dies. Demnach bedeutet Qualifizierung in der Arbeitstätigkeit:

- In seiner Arbeit Neues dazulernen können,
- vermehrt Einblick in technische und organisatorische Zusammenhänge bekommen,
- beruflich flexibler werden,
- seine Arbeit selber gestalten können,
- seine Spielräume erkennen, nutzen und erweitern können,
- seine Interessen wahrnehmen und durchsetzen können,
- solidarisch sein und zusammenarbeiten können,
- selbstbewusster werden,
- an der Arbeit selbst Interesse entwickeln,
- sich Erfahrungen aneignen, die nicht nur für die Arbeit nützlich sind.

Obige Aufzählung zeigt, dass PE-on-the-job eine wichtige Komponente bei Organisationsreformen darstellt, die wie das *Arbeitsamt 2000* auf partizipative Führung und Teamorganisation abzielen.

□ ***PE-off-the-job***

PE-off-the-job umfasst Fort- und Weiterbildungsmaßnahmen, die außerhalb des Arbeitsplatzes durchgeführt werden.

Das Berufsbildungsgesetz unterscheidet zwischen Aus-, Fort- und Weiterbildung. Unter Ausbildung ist demnach eine berufliche Erstqualifikation in einem anerkannten Ausbildungsberuf zu verstehen, während Weiterbildung auf bereits erworbenen beruflichen Qualifikationen aufbaut.

Im allgemeinen wird unter Weiterbildung die Spezialisierung in einem Basisberuf verstanden, wohingegen durch die Fortbildung die Qualifizierungen in einem Basisberuf aktualisiert oder vertieft werden (ebd.). Fort- und Weiterbildung kann also als Fortsetzung organisierten Lernens nach der ersten Bildungsphase bezeichnen.

PE-off-the-job ist somit bei Modernisierungsprozessen, die den Erwerb weiterer Kompetenzen durch die Organisationsmitglieder zur Folge haben von Bedeutung.

In diesem Zusammenhang lassen sich desweiteren *PE-along-the-job* (laufbahnbezogene PE) und *PE-out-of-the-job* (Vorbereitung auf den Ruhe-stand) unterscheiden. Da diese für den Rahmen dieser Betrachtung jedoch nur eine untergeordnete Rolle spielen, werden sie hier vernachlässigt (vgl. hierzu genauer Rosenstiel et al. 1995, S.332ff).

Um nun die Frage danach, welche konkreten Maßnahmen für welche MitarbeiterInnen des Arbeitsamtes angezeigt sind bzw. inwieweit eine erfolgreiche Konzeptumsetzung möglich ist, beantworten zu können, ist zunächst der Bedarf genauer zu ermitteln.

9.2.2 Ermittlung des Personalentwicklungsbedarfs und Schlussfolgerungen

„Der PE-Bedarf wird bestimmt als Differenz zwischen erworbener und von der Arbeitsrolle geforderter Qualifikation, sofern er durch PE-Maßnahmen behoben werden kann" (Rosenstiel et al. 1995, S.335; vgl. auch Mentzel 1997, S.41ff). Durch eine entsprechende Bedarfsanalyse sollen folgende Fragen beantwortet werden:

- Welche Qualifikationen sind für eine Arbeitsrolle erforderlich? (Frage nach den Soll-Werten.)
- Welche Qualifikationen sind vorhanden? (Frage nach den Ist-Werten.)
- Gibt es eine Differenz zwischen Soll- und Ist-Werten?
- Kann die Differenz durch PE-Maßnahmen behoben werden? (ebd.)

Es handelt sich also im Wesentlichen zunächst um einen Ist-Soll-Abgleich.
Im weiteren PE-Prozeß werden dann aus der Ist-Soll-Diskrepanz die Lernziele abgeleitet und danach geeignete Lernmethoden festgelegt. In der abschließenden Evaluation wird die Güte der PE geprüft. Evaluation hat neben diesem Kontrollaspekt auch eine Verbesserungsfunktion für den Prozess, indem Grundlagen für die Erhöhung der Erfolgswahrscheinlichkeit des Prozesses geliefert werden (ebd.).

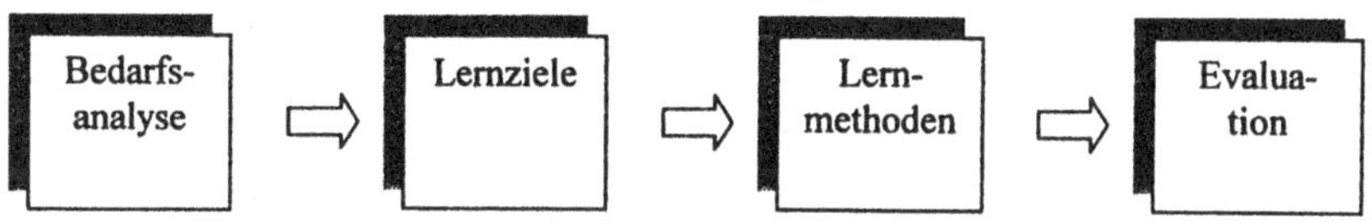

Abbildung 23: Ablauf eines PE-Prozesses (Quelle: Eigene Darstellung nach Rosenstiel et al. 1995, S.335f)

Auf die verschiedenen Erhebungstechniken der Soll- und Ist-Qualifikationen soll hier nicht näher eingegangen werden (s. hierzu Leiter et al. 1982), vielmehr wird im Folgenden ein Abgleich zwischen der im Kapitel 4 analysierten Qualifikationsstruktur des gegebenen Personals des Arbeitsamtes Lüneburg und der in Kapitel 8 dieser Arbeit betrachteten Anforderungen des „Arbeitsamtes 2000" vollzogen.

Da sich die Angehörigen des mittleren und des gehobenen Dienstes im Arbeitsamt hinsichtlich der Aus- und Fortbildungswege und bezüglich ihrer konkreten Funktionen sowohl in der bisherigen als auch in der neuen Organisationsform, z.T. erheblich unterscheiden, wird im Folgenden eine entsprechende Separation vorgenommen.

a) Angehörige des mittleren Dienstes

Diese Personengruppe ist in vielfacher Hinsicht als heterogen zu bezeichnen. Diese Charakterisierung betrifft u.a. :

□ **Ausbildung**
Die Ausbildung des mittleren Dienstes wurde im Laufe der Zeit fortentwickelt. Dies bezieht sich zum einen auf neue fachliche Standards, wie sie z.B. im Zuge der weiteren Entwicklung der immer komplexer werdenden rechtlichen Materie notwendig wurden. Für die letzten Jahre ist jedoch auch ein Trend zur Entwicklung sog. Schlüsselqualifikationen im Zusammenhang mit dem *Arbeitsamt 2000* festzustellen (vgl. Kapitel 8.3). Dieser ist u.a. an folgenden Ausbildungskomponenten ablesbar:

- Förderung der vermehrten Eigeninitiative der Auszubildenden.
- Einführung der Teamarbeit in Projekten in die praktische Ausbildung.
- Ausdrückliche Betonung von Teamarbeit, Sozialkompetenz und Eigenverantwortung als notwendige Schlüsselqualifikationen (ebd.).

Hier wurde also bereits im Rahmen von Personalentwicklung-into-the-job auf bevorstehende Modernisierungsprozesse reagiert. Die jüngeren Angehörigen des mittleren Dienstes haben also bereits im Rahmen ihrer Ausbildung für das „Arbeitsamt 2000" notwendige organisatorische, methodische und soziale Kompetenz erworben. Hier ist somit ein Potential zu vermuten, dass geeignet ist den Reformprozess zu befördern.

Für die Organisationsmitglieder mit älterem Ausbildungsstand ist insbesondere im Bereich der oben beschriebenen Schlüsselqualifikationen mit deutlichen Defiziten zu rechnen. Hieraus resultiert dann auch ein anderer Bedarf an weiteren PE-Maßnahmen.

- **Lebensalter**
  Bei lebensälteren Organisationsmitgliedern kann davon ausgegangen werden, dass sie das Ende ihrer beruflichen Karriere bereits erreicht haben. Aufgrund der besonderen Strukturen des öffentlichen Dienstes können sie die Anforderungen organisationaler Veränderungen, wenn sie von diesen nicht überzeugt sind, auch weitgehend ohne negative Konsequenzen ignorieren. Hierbei ist auch zu berücksichtigen, dass ihre berufliche Ausbildung verhältnismäßig weit zurückliegt, d.h. viele Neuerungen in den Ausbildungsgängen haben sie gar nicht erreicht. Sie sind damit für anstehende Änderungen weniger gewappnet als jüngere Kollegen. Es ist zu vermuten, dass sie sich in der bisherigen Organisation sehr viel sicherer fühlen. Die Motivationslage ist folglich eine andere.
  Hieraus ergibt sich also ein strukturell differenter Bedarf für PE-off-the-job bzw. PE-on-the-job.

- **Dauer der Organisationszugehörigkeit**
  In diesem Zusammenhang wurden wichtige Aspekte bereits im Zusammenhang mit der Ausbildung diskutiert. Ein weiterer Punkt ist hier in der Bedeutung der Übernahme von Werten der Organisation zu sehen. Insbesondere Hierarchien schaffen durch die Zerstreuung von Einflussmöglichkeiten über ihre verschiedenen Stufen eine von oben nach unten durchgehende Werteordnung. Damit erfolgt eine Lenkung der Aktivitäten der Organisationsmitglieder in den vorgesehenen Bahnen und es wird ein ziel- und normenkonformes Verhalten sichergestellt (vgl. Wahren 1994, S.71).
  Nun verhält es sich aber so, dass mit dem „Arbeitsamt 2000“ ganz neue Anforderungen gestellt werden. Auch von den Angehörigen des mittleren Dienstes wird mehr Eigenverantwortlichkeit erwartet. Zudem sind ist dieser Personenkreis von einer ganz neuen Arbeitsform betroffen. Mit der Teamorganisation werden neue soziale Kompetenzen und neue Arbeitstechniken relevant. Organisationsmitglieder, die bisher weitgehend in Einzelarbeit das getan haben, was ihnen aufgetragen wurde, sollen jetzt **mit anderen gemeinsam** eine Aufgabe in **eigener Verantwortung** erledigen. Hier tun sich zunächst krasse Gegensätze auf, die durch entsprechende PE-Maßnahmen überbrückt werden müssen.

- **Funktion**
  Angehörige des mittleren Dienstes werden zukünftig in „abteilungsübergreifenden“ Kundenbüros, die wiederum Bestandteile der künftigen *Mitarbeiter-Teams* sind, zusammenarbeiten. Während die Angehörigen des

gehobenen Dienstes auch in diesem Rahmen nach *Mitarbeitern für beraterische/vermittlerische Tätigkeiten* und *Mitarbeitern für leistungsrechtliche/sachbearbeitende Tätigkeiten* unterteilt sind, findet formell mit den Kundenbüros die völlige Verschmelzung zweier Sachgebiete statt. Inwieweit die einzelnen MitarbeiterInnen hier allerdings tatsächlich Aufgaben sowohl der bisherigen Leistungsabteilung als auch der Arbeitsvermittlung und Arbeitsberatung ausführen können, hängt wiederum in hohem Maße davon ab, wie lange die Ausbildung zurückliegt.
Der mittlere Dienst wird grundsätzlich für alle Abteilungen eines Arbeitsamtes ausgebildet (vgl. Kapitel 4.3). Aufgrund des hohen Spezialisierungsgrades kommt der späteren Einweisung auf den konkreten Arbeitsplatz große Bedeutung zu. Diese erfolgt bisher im Zusammenhang mit dem Fachgebiet einer bestimmten Abteilung. Für die Zukunft kann daher erhofft werden, dass in diesem Zusammenhang, mit Hilfe stützender PE-Maßnahmen eine der fachlichen Bandbreite des Kundenbüros angemessene Qualifizierung gelingt. Dies erscheint insbesondere vor dem Hintergrund des in Relation zum gehobenen Dienst geringeren Spezialisierungsgrad der Kundenbüros durchaus realistisch.

Zusammenfassung:

- Das Ausmaß an Kompetenzdefiziten hinsichlich der Entwicklung zum *Arbeitamt 2000* ist in deutlicher Weise abhängig vom Stand der Ausbildung bzw. von der Dauer der Zugehörigkeit zur Organisation.

- In den letzten Jahren erfolgt die Ausbildung nicht mehr nur strikt an den Bedürfnissen hierarchischer Organisationen orientiert. Es werden zunehmend auch Teamarbeit, Sozialkompetenz und Eigenverantwortung betont. Somit ist von den jüngeren Jahrgängen sowohl die Fähigkeit zur Zusammenarbeit als auch die Einstellung dazu zu erwarten.

- Auch hinsichtlich der Bewältigung der fachlichen Breite ist es von den jüngeren Jahrgängen am ehesten zu erwarten, dass hier im Rahmen einer Einarbeitung im Klima eines fachbereicheübergreifenden Kundenbüros eine entsprechende Aneignung erfolgt.

- Deutliche Defizite sind hingegen bei älteren Organisationsmitgliedern zu erwarten.

- Sie sind in der Organisation bisher gänzlich anderen Werten und Verhaltensweisen verpflichtet. Bisher war eher Einzelarbeit und das unreflektierte Ausführungen von Weisungen die Regel. Hinsichtlich Teamarbeit und eigenerantwortlichem Handeln bestehen somit deutliche Defizite.

- Sie können es sich u.U. leisten, Reformbestrebungen weitgehend zu ignorieren.

Hinsichtlich der Qualifikation des mittleren Dienstes im Hinblick auf das Konzept *Arbeitsamt 2000* bietet sich also ein höchst heterogenes Bild. Dies gilt auch für die Bedeutung für den Reformprozess. Während sich ein Teil der betrachteten Gruppe sich durchaus als Träger von Reformprozessen eignet, werden sich Teile des mittleren Dienstes eher als „Bremser“ betätigen. Hierbei spielen neben der Konsequenz des „Zupackens“ der Führungskräfte bei der Umsetzung der Reform auch unterstützende PE-Maßnahmen eine wichtige Rolle.

Es wurde bereits dargestellt, dass hierarchische Strukturen auch Vorteile für die betroffenen Organisationsmitglieder haben. In diesem Zusammenhang ist auch zu berücksichtigen, dass vertraute Strukturen Sicherheit geben. Die neuen Strukturen verlangen zudem die Übernahme von zusätzlicher Verantwortung und mehr eigeninitiatives Verhalten. Es ist vor dem Hintergrund obiger Ergebnisse nicht anzunehmen, dass sich alle Angehörigen der betrachteten Personengruppe hieran interessiert sind. Es ist anzunehmen, dass die Akzeptanz für die neuen Strukturen aus den genannten Gründen bei den jüngeren Organisationsmitgliedern im allgemeinen größer ist als bei älteren, hier sind jedoch im Einzelfall auch Abweichungen denkbar.

Folgerungen für PE-Maßnahmen:

- PE-Maßnahmen sind auf den jeweiligen Ausbildungsstand abzustimmen; PE-Maßnahmen sind nicht für alle Angehörigen des mittleren Dienstes in gleichem Maße angezeigt/geeignet.

- Insbesondere bei den älteren Organisationsmitgliedern ist mit einer eher geringer Akzeptanz für den Veränderungsprozess zu rechnen.

- Es hat bereits eine Anpassung im Rahmen der Ausbildung (PE-into-the-job) stattgefunden.

- Ältere Organisationsmitglieder haben Defizite im Bereich nunmehr notwendiger Schlüsselqualifikationen (Teamarbeit, Sozialkompetenz, Eigenverantwortlichkeit). Hier bedarf es zunächst eines grundsätzlichen Verständnisses, wie es im Rahmen von Fortbildungsmaßnahmen erworben werden kann.

- Insbesondere für ältere Organisationsmitglieder könnte eine „Auffrischung“ von Kenntnissen aus dem Bereich der jeweils anderen Fachabteilungen (bezogen auf die bisherigen Leistungsabteilung und die Abteilung Arbeitsvermittlung und Arbeitsberatung) hilfreich sein.

- Für alle Angehörige des betrachteten Personenkreises ist PE-on-the-job, z.B. durch einen *Coach* angezeigt. Hier geht es um die Entwicklung und Stützung sozialer und kognitiver Kompetenzen.
  Ältere Organisationsmitglieder müssen sich mit neuen Werten und Verhaltensweisen arrangieren. Unter Umständen haben sie viele Jahre nach ganz anderen Regeln gearbeitet und müssen sich nun in vielerlei Hinsicht umstellen.
  Jüngere Organisationsmitglieder sind zwar mit neuen Arbeitsweisen vertraut, sehen sich aber u.U. einer (auch zahlenmäßigen) Übermacht gegenüber, die eher geneigt ist am Vertrauten festzuhalten.

Die ermittelte Ist-Soll-Diskrepanz macht deutlich, dass eine rasche und dabei vollständige Umsetzung des Konzeptes „Arbeitsamt 2000“ bezogen auf die Angehörigen des mittleren Dienstes des Arbeitsamtes Lüneburg nicht möglich ist. Die Anforderungen an die Organisationsmitglieder sind sehr tiefgreifender Natur. Die Bereitschaft sich diesen in entsprechendem Umfang zu stellen, dürfte bei einem großen Teil der betrachteten Personengruppe eher gering sein.

b) Angehörige des gehobenen Dienstes

Auch die Personengruppe des gehobenen Dienstes im Arbeitsamt Lüneburg ist hinsichtlich ihrer Qualifikationsstruktur als heterogen zu bezeichnen, es sind jedoch z.T. deutliche Unterschiede zum mittleren Dienst erkennbar:

□ **Ausbildung**

Die Ausbildung des gehobenen Dienstes an der Fachhochschule der Arbeitsverwaltung in Mannheim enthält bereits seit den 80er Jahren Bestandteile, die nunmehr im Rahmen der Modernisierungsprozesse an Bedeutung gewinnen (vgl. Kapitel 4.3):
- Betriebswirtschaftslehre,
- Management,
- Kundenorientierung.

1995 wurden folgende weitere Themen in die Lehre aufgenommen:
- Controlling,
- Personalwesen,
- Dienstleistungsmarketing,
- Total Quality Management und Kundenorientierung.

Die Angehörigen des gehobenen Dienstes werden also im Rahmen ihrer Ausbildung gut auf das *Arbeitsamt 2000* vorbereitet, wobei dies auch hier in verstärktem Maße für die jüngeren Jahrgänge gilt. Entsprechend groß dürfte die Akzeptanz für Modernisierungsvorhaben bei dieser Personengruppe sein. Gerade die Jüngeren treffen im Arbeitsamt Lüneburg auf aus ihrer Sicht veraltete Strukturen.

□ **Lebensalter/Dauer der Organisationszugehörigkeit**
Hier wirken die gleichen Mechanismen wie für die Angehörigen des mittleren Dienstes. Für den gehobenen Dienst des Arbeitsamtes Lüneburg wurde festgestellt (Kapitel 4.2), dass ein Teil dieser Personengruppe außerhalb der BA erworbene berufliche Qualifikationen aufweist (Studium der Wirtschaftswissenschaften, Lehramtsstudium).
Diese Kenntnisse können sich für Reformprozesse als nützlich erweisen. Sollten Angehörige des gehobenen Dienstes Reformen negativ empfinden, können sie sich, insbesondere wenn sie mit ihrer beruflichen Karriere abgeschlossen haben, als ernsthafte Gegner erweisen bzw. den Reformprozess hemmen.

□ **Funktion**
Die Funktionen bleiben für die Angehörigen des gehobenen Dienstes auch im „Arbeitsamt 2000“ weitgehend identisch. Dies gilt auch angesichts der zukünftigen Teamorganisation (der unteren Ränge). Das Organigramm des „Arbeitsamtes 2000“ weist eine formale Trennung auf, die in etwa den bisherigen Funktionen entspricht.

Folgerungen für PE-Maßnahmen:

- Die jüngeren Angehörigen des gehobenen Dienstes sind insbesondere durch die Ausbildung recht gut auf das „Arbeitsamt 2000“ vorbereitet.

- PE-Maßnahmen grundsätzlicher Art dürften insbesondere für ältere Organisationsangehörige angezeigt sein, deren Ausbildungsgänge bezogen auf die zukünftigen Anforderungen veraltet sind. Inwieweit diese hierzu entsprechend motiviert sind, ist eine andere Frage.

- Da die Angehörigen des gehobenen Dienstes ihre Fachaufgaben weitgehend beibehalten, ergeben sich in diesem Bereich keine neuen Anforderungen.

- Die Umstellung auf Teamarbeit erfordert entsprechende methodische, organisatorische und soziale Kompetenz, entsprechende PE-Maßnahmen sind grundsätzlich angezeigt. hier wären sowohl Fortbildungsmaßnahmen als auch PE-on-the-job durch einen Co*ach* geeignet.

Zusammenfassend lässt sich hier festhalten, dass insbesondere die jüngeren Angehörigen des gehobenen Dienstes eine solide Basis für Reformprozesse darstellen könnten. Sie sind fachlich entsprechend vorbereitet und dürften auch motiviert sein, einer veralteten Organisationsstruktur entgegenzuwirken. Nun verhält es sich aber so, dass jüngere MitarbeiterInnen sich naturgemäß eher im unteren Hierarchiebereich ihrer Laufbahn befinden.

Es ist zu erwarten, dass insbesondere die jüngeren (und somit entsprechend ausgebildeten) Angehörigen sowohl des gehobenen als auch des mittleren Dienstes eine erfolgreiche Umsetzung fördern.
Vornehmlich für die älteren Organisationsmitglieder stellt sich auch für die Angehörigen des gehobenen Dienstes die Frage, inwieweit diese an den geplanten Änderungen interessiert sind. Desto umfassender die angestrebten Änderungen sind, desto mehr sind diese genötigt sich auf unbekanntes Terrain zu begeben. Angesichts der Tatsache, dass die Inhalte ihrer Ausbildung nunmehr in vielerlei Hinsicht als veraltet bezeichnet werden können, ist hier im allgemeinen mit einer geringen Akzeptanz zu rechnen.

Inwieweit es tatsächlich zu funktionierender Teamarbeit bzw. zur Umsetzung des *Leitbildes* und somit zur Gesamtkonzeption des *Arbeitsamtes 2000* kommt, hängt in entscheidender Weise auch von den Führungskräften ab.

c) Führungskräfte/Angehörige des höheren Dienstes

Entspricht eine Führungskraft hinsichtlich der Form der Machtorientierung dem (am häufigsten vertretenen) Typ des *Herrschers,* ist nicht von einer Akzeptanz für Formen der Partizipation auszugehen. Hier würden dann eher „Reförmchen" favorisiert, die sich auf Korrekturen am Organigramm beschränken.
Wenn Führungskräfte davon überzeugt sind, dass Reformprozesse als negativ zu bewerten sind (da sie mit ihrer möglicherweise ausgeprägten Macht-motivation nicht in Einklang zu bringen sind), sind diese gegen ihren Widerstand nicht im vorgesehenen Umfang durchzusetzen.

Personalentwicklungsmaßnahmen könnten hier zum langsamen Aufbau eines moderneren Führungsverständnisses beitragen, wie es echte Teamorganisation voraussetzt.

Ergebnisse:

Die jüngeren Angehörigen der Laufbahnen des mittleren und gehobenen Dienstes wurden in unterschiedlichem Ausmaß auf Aspekte des „Arbeitsamtes 2000" im Rahmen der Ausbildung vorbereitet. Hier ist auch am ehesten mit einer Akzeptanz für Reformen zu rechnen.

Insbesondere die neuen Führungskonzepte, wie sie im „Leitbild" formuliert werden, aber auch die geforderte Teamarbeit, die im Organigramm des „Arbeitsamtes 2000" manifest wird, stehen in einem sehr deutlichen Gegensatz zum bisherigen Verständnis bzw. Verhalten.
Eine (vollständige) Umsetzung des neuen Konzeptes ist somit bei einem Teil der Beschäftigten mit einer erheblichen Unsicherheitserfahrung verbunden. Hier ist also von einer eher geringen Akzeptanz auszugehen.

Der größere Teil der Beschäftigten weist im Hinblick auf zukünftige Teamarbeit und kooperativer bzw. partizipativer Führung deutliche Defizite im Bereich der nunmehr notwendigen sozialen, methodischen und organisatorischen Kompetenzen auf. Fachliche Defizite kommen in geringerem Maße hinzu.

Die vorgenannten Aspekte deuten darauf hin, dass eine vollständige Umsetzung des Konzeptes „Arbeitsamt 2000" innerhalb kürzester Zeit nicht möglich ist. Die Differenzen zur bisherigen Organisationsform und dem damit verbundenen Denken und Handeln, den Einstellungen und dem Verständnis von Arbeitsweisen und Führung sind nicht kurzfristig zu überwinden.

Hierbei ist auch die Rolle der Führungskräfte zu berücksichtigen. Eine Organisationsreform erfordert eine entschlossen und konsequent handelnde Verwaltungsspitze. Ein neues Führungsverständnis muss zudem auch „gelebt" werden (Kapitel 8.2.2).

Maßnahmen der Personalentwicklung sind ein wichtiger Bestandteil von Organisationsreformen. Sie sind geeignet die Erfolgsaussichten entsprechender Aktivitäten zu erhöhen. Es wurde gezeigt, dass sie im Hinblick auf die Erfordernisse des „Arbeitsamtes 2000" im Bereich der Ausbildung (PE-into-the-job) bereits angepasst wurden..

10. Fazit

Organisationsstruktur und Führungsverständnis der Bundesanstalt für Arbeit in ihrer bisherigen Gestalt sind eher als hierarchisch / bürokratisch einzuschätzen. Im Rahmen von Anpassungsleistungen an veränderte Rahmenbedingungen erfolgte jedoch im Laufe der Jahre eine stete Weiterentwicklung, wobei die grundsätzlichen Prinzipien jedoch weitgehend beibehalten wurden.
So unmodern sie auch klingen mögen, haben die bisherigen Organisationsprinzipien durchaus Vorteile. So erleichtern klare, schematische Vorschriften durchaus die Arbeit, wenn es z.B. in der Sachbearbeitung gilt, in möglichst kurzer Zeit große Mengen weitestgehend ähnlich oder gleich gelagerter Antragsverfahren zu bearbeiten. Zudem geben hier detaillierte Anweisungen auch Verhaltenssicherheit.

Nunmehr steht die Behörde an einem besonderen Punkt ihrer Geschichte. Die Bundesanstalt ist, wie andere öffentliche Verwaltungen auch, in eine Legitimationskrise geraten. Gewerkschaftsvertreter sehen gar Anzeichen einer „Demontage" der staatlichen Arbeitsverwaltung. Es wird bezweifelt, dass die Bundesanstalt für Arbeit in ihrer bisherigen Form den veränderten Rahmenbedingungen noch gewachsen ist. Die Anforderungen an die Behörde sind von beachtlichem Umfang:
Die Anzahl der Arbeitslosen ist in den letzten Jahren stark angestiegen, gleichzeitig erfolgte eine Mehrung der Fachaufgaben und der Rechtsmaterie. Die Kritiker aus Politik und Wirtschaft verorten die Probleme der Institution in den Bereich ihrer Führungs- und Ablaufstrukturen und fordern eine „schlankere" Verwaltung, die dank reduzierter Hierarchieebenen und moderner Arbeitsweisen effektiver und effizienter arbeitet.
Hier ist insbesondere der Hintergrund der staatlichen Finanzkrise zu berücksichtigen, die sich gerade auf den Personalhaushalt öffentlicher Verwaltungen auswirkt. Hier ist es sicher angemessen nach Wegen der Effektivitäts- und Effizienzsteigerung zu suchen, auch um die vorhandenen personellen Ressourcen möglichst optimal zu nutzen bzw. einzusetzen.

Ein weiterer Aspekt ist in diesem Zusammenhang die Forderung nach stärkerer Kundenorientierung. Entsprechend den Erwartungen der Bürger an moderne Verwaltungen, will man sich seitens der Arbeitsverwaltung als Dienstleistungsunternehmen verstanden wissen. Einer der Grundpfeiler des Konzeptes „Arbeitsamt 2000" ist der Gedanke, dass man die Organisation den Bedürfnissen der Kunden anpasst und damit auch weitgehend ganzheitliche Bearbeitung der Kundenanliegen anstrebt.
Ein weiterer Faktor der auf Veränderung drängt, ist im Personal zu sehen. Gerade den jüngeren Organisationsmitgliedern genügt es nicht mehr,

schematische Arbeiten ohne besondere Eigenverantwortung durchzuführen. So ist inzwischen auch die Laufbahn des gehobenen Dienstes „akademisiert“, die MitarbeiterInnen richten folglich entsprechende Ansprüche an ihre Arbeit.

Die Lösung für die umrissenen Problemstellungen wird, wie in anderen Verwaltungen auch, in der Hinwendung zu modernen, den Wirtschaftswissenschaften entstammenden Führungsmethoden gesehen. Hierbei ist jedoch zu berücksichtigen, dass diese für einen ganz anderen Bereich entwickelt wurden, für den z.T. ganz andere Mechanismen gelten. Eine Übertragung auf öffentliche Verwaltungen ist nicht ohne weiteres möglich. Zudem sind die Strukturen der Arbeitsverwaltung im historischen Kontext „gewachsen“, man kann hier nicht in kürzester Zeit gänzlich andere Prinzipien einführen. Dennoch darf angenommen werden, dass Reformen auf fruchtbaren Boden fallen. So werden die jüngeren Organisationsmitglieder bereits im Rahmen der Ausbildung an ein modernes Managementverständnis herangeführt und mit entsprechender Methodik vertraut gemacht. Im Zusammenhang mit Reformbestrebungen muss jedoch die Gesamtheit der Organisationsmitglieder im Auge behalten werden. In der Konsequenz verlangt dies eine genaue Analyse des Bedarfs an Maßnahmen der Personalentwicklung.

Die Bundesanstalt für Arbeit reagiert auf veränderte Rahmenbedingungen und politischen Druck mit dem Reformkonzept „Arbeitsamt 2000“. Hiermit soll Kundenorientierung bei partizipativer Führung und Reduzierung der Hierarchieebenen verwirklicht werden. Die Voraussetzungen für das auf Teamorganisation beruhende Reformkonzept sollten mit dem „Leitbild“ der BA geschaffen werden. Dieses thematisiert insbesondere ein modernes Führungsverständnis im Sinne partizipativer, motivationsorientierter Führung.
Es ist deutlich geworden, dass eine ernstgemeinte Reform nicht auf die Veränderung der Organisationsstrukturen beschränken kann. Die Auseinandersetzung mit neuen Führungskonzepten, einer gezielten Personalentwicklung und mit einer neuen Corporate Identity ist ebenso notwendig. Umfassende Organisationsreformen sind daher als strategische Gesamtkonzepte zu verstehen.

Zusammengefasst steht das Gesamtkonzept „Arbeitsamt 2000“ im deutlichen Widerspruch zur bisherigen Organisation. Dies zeigt sich insbesondere im Zusammenhang mit dem vorherrschenden Führungsverständnis.

Zur Umsetzung des Konzeptes „Arbeitsamt 2000“ ist festzuhalten, dass das Personal mit den neuen Führungs- und Arbeitstechniken nur zum Teil in ausreichendem Maße vertraut ist. Hieraus kann auch eine emotionale Unsicherheit gegenüber einem allzu radikalen organisatorischen Wandel erwachsen. Die jüngeren Organisationsmitglieder sind hier im Vorteil, sie werden bereits in der Ausbildung mit modernen Konzepten vertraut gemacht. Das Gesamtkonzept „Arbeitsamt 2000“ beinhaltet auch umfangreiche PE-Maßnahmen, deren Analyse den Rahmen dieser Arbeit sprengen würde. Es sei aber darauf hingewiesen, dass hieraus nicht zwangsläufig eine Einstellungsänderung gegenüber neuen Führungs- und Arbeitstechniken, insbesondere auch bei der für das Gelingen des Reformprozesses besonders wichtigen Leitungsebene, resultiert.

Neben dem Aspekt der Kundenorientierung wird im Konzept „Arbeitsamt 2000“ der Reduzierung der Hierarchieebenen große Bedeutung beigemessen. Bei Betrachtung des Organigramms des „Arbeitsamtes 2000“ scheint dies auch gelungen zu sein. De facto verhält es sich jedoch so, dass man eine „Minimallösung“ gewählt hat und lediglich die unterste Führungsebene um ihre Nebenrolle als (Fach-)Vorgesetzte gebracht hat. Dies führt zu dem Resultat, dass die als Teamleiter bezeichnete (nun) unterste Führungsebene für mehrere Teams zuständig ist. Da eine effektive Kommunikation und Koordination so kaum mehr möglich ist (ein „Teamleiter“ kann sich nicht mit sämtlichen –gleichberechtigten– Mitgliedern mehrerer Teams abstimmen), wurde das Hilfskonstrukt des Teamsprechers geschaffen. Dieser übernimmt die Abstimmung an der genannten Schnittstelle. Teamsprecher werden demokratisch gewählt und haben keinerlei Entscheidungskompetenz. Die Erfahrungen der in den Jahren 2001 und 2002 bereits auf die Organisationsform „Arbeitsamt 2000“ umgestellten Ämter haben jedoch gezeigt, dass die Steuerung mehrerer Teams durch **einen** Vorgesetzten aus genannten Gründen nicht sinnvoll ist. Ergo haben Arbeitsberater und Erste Fachkräfte ihre Führungsfunktion zurückerhalten.

Organisationsreformen im öffentlichen Dienst sind auch im Zusammenhang mit der Frage „wohin mit den gegenwärtigen Stelleninhabern?“ bzw. mit Laufbahn- und besoldungsrechtlichen Zusammenhängen zu betrachten. Die Besoldung von Führungskräften ist auch von der Anzahl unterstellter (Führungs-)Kräfte bzw. von deren Position im Hierarchiegefüge abhängig. Der Wegfall kompletter Ebenen in der Hierarchie hätte entsprechende Auswirkungen, wobei die Frage nach der Unterbringung der entsprechenden Mitarbeiter noch gar nicht thematisiert wäre. Diese Hintergründe haben offenbar zunächst limitierend auf den Umfang der Reform gewirkt.

Dennoch ist deutlich geworden, dass sich die Gesamtorganisation mit dem Reformkonzept „Arbeitsamt 2000“ auf dem Weg zu einer modernen und kundenorientierten Behörde befindet. Man sollte den anfänglich möglichen Umfang der Reform jedoch realistisch betrachten. Es handelt sich hier um einen langfristigen, durch Maßnahmen der PE geförderten Entwicklungsprozess.

Zudem hat sich gezeigt, dass die gegenwärtigen Strukturen des öffentlichen Dienstes wirksamen Reformen in Teilbereichen entgegenstehen. Es ist jedoch inzwischen deutlich geworden, dass im fortwährenden Reformprozess auch hier weitere Änderungen zu erwarten sind.

Gegenwärtig arbeiten die Führungsgremien der BA und eine Vielzahl von Kommissionen an noch weitreichenderen Veränderungen. Aufbauend auf dem „Arbeitsamt 2000" soll dieses zukünftige Gesamtkonzept die Bundesanstalt für Arbeit innerhalb eines Zeitraums von fünf Jahren endgültig zu einem modernen und den sozialpolitischen, gesellschaftlichen und wirtschaftlichen Realitäten entsprechendem Dienstleistungsunternehmen machen.
Es ist evident, dass die weitere Entwicklung dieser Bereiche bzw. der sozialen Absicherungssysteme in Deutschland hierbei von zentraler Bedeutung ist.

10. Literaturverzeichnis

Adamy, W./Steffen, J. : „Arbeitsmarktpolitik" in der Depression, Sanierungsstrategien in der Arbeitslosenversicherung 1927-1933, in: MittAB 3/1982, S.276 ff.

Adamy, W. : Aktuelle arbeitsmarktpolitische Herausforderungen infolge der deutschen Einheit, in: Arbeit und Sozialpolitik, 44. Jg., Heft 11-12/ 1990; S. 426-429 (1990a)

Adamy, W. : Marktwirtschaft und Arbeitslosigkeit in der DDR. Zwei Seiten einer Medaille?, in: WSI-Mitteilungen, 43. Jg., Heft 7, 1990, S. 433-441 (1990b)

Andreß, H. J. : Instabile Erwerbskarrieren und Mehrfacharbeitslosigkeit – ein Vergleich mit der Problemgruppe der Langzeitarbeitslosen. Theorien, Daten und einige explorative Ergebnisse, in: MittAB 1/89, S. 17ff.

Althoff, K./ Thielepape, M. : Psychologie in der Verwaltung, Herford 1990.

Bach, H. W./Henning, W. : Gesamtwirtschaftliche und sozialpolitische Problemstellungen der Arbeitsvermittlung und Arbeitsberatung. Eine Einführung in ausgewählte Problem- und Handlungsfelder, in: Bundesanstalt für Arbeit (Hrsg.): Handreichungen für die Aus- und Fortbildung, Heft 1/1991, Nürnberg, S.7-94)

Bach, H.W. : Das Problem der Langzeitarbeitslosigkeit in der Bundesrepublik Deutschland und der Deutschen Demokratischen Republik, in: Zeitschrift für Sozialreform, Heft 7/1990, S. 399ff. (1990a)

Bach, H.W. : Die Langzeitarbeitslosigkeit in der Bundesrepublik Deutschland ,Teil I, in: Sozialer Fortschritt, 39. Jg., Heft 5/1990, S. 112 ff.; Teil II, in: Sozialer Fortschritt Heft 6/1990, S. 129ff. (1990b)

Bach, H.W.: Auswirkungen der Entwicklungen in der DDR auf die Langzeitarbeitslosigkeit, in: Sozialer Fortschritt, 39. Jg., Heft 7/1990, S. 164f. (1990c)

Bäcker, G. / Bispinck, R./ Hofemann, K./ Naegele, G. : Sozialpolitik, Köln 1980.

Banner, G.: Von der Behörde zum Dienstleistungsunternehmen – Ein neues Steuerungsmodell für die Kommunen. In: Veränderungsstrategien im Non-

Profit-Bereich (Sonderheft 2 der Zeitschrift „Organisationsentwicklung“). Basel 1994

Barthölke, K. : Organisationsentwicklung, in: Grochla, E. (Hrsg.): Handwörterbuch der Organisation, Stuttgart 1980

Bauer, K. G. : Geschichtliche Entwicklung der Arbeitsvermittlung und Arbeitsberatung, in: Bundesanstalt für Arbeit (Hrsg.): Kompendium der Fachaufgaben der Bundesanstalt für Arbeit. Arbeitsvermittlung und Arbeitsberatung, Nürnberg 1995, S. 5-11

Bay, R.: Teams effizient führen: Teamarbeit – Teamentwicklung – TQM im Team. Würzburg 1998

Beck, U.: Risikogesellschaft. Auf dem Weg in eine andere Moderne. Frankfurt am Main 1986

Beck, U.: Was ist Globalisierung? Frankfurt am Main 1997

Behrendt, W. : Der Entwurf des Arbeitsmarktanpassungsgesetzes als Beginn einer aktiven Arbeitsmarktpolitik, in: Bartholomäi, R. u.a. (Hrsg.): Sozialpolitik nach 1945. Geschichte und Analysen, Bonn-Bad Godesberg 1977, S. 339-348

Belardi, N.: Organisationsentwicklung, in: Stimmer, F. (Hrsg.): Lexikon der Sozialpädagogik und Sozialarbeit, München 1994, S.339-344

Belwe, K.: Zur Beschäftigungssituation in den neuen Bundesländern. Entwicklung und Perspektiven, in: Aus Politik und Zeitgeschichte, B 29/ 1991, S. 27-39

Berndt, F. u.a.: Arbeitsförderungsgesetz (AFG). Mit Anmerkungen, Verweisungen und weiter geltenden Durchführungsvorschriften, Stuttgart 1969

Bethusy-Huc, V. von: Das Sozialleistungssystem der Bundesrepublik Deutschland, 2. Auflage, Tübingen 1976

Biedenkopf, K.H. /Miegel, M. : Wege aus der Arbeitslosigkeit, Stuttgart 1978

Böpple, A. : Sozialpolitik in der Krise, Frankfurt 1977

Bolle, M. (Hrsg.) : Arbeitsmarkttheorie und Arbeitsmarktpolitik, Opladen 1976

Bosch, G. : Das arbeitsmarktpolitische Sonderprogramm der Regierung von 1979, in: Soziale Sicherheit, 30 Jg., 1981, S. 70-76

Bosetzky, H.: Grundzüge einer Soziologie der Industrieverwaltung, Stuttgart 1970

Bosetzky, H./Fischer, K.-D./ Tiefensee, H.-J.: Soziologie. Eine Einführung für Angehörige des öffentlichen Dienstes. 2. Auflage, Herford 1973

Bundesanstalt für Arbeit: Ausbildung und Prüfung von Auszubildenden nach der Neuordnung, in: Handreichungen für die Aus – und Fortbildung, Heft 5/ 1991, S. 9ff.

Bundesanstalt für Arbeit: Die Bundesanstalt für Arbeit stellt sich vor, Nürnberg 1996

Bundesanstalt für Arbeit: Leitbild. Standortbestimmung und Leitlinien für Führung und Zusammenarbeit, Nürnberg 1996

Bundesanstalt für Arbeit: Berufskundliche Kurzbeschreibungen zum Berufsbild „Beamter/Beamtin bei der BA – höherer Dienst“

Bundesbeauftragte für Wirtschaftlichkeit in der Verwaltung (BWV): Gutachtliche Stellungnahme der Bundesbeauftragten für Wirtschaftlichkeit in der Verwaltung zu den Organisationsstrukturen der Bundesanstalt für Arbeit vom 16. März 1995

Bundesversicherungsanstalt für Angestellte (BfA): Geschichte der Sozialversicherung, in: BfA (Hrsg.): Unsere Sozialversicherung, 17. überarbeitete Auflage, Berlin 1989, S. 8-13

Bungard, W.: Qualitätszirkel im Umbruch – Experten nehmen Stellung. Ludwigshafen 1992

Bungard, W.: Qualitätszirkel – Ein soziotechnisches Instrument auf dem Prüfstand. Ludwigshafen 1991

Burmeister, J. / Lehnerer, C.: Qualitätsmanagement in der Jugendverbandsarbeit. In: Materialien zur Qualitätssicherung in der Kinder- und Jugendhilfe, Heft 4 (herausgegeben vom Bundesministerium für Familie, Senioren, Frauen und Jugend). Bonn 1996

Bußhoff, L.: Berufswahl, in: Bundesanstalt für Arbeit (Hrsg.): Handbuch zur Berufswahlvorbereitung, Nürnberg 1987, S. 176-185

Camp, R. C.: Benchmarking. München 1994

Daumenlang, K. / Palm, W.: Qualitätsmanagement. In: Hauser, A./Neubarth, R./Obermair, W. (Hrsg.): Management-Praxis: Handbuch soziale Dienstleistungen. Neuwied 1997

Deutsches Institut für Normung e.V. (Hrsg.): DIN ISO 8402 – Qualitätsmanagement und Qualitätssicherung; Begriffe. Berlin 1992

Doppler, K. / Lauterburg, Ch.: Change Management. Frankfurt am Main 1994

Dückert, T.: Arbeitsbeschaffungsmaßnahmen – ein beschäftigungspolitisches Instrument? , Frankfurt/ New York 1984

Duda, E.: Bundesanstalt für Arbeit und Arbeitsmarktpolitik, in: Gewerkschaftliche Monatshefte, 26. Jg., Heft 3/1975, S. 188-192

Eberwein, W./Tholen, J.: Arbeitsvermittlung in der Krise- Die Praxis der Arbeitsvermittlung und Arbeitsberatung in den Arbeitsämtern und die Diskussion um das „Vermittlungsmonopol", in : Soziale Sicherheit, 34. Jg., 1985, S. 146-153

Egle, F.: Problemgruppen am Arbeitsmarkt: Umfang, Risiken, Maßnahmen, in: Orientierungen zur Wirtschafts - und Gesellschaftspolitik, Ludwig-Erhard-Stiftung, 4/1988, S. 19ff.

Egle, F./Kühl, J./Pfetzing, A.: Gesamtwirtschaft und Arbeitsmarkt, unveröffentlichtes Lehrbuch, Fachhochschule des Bundes für öffentliche Verwaltung - Fachbereich Arbeitsverwaltung - , Mannheim 1991

Egle, F.: Der Ost-West-Konflikt auf dem deutschen Arbeitsmarkt. Vom gespaltenen zum gemeinsamen Markt, in ibv 10/1991

Egle, F.: Theorie und Empirie der Arbeitsvermittlung, in: Bundesanstalt für Arbeit (Hrsg.): Kompendium der Fachaufgaben der Bundesanstalt für Arbeit. Arbeitsvermittlung und Arbeitsberatung. 5. Auflage, Nürnberg 1995, S. 19-50

Egle, F. / Rust, N.: Gute Arbeit nutzt unserem Image. Mannheimer Fachhochschule untersucht Bedeutung von Qualitätsmanagement für das AA 2000, in: DIALOG, 5.Jg., Nr. 3/1998, S.2

Endruweit, G.: Organisationssoziologie, Berlin 1981

Engelen-Kefer, U.: Probleme und Perspektiven der Arbeitsmarktpolitik, in: Simmert, D.B. (Hrsg.): Wirtschaftspolitik- kontrovers (Schriftenreihe der Bundeszentrale für politische Bildung, Bd. 146, Bonn 1979, S. 223-240

Esser, M.: Berufliche Beratung, in: Bundesanstalt für Arbeit (Hrsg.): Handbuch zur Berufswahlvorbereitung, Nürnberg 1987, S. 114-119

Fingerhut, R.: Die Reichsanstalt für Arbeitsvermittlung und Arbeitslosenversicherung im Nationalsozialismus, in: Bundesanstalt für Arbeit (Hrsg.): Handreichungen für die Aus- und Fortbildung, Heft 2/1991, Nürnberg 1991

Flösser, G.: Soziale Arbeit jenseits der Bürokratie: über das Management des Sozialen. Neuwied 1994

Flösser, G. / Otto, H. (Hrsg.): Neue Steuerungsmodelle für die Jugendhilfe. Neuwied 1996

Franke, H. : Arbeit für alle, Herford 1987

Frehr, H.-U.: Die Qualität des Unternehmens – eine neue Dimension in der Qualität. In: Zink, K. (Hrsg.): Qualität als Managementaufgabe. Landsberg/Lech 1989

Frerich, J.: Sozialpolitik. Das Sozialleistungssystem der Bundesrepublik Deutschland, München 1987

Frerich, J./Frey, M.: Handbuch der Geschichte der Sozialpolitik in Deutschland. Bd. 3. Sozialpolitik in der Bundesrepublik Deutschland bis zur Herstellung der Deutschen Einheit, München 1993.

Gagel, A. (Hrsg.): Arbeitsförderungsgesetz. Loseblattkommentar, München 1984

Gebert, D. / Rosenstiel, L. v.: Organisationspsychologie: Person und Organisation, 4. Auflage. Stuttgart 1996

Gehrmann, G. / Müller, K. D.: Management in sozialen Organisationen: Handbuch für die Praxis Sozialer Arbeit. Regensburg 1996

Girschner, W.: Theorie sozialer Organisationen: eine Einführung in Funktionen und Perspektiven von Arbeit und Organisation in der gesellschaftlich-ökologischen Krise. Weinheim 1990

Görs, D.: Berufsbildungsberichte: Buchhalterische Skizzen des bildungspolitischen Reform(kon)kurses, in: WSI-Mitteilungen, 31. Jg., Heft 6/1978, S. 310-320

Grunow, D./Hegner, F.: Von der Bürokratiekritik zur Analyse des Netzes bürokratischer Organisationen, in: Leuenberger, T./Ruffmann, K.-H. (Hrsg.): Bürokratie, Motor oder Bremse der Entwicklung?, Bern/Ffm 1977, S. 45-80

Großmann, R.: Zur Reform des Rechts der Berufsausbildung, in: RDA, 19. Jg., 1966, S. 93-100

Habermas, J.: Die neue Unübersichtlichkeit. Frankfurt am Main 1985

Hammer, M. / Stanton, S.: Die Reengineering Theorie. München 1995

Heier, D.: Arbeitslosigkeit in den neuen Bundesländern. Ursachen, Ausmaß, Entwicklungstendenzen, beschäftigungspolitische Probleme und sozialpolitische Implikationen, in: Sozialer Fortschritt, 40. Jg., Heft 4/1991, S. 83-95

Heiner, M.: Qualitätsentwicklung durch Evaluation. Freiburg im Breisgau 1996

Henning, W. u.a.: Arbeitsförderungsgesetz. Loseblatt-Werk, Frankfurt am Main 1969

Herbst, D.: Corporate Identity. Berlin 1998

Höltermann, R./ Thamm, R. : Recht der Beamten, in: Bundesanstalt für Arbeit (Hrsg.): Kompendium der Fachaufgaben der Bundesanstalt für Arbeit. Organisation und Verwaltung (einschließlich Finanzwirtschaft). 4. Auflage, Nürnberg 1994, S. 38-64

Hopf, C. : Qualitative Interviews in der Sozialforschung. Ein Überblick, in: Flick, U. u.a. (Hrsg.): Handbuch qualitative Sozialforschung: Grundlagen, Konzepte, Methoden und Anwendungen. München 1991, S. 177-181

Hoppe, W.: Das Arbeitsförderungsgesetz und die älteren Arbeitnehmer, in: Soziale Sicherheit, 20. Jg., 1971, S. 297-299, 336-337, 365-367

Hüsson, N.: DGB: Soforthilfe für die DDR. Qualifizieren – nicht entlassen, in: Die Quelle, 41. Jg., Heft 8/1990, S. 16-17 (1990)

Imai, M.: Der Schlüssel zum Erfolg der Japaner im Wettbewerb. München 1991

Juran, J.: Der neue Juran – Qualität von Anfang an. Landsberg/Lech 1993

Kaiser, H.: Zustandekommen des Angestelltenverhältnisses, in: Kompendium der Fachaufgaben der Bundesanstalt für Arbeit. Organisation und Verwaltung (einschließlich Finanzwirtschaft). 4. Auflage, Nürnberg 1994, S. 71-74

Karr, W.: Strukturalisierung der Arbeitslosigkeit, in: MittAB 2/1979, S. 152ff.

Keila, C.: Ausbildungsförderung, in: Bundesanstalt für Arbeit (Hrsg.): Handbuch zur Berufswahlvorbereitung, Nürnberg 1987, S. 60-62

Kellenbenz, H. (Hrsg.): Wirtschaftspolitik und Arbeitsmarkt, München 1974

KGSt: Das Neue Steuerungsmodell: Begründung, Konturen, Umsetzung. KGSt-Bericht 5/93. Köln 1993

KGSt: Outputorientierte Steuerung in der Jugendhilfe. KGSt-Bericht 9/94. Köln 1994

KGSt: Qualitätsmanagement. KGSt-Bericht 6/95. Köln 1995

Kieselbach, T./Wacker, A. (Hrsg.): Bewältigung von Arbeitslosigkeit im sozialen Kontext. Programm, Initiativen, Evaluation, Weinheim 1991

Kittke, H. D./Roessler, S.: Die Rechtsentwicklung in der DDR, in: Recht in Ost und West, 34. Jg., Heft 7/1990, S. 301-310

Knappe, E./Jobelius, H. J.: Millionen Arbeitsloser - muss die Arbeit umverteilt werden?, in: Textor, M. R. (Hrsg.) : Sozialpolitik. Aktuelle Fragen und Probleme, Lizenzausgabe der Bayerischen Landeszentrale für politische Bildungsarbeit, 1997, S. 123-142

Knigge, A.: Die 5. Novelle zum Arbeitsförderungsgesetz, in: Der Betrieb, Heft 32/1979, S. 1552-1559

Koch, R.: Management von Organisationsänderungen in der öffentlichen Verwaltung. Zur Wirksamkeit von Strategien des geplanten Organisationswandels. Berlin 1982

Krebs, H.: Das Arbeitsförderungsgesetz, in : RDA, 23. Jg., 1970, S.33-38

Kreizberg, K.: Die Sozialunion im Staatsvertrag, in : Arbeitgeber, 42. Jg., Heft 6/1990, S. 626-633

Kreuz, W.: Benchmarking: Voraussetzung für den Erfolg von TQM. In: Mehdorn, H./Töpfer, A. (Hrsg.): Besser, Schneller, Schlanker - TQM-Konzepte in der Praxis. Neuwied 1994

Krieger, H./Pintar, L.: Regionale Arbeitsmarktstruktur und ihre Implikationen auf objektive Arbeitsmarktchancen von Arbeitslosen, Köln 1977

Kromrey, H.: Empirische Sozialforschung. Modelle und Methoden der Datenerhebung und Datenauswertung. 6. revidierte Auflage, Opladen 1994

Kühl, J.: Das Arbeitsförderungsgesetz (AFG) von 1969. Grundzüge seiner arbeitsmarkt- und beschäftigungspolitischen Konzeption, in : MittAB, 15. Jg., Heft 3/1982, S. 251-260

Kühlewind, G./Tessaring, M.: Argumente für und gegen eine beschäftigungsorientierte Bildungspolitik, Göttingen 1975

Küpper, W./Ortmann, G. (Hrsg.): Mikropolitik: Rationalität, Macht und Spiele in Organisationen, Opladen 1988

Kummer, H.-D.: Recht der Angestellten, in: Bundesanstalt für Arbeit (Hrsg.): Kompendium der Fachaufgaben der Bundesanstalt für Arbeit. Organisation und Verwaltung (einschließlich Finanzwirtschaft). 4. Auflage, Nürnberg 1994, S. 68-70

Kunz, E.: Auswirkungen des Einigungsvertrages auf das Schwerbehindertenrecht, in: Behindertenrecht, 29. Jg., Heft 6/1990, S. 160-161

Kuster, F.: Fachkunde für den Dienst beim Arbeitsamt, 5. Auflage, Stuttgart 1976

Kusch, H./Lambert, M./Winter, H.: Erste Ergebnisse der Berufstätigenerhebung 1990 in den neuen Bundesländern, in: Wirtschaft und Statistik, Heft 12/1991, S. 779-786

Lamnek, S.: Qualitative Sozialforschung. Bd. 2: Methoden und Techniken, 2. überarbeitete Auflage, Weinheim 1993

Lampert, H.: Sozialpolitik, Berlin-Heidelberg- New York 1980

Lampert, H. (Hrsg.): Beiträge zur Sozialpolitik als Arbeitsmarktpolitik, Berlin 1975

Langenberg, J./Meixner, H.: Dreißig Jahre Sozialgesetzgebung in der Bundesrepublik Deutschland. (Schriftenreihe des Bundeszentrale für politische Bildung, Sonderdruck), Bonn 1980

Leiter, R. / Runge, Th. / Burschik, R. / Grausam, G.: Der Weiterbildungsbedarf in Unternehmen. Methoden der Ermittlung. München 1982

Löcken, H.: Sozialpolitische Maßnahmen aus Anlass der Strukturverbesserung im Bergbau und in der Stahlindustrie, in: Bundesanstalt für Arbeit (Hrsg.):

Lutz, B./Sengenberger, W.: Arbeitsmarktstrukturen und öffentliche Arbeitsmarktpolitik. Eine kritische Analyse von Zielen und Instrumenten, Göttingen 1974

Mack, N.: Arbeitsvermittlung besonderer Personengruppen, in: Bundesanstalt für Arbeit (Hrsg.): Kompendium der Fachaufgaben der Bundesanstalt für Arbeit. Arbeitsvermittlung und Arbeitsberatung. 5. Auflage, Nürnberg 1995, S. 137-151

Maelicke, B. (Hrsg.): Beratung und Entwicklung sozialer Organisationen. Baden-Baden 1994

Maelicke, B. (Hrsg.): Qualitätsmanagement in sozialen Betrieben und Unternehmen. Baden-Baden 1996

Maier, D.: Qualifikation und Beschäftigung (unveröffentlichtes Skript, Fachhochschule des Bundes für öffentliche Verwaltung - Fachbereich Arbeitsverwaltung-), Mannheim 1991

Maier, D.: Vor 50 Jahren: Die Arbeitsverwaltung als Arbeitseinsatzbehörde, in: Bundesanstalt für Arbeit (Hrsg.): Handreichungen für die Aus- und Fortbildung, Heft 8, Nürnberg 1989, S. 33 ff.

Maier, D.: 150 Jahre öffentliche Arbeitsvermittlung in Deutschland, in: Arbeit und Beruf 10/1990, S. 293 f.

Mayntz, R.: Soziologie der öffentlichen Verwaltung. 3. Auflage, Heidelberg 1985

Mayring, P.: Qualitative Inhaltsanalyse. Grundlagen und Techniken. Weinheim 1988

Mayring, P.: Einführung in die qualitative Sozialforschung. Eine Anleitung zu qualitativem Denken. 3. überarbeitete Auflage, Weinheim 1996

Meffert, H. / Bruhn, M.: Dienstleistungsmarketing. Wiesbaden 1995

Mentzel, W.: Unternehmenssicherung durch Personalentwicklung – Mitarbeiter motivieren, fördern und weiterbilden, 7.Auflage. Freiburg im Breisgau 1997

Merchel, J. / Schrapper, Ch. (Hrsg.): Neue Steuerung. Tendenzen der Organisationsentwicklung in der Sozialverwaltung. Münster 1996

Merton, R. K./Kendall, P. L.: Das fokussierte Interview, in: Hopf, C./ Weingarten, E. (Hrsg.): Qualitative Sozialforschung, 2. Auflage, Stuttgart 1984, S. 171-204

Meyer, H.: Aufbauorganisation der Bundesanstalt für Arbeit, in: Bundesanstalt für Arbeit (Hrsg.): Kompendium der Fachaufgaben der Bundesanstalt für Arbeit. Organisation und Verwaltung (einschließlich Finanzwirtschaft). 4. Auflage, Nürnberg 1994, S. 10-26

Michas, J.: Arbeitsrecht in den neuen Bundesländern, München 1991

Müller, K. u.a.: Arbeitsförderungsgesetz. Erläuterte Textausgabe, Loseblattsammlung, Opladen 1969

Natzel, B.: Neues Ausbildungsrecht- Das Ausbildungsplatzförderungsgesetz, in: RDA, 30. Jg., 1977, S. 278-285

Natzel, B.: Neues Ausbildungsrecht- Ergänzungsgesetze zum Ausbildungsplatzförderungsgesetz, in : RDA, 32. Jg., 1979, S. 148-150

Nerdinger, F.W.: Motivation und Handeln in Organisationen: eine Einführung. Stuttgart 1995

Neuberger, C.: Auswirkungen elterlicher Arbeitslosigkeit und Armut auf Familien und Kinder, in: Otto, U. (Hrsg.): Aufwachsen in Armut, Opladen 1997, S. 79-122

Oess, A.: Total Quality Management. Die Praxis des Qualitätsmanagements. Wiesbaden 1989

Olk, Th.: Jugendhilfe als Dienstleistung – Vom öffentlichen Gewährleistungsauftrag zur Marktorientierung? In: Widersprüche, Heft 53. 1994

Patrick, K.: Zertifizierung von Qualitätsmanagementsystemen als Basis für TQM-Bemühungen. In: Schnauber, H./Grabowski, S. (Hrsg.): Zertifizierung und Total Quality Management oder „Wie erreicht man mehr Qualität ohne Bürokratie?" Bochum 1994

Petzold, H. J.: Jugend ohne Berufsperspektive, Weinheim, Basel 1976

Pröbsting, K.: Arbeitsförderung in der DDR, in: Beilage Nr. 7/1990 zu Der Betrieb Nr. 32/1990, S. 3090-3092

Rasper, M.: Organisation der Arbeitsvermittlung und Arbeitsberatung, in: Bundesanstalt für Arbeit (Hrsg.): Kompendium der Fachaufgaben der Bundesanstalt für Arbeit. Arbeitsvermittlung und Arbeitsberatung. 5. Auflage, Nürnberg 1995, S. 66-78

Renner, H./Schürle, T.: Maßnahmen zur regionalen und sektoralen Strukturverbesserung einschließlich der Maßnahmen zur Förderung der wohnlichen Unterbringung von Arbeitnehmern und Jugendlichen, in : Bundesanstalt für Arbeit (Hrsg.): Kompendium der Fachaufgaben der Bundesanstalt für Arbeit. Arbeitsvermittlung und Arbeitsberatung. 5. Auflage, Nürnberg 1995, S. 232-235

Rindt, M.: Einheit und Rehabilitation, in: BArBl., 41. Jg., Heft 12/1990, S. 10-12 (1990a)

Rindt, M.: Deutsche Einigung und Rehabilitation. Lebensverhältnisse von gleich hoher Qualität in ganz Deutschland – Ziele und vordringliche Aufgabe, in: VdK-Mitteilungen, Nr. 12/1990, S. 20-26 (1990b)

Rindt, M.: Behindertenpolitik. Berufliche Eingliederung vordringlich, in: BArBl., 42. Jg., Heft 10/1991, S. 3-8

Rosenstiel, L. v. / Molt, W. / Rüttinger, B.: Organisationspsychologie, 8.Auflage. Stuttgart 1995

Rottenecker, H./Schneider, J.: Geschichte der Arbeitsverwaltung in Deutschland, in: Siebrecht/Kohl/Streich (Hrsg.): Aufgaben und Praxis der Bundesanstalt für Arbeit, Bd. 9, Stuttgart 1996

Sachße, C./Tennstedt, F.: Geschichte der Armenfürsorge in Deutschland. Bd.2: Fürsorge und Wohlfahrtspflege 1871-1929. Stuttgart 1988

Sader, M.: Psychologie der Gruppe, 4. Auflage. Weinheim 1994

Sadowski, D.: Zur Möglichkeit und Angemessenheit einer staatlichen Ausbildungsplatzförderungspolitik, Diskussionspapier, Bonn 1979

Sandmann, G.: Das Arbeitsförderungsgesetz, in: Arbeit und Sozialpolitik, 23. Jg., Heft 9/1969, S. 283-287

Saxl, C.: Geschichtliche Entwicklung der Arbeitsvermittlung und Arbeitsberatung, in: Konzeption und Praxis der Arbeitsvermittlung und Arbeitsberatung (Studienbegleitheft; unveröffentlichtes Skript; Fachhochschule des Bundes für öffentliche Verwaltung - Fachbereich Arbeitsverwaltung -), Mannheim 1988, S. 1-12

Schaar, H.: Die ganzheitliche Unternehmensentwicklung unter den Aspekten des Total Quality Management. In: Kamiske, G.F. (Hrsg.): Die Hohe Schule des Quality Management. Berlin 1994

Schad, O.: Grundsätze der Arbeitsvermittlung und Arbeitsberatung, in : Bundesanstalt für Arbeit (Hrsg.): Kompendium der Fachaufgaben der Bundesanstalt für Arbeit. Arbeitsvermittlung und Arbeitsberatung. 5. Auflage, Nürnberg 1995, S. 87-96

Schauenberg, G.: Berufsorientierung durch die Berufsberatung, in: Bundesanstalt für Arbeit (Hrsg.): Handbuch zur Berufswahlvorbereitung, Nürnberg 1987, S. 146-151

Schewe, D. / Schenke, K./ Meurer, A./ Hermsen, K.-W. : Übersicht über die soziale Sicherung, 10. Auflage, Stand: 1. April 1977, herausgegeben vom Bundesministerium für Arbeit und Sozialordnung, Bonn 1977

Schindler, H./Wacker, A./Wetzels, P. (Hrsg.): Familienleben in der Arbeitslosigkeit, Heidelberg 1990

Schmuck, C. /Wald, H.: Beschäftigung nichtdeutscher Arbeitnehmer in der Bundesrepublik Deutschland, in: Bundesanstalt für Arbeit (Hrsg.): Kompendium der Fachaufgaben der Bundesanstalt für Arbeit . Arbeitsvermittlung und Arbeitsberatung. 5. Auflage, Nürnberg 1995, S. 183-202

Schneider, J.: 70 Jahre Arbeitsverwaltung in Deutschland am 1. Oktober 1997. Daten und Dokumente zur Entwicklung der Arbeitsvermittlung und Berufsberatung, in: Bundesanstalt für Arbeit (Hrsg.): Informationen für die Beratungs- und Vermittlungsdienste (ibv) der Bundesanstalt für Arbeit, Heft 19/97, Nürnberg 1997, S. 71568-71765 (IBV-Doku)

Schreiner, O.: Blüms Kürzungen sind Geisterfahrerei, in: Die SPD im Deutschen Bundestag, Nr. 1762, 20. Juni 1992

Schwarz, G.: Sozialmanagement. 2. Auflage, Alling 1995.

Schwedhelm, K.-R.: Ausbildungsvermittlung, in: Bundesanstalt für Arbeit (Hrsg.): Handbuch zur Berufswahlvorbereitung, Nürnberg 1987, S. 75-79
Seifert, H. / Simmert, D.B.: Arbeitsmarktpolitik in der Krise, Köln 1977

Sonntag, K. (Hrsg.): Personalentwicklung in Organisationen – Psychologische Grundlagen, Methoden und Strategien. Göttingen 1992

Sonntag, K. / Schaper, N.: Förderung beruflicher Handlungskompetenz. In: Sonntag, K. (Hrsg.): Personalentwicklung in Organisationen – Psychologische Grundlagen, Methoden und Strategien. Göttingen 1992

Spöhring; W.: Qualitative Sozialforschung. Stuttgart 1989

Stehle, B.: Arbeitsmarktbeobachtung und -berichterstattung, in: Bundesanstalt für Arbeit (Hrsg.): Kompendium der Fachaufgaben der Bundesanstalt für Arbeit. Arbeitsvermittlung und Arbeitsberatung. 5. Auflage, Nürnberg 1995, S. 12-18

Steinbeck, H. H.: Qualitätsmanagement zur Verbesserung von Geschäftsprozessen und Dienstleistungen. In: Maelicke, B. (Hrsg.):

Qualitätsmanagement in sozialen Betrieben und Unternehmen. Baden-Baden 1996

Stimmer, F.: Bürokratie, in: Stimmer, F. (Hrsg.): Lexikon der Sozialpädagogik und Sozialarbeit, München 1994, S. 90

Stingl, J.: Vom Gesetz über Arbeitsvermittlung und Arbeitslosenversicherung (AVAVG) zum Arbeitsförderungsgesetz (AFG), in: Bartholomäi, R. (Hrsg.): Sozialpolitik nach 1945, Geschichte und Analysen, Bonn - Bad Godesberg 1977, S. 349-359

Stratemann, I. / Wottawa, H.: Bürger als Kunden. Wie Sie Reformkonzepte für den öffentlichen Dienst mit Leben füllen. Frankfurt a. M./New York 1995.

Tennstedt, F.: Geschichte des Sozialrechts, in: Maydell, B. Baron von/ Ruland, F. (Hrsg.): Sozialrechtshandbuch (SRH), Neuwied-Darmstadt 1988, S. 66-113

Terhart, E.: Empirische Sozialforschung Teil I: Qualitative Verfahren, in: Stimmer, F. (Hrsg.): Lexikon der Sozialpädagogik und Sozialarbeit, München 1994, S. 130-137

Thieme, W.: Verwaltungslehre, Köln 1967, S. 88ff.

Thiersch, H.: Lebenswelt und Moral: Beiträge zur moralischen Orientierung sozialer Arbeit. Weinheim 1995

Uhlig, O.: Arbeit – amtlich angeboten. Der Mensch auf seinem Markt, Stuttgart 1970

Van Santen, E.: „Output" und „outcome" der Implementierung Neuer Steuerung. In: Neue Praxis 1/98

Wacker, A. (Hrsg.): Vom Schock zum Fatalismus? Soziale und psychische Auswirkungen der Arbeitslosigkeit, Frankfurt/New York 1978

Wacker, A.: Arbeitslosigkeit, Frankfurt –Köln 1976

Wagner, K. P.: Arbeitslosenversicherung/Arbeitsförderung, in: Maydell, B. Baron von /Ruland, F. (Hrsg.): Sozialrechtshandbuch (SRH), Neuwied-Darmstadt 1988, S. 19 ff.

Wahren, H.-K. E.: Gruppen- und Teamarbeit in Unternehmen, Berlin 1994

Wahse, J.: Fachkräfte gehen in den Westen – Frauen und Alte bleiben zu Hause, in: Horizont, 24. Jg., Heft 11/1990, S. 22

Weber, M.: Wirtschaft und Gesellschaft, Köln/Berlin 1964

Weber, R.: Das Arbeitsförderungsgesetz. Konzeption und Realität. Köln 1973

Wimmer, R.: Die Zukunft der Führung. Brauchen wir noch Vorgesetzte im herkömmlichen Sinne? In: Organisationsentwicklung 4/1996

Wöppel, J.: Berufsorientierung durch die Schule, in: Bundesanstalt für Arbeit (Hrsg.): Handbuch zur Berufswahlvorbereitung, Nürnberg 1987, S. 152-165

Zinn, K. G. (Hrsg.): Strategien gegen die Arbeitslosigkeit, Frankfurt – Köln 1977

Zink, K. J.: TQM als integratives Managementkonzept. München 1995

Zöllner, D.: Länderbericht Deutschland, in: Köhler, P.A. / Zacher, H.F. (Hrsg.): Ein Jahrhundert Sozialversicherung in der Bundesrepublik Deutschland, Frankreich, Großbritannien, Österreich und der Schweiz (Schriftenreihe für Internationales und Vergleichendes Sozialrecht, Bd. 6), Berlin 1981, S. 45-180

Fachzeitschriften, Zeitungen und Broschüren von Ministerien:

Arbeit und Beruf, 40. Jg. 10/1990; 47. Jg., 7/1997, Fachzeitschrift für die Aufgaben der Bundesanstalt für Arbeit

Arbeit und Sozialpolitik, 23. Jg., Heft 9/1969; 44. Jg., Heft 11-12/1990

Arbeitgeber, Heft 6/1990, Hrsg. von der Bundesvereinigung der Deutschen Arbeitgeberverbände

Aus Politik und Zeitgeschichte; Beilage zur Wochenzeitung „Das Parlament“, hrsg. von der Bundeszentrale für politische Bildung, B 29/1991

Behindertenrecht, 29. Jg., Heft 6/1990, Fachzeitschrift für die Gebiete Schwerbehindertenrecht, Kriegsopferfürsorge, Rehabilitation, hrsg. unter Mitwirkung der Arbeitsgemeinschaft der Deutschen Hauptfürsorgestelle

Bundesarbeitsblatt, 41. Jg., Heft 12/1990; 42. Jg., Heft 10/1991, hrsg. vom Bundesminister für Arbeit und Sozialordnung

Der Betrieb, Heft 32/1979; Heft 32/ 1990

Die Quelle, 41. Jg., Heft 8/1990, Funktionärszeitschrift des Deutschen Gewerkschaftsbundes

DIALOG (Die Zeitung für die Mitarbeiterinnen und Mitarbeiter der Bundesanstalt für Arbeit), 4. Jg., Nr.5, September/Oktober 1997; 5.Jg., Nr. 1, Januar/Februar 1998; 5. Jg.; Nr. 3, Mai/Juni 1998

Elbe-Geest-Wochenblatt, 34. Jg., Nr. 12 v. 18.3.1997

Frankfurter Rundschau v. 5.7.1990

Gewerkschaftliche Monatshefte, 26. Jg., Heft 3/1975, Zeitschrift für soziale Theorie und Praxis, hrsg. vom Deutschen Gewerkschaftsbund

Hamburger Abendblatt , Nr.61, v. 13.3.1998

Horizont, 24. Jg., Heft 11/1990

Kompass, Heft 12/1990, Zeitschrift für die Sozialversicherung der Bergleute
Mitteilungen aus der Arbeitsmarkt- und Berufsforschung (MittAB) 2/79; 3/82; 4/1988; 1/89

Recht der Arbeit (RDA), 19. Jg., 1966; 23.Jg., 1970; 30. Jg., 1977; 32. Jg., 1979

Recht in Ost und West (ROW), 34. Jg., Heft 7/1990

Schwarze Vakanzenzeitung , 124. Jg., Nr. 9, v. 21.3. 1998

Sozialer Fortschritt, 39. Jg., Heft 5 und Heft 6/1990; 40. Jg., Heft 4/1991, unabhängige Zeitschrift für Sozialpolitik, hrsg. von der Gesellschaft für sozialen Fortschritt e.V.

Soziale Sicherheit, 20. Jg., 1971; 30. Jg., 1981; 34. Jg.; 1985, Zeitschrift für Sozialpolitik, hrsg. vom Deutschen Gewerkschaftsbund

Sozialpolitische Umschau Nr. 409/1990, hrsg. vom Presse- und Informationsdienst der Bundesregierung

Süddeutsche Zeitung v. 5.7.1990

taz v. 5.7.1990

VBBA (Verband der Beamten der Bundesanstalt für Arbeit): VBBA gegen Vermittlungsprämie für Dritte – Ohrfeige für Vermittlungsfachkräfte der BA. In: VBBA aktuell, Ausgabe 03/98

VdK-Mitteilungen, Nr. 12/1990, hrsg. vom Verband der Kriegs- und Wehrdienstopfer, Behinderten und Sozialopfer Deutschlands e.V.

Wirtschaft und Statistik, Heft 12/1991

WSI-Mitteilungen, 31. Jg., Heft 6/1978; 43. Jg., Heft 7/1990, hrsg. vom Wirtschafts- und Sozialwissenschaftlichen Institut des Deutschen Gewerkschaftsbundes

Zeitschrift für Sozialreform, 35. Jg., Heft 7/1990

Sonstige Quellen:

Amtliche Nachrichten der Bundesanstalt für Arbeit (ANBA), Jahreszahlen von 1976, 1977, 1980, 1981, 1982; ANBA Nr. 5/1989; Nr. 12/1990

Arbeitsmarktbericht 1990, hrsg. von der Zentralen Arbeitsmarktverwaltung Ost-Berlin

Berufsbildungsbericht 1991

Bundesgesetzblätter (BGBl)

Bundestagsdrucksache (BT-Drs.) 11/7817, S. 143

Deutschlandarchiv (DA) 8/1990; 9/1990

Informationen für die Beratungs- und Vermittlungsdienste der Bundesanstalt für Arbeit (ibv-doku), 19/1997

Sozialbericht (SB) von 1980, 8/4327; 1983, 10/842; 1986, 10/5810

ÖTV (Gewerkschaft Öffentliche Dienste, Transport und Verkehr), Nachrichten: Arbeitsämter im Schwitzkasten, März 1998, S. 10ff.

Organisationshandbuch der Leistungsabteilung des Arbeitsamtes (OHB-LA-AA)

12. Verzeichnis der Abbildungen und Tabellen

a) Abbildungen

b) Tabellen:

Kolibri 360 GmbH
Ferdinand-Jühlke-Straße 7
99095 Erfurt, Deutschland
produktsicherheit@kolibri360.de

Druck:
CPI Druckdienstleistungen GmbH
im Auftrag der
Kolibri 360 GmbH
Ferdinand-Jühlke-Str. 7
99095 Erfurt